军民融合战略与实践

尤元文　张劲松◎编

中共中央党校出版社

图书在版编目（CIP）数据

军民融合战略与实践 / 尤元文，张劲松编 . -- 北京：
中共中央党校出版社，2018.12
ISBN 978-7-5035-6445-1

Ⅰ. ①军… Ⅱ. ①尤… ②张… Ⅲ. ①军民关系—研
究—中国 Ⅳ. ① E225

中国版本图书馆 CIP 数据核字（2018）第 267272 号

军民融合战略与实践

策划统筹	井　琪
责任编辑	李　云
版式设计	苏彩红
责任印制	陈梦楠
责任校对	李素英
出版发行	中共中央党校出版社
地　　址	北京市海淀区长春桥路 6 号
电　　话	（010）68929580（办公室）　　（010）68928910（发行部）
	（010）68922815（总编室）　　（010）68929342（网络销售）
传　　真	（010）68922814
经　　销	全国新华书店
印　　刷	三河市金轩印务有限公司
开　　本	700 毫米 ×1000 毫米　1/16
字　　数	392 千字
印　　张	23.25
版　　次	2018 年 12 月第 1 版　　2018 年 12 月第 1 次印刷
定　　价	58.00 元
网　　址	www.dxcbs.net　　　邮　　箱　zydxcbs2018@163.com
微 信 ID：中共中央党校出版社　　新浪微博：@ 党校出版社

出版说明

为帮助党员干部深入学习贯彻党中央提出的军民融合发展战略思想，促进经济建设和国防建设融合发展，推进"两个一百年"奋斗目标实现，我们编辑了这本《军民融合战略与实践》。

习近平总书记在主持召开十九届中央军民融合发展委员会第一次全体会议时指出：党的十九大强调要坚定实施军民融合发展战略，形成军民融合深度发展格局，构建一体化的国家战略体系和能力。我们要深入贯彻党的十九大精神，增强使命感和责任感，真抓实干，紧抓快干，不断开创新时代军民融合深度发展新局面。学习、研究、宣传党中央提出的军民融合发展战略思想，是我们党校工作者义不容辞的责任。

该书分为战略规划、战略指导、两会热议、社会关注、论坛展会、战略推进、退役军人、战略模式、军企改革、科技融合、产业融合、金融融合、信息融合、人才战略、文化融合、中外融合等16个部分，力求多视角、立体感、全领域地反映出当前军民融合发展的理论创新和实践创新成果。

由于水平所限，加之时间仓促，书中肯定多有不妥之处，敬请广大读者批评指正。

编　者

2018 年 11 月

代序　开创新时代军民融合深度发展新局面

金壮龙

党的十八大以来，以习近平同志为核心的党中央把军民融合发展上升为国家战略，纳入党和国家事业发展全局总体设计、统筹推进。习近平同志对军民融合发展作出一系列重要论述和重大部署，并在党的十九大报告中提出："形成军民融合深度发展格局，构建一体化的国家战略体系和能力。"这些重要论述形成了系统完整的军民融合发展战略思想，为开创新时代军民融合深度发展新局面提供了科学指南。我们要深入学习领会，坚决贯彻落实。

一、深刻领会习近平军民融合发展战略思想的核心要义

习近平同志就军民融合发展作出了一系列重要论述，系统回答了军民融合为什么融、融什么、怎么融等根本性、方向性、全局性的重大问题，形成了习近平军民融合发展战略思想。这一思想内涵丰富、博大精深，是习近平新时代中国特色社会主义思想的重要组成部分，是新时代开启军民融合发展新征程的行动指南。

一是明确了军民融合发展的重大意义。习近平同志指出，把军民融合发展上升为国家战略，是我们长期探索经济建设和国防建设协调发展规律的重大成果，是从国家发展和安全全局出发作出的重大决策，是应对复杂安全威胁、赢得国家战略优势的重大举措。这一重要论述深刻阐明了军民融合发展战略重大而长远的意义。

二是明确了军民融合发展的战略地位。习近平同志指出，军民融合发展作为一项国家战略，关乎国家安全和发展全局，既是兴国之举，又是强军之策。坚持走军民融合发展之路，是党领导经济建设和国防建设的基本

经验，是被实践证明有效的指导原则。党的十九大将军民融合发展作为重大国家战略写入党章，进一步强化了军民融合发展在党和国家事业全局中的战略地位，成为军民融合发展的根本遵循。

三是明确了军民融合发展的总体目标。习近平同志强调，要加快形成军民融合发展组织管理体系、工作运行体系、政策制度体系，推动重点领域军民融合发展取得实质性进展，形成军民融合深度发展格局，构建一体化的国家战略体系和能力。必须在国家总体战略中兼顾发展和安全，科学统筹经济建设和国防建设，努力推动国防实力和经济实力同步发展。

四是明确了军民融合发展的时代要求。习近平同志强调，坚定实施军民融合发展战略，必须以新时代中国特色社会主义思想为指导，全面贯彻新时代强军思想，落实总体国家安全观和新形势下的军事战略方针，以强军兴军为导向，贯彻新发展理念，坚持党中央集中统一领导，坚持富国和强军相统一，坚持深化改革创新，坚持军民协同推进，坚持有序开放合作。

五是明确了军民融合发展的重点领域。习近平同志指出，基础设施建设、国防科技工业、武器装备采购、人才培养、军队保障社会化、国防动员等领域军民融合潜力巨大，要强化资源整合力度，盘活用好存量资源，优化配置增量资源，发挥军民融合深度发展的最大效益。海洋、太空、网络空间、生物、新能源、人工智能等领域军民共用性强，要在筹划设计、组织实施、成果使用全过程贯彻军民融合理念和要求，加快形成多维一体、协同推进、跨越发展的新兴领域军民融合深度发展格局。

六是明确了军民融合发展的方法途径。习近平同志指出，推动军民融合发展是一个系统工程，要善于运用系统科学、系统思维、系统方法研究解决问题，既要加强顶层设计，又要突出重点，既要抓好当前，又要谋好长远。要把国防和军队建设有机融入经济社会发展大体系，加强战略引领，加强改革创新，加强军地协同，加强任务落实，聚焦重点精准发力，培育一批典型，强化示范引领，以点带面推动军民融合发展整体水平提升。

二、牢牢把握新时代推动军民融合深度发展的重点任务

深入学习贯彻习近平军民融合发展战略思想，必须牢牢把握军民融合深度发展的重点任务，聚焦重点领域和新兴领域精准发力、务求实效。

在基础设施建设等重点领域，要加强军地资源优化配置，坚持共建共

用共享，实现国家整体战略利益的最大化。一是推进基础设施统筹建设与资源共享。着眼发挥军民深度融合的最大效益，以统筹配置增量资源和存量资源为重点，以强化基础设施统筹建设和信息资源共享为关键，以提高标准计量军民通用化水平为手段，切实增强对经济建设和国防建设的整体支撑能力。二是推进国防科技工业与武器装备发展。以打破封闭垄断为突破口，以激发创新活力为途径，深化国防科技工业体制机制和装备采购制度改革创新，加快形成"小核心、大协作、专业化、开放型"的军品科研生产能力结构布局，建设中国特色先进国防科技工业体系。三是推进军民科技协同创新。贯彻创新驱动发展战略，推进科技兴军，以需求论证、规划计划、资源配置、项目实施、成果转化等为抓手，以营造开放共享、多方参与、竞争有序的创新环境为重点，建立完善、统一、高效、开放的军民科技协同创新体系。四是推进军地人才双向培养交流使用。贯彻科教兴国、人才强国战略，统筹运用军地教育资源，优化军事人才培养体系，推动军地人才交流共享，形成各类人才在富国强军伟大征程中创造活力竞相迸发的生动局面。五是推进社会服务和军事后勤统筹发展。确立现代后勤就是军民融合后勤的理念，以深化拓展军队保障社会化为重点，以军队购买服务和纳入社会公共服务体系为基本模式，推动军地资源优化配置和高效利用。六是推进国防动员现代化建设。以经济社会发展为依托，以保障打赢信息化局部战争为核心，以构建现代化国防动员体系为目标，全面提高平战结合、全域遂行、精确高效的国防动员能力。

在海洋、太空等新兴领域，要以科技创新为引领，加快推进军民融合发展。一是推进海洋领域统筹建设。坚持陆海统筹，加快建设海洋强国，加强海洋经济发展、海洋生态环境保护、海上维权和军事斗争准备。加强国家海洋产业、海洋信息化、海洋安全防卫、深海探测装备技术体系、海洋标准和计量体系统筹建设，推进智慧海洋建设。二是推进太空领域统筹建设。围绕建设航天强国，推动太空开发利用和空天防御能力协调发展。强化卫星等航天资源统筹建设、开放共享，加强航天领域重大工程项目统筹。拓展航天应用领域，逐步建立军民商相互衔接的空间信息服务体系。推进空间科学研究，提升空间气象监测预警服务能力，提高军民协同应对太空安全威胁能力。三是推进网络空间领域统筹建设。加快网络强国和信息强军建设，统筹推动国家网络安全和信息化军民融合深度发展。加大军地协同攻关，加强基础技术研发，加强军民共用信息系统建设，加强网络安全监测预警和应急处置，参与网络空间国际规则制定。四是推进生物领域统筹建设。健全军地生物安全工作协调机制，加强传染病疫情及动植物疫病疫情防控等协同，促进军民共建生物安全、查验处理等保障基础设施平台，强化生物安全监测预警网络体系建设，提高国家生物安全防御能力。五是推进新能源领域统筹建设。发展新能源工业，打造新能源产业集群，建立安全可控的军民融合新能源科研生产体系。构建协同创新、多元发展、军地联保的国家新能源供给保障体系，提升能源供应的战略保障能力。六是推进人工智能领域统筹建设。实施新一代人工智能发展战略，加强人工智能技术创新、工程化产业化、军事应用体系统筹建设。加强人工智能技术军民协同创新，推进人工智能科技成果在经济社会和国防领域的应用与双向转化，提升经济竞争力和新质战斗力。

三、切实推动习近平军民融合发展战略思想贯彻落实

2017年1月，中央军民融合发展委员会成立，并由习近平总书记担任主任，这是加强党中央对涉及党和国家事业全局的重大工作集中统一领导的制度安排。在习近平总书记的直接领导下，我国军民融合发展呈现整体推进、加速发展的良好势头。习近平总书记在十九届中央军民融合发展委员会第一次全体会议上强调，要真抓实干、坚定实施军民融合发展战略，开创新时代军民融合深度发展新局面。站在新时代的历史方位，我们一定要在习近平总书记和中央军民融合发展委员会的坚强领导下，坚持突出重点，勇于攻坚克难，聚焦"三个强化"，坚决贯彻落实党中央各项工作部署，努力开创军民融合深度发展新局面。

一是强化统一领导，建立健全工作机制。进一步加强党中央对军民融合发展工作的集中统一领导，确保党始终总揽全局、协调各方，确保党对军民融合发展工作的领导更加坚强有力。加快建立健全"统一领导、军地协调、顺畅高效"的军民融合组织管理体系，积极推进各省（区、市）军民融合发展委员会办公室的设立和运行，发挥中央国家机关、军队有关部门的职能作用，完善工作运行机制。建立健全军民融合发展需求对接机制，明确对接主体、规范对接程序、创新对接形式，加快建立军民融合需求填报机制。加强综合协调，强化事中事后监管，建立专项督察制度，狠抓工

作落实，推动军民融合重点规划、重大改革、重要政策、重大项目落地见效。

二是强化顶层设计，发挥引领示范作用。根据中央军民融合发展战略部署，抓好任务分解和组织实施，强化督导落实。协调军地有关部门，统筹推进《关于经济建设和国防建设融合发展的意见》和《经济建设和国防建设融合发展"十三五"规划》各项任务落地实施，进一步完善军地有关部门和地方政府军民融合专项规划。制定《关于加强军民融合发展法治建设的意见》，清理制约军民融合发展的法律、法规、规章和规范性文件，推动军民融合综合性立法。瞄准军民融合的重点领域、重点区域、重点企业、重点项目等，选树典型、示范引领、以点带面，扩大"品牌"影响，形成规模效应。

三是强化改革创新，积极稳妥推进落实。找准突破口，精准发力，用改革的思路、创新的举措，推进重点领域军民深度融合。深化国防科技工业改革，着力改善"民参军""军转民"政策制度环境，加快推进军品价格改革和空域管理改革。深入开展在轨卫星资源统筹、军民标准一体化及太空、网络空间、新材料、人工智能等领域重大问题研究。针对各方面反映强烈、共识度高的重点难点问题，组织有关部门集中论证，形成改革方案，积极稳妥推进落实。有序推进国家军民融合创新示范区建设。聚焦军地高度关注、军民共用性强的共性技术、前沿引领技术、颠覆性技术以及重大科技项目、重大科学装置等，推进军民科技基础要素融合，通过协同创新提升整体实力。

（作者系中央军民融合发展委员会办公室常务副主任，本文原载于《求是》
2018年第14期）

目　　录

一、战略规划

1.《关于经济建设和国防建设融合发展的意见》发布

　　近日，中共中央、国务院、中央军委印发了《关于经济建设和国防建设融合发展的意见》（以下简称《意见》）。《意见》着眼国家安全和发展战略全局，明确了新形势下军民融合发展的总体思路、重点任务、政策措施，是统筹推进经济建设和国防建设的纲领性文件。

　　《意见》指出，党和国家历来高度重视经济建设和国防建设融合发展。新中国成立以来，我们党根据不同历史时期国家安全和发展实际，不断探索开拓具有中国特色的经济建设和国防建设协调发展之路，取得了巨大成就，国家综合实力和国防实力显著增强。但也要看到，我国军民融合发展刚进入由初步融合向深度融合的过渡阶段，推动军民融合发展还存在思想观念跟不上、顶层统筹和统管体制缺乏、政策法规和运行机制滞后、有共识难落实等突出问题，军民融合整体效益与巨大潜力亟待挖掘和进一步发挥。要坚持总体国家安全观，站在发展战略全局高度，全面深化各领域改革，进一步把国防和军队建设融入经济社会发展体系，把经济布局调整同国防布局完善有机结合起来，不断提高经济建设和国防建设融合发展水平。

　　《意见》明确，经济建设和国防建设融合发展的指导思想是：全面贯彻落实党的十八大和十八届三中、四中、五中全会精神，以邓小平理论、"三个代表"重要思想、科学发展观为指导，深入贯彻习近平总书记系列重要讲话精神，按照"四个全面"战略布局，坚持创新、协调、绿色、开放、共享的发展理念，坚持发展和安全兼顾、富国和强军统一，深化改革，统筹谋划，协同推进，健全体制机制，完善政策法规，创新发展模式，提升融合水平，促进经济建设和国防建设协调发展、平衡发展、兼容发展。

经济建设和国防建设融合发展的主要目标是：形成全要素、多领域、高效益的军民深度融合发展格局，使经济建设为国防建设提供更加雄厚的物质基础，国防建设为经济建设提供更加坚强的安全保障。到 2020 年，经济建设和国防建设融合发展的体制机制更加成熟定型，政策法规体系进一步完善，重点领域融合取得重大进展，先进技术、产业产品、基础设施等军民共用协调性进一步增强，基本形成军民深度融合发展的基础领域资源共享体系、中国特色先进国防科技工业体系、军民科技协同创新体系、军事人才培养体系、军队保障社会化体系、国防动员体系。

经济建设和国防建设融合发展的基本原则是：

坚持党的领导。党的领导是中国特色社会主义制度的最大优势，是推进经济建设和国防建设融合发展的根本政治保证。必须发挥党总揽全局、协调各方的领导核心作用，全面加强党对军民融合发展工作的领导，确保党的路线方针政策和决策部署贯彻落实到军民融合发展的各领域全过程。

强化国家主导。牢固确立国家在经济建设和国防建设融合发展中的主导地位，加强军地各领域各部门各层级的统筹协调，综合运用规划引导、体制创新、政策扶持、法治保障等手段，最大程度凝聚经济建设和国防建设融合发展合力。

注重融合共享。主动适应、把握和引领经济发展新常态，深入实施军民融合发展战略，全面落实新形势下军事战略方针和改革强军战略，加强军地协调、需求对接，在经济建设中贯彻国防需求，在国防建设中合理兼顾民用需要，促进要素交流融合，提高资源共享程度。

发挥市场作用。注重运用市场手段优化军地资源配置，积极引导经济社会领域的多元投资、多方技术、多种力量更好服务国防建设，促进国防建设成果更好服务经济社会发展，实现经济建设和国防建设综合效益最大化。

深化改革创新。打破思维定式和利益藩篱，着力解决制约经济建设和国防建设融合发展的体制性障碍、结构性矛盾、政策性问题，建立健全有利于军民深度融合发展的组织管理体系、工作运行体系、政策制度体系。

《意见》提出，加强基础领域统筹，增强对经济建设和国防建设的整体支撑能力。统筹交通基础设施建设，统筹考虑军地需求，综合运用重要资源。地方交通运输建设要按照突出重点、经济有效的原则，强化政府主体责任，贯彻好国防要求。优化空域结构，推进空域分类管理和低空空域管理改革，建立空域动态管理、灵活使用机制。加强交通领域军地资源、信息、服务保障等方面的共享与协作，积极推动信息资源共享机制建设。统筹空间基础设施建设，加大国家空间基础设施建设统筹力度。统筹信息基础设施建设，加强军地信息基础设施建设的顶层设计和统筹协调，优化总体布局。统筹测绘基础设施建设，建立跨部门跨领域地理信息资料成果定期汇交和位置服务站网共享机制。统筹气象基础设施建设，优化军地气象整体布局。统筹标准计量体系建设，建立标准化军民融合长效机制。

加强产业领域统筹，建设中国特色先进国防科技工业体系。深化国防科技工业体制改革，进一步打破行业封闭，立足国民经济基础，突出核心能力，放开一般能力，推进社会化大协作，推进军工企业专业化重组。扩大引入社会资本，积极稳妥推进混合所有制改革试点。加快引导优势民营企业进入武器装备科研生产和维修领域，健全信息发布机制和渠道，构建公平竞争的政策环境。推动军工技术向国民经济领域的转移转化，实现产业化发展。积极参与发展战略性新兴产业和高技术产业。

加强科技领域统筹，着力提高军民协同创新能力。加快军民融合式创新，整合运用军民科研力量和资源，充分发挥高等学校、科研院所的优势和潜力，广泛吸纳专家强化顶层规划设计，开展联合攻关，加强基础技术、前沿技术、关键技术研究，推进军民技术双向转移和转化应用。完善军民协同创新机制，加大国防科研平台向民口单位开放力度，推动建立一批军民结合、产学研一体的科技协同创新平台。

加强教育资源统筹，完善军民融合的人才培养使用体系。提升军事人才质量，推动军事人才发展体制改革和政策创新，拓展依托国民教育培养军事人才范围，构建地方师资力量、科研设施、创新成果向军事人才培养开放服务的政策制度，健全依托社会开展军事人才专业评价制度，评价结果纳入国家职业资格管理体系。加强军地教育资源统筹，充分依托普通高等学校、武器装备研制单位储备新兴专业人才，对承担军事人才培养任务的地方单位，国家在条件建设、财政投入、表彰激励等方面给予政策倾斜。

加强社会服务统筹，提高军队保障社会化水平。建立健全军地统筹衔接的公共服务体系，逐步建立具有中国特色的军人保险保障体系，完善军地医疗卫生资源共享机制，深化军队住房制度改革。地方党委和政府要积极支持军队建设和改革，进一步发挥双拥工作服务保障作用。统筹军地文化建设，加强资源共建共享。提高军队各项保障水平，深入推进军队饮食保障、商业服务和油料保障社会化，将营区供（排）水、供电、供气、供热纳入城市基础设施建设和改造，调整出台相关配套政策。加强军事区域污染治理基础设施建设和生态环境建设，实现军地生态环境建设整体推进、同步达标。

强化应急和公共安全统筹，提高军地协同应对能力。加强军地应急力量建设，健全军地应急行动协调机制，调整优化国家级应急专业力量结构，健全突发事件卫生应急军地协调联动机制，增强国家卫生应急保障能力。统筹推进军地应急保障装备设施建设，明确军地应急保障装备设施合作途径及任务分工，改善军地应急力量训练条件，加强人才队伍、科技研发能力建设。充分发挥国防动员力量的应急作用，建立健全应急动员响应机制，强化综合防护措施建设。

统筹海洋开发和海上维权，推进实施海洋强国战略。统筹兼顾维护海洋权益，制定国家海洋战略，实现开发海洋和维护海权的有机统一。加强行动能力和保障设施建设，进一步形成党政军警民合力固边成疆新局面。

维护国家海外利益。切实维护国家海外经济利益和其他重大利益，保护海外中国公民和机构的合法权益。积极参与联合国维和行动，深化国际军事交流合作。

《意见》要求，必须采取有力措施，推动经济建设和国防建设融合发展。加强统一领导，搞好军地协调。落实军民融合发展战略是各级党委、政府和军事机关的共同责任。加快建立国家和各省（自治区、直辖市）军民融合领导机构，健全统一领导、军地协调、顺畅高效的组织管理体系，国家主导、需求牵引、市场运作相统一的工作运行体系，系统完备、衔接配套、有效激励的政策制度体系。军地规划主管部门组织编制经济建设和国防建设融合发展专项规划，纳入国家规划管理体系和军队建设规划计划体系，搞好军地相关规划、计划协调衔接。加强重大事项会商，及时通报情况，协商解决问题。

规范需求对接，促进资源共享。按照研究提出、分析论证、归口上报、综合平衡、审核确定、落实反馈的程序，建立军地需求对接机制。军地双方要明确需求报送归口部门，规范对接内容和程序，建立联合工作机制。军地业务主管部门共同拟制发布资源共享目录，制定资源共享办法，构建资源共享平台，提高资源使用效率，促进军地资源合理流动和优化配置。

完善政策措施，加大支持力度。中央和地方财政部门要按事权划分，落实军民融合发展资金保障，健全完善配套政策。军地联合组织实施一批具有战略性、基础性、公益性的重大工程，着力推出一批军民融合重大项目和举措。打造一批军民融合创新示范区，形成可推广、可复制、可持续的新路径、新模式，促进国防经济和地方经济深度融合。

健全法规标准，加强监督评估。坚持运用法治思维和法治方式推动军民融合发展，充分发挥法律法规的规范、引导、保障作用，提高军民融合发展法治化水平。加快推进军民融合发展综合性法律立法，清理现行法规制度，修订完善交通、信息、测绘基础设施等领域法律法规和标准规范。建立完善安全审查和监管制度，防范和控制国家安全风险。加强考查督导，建立问责机制，加大规划实施、政策落实、项目建设监管力度，建立健全规划、项目、投资、绩效评估体系，强化规划刚性约束和执行力。

《意见》最后强调，军地双方要切实把思想和行动统一到党中央决策部署上来，牢固树立"一盘棋"思想，强化"四个意识"、强化改革创新、强化战略规划、强化法治保障，自觉站在党和国家事业发展全局的高度思考问题、推动工作，把军民融合的理念和要求贯穿经济建设和国防建设全过程，按照职责分工抓好经济建设和国防建设融合发展工作，一件一件督导推进，确保责任到位、措施到位、落实到位。国家有关部门和地方政府要注重在经济建设中贯彻国防需求，自觉把经济布局调整同国防布局完善有机结合起来。军队要遵循国防经济规律和信息化条件下战斗力建设规律，自觉把国防和军队建设融入经济社会发展体系。

各级要紧密团结在以习近平同志为总书记的党中央周围，着眼夺取全面建成小康社会决胜阶段的伟大胜利，主动适应我国经济发展新常态，积极应对世界新军事革命挑战，抓住机遇、扎实工作，同心协力开创经济建设和国防建设融合发展新局面。

（新华社北京 2016 年 7 月 21 日电）

2. "十三五"科技军民融合发展专项规划

根据党中央、国务院、中央军委的战略部署，为在科技领域全面实施军民融合发展战略，依据《中华人民共和国国民经济和社会发展第十三个五年规划纲要》《国家创新驱动发展战略纲要》《中共中央　国务院　中央军委关于经济建设和国防建设融合发展的意见》《"十三五"国家科技创新规划》《国务院　中央军委经济建设和国防建设融合发展"十三五"规划》《军队建设发展"十三五"规划纲要》，编制本规划。

一、形势与需求

科技军民融合作为国家创新驱动发展战略、军民融合发展战略和改革强军战略的交汇点，是党中央对科技创新发展的战略部署，是提高国防和军队现代化建设水平的重大举措，是推动科技创新和经济发展的强大引擎。

"十二五"期间，按照党中央、国务院、中央军委有关军民融合与科技创新的总体部署，建设完善军民结合、寓军于民的武器装备科研生产体系，大力推进军民结合的科研设备共享平台建设，加强军民科技资源开放和军民两用技术相互转移，初步建立了军民融合国防科技创新体系。党的十八大以来，科技领域认真贯彻军民融合发展战略，积极探索、勇于创新，科技军民融合意识逐渐增强，融合氛围日益浓厚，融合实践不断丰富。在中关村、中国（绵阳）科技城等国家自主创新示范区和地区，建设了一批军民融合协同创新科研机构、军民两用技术创新基地、军民融合科技园区等载体和平台，探索建立了跨军民、跨部门的科技军民融合创新模式。军民协同攻关，成功实施了载人航天及探月工程、北斗卫星导航、高分辨率对地观测系统、天河二号超级计算机、快舟卫星发射系统、量子通信卫星等一批科技军民融合重大项目和工程。高等学校、科研院所、高技术企业和军工集团等各类创新主体积极实践科技军民融合并取得较好成效。科技军民融合发展的环境条件不断改善，修订了《中华人民共和国促进科技成果转化法》，全面实施国防知识产权战略，为军民融合科技创新和产业化发展提供了有力支撑。

同时，必须清醒地认识到，我国科技军民融合发展还存在一些问题，主要表现在：对科技军民融合发展的特点、规律和本质性要求的认识尚未到位；科技军民融合发展缺乏顶层设计和宏观统筹，相关部门的组织管理、工作运行等缺乏协调联动，军民科技协同创新体系有待建立；军民科技规划计划、基础资源共享等缺乏有效衔接，促进成果双向转移转化的评价标准不明确、激励措施不足、对接渠道不畅，科技军民融合的整体效益与潜力有待挖掘，军民科技协同创新能力有待加强；科技军民融合政策体系尚未建立，涉及科技军民融合的制度环境有待优化。

"十三五"时期是我国军民融合发展由初步融合向深度融合过渡的关键阶段，科技军民融合发展面临前所未有的机遇和挑战。随着全球新一轮科技革命、产业变革和军事革命加速发展，军事技术与民用技术交叉融合程度越来越深、渗透兼容越来越强，科技军民融合发展是顺应全球格局变化趋势的必然选择。科技军民融合是落实国家战略部署的基本要求，是国家战略部署在科技领域的重大体现，是全面深化科技体制改革、国防和军队改革明确的重点任务，也是进一步激发体制机制活力，实现富国与强军相统一，推动国家和军队创新发展的根本要求。未来五年，我国经济发展进入速度变化、结构优化和动力转换的新常态，中国特色军事变革不断深入，国防建设同世界军事强国的差距正在逐步缩小。促进国民经济建设，落实总体国家安全观，维护国家安全和战略利益，迫切需要建立起完备、统一、高效、开放的军民科技协同创新体系，推动科技创新突破，谋求军事科技优势，培育战略性新兴产业，提高国防军事实力，助力经济建设和国防建设。

二、总体思路

（一）指导思想

全面贯彻落实党的十八大和十八届三中、四中、五中、六中全会精神，以马克思列宁主义、毛泽东思想、邓小平理论、"三个代表"重要思想、科学发展观为指导，深入贯彻习近平总书记系列重要讲话精神，贯彻落实总体国家安全观，按照"五位一体"总体布局和"四个全面"战略布局的要求，牢固树立和贯彻落实创新、协调、绿色、开放、共享的发展理念，以创新驱动发展战略和军民融合发展战略为统领，加强组织领导，不断深化改革，健全科技军民融合体制机制，完善政策制度，加强军民科技协同创新能力建设，推动科技创新资源统筹，创新融合发展模式，打通军民深度融合的通道，促进科技军民深度融合发展，为国家安全、经济建设、国防和军队建设协调、平衡、兼容发展提供战略支撑。

（二）基本原则

战略导向，融合发展。聚焦创新驱动、军民融合国家战略，牢固树立国家在科技军民融合发展中的主导地位，建立完善领导体制和组织架构，加强统筹协调，打造科技军民深度融合的动力引擎，推动经济建设和国防建设融合发展。

需求牵引，系统推进。面向国家安全、经济发展、国防和军队建设重大需求，明确科技军民融合发展的主攻方向和突破口，系统部署科技军民融合发展的重点任务，加强试点示范、辐射带动，系统推进科技领域军民融合各项工作。

联合研发，强基固本。瞄准新一轮科技革命、产业变革和军事革命，统筹军民科研力量和创新资源，军地联合攻关，加强基础前沿和关键共用技术研究，形成全链条、一体化的科研布局，提高科技军民协同创新能力。

改革创新，双向转移。深化科技体制改革、国防和军队改革，创新管理模式，注重运用市场手段增强科技军民融合的活力，充分发挥各类创新主体作用，加强知识产权保护与运用，促进军民科技成果双向转移转化和应用。

（三）发展目标

到 2020 年，基本形成军民科技协同创新体系，推动形成全要素、多领域、高效益的军民科技深度融合发展格局。

——科技军民融合体制机制取得突破。统一领导的组织管理体系、高效有序的工作运行机制基本建成，军民科技协同创新的体制机制更加成熟，军民科技规划计划有序衔接，资源配置更加高效。

——科技军民融合的引领作用提升显著。科技军民融合成为引领军民深度融合发展的重要动力，军民科技协同创新能力大幅跃升，重要领域军民协同攻关取得重大突破，科技动员能力明显增强，有力促进基础领域资源共享体系、中国特色先进国防科技工业体系、军事人才培养体系、军队保障社会化体系和国防动员体系建设发展。

——军民科技基础资源实现双向开放共享。国家和军队科技资源实现统筹对接，军民重大科研基础设施和实验室实现统筹布局、双向开放、高效利用，军民标准兼容通用，科技基础资源实现军民互通共享。

——军民科技成果双向转化运用卓有成效。建成国家军民技术成果公共服务平台和一批军民技术交易中心，军民科技成果交流渠道顺畅高效、转化效率倍增，军民科技成果双向转化成效显著，军民科技成果转化体系基本形成。

——科技创新人才机制更加完善。科技创新人才双向交流机制、国际合作机制等基本建立，科技创新人才评价激励机制、联合培养机制等更加完善，科技密集型国防后备力量规模结构更趋合理，引导建成一批科技军民融合新型智库，形成科技创新人才涌现、活力迸发的新局面。

——科技军民融合试点示范效应凸显。建立一批军民融合、产学研一体的协同创新平台和新型科研机构，先行试点科技军民融合的政策制度，探索建立科技军民融合金融服务新模式，推动科技军民融合政策制度、组织管理和运行模式创新，形成"布局合理、以点带面、辐射带动"的科技军民融合健康发展新态势。

——科技军民融合政策制度体系基本完备。基本建成系统完备、衔接配套、有效激励的科技军民融合政策制度体系，出台促进科技军民融合发展的财政、价格、投融资、科技奖励等一系列配套政策，促进科技军民融合发展的政策制度环境更加优化，科技军民融合创新要素流动更加顺畅。

三、重点任务

（一）强化科技军民融合宏观统筹

1. 完善科技军民融合体制机制

完善军民科技协同创新的环境和条件，实现中央与地方、军队与地方高效互动的科技创新协同协作。建立健全科技协同创新组织管理体系，在中央军民融合发展委员会的统筹指导下，强化科技军民融合工作的顶层设计和组织协调。探索建立军民科技协同创新的新机制，完善联席会议、情况通报、任务对接、协调会商等制度规定，建立规划计划联合论证实施机制，实现重大科技项目的军民共同论证实施。

2. 推动规划计划的统筹衔接

加强国防科技创新发展规划与国家科技创新规划的衔接，逐步推动实现军民各类科技计划资源的统筹配置与管理。加强中央财政与地方财政支持的科技计划统筹衔接，优化科技战略资源的配置方向和重点，调整地区科技发展布局，形成特色鲜明、储备丰厚、链条完整的区域科技创新和动员能力。

（二）加强军民科技协同创新能力建设

3. 统筹布局基础研究和前沿技术研究

强化军民协同原始创新和系统布局，开展基础研究和前沿技术研究协同攻关。设立基础研究军民融合专项基金，重点支持国防基础研究项目，促进民用基础研究成果向军事应用转化，建立完善基础研究军民融合机制，推动军民基础研究科技计划资源的统筹配置与管理。在智能无人、生物交叉、先进电子、量子技术、未来网络、先进能源、新型材料、先进制造等技术领域，着力发展前瞻性、先导性、探索性、颠覆性技术，抢占国际竞争制高点。探索管理体制机制创新，推动民用先进科学技术的军事应用，加速前沿技术向现实战斗力和国民经济转化。

4. 实施科技军民融合重点专项

根据国家重点研发计划全链条设计、一体化组织实施的要求，在电子信息、空间遥感、新材料、先进制造、能源、交通、生物、海洋、现代农业和社会公共安全等领域，部署实施一批具有军民两用特征的重点项目。按照联合论证、联合支持、联合组织、协同创新的思路，启动实施科技军民融合重点专项，开展军民科技协同研发，推进军民科技双向转化应用。加强对科技军民融合重点专项的军事需求牵引和统筹协调指导，积极推进军民协同攻关，加速科技成果形成新的生产力和战斗力。

5. 实施国家重大科技项目

加强"核高基"、宽带移动通信、重大新药创制、重大传染病防治、集成电路装备、高分辨率对地观测系统、载人航天与探月工程等军民融合重大专项成果双向转移转化。面向 2030 年，围绕深海、深地、深空、深蓝等领域的战略高技术布局，强化顶层衔接，有效发挥军地双方作用，积极推动天地一体化信息网络、量子通信与量子计算机、脑科学与类脑研究等新一轮军民融合重大科技项目论证与实施。

（三）推动科技创新资源统筹共享

6. 加强科研平台共建共用

统筹军民共用重大科研基地和基础设施布局建设，以重大科技任务军民协同攻关为主线，建立实验室、试验设施、大型科学装置、科学仪器中心等各类科技基础设施共享共用机制，推动军民重大科学仪器设备自主研发和科研平台开放共享。聚焦国家战略需求，联合建设国家实验室，积极推进军民共建国家重点实验室、国家工程研究中心、国家临床医学研究中心等建设，持续带动科研条件建设整体水平提高。制定国家重点实验室与国防科技重点实验室、军工和军队重大试验设施与国家重大科技基础设施的资源共享管理办法，发布开放目录清单。

7. 推动科技基础资源的军民互通共享

制定军民兼容、军民通用的技术标准规范，积极推动军用装备和设施采用先进适用的民用标准，将先进适用的军用标准转化为民用标准，推动军民标准通用化建设，建立标准化军民融合长效机制。加强军民通用计量基础设施建设，推动军民计量标准统一，完善量值传递溯源体系、提升计量测试能力、强化计量保障能力。加强科技信息资源和科技情报共享，强化国家科技报告和国防科技报告制度协调衔接。

（四）促进军民科技成果双向转化

8. 推动军民科技成果相互转化体系建设

建立国家军民技术成果公共服务平台，发布军民科技成果信息，加强军民科技成果交流和技术信息互通，提供军民科技成果评价、信息检索、政策咨询等服务。建立国家军民两用技术交易中心，支持技术交易、科技金融、创新服务等成果转化工作。支持科研院所、高等院校等建立科技成果转化机构，完善科技成果转化工作机制，优化科技成果转化工作流程，健全科技成果转化制度。加强现有科技成果转化服务平台的整合提升。

9. 推进知识产权战略实施

强化分配制度的知识价值导向，促进创新成果转化收益合理分享。完善全国知识产权运营公共服务平台，鼓励建设区域性军民融合特色知识产权服务平台，形成军民科技创新资源共享的知识产权运营服务能力。把知识产权作为科研、生产、采购和服务的保障要素，完善成本核算办法，引导民用领域知识产权在国防和军队建设领域运用，鼓励国防知识产权向民用领域转化。

（五）开展先行试点示范

10. 建设军民科技协同创新平台

依托国家自主创新示范区、国家高新技术产业开发区、国家军民融合创新示范区，在军民有需求、合作基础好、军工产业发达、创新资源密集、军民融合特色鲜明的区域及重点领域，建设一批战略性、综合性的军民科技协同创新平台。牵头组织开展科技军民融合的综合示范，实施军民科技政策制度的先行先试、军民科技协同研发、军民科技基础资源融合共享、典型成果转移转化示范、科技金融支持、创新创业生态构建等任务，带动形成完善的军民科技协同创新体系。

11. 鼓励建设军民融合新型科研机构

依托高等院校、科研院所、专业机构等，引导和推动在军民融合重点领域建设一批新型科研机构，开展前沿技术和颠覆性技术研发、军民科技成果转化、产业孵化，创新管理模式，统筹科技资源，服务国防建设与经济发展重大需求。鼓励中小企业、科研院所、高等院校等多方协同，建设军民融合众创空间、科技企业孵化器、高科技园区、技术创新联盟等机构，开展军民科技协同创新。鼓励与国际知名科研机构合作，在海外设立研发机构，与相关领域具有创新优势的国家共建一批联合研究中心、技术转移中心、技术示范推广基地和科技园区等国际合作平台，创新科技军民融合发展模式。

12. 探索科技军民融合金融服务模式

发挥金融创新对科技军民融合的重要助推作用，鼓励国家自主创新示范区和中国（绵阳）科技城等地区探索开展科技军民融合和金融结合机制，大力促进各类金融机构推出面向科技军民融合的金融服务与产品，开展科技军民融合金融服务模式创新试点。在国家科技成果转化引导基金中设立军民科技成果转化子基金。引导金融机构、社会资本参与军民科技协同创新，建立从实验研究、中试到生产的全过程、多元化和差异性的科技军民融合融资模式。

（六）加强创新队伍建设

13. 完善军民创新人才培养使用机制

加强科技创新人才军民联合培养，创新军民融合人才管理模式，推动军民人才交流，加速人才双向有序流动。鼓励各类优秀人才参与国防科技创新，建立军地人才、技术、成果转化对接机制，完善符合军民科技成果转化工作特点的职称评定、岗位管理和考核评价制度。加强国内外高层次人才引进，集聚从事前沿科学技术研究的高端人才，培育军民融合科技创新发展的专家团队。

14. 建设科技军民融合新型智库

积极推动科技军民融合新型高水平智库建设，研究国内外科技军民融合发展趋势，开展战略研究和态势评估，进行预测预判，提出咨询建议，为科技军民融合战略、规划、政策等提供理论基础和决策依据。加强与国外科技军民融合领域具有优势的智库对接合作，建立交流合作机制，开展国际合作研究，为科技军民深度融合发展提供理论、政策和战略支撑。

（七）完善政策制度体系

15. 加强科技军民融合制度建设

按照系统完备、衔接配套、有效激励的要求，持续推进科技军民融合相关制度建设。积极参与国家军民融合立法建设中有关科技军民融合内容的论证，加快推进国防科技成果转化运用和科技军民融合发展等制度出台。建立完善国防科技成果降解密制度、国防知识产权制度等，破除制约科技军民融合发展的障碍。

16. 完善科技军民融合政策环境

强化引导、激励、扶持、补偿等方面政策导向，落实出台促进科技军民融合发展的财政、价格、投融资等政策。健全科技奖励政策，建立原创成果溯源机制，制定基础研究激励政策。鼓励各类创新主体参与科技军民融合发展，调整优化"民参军"市场准入、需求对接、信息发布等政策。加大研发费用加计扣除、高新技术企业税收优惠、固定资产加速折旧等政策的落实力度。面向社会开放共享的军工设施，主要由各主体按市场机制协商解决。

四、保障措施

（一）加强组织领导

军地科技主管部门共同牵头组织实施本规划。军地科技管理部门要依据本规划，建立协同推进的规划实施机制，结合实际，强化各部门、各地方科技军民融合工作部署，做好与规划总体思路和主要目标的衔接，做好重大任务的分解和落实。军地科技管理部门要加强对规划的宣传贯彻，做好协调服务和实施指导，充分调动社会各方面参与的积极性、主动性，最大限度地凝聚共识，广泛动员各方力量，共同推动规划的顺利实施。

（二）强化规划协调管理

军地科技管理部门可依据本规划编制相应的科技军民融合规划，加强与本规划的配套、衔接。健全军地各部门之间、中央与地方之间的工作会商与沟通协调机制，加强不同规划间的有机衔接。加强年度计划与规划的衔接，确保规划提出的各项任务落到实处。

（三）建立科技投入体系

加强中央财政投入和科技军民融合发展需求衔接，引导地方政府加大科技军民融合投入力度。创新财政科技投入方式，加强财政资金和金融手段的协调配合，鼓励有条件的地方综合运用风险补偿、贷款贴息等多种方式，充分发挥财政资金的杠杆作用，推进社会资本主导设立创业投资基金，引导金融资金和民间资本进入科技军民融合领域，完善多元化、多渠道、多层次的科技投入体系。

（四）加强战略研究

重视开展科技军民融合发展战略研究，加强科技军民融合发展战略、重大理论、体系设计、体制机制等方面的研究，建立科技军民深度融合发展的理论体系和方法体系，开展科技军民融合发展态势评估和科技军民融合中长期发展战略研究，为科技军民融合战略决策和管理提供有力支撑。

（五）协同监督评估

建立健全科技规划监测评估制度和动态调整机制，开展规划实施情况的动态监测和评估。开展规划实施中期评估和期末总结评估，对规划实施效果作出综合评价，为规划调整和制定新一轮规划提供依据。建立分工负责制度，加大规划实施、政策落实、项目建设监管力度，强化规划的调控、牵引和约束作用。

（新华社 2017 年 8 月 23 日电）

3.《传承红色基因实施纲要》印发

中央军委日前印发《传承红色基因实施纲要》（以下简称《纲要》）。《纲要》全面贯彻习近平新时代中国特色社会主义思想和党的十九大精神，深入贯彻习近平强军思想，明确了传承红色基因的指导思想、基本原则、着力重点和主要工作，是新时代传承红色基因、弘扬优良传统的重要指导性文件。

《纲要》指出，大力传承红色基因，是新时代政治建军的战略任务和基础工程，对于激励官兵铭记历史、不忘初心、牢记使命、不懈奋斗，奋力实现党在新时代的强军目标、把人民军队全面建成世界一流军队，具有重要意义。要着眼培养"四有"革命军人、锻造"四铁"过硬部队，扭住强固精神支柱、对党绝对忠诚这个根本，把握突出固根铸魂、聚力备战打仗、强化问题导向、注重融入实践、坚持创新发展的基本原则，深扎信仰之根，以史鉴今育人，用好红色资源，强化实践砥砺，推动红色基因融入官兵血脉，确保我军血脉永续、根基永固、优势永存，为推进新时代强军事业提供政治滋养和强大动力。

《纲要》明确，传承红色基因要着力锻造维护核心、听党指挥的绝对忠诚，坚定社会主义、共产主义的理想信念，强化勇于改革、敢于突破的创新意识，培育一不怕苦、二不怕死的战斗精神，严明高度自觉、令行禁止的革命纪律，巩固爱民为民、军民团结的特有优势。要抓好科学理论武装、开展党史军史宣传教育、加强存史编史研史、开展重要纪念活动、建好用好军史场馆、开发红色革命文化，让红色基因永葆活力、彰显威力。

《纲要》要求，各级要强化责任落实，把传承红色基因摆上重要位置，纳入部队全面建设，主要领导要当好第一责任人，分管领导要站在一线抓落实，各级政治工作机关要加强具体指导，机关其他部门积极配合。要完善工作机制，加强队伍建设，加大保障力度，采取有力措施帮助部队解决传承工作中遇到的实际困难。

（新华社北京 2018 年 6 月 18 日电）

4. 关于推动国防科技工业军民融合深度发展的意见

各省、自治区、直辖市人民政府，国务院各部委、各直属机构：

国防科技工业是军民融合发展的重点领域，是实施军民融合发展战略的重要组成部分，对提升中国特色先进国防科技工业水平、支撑国防军队建设、推动科学技术进步、服务经济社会发展具有重要意义。当前和今后一个时期是军民融合发展的战略机遇期，也是军民融合由初步融合向深度融合过渡、进而实现跨越发展的关键期，国防科技工业领域军民融合潜力巨大。为推动国防科技工业军民融合深度发展，经国务院同意，现提出以下意见：

一、总体要求

（一）指导思想

全面贯彻落实党的十九大精神，坚持以习近平新时代中国特色社会主义思想为指导，认真落实党中央、国务院决策部署，统筹推进"五位一体"总体布局和协调推进"四个全面"战略布局，牢固树立和贯彻落实新发展理念，以军民融合发展战略为引领，突出问题导向，聚焦重点领域，完善政策法规，落实改革举措，推进军民结合、寓军于民的武器装备科研生产体系建设，实现军民资源互通共享和相互支撑、有效转化，推动国防科技工业军民融合深度发展，建设中国特色先进国防科技工业体系。

（二）基本原则

——国家主导，市场运作。在中央统一领导下，加强国防科技工业军民融合政策引导、制度创新，健全完善政策，打破行业壁垒，推动军民资源互通共享。充分发挥市场在资源配置中的作用，激发各类市场主体活力，推动公平竞争，实现优胜劣汰，促进技术进步和产业发展，加快形成全要素、多领域、高效益的军民融合深度发展格局。

——问题导向，务求实效。针对制约国防科技工业军民融合深度发展的障碍，围绕"军转民""民参军"、军民两用技术产业化、军民资源互通共享等重点领域，突出解决深层次和重点、难点问题，向更广范围、更高层次、更深程度推动军民融合发展。

——协同推进，成熟先行。充分发挥有关部门和地方政府作用，调动军工集团公司、军队科研单位和中科院、高等学校以及包括民营企业在内的其他民口单位等多方面积极性，形成各方密切合作、协同推进的强大合力。注重政策统筹协调，有序推进，成熟一项、落实一项。

二、进一步扩大军工开放

（三）推动军品科研生产能力结构调整。打破军工和民口界限，不分所有制性质，制定军品科研生产能力结构调整方案，对全社会军品科研生产能力进行分类管理，形成小核心、大协作、专业化、开放型武器装备科研生产体系。核心能力由国家主导；重要能力发挥国家主导和市场机制作用，促进竞争，择优扶强；一般能力完全放开，充分竞争。

（四）扩大军工单位外部协作。将军工集团公司军品外部配套率、民口配套率纳入国防科技工业统计。进一步完善军工企业考核指标体系，在保障国家战略、国防安全和完成重大专项任务的前提下，进一步推进民品开发和军工科技成果转化。规范军工集团公司对民口军品配套单位的收购行为，避免垄断和不公平竞争，维护市场良性竞争秩序。

（五）积极引入社会资本参与军工企业股份制改造。修订军工企业股份制改造分类指导目录，科学划分军工企业国有独资、国有绝对控股、国有相对控股、国有参股等控制类别，除战略武器等特殊领域外，在确保安全保密的前提下，支持符合要求的各类投资主体参与军工企业股份制改造。按照完善治理、强化激励、突出主业、提高效率的要求，积极稳妥推动军工企业混合所有制改革，鼓励符合条件的军工企业上市或将军工资产注入上市公司，建立军工独立董事制度，探索建立国家特殊管理股制度。充分发挥国有企业混合所有制改革试点示范带动作用，及时推广相关经验。

（六）完善武器装备科研生产准入退出机制。加大"放管服"改革力度，推进科学规范、安全高效的准入退出制度建设。健全武器装备科研生产准入退出动态调整机制，精简优化许可管理范围，减少许可项目数量，规范退出标准和流程。实行武器装备科研生产许可与武器装备承制单位资格两证联合审查，推进多证融合。规范武器装备科研生产定密和招投标工作，凡不属于国家秘密事项的，不再纳入保密资格认定等行政许可范围；凡不需要承制单位具有保密资格的武器装备科研生产项目，不得将保密资格作为招投标条件。

（七）推进武器装备科研生产竞争。适应竞争性装备采购要求，推动系统集成商、专业承包商、市场供应商体系建设，推进分系统及配套产品竞争，明确细化总体单位开展分系统和配套产品采购的规则要求。改进完善军品价格和税收政策，营造公平竞争环境，引导更多有优势、有意愿的民口单位参与武器装备科研生产竞争。

三、加强军民资源共享和协同创新

（八）推动科技创新基地和设备设施等资源双向开放共享。面向国防建设和经济建设两个需求，进一步推动国防科技重点实验室、国防重点学科实验室、国防科技工业创新中心优化布局与建设，并分类推进开放共享。加强民口科技创新基地建设统筹，促进国家实验室、国家重点实验室等科技创新资源共享，发布开放目录清单，制定开放共享管理办法。在确保国家秘密安全的前提下，逐步将国防科研设备设施纳入统一的国家科研仪器设施网络管理平台，提升开放共享水平。

（九）加强军工重大试验设施统筹使用。编制发布军工重大试验设施共享目录，推动具备条件的军工重大试验设施向民口开放，建立常态化开放共享和技术服务机制。对新建重大试验设施，加强军工内部、军工与民口统筹。

（十）完善军民协同创新机制。建立军工和民口科技规划、计划、项目安排、政策等会商机制。建立国防科技协同创新机制，积极吸纳民口力量参与国防科技创新，扩大国防科技创新主体范围。发挥好现有国防科技工业创新中心和国家技术创新中心作用，统筹研究在部分新技术领域择优建设创新中心。支持科研院所、高等学校等，围绕国家安全和国防科技重大战略需求，聚焦具有战略性、带动性、全局性的重大共性关键技术，组建国防关键技术创新联盟，开展产学研用合作。

（十一）推动技术基础资源军民共享。建立完善军民标准化协调机制，推动军民标准通用化。开展军工行业标准清查，提出立改废清单，鼓励军工单位参与国家相关专业标准制修订工作。推动军民计量资源互通共享，发挥国防计量技术机构专业优势服务国民经济建设，积极吸收其他计量技术机构服务国防科技工业发展。支持军工鉴定性试验能力向社会开放服务。鼓励依托国家产品质检中心、高等学校、科研院所建立武器装备科研生产第三方测试评估机构。

（十二）积极利用民口产能。鼓励支持军工单位采取入股、租赁等多种方式，将民口产能用于武器装备科研生产。加强军工单位之间科研生产能力统筹利用和协作，积极推动军工资产合理流动。择优利用军工、军队和民口单位科研生产能力，避免不合理的重复建设。

（十三）支持武器装备科研生产单位为大安全、大防务提供装备和服务。在搞好武器装备科研生产的同时，做好军事训练器材研制开发，鼓励武器装备科研生产单位积极参与边海防装备建设，大力发展反恐维稳、安保警戒、应急救援、网络和信息安全等方面的技术、产品和产业。

（十四）健全完善信息发布和共享制度。依托国家军民融合公共服务平台，通过地方科技管理部门和国防科技工业管理部门收集本地区民口前沿技术、先进技术和优质产品等资源信息，集中向军工单位公开发布；按行业收集武器装备科研生产需求，经保密审查后，向社会公开发布。

（十五）加强国防科技工业人才队伍建设。组织实施国防科技工业人才发展规划，利用全社会优势教育资源，围绕武器装备建设和国防科技工业发展需求，大力开展国防特色高校共建和国防特色学科建设，依托高等学校设立国防科技重点实验室和国防重点学科实验室，开展探索性、创新性基础研究和前沿技术研究，支持高等学校与军工单位加强产学研用合作和人才培养。鼓励设立国防科技工业人才培养基金，加强国防科技创新团队建设，培养一批工程型号领军人才，做好国防科技领域青年拔尖人才选拔工作，开展国防科技工业杰出人才奖评选表彰，吸引优秀人才投身国防科技工业建设。依托军工单位及相关院校开展军队装备技术保障人才教育培训。

四、促进军民技术相互支撑、有效转化

（十六）推动完善国防科技工业科技成果管理制度。统筹建设国防科技工业科技成果转化平台，定期发布《国防科技工业知识产权转化目录》，推动知识产权转化运用。推动降密解密工作，完善国防科技工业知识产权归属和收益分配等政策，推动国防科技工业和民用领域科技成果双向转移转化。

（十七）加大军用技术推广支持力度。突出高技术方向，着力发展有利于推动产业结构优化升级、培育国民经济新增长点的高端产业。项目审批方式逐步由事前审批向事后审批转变，经费支持方式可由注入资本金等向投资补助、贷款贴息等转变。

（十八）发挥技术转化评价作用。在军工科研项目立项评估和国防科学技术进步奖评选中，加大成果转化、推广和应用的权重。探索开展相关技术成熟度评价，跟踪具有潜在军用前景的技术发展动态，鼓励军工单位优先利用民口成熟技术和产品。

五、支撑重点领域建设

（十九）加强太空领域统筹。面向军民需求，加快空间基础设施统筹建设。加快论证实施重型运载火箭、空间核动力装置、深空探测及空间飞行器在轨服务与维护系统等一批军民融合重大工程和重大项目。以遥感卫星为突破口，制定国家卫星遥感数据政策，促进军民卫星资源和卫星数据共享。探索研究开放共享的航天发射场和航天测控系统建设。

（二十）推进网络空间领域建设。促进通信卫星等通信基础设施统筹建设。大力发展网络安全、电磁频谱资源管理等技术、产品和装备。推动天地一体化信息网络工程实施。优化军工电子信息类试验场布局和建设，在服务武器装备科研生产的同时，更好地服务国民经济发展。

（二十一）支撑海洋领域建设。推进海洋领域军民试验需求和试验设施统筹，加快深远海试验场建设。大力发展水下探测、信息传输与安全等技术，提高海洋综合感知能力。推动深海空间站、核动力海上浮动平台和深海大洋监测装备建设，积极研发高等级专业破冰船、极地自破冰科学考察船、极地救助船、极地半潜运输船、极地资源勘探船及极地专用核心配套设备、材料等，支

撑海洋领域重大工程。

六、推动军工服务国民经济发展

（二十二）发展典型军民融合产业。加强现有投资渠道统筹，优化投资方向。研发具有自主知识产权的先进核反应堆和先进核电技术，加快实施先进核能示范工程，提升核燃料循环产业规模和竞争力，推进核技术应用并实现产业化。积极引导支持卫星及其应用产业发展，促进应用服务创新和规模化应用。加强民用飞机关键技术攻关，加快产业化进程。调整优化民用船舶产业结构，发展高技术船舶和海洋工程。发展军民两用的信息安全与网络安全技术产业。

（二十三）培育发展军工高技术产业增长点。充分发挥军工单位在人才、技术、设备设施等方面优势，支持军工高技术产业化发展，不断提升动态保军能力。优选技术水平高、市场前景好、符合国家产业发展方向的产品和项目，编制发布《军用技术转民用推广目录》和《民参军技术与产品推荐目录》，对列入目录且应用效果好、实现工程化和产业化的项目给予重点支持。

（二十四）以军工能力自主化带动相关产业发展。加强政策统筹，做好与相关科技计划的衔接，制定并组织实施军工高端制造装备创新工程专项行动计划，组织国内优势单位开展专项攻关，提高军工能力建设所需的高端加工制造设备、测试仪器、科研生产软件等国产化率和自主可控水平。在军工生产能力建设中，进一步扩大支持采购国产首台（套）装备政策适用范围。

（二十五）促进军工经济和区域经济融合发展。围绕实施"一带一路"建设、京津冀协同发展、长江经济带发展"三大战略"和西部开发、东北振兴、中部崛起、东部率先"四大板块"布局以及河北雄安新区规划建设，鼓励军工集团公司与地方政府加强战略合作和规划政策对接，在军工单位后勤社会化改革以及参与所在地发展规划、优惠政策和激励措施实施等方面，创新合作方式，落实一批军民融合重大项目，发挥军工辐射带动作用。研究开展军工经济属地化分级统计，建立属地化军民融合产业统计体系。设立国防科技工业军民融合创新示范基地，支持重点省（区、市）开展国防科技工业军民融合综合改革试点，在体制机制创新、资源整合、成果转化和公共服务模式创新等方面取得突破。

（二十六）拓展军贸和国际合作。在确保国防安全和装备技术安全的前提下，着力优化军贸产品结构，提升高新技术装备出口比例，推进军贸转型升级。落实国家"一带一路"和"走出去"战略，推动核电站和核技术装备、宇航装备、航空装备、高技术高附加值船舶及其他高技术成套装备出口，推进"一带一路"空间信息走廊建设和金砖国家遥感卫星星座合作，鼓励参与海外石油矿产资源开发和国际工程承包。充分发挥国家原子能机构和国家航天局的对外合作平台作用，深化核和航天领域国际合作。

七、推进武器装备动员和核应急安全建设

（二十七）强化武器装备动员工作。充分利用武器装备科研生产能力和资源，积极参与武器装备维修保障和服务，推进完善军民一体化维修保障体系。着眼战时部队高技术装备维修力量缺口，推进高新技术武器装备专业保障队伍建设，加强针对性实战化训练演练，形成支前保障能力。

（二十八）提升核应急和安全能力。按照国家核应急体系建设整体布局，加强国家核应急救援力量建设。推进核安全技术研究，军地联合加快国家核安全体系重大工程建设。加强核安全监管，增强核安保能力。加快军工核设施退役治理，提升军工核设施实物保护能力。

八、完善法规政策体系

（二十九）加强法律法规建设。加强国防科技工业法规建设，加快推动原子能法出台，积极推进航天立法。完善相关配套法规和政策制度，不断健全军民融合法律法规体系，进一步引导、规范、保障国防科技工业军民融合深度发展。

（三十）完善社会投资审核制度。修订《国防科技工业社会投资核准和备案管理暂行办法》和《国防科技工业社会投资领域指导目录》，减少和下放政府对国防科技工业领域社会投资的审核，除战略能力外，鼓励各类符合条件的投资主体进入国防科技工业领域。

（三十一）健全配套支持政策。对承担军品重点任务、符合政府投资政策的民营企业，在企业自愿和确保安全保密的前提下，采取投资入股、补助、贷款贴息、租赁、借用等多种方式给予支持。拓展军民融合发展投融资渠道，设立国家国防科技工业军民融合产业投资基金，鼓励支持地方政府、符合条件的机构根据自身发展实际设立相关产业投资基金，重点推动军工高技术产业发展。研究企事业单位参与军品科研生产任务的风险补偿和扶持机制。探索建立军工资产管理新模式，加强对民营企业军工能力的监管。

各地区、各部门要充分认识推动国防科技工业军民融合深度发展的重大意

义，做好统筹衔接，加强沟通协调，形成工作合力。各地方人民政府要结合本地区实际，出台有针对性的配套措施。国务院国防科技工业管理部门要会同有关方面制定分工方案，及时研究解决工作中遇到的矛盾和问题，确保国防科技工业军民融合深度发展取得实效。

国务院办公厅

2017 年 11 月 23 日

（中国政府网站 2017 年 12 月 4 日）

5. 促进国家重点实验室与国防科技重点实验室、军工和军队重大试验设施与国家重大科技基础设施的资源共享管理办法

第一章　总则

第一条　为落实中共中央、国务院、中央军委关于经济建设和国防建设融合发展的工作任务，加强军民融合，统筹推进国家重点实验室与国防科技重点实验室、军工和军队重大试验设施与国家重大科技基础设施的资源共享，提高资源利用效率，释放服务潜能，提升协同创新能力，规范相关管理工作，制定本办法。

第二条　本办法所指的国家重点实验室与国防科技重点实验室、军工和军队重大试验设施与国家重大科技基础设施（以下简称实验室及设施）的资源主要包括科研设施与仪器设备、科学数据、实验材料等。

科研设施与仪器设备是指用于科学研究和技术开发活动的实验（试验）设施和科学仪器设备。

科学数据是指通过基础研究、应用研究、试验开发产生的数据以及通过观测监测、考察调查、检验检测等方式取得并可用于科学研究活动的原始数据及其衍生数据。

实验材料是指用于科学研究和技术开发活动的实验样本（样品）、实验用试剂、标准物质、实验动物、微生物菌种资源等。

第三条 本办法所称的实验室是军民开展科技创新的基地，国家重点实验室与国防科技重点实验室通过资源共享，共同组织基础研究和应用基础研究，整体提升军民协同创新能力。本办法所称的设施是军民开展科学研究和技术开发的科研基础条件平台，军工和军队重大试验设施与国家重大科技基础设施通过优质资源的有效集成，形成服务于协同创新活动的支撑能力。

第四条 实验室及设施的资源原则上应对外开放共享，并为科技创新活动提供支撑服务。法律法规、相关管理办法和保密制度另有特殊规定的按其规定执行。

第二章 管理职责

第五条 科技部、国家发展改革委、国防科工局、军委装备发展部、军委科技委等部门是推进实验室及设施资源共享的宏观管理部门（以下简称宏观管理部门），主要职责是：

1. 建立军民会商协调机制，设立管理办公室，统筹推进实验室及设施资源共享；

2. 强化问题导向，制定完善促进实验室及设施资源共享的政策措施；

3. 组织开展实验室及设施资源共享执行情况的评价考核；

4. 指导部门和地方政府相关管理部门开展实验室及设施资源共享工作。

第六条 有关部门和地方政府相关管理部门是开展实验室及设施资源共享工作的主管部门（以下简称主管部门），主要职责是：

1. 组织开展本部门实验室及设施资源共享工作，建立健全组织管理体系、规章制度和保密条例；

2. 定期开展本部门实验室及设施资源共享工作检查，跟踪掌握工作进展情况；

3. 盘活本部门实验室及设施资源存量，统筹增量，按照分级分类原则，核准并发布相关资源的共享目录；

4. 参与跨部门、跨区域实验室及设施资源共享工作。

第七条 依托单位是实验室及设施资源共享工作的责任主体，主要职责是：

1. 落实推进实验室及设施资源共享的各类规章制度，创新管理运行机制，完善相关配套条件；

2. 负责实验室及设施运行管理和资源共享服务中的知识产权保护。负责签署资源共享服务合同，约定服务内容、相关保密要求等事项。组织编制实验室及设施资源共享目录；

3. 开展实验室及设施资源共享的人才队伍建设，在人员编制、薪酬待遇、职称晋升和业务培训等方面给予倾斜；

4. 开展实验室及设施资源共享时，可依据相关规定，采取有偿或无偿的方式进行。军队所属单位要按照中央军委"全面停止有偿服务活动"相关政策执行。

第三章 信息互通

第八条 宏观管理部门将会同主管部门建立实验室及设施资源共享的信息互通机制和渠道。推动重大科研基础设施和大型科研仪器国家网络管理平台、国家军民融合公共服务平台、国家军民技术成果公共服务平台、全军武器装备采购信息网等网络信息平台互联互通，实现信息共享。

第九条 依托单位应按照分级分类原则，负责组织编制实验室及设施资源共享目录，经主管部门保密审查核准通过后，依据相关规定，由主管部门采取适当方式发布。

第十条 依托单位在相关网络信息平台上，依据相关规定，发布实验室及设施资源共享的服务内容、服务方式、服务流程等相关信息，并提供线上线下服务。

第四章 双向开放

第十一条 实验室应按照资源共享要求，加强国家重点实验室和国防科技重点实验室双向开放、相互融合和有效集成，开展协同创新能力建设。

第十二条 设施应按照资源共享要求，通过设置开放共享服务公开区域和涉密区域方式，开展国防科技重点实验室、军工和军队重大试验设施的降解密工作，有效盘活资源存量，实现军工和军队重大试验设施与国家重大科技基础设施的融通衔接和协同共用。

第十三条 实验室及设施应加强资源共享的供需对接，集中优质资源，为科技创新提供有针对性的规范化、专业化资源共享服务。

第十四条 实验室及设施可通过互聘兼职教授（研究员）、互派客座研究人员、联合培养人才等方式促进专业技术人才的双向交流和资源共享。

第五章 协同创新

第十五条 国家重点实验室开展前瞻性、前沿性、颠覆性基础研究和军民共用技术研究，引领带动学科领域发展。国防科技重点实验室开展创新性的应用基础和关键技术研究。实验室及设施应聚焦经济建设和国防建设融合发展需求，围绕基础研究和应用基础研究，联合提出重大科学技术问题，共同申报并承担国家、国防各类科技计划和军队科研计划项目。

第十六条　实验室及设施可通过建立联盟等多种合作形式，促进交叉学科、相近领域、相同地域实验室及设施资源共享，提升协同创新能力。

第十七条　实验室及设施应参与军民科技协同创新平台、国家军民融合创新示范区建设的相关工作，面向区域科技创新需求提供资源共享服务，发挥辐射带动作用。

第六章　评价考核

第十八条　宏观管理部门将会同主管部门组织开展实验室及设施资源共享执行情况评价考核，并通过适当方式公布评价考核结果。

第十九条　评价考核要根据实验室及设施在资源开放共享中不同的定位和作用，分别制定相应的考核指标，实行分类评价考核。

第二十条　评价考核结果将作为实验室及设施新建、调整和经费支持的重要依据。对于评价考核结果较差的实验室及设施将给予警告、公开通报并责令其限期整改。

第二十一条　实验室及设施资源共享执行情况评价考核工作应与国家重点实验室、国防科技重点实验室、军工和军队重大试验设施、国家重大科技基础设施的评价考核相结合，在相应的评价考核指标体系中增设实验室及设施资源共享情况评价指标。

第二十二条　主管部门和依托单位要加强对本部门本单位实验室及设施资源共享工作的监督管理，重点检查实验室及设施开展资源共享工作的进展情况、服务质量和服务水平。

第七章　附则

第二十三条　本办法由科技部会同相关部门负责解释。

第二十四条　本办法自发布之日起实施。

科技部　国家发展改革委　国防科工局　军委装备发展部　军委科技委

2018 年 6 月 22 日

（中国政府网 2018 年 7 月 30 日）

6.《关于促进新时代退役军人就业创业工作的意见》印发

日前，退役军人事务部等军地 12 个部门联合印发《关于促进新时代退役军人就业创业工作的意见》(以下简称《意见》)。《意见》指出，退役军人是重要的人力资源，是建设中国特色社会主义的重要力量。促进退役军人就业创业，对于更好实现退役军人自身价值、助推经济社会发展、服务国防和军队建设都具有重要意义。

《意见》明确，新时代退役军人就业创业工作要以习近平新时代中国特色社会主义思想为指导，坚持政府推动、政策优先，市场导向、需求牵引，自愿选择、自主作为，社会支持、多方参与，调动各方面力量共同推进，保障退役军人在享受普惠性就业创业扶持政策和公共服务基础上再给予特殊优待。

《意见》要求，提升退役军人就业创业能力，完善多层次、多样化的教育培训体系，将退役军人教育培训纳入国家学历教育和职业教育体系，依托普通高校、职业院校等教育资源，促进现役军人与退役军人教育培训相衔接、学历教育与技能培训互为补充，不断改善知识结构，提升能力素质。加大就业支持力度，机关、社会团体、企业事业单位招收退役军人适当放宽年龄和学历条件，同等条件下优先招录，加大从退役军人中招录公务员的力度。拓宽退役军人就业渠道，对吸纳退役军人就业的企业，符合条件的可享受税收优惠。强化就业服务，实施后续跟踪扶持，对出现就业困难的退役军人及时提供帮扶。

《意见》还要求，优化退役军人创业环境，政府投资或社会共建的创业孵化基地和创业园区可设立退役军人专区，有条件的地区可专门建立退役军人创业孵化基地。退役军人创办中小企业，享受金融和税收优惠，鼓励社会资本设立退役军人创业基金，拓宽资金保障渠道。建立健全服务体系，加快建设全国贯通、实时共享、上下联动的退役军人就业创业服务信息平台，成立就业创业指导团队，引入社会力量支持退役军人就业创业。

《意见》强调，要把退役军人就业创业工作作为一项政治任务，健全工作机制，明确任务分工，纳入绩效考核，加强监督检查，严格追踪问效，确保政策落实落地。对在中央政策之外增设条件、提高门槛的，坚决予以清理和纠正；对政策落实不到位、工作推进不力的，及时督查督办；对严重违反政策规定、造成不良影响的，严肃追究责任。要加强思想政治和择业观念教育，大力宣传退役军人就业创业典型，弘扬自信自强、积极向上的精神风貌，引导广大退役军人发扬人民军队光荣传统和优良作风，退役不褪色、退伍不褪志，在社会主义现代化建设事业中再立新功。

（梅世雄　新华网 2018 年 8 月 3 日）

7. 《关于开展"最美退役军人"学习宣传活动的通知》印发

中宣部、退役军人事务部联合印发通知，开展"最美退役军人"学习宣传活动。

记者 17 日从退役军人事务部获悉，日前，中共中央宣传部、退役军人事务部印发《关于开展"最美退役军人"学习宣传活动的通知》，对在全社会广泛开展"最美退役军人"学习宣传活动作出部署。

通知强调，学习宣传活动要全面贯彻党的十九大和十九届二中、三中全会精神，以习近平新时代中国特色社会主义思想为指导，贯彻落实全国宣传思想工作会议精神，坚持培育和践行社会主义核心价值观，推出一批积极响应党的号召、在经济社会建设各个领域取得明显成就、作出突出贡献的优秀退役军人典型，充分展示退役军人永葆本色、奋发图强的优秀品质和良好精神风貌，动员广大退役军人倍加珍惜荣誉、积极投身国家建设发展，激励广大干部群众学习最美、争当最美，在全社会大力营造关心国防、尊崇军人的浓厚氛围，营造立足岗位做贡献、建功立业新时代的时代风尚，为决胜全面建成小康社会、夺取新时代中国特色社会主义伟大胜利、实现中华民族伟大复兴的中国梦提供强大精神动力。

通知明确，学习宣传活动主要包括广泛发动、遴选典型、公开发布、巡回报告、集中宣传、学习实践等环节。各地要深入挖掘身边退役军人立足本职、干事创业的感人事迹，选树一大批先进典型，举办一系列富有仪式感的活动，开展形式多样的实践活动，大力学习宣传"最美退役军人"先进事迹，推动学习宣传活动进企业、进农村、进机关、进校园、进社区、进军营、进网站。中共中央宣传部、退役军人事务部将综合各地推荐情况，适时遴选确定并公开发布一批"最美退役军人"，各地可结合实际发布本地区优秀退役军人典型。

通知指出，开展"最美退役军人"学习宣传活动是社会主义精神文明建设的一件大事，是培育和弘扬社会主义核心价值观的重要抓手，是做好退役军人工作、加强思想政治引领、让军人成为全社会尊崇职业的实际举措。各地要充分认识活动的重要意义，加强组织领导，精心筹划部署，严密组织实施，确保深入有序推进。

（罗争光　新华社北京 2018 年 9 月 17 日电）

8. 关于促进通用机场有序发展的意见

《国务院办公厅关于促进通用航空业发展的指导意见》（国办发〔2016〕38号）印发以来，各地认真贯彻落实，积极探索、科学谋划，加快推进通用机场规划建设，着力突破"落地难"瓶颈。但有些地区对通用机场的功能定位、布局原则等认识模糊，有些通用机场规划布点也不尽合理，缺少对区域军民用机场运行、军事设施保护、军民航飞行等综合论证，加剧了地区飞行矛盾，对军事安全保密造成较大隐患。此外，还存在通用机场项目报批程序复杂、周期长等问题，这些都不利于加快培育通用航空市场。为科学有序推进通用机场规划建设，促进通用航空业持续健康发展，推动通用航空"热起来、飞起来"，现提出以下意见。

一、正确认识加快通用机场建设的重要性

通用航空业是民航领域供给侧结构性改革的重要抓手，是航空业发展的新增长点。按照"分类管理、放管结合、有序发展"的原则，加快通用航空业发展，有利于完善综合交通运输体系，提升公共服务水平，促进产业转型升级，释放消费潜力，培育新的经济增长点。通用机场作为通用航空业发展的重要基础，加快建设和完善通用机场网络，是补足基础设施短板、解决"落地难"问题的关键举措。各地要提高认识，坚定实施军民融合发展战略，准确把握市场需求和发展形势，充分认识通用航空社会属性，发挥好市场机制作用，科学有

序推进通用机场建设，营造通用航空良好发展环境，探索通用航空业发展新业态、新模式。

二、科学编制通用机场布局规划

通用机场布局规划是通用机场项目审批（核准）、建设实施的依据，应坚持以市场需求为导向，合理确定通用机场功能定位，突出发展重点，注重与地方优势资源创新融合，发挥通用机场的辐射和带动作用，打造适应区域经济社会发展需要的通用航空网络。

（一）明确功能定位

一是交通运输服务。利用通用航空短途运输"小机型、小航线、短航程、组织方式灵活"等特点，在距离最近的民用运输机场直线距离100千米以上的偏远地区、地面交通不便地区布局通用机场，为人民群众提供"飞得到、坐得起、用得上"的交通出行服务。利用公务航空"快捷、私密、舒适"等特点，在京津冀、长三角、珠三角等城镇化和市场需求较高的地区布局综合性通用机场，疏解枢纽机场非核心业务，提供个性化、高效率的出行服务。

二是社会公共服务。充分发挥通用航空响应速度快、机动能力强、服务范围广的优势，运用大数据等技术手段分析自然灾害等易发多发地区以及国家高速公路事故多发路段，选择附近具备条件的地方布局通用机场，提升航空应急救援能力；在国家布局的城市群中的主要城市选择综合性医院布局通用机场，优先在京津冀、长三角、珠三角、长江中游、成渝等城市群逐步构建30分钟通用航空医疗救助网络；在人口密集、交通易拥堵的大中型城镇，以及兼顾国防要求的口岸、交通枢纽等布局通用机场，扩大通用航空在区域综合治理与服务保障方面的应用。

三是通用航空消费。强化通用航空与旅游、体育等新消费融合，在世界自然文化遗产、国家级旅游度假区、4A级及以上景区、国家体育产业示范基地等布局通用机场，发展以大众消费为核心的通用航空旅游和航空体育产品。

四是航空飞行培训。优化提升既有航空飞行培训通用机场的服务保障能力，注重与航空制造、通用航空消费等上下游融合，发展固定翼航空器、旋翼机、无人机等多类型、多层次的飞行培训体系。

五是工农林生产作业。统筹既有通用航空工农林作业机场，扩大通用航空作业覆盖，满足大型农场、重点林区、粮食主产区等农林作业，电网和油气管道等巡线的需求。工农林生产作业通用机场宜与区域内其他通用机场统筹使用，并向社会开放。

（二）合理规划布局

遵循通用航空发展规律，结合自身发展实际和通用机场功能定位，加强与全国民用运输机场布局规划衔接，按照安全、经济、实用、绿色的原则，突出重点、量力而行，分类分级规划布局通用机场，切忌简单套用运输机场建设标准和运营模式，避免过度超前，防止盲目发展、重复建设。

一是突出通用机场建设重点。优先在中西部地区推进以通用航空短途运输为主的通用机场建设。鼓励京津冀、长三角、珠三角等地区和重点城市群加强以社会公共服务为主的通用机场建设。支持重点产业集聚区以及农产品主产区、重点国有林区等地区根据产业发展实际和通用航空服务需要，优化以工农林生产作业为主的通用机场布局。通用机场在规划建设时，要深入实施军民融合发展战略，贯彻国防要求，坚持军民融合、平战结合，特别是在沿边、沿海等交通不便的偏僻地区，预置军航飞行保障功能，提高通用机场建设的综合效益。

二是构建区域通用航空网络。扎实有序推进通用机场建设，逐步由点状分布向连通成网发展。近期以通用航空示范为重点，加快培育通用航空市场。优先鼓励在支线机场建设通用航空服务设施，提升机场利用效率和综合服务能力。鼓励利用有条件的军用机场开展通用航空业务，并研究在部分重要方向通用机场预置军事功能。远期将结合区域通用航空市场发展需要以及空域使用条件，推进京津冀、长三角、珠三角等地区和重点城市群的综合性通用机场建设，打造区域通用航空网络重要节点，逐步构建以支线机场和综合性通用机场为核心、规模适度、结构合理、功能协调、兼容互补的区域通用机场网络。

各省（区、市）在编制通用机场布局规划时，应加强军民航协调发展问题研究论证。通用机场布局规划编制完成后报省级人民政府批准，抄报国家发展改革委、民航局和中央军委联合参谋部、空军，同步抄送战区、战区空军及所在地民航地区管理局。

三、稳妥有序推进通用机场建设

（一）扎实做好项目前期工作

各省（区、市）要依据出台的通用机场布局规划，结合经济社会和通用航空业发展情况，建立通用机场建设重点项目库，明确功能定位、建设规模、投资融资等，并利用民航投资建设项目管理信息系统数据平台，实时动态掌握项目工作进展。各地要加强与军方有关部门沟通协商，确保通用机场建设条件落实到位。各省（区、市）审批（核准）通用机场项目时，原则上不再征求相应民航地区管理局意见，批复文件应抄送国家发展改革委、民航局和中央军委联合参谋部等相关单位。

（二）加强军民航协调与监管

国家发展改革委、民航局将充分发挥现有的机场项目军地协调机制的作用，加强新建通用机场项目与全国民用运输机场布局规划、战场建设规划等方面的衔接，保障公共航空运输和军航运行安全，协调解决通用机场项目场址、空域审核遇到的重点难点问题。民航局将按照职责加强对通用机场建设的监督管理。

（三）严格规范通用机场使用

通用机场应按照《通用机场分类管理办法》（民航发〔2017〕46号）要求，办理通用机场使用许可证。对于已批复的临时起降点，原则上不再办理批复有效期延期，有效期满后如需继续开展通用航空活动，运营人应按照通用机场项目有关规定办理相关手续。

（四）创新投融资模式

鼓励和吸引社会资本投资建设通用机场。鼓励政策性、开发性金融机构对通用机场建设提供多样化的金融服务和融资支持，拓宽融资渠道，降低企业融资成本。支持地方通过设立发展基金等方式，为通用机场建设提供建设资金和贴息补助；鼓励地方政府采取特许经营、政府购买服务等方式，加大政策和资金扶持力度，防范地方政府债务风险。"十三五"期间民航局将安排民航发展基金对各省（区、市）1至2个以短途运输、应急救援、医疗救护等公益性较强的通用航空服务为主的通用机场建设项目予以重点支持。

四、规范通用机场升级转换机制

对通用航空短途运输市场需求旺盛、通用机场运行安全平稳、具有支线运输需求的地区，地方政府可利用现有通用机场升级改造为运输机场，提升区域民用航空服务水平，构建通用机场与民用运输机场统筹协调发展的国家综合机场体系。

（一）严格升级条件

一是符合全国民用运输机场布局规划。

二是具备运输机场安全运行发展条件，3年内没有发生重大航空安全事故且无管理责任造成的重大及以上生产安全事故。

（二）明确升级程序

通用机场升级转换为运输机场的项目，须按照新建运输机场项目有关规定，报请国务院、中央军委审批（核准）。考虑到通用机场升级转换为运输机场的项目属原址改扩建，各级政府和有关部门要积极创造条件，简化审批程序。

各省（区、市）人民政府作为推进通用航空业发展的主体，要正确引导市（县）级政府科学谋划、有序发展，注重完善本地通用航空市场发展环境。按照谁审批谁监管、谁主管谁监管的原则，各地政府和民航行业管理部门要坚持安全第一，加强通用机场项目全过程监管，确保项目合法开工、建设过程合规有序，保障通用航空业安全、持续、健康发展。

（人民网—财经频道 2018 年 9 月 4 日）

9.《关于开展军民融合发展法规文件清理工作的通知》印发

近日，中共中央办公厅、国务院办公厅、中央军委办公厅印发《关于开展军民融合发展法规文件清理工作的通知》（以下简称《通知》），对军民融合发展法规文件清理作出全面部署。

《通知》指出，开展法规文件清理是全面贯彻党的十九大精神，深入实施军民融合发展战略，认真落实习近平总书记"优化军民融合发展的制度环境，坚决拆壁垒、破坚冰、去门槛"重要指示的具体举措。做好法规文件清理工作，有助于解决当前军民融合发展的突出矛盾和现实问题，有利于增强法规制度的协调性、时效性、针对性，更好发挥法规制度的规范、引导、保障作用。

《通知》明确了需要清理的文件范围。包括改革开放以来，在基础设施建设、国防科技工业、武器装备采购、人才培养、军事后勤、国防动员等军民融合潜力巨大的领域，以及海洋、太空、网络空间、生物、新能源、人工智能等军民共用性强的领域，制定发布的党内法规、法律法规规章、规范性文件。

《通知》明确了4个方面、14条清理标准。不适应国防和军队现代化需要方面，主要指不适应军队新的领导管理体制、联合作战指挥体制的；影响科技兴军、武器装备现代化等目标实现的；不符合实行军队社会化保障和全面停止有偿服务要求的。不符合军民统筹要求方面，主要指在基础设施、科技和工业、教育、应急应战等领域不利于军民统筹规划、统筹建设的；不利于科技、人才、资金、信息等军民要素资源双向流动的；制约国家投资形成的军民资源设施对社会开放共享的；与国防密切相关的经济建设项目未贯彻国防要求的。不利于公平竞争方面，主要指在市场准入、信息发布、知识产权保护等方面不利于优势民口、民营企业参与国防和军队建设的；不适当的定密、解密妨碍行政相对人知情和公平参与的；与贯彻新发展理念、建设现代化经济体系不符，不利于发挥市场配置资源决定性作用的。法规文件不衔接、不配套方面，主要指上位法规文件修改后，下位法规文件未进行相应修改的；法规文件之间明显不一致或者不衔接，造成军地衔接困难、执行不一致的；规定过于原则，缺少配套性、操作性规范，内容难以落实的；因年代较远，针对问题、规范事项、行政主体发生重大变化的。根据这些标准，对纳入清理范围的文件，分别提出废止、失效、修改、整合、降密解密、继续有效等处理意见。

《通知》要求，负责清理的单位要按照清理范围，对法规文件逐一研究确定是否纳入清理目录，全面清理不留死角，做到应清必清、务求彻底。要坚持开门清理，广泛征求相关部门、市场主体、行业协会、专家学者意见和建议。建立清理长效机制，实行定期清理与日常清理相结合、清理与备案审查相结合，加强清理后续跟踪检查，确保清理效果落到实处。中央军民融合办适时对清理工作开展督促检查。

（新华社2018年3月6日电）

10.《关于深入推进军队全面停止有偿服务工作的指导意见》印发

近日，中共中央办公厅、国务院办公厅、中央军委办公厅印发《关于深入推进军队全面停止有偿服务工作的指导意见》，为军地各级深入推进军队全面停止有偿服务工作提供了重要遵循。

《指导意见》指出，军队全面停止有偿服务，是党中央、中央军委和习近平总书记着眼实现党在新时代的强军目标、全面建成世界一流军队作出的重大战略决策，是深化国防和军队改革的重要内容。这项工作自2016年年初开展以来，经过各方共同努力，组织领导、政策制度、军地联动、司法保障体系逐步建立完善，项目清理停止成效明显，人员分流安置顺利，善后问题处理平稳，保持了部队和社会两个大局稳定。当前，军队全面停止有偿服务工作正处在决战决胜的关键时期，部队各级、地方各级党委和政府必须坚定信心决心，强化工作统筹，密切军地配合，聚力攻坚克难，确保如期完成军队全面停止有偿服务这一政治任务、国家任务、强军任务。

《指导意见》强调，要准确把握军队全面停止有偿服务重大战略决策意图，按照军队不经营、资产不流失、融合要严格、收支两条线的标准，坚持坚决全面、积极稳妥、军民融合，按计划分步骤稳妥推进，到2018年年底前全面停止军队一切有偿服务活动，为永葆我军性质宗旨和本色、提高部队战斗力创造有利条件。坚决停止一切以营利为目的、偏离部队主责主业、单纯为社会提供服务的项目。开展有偿服务的项目，合同协议已到期的应予终止，不得续签，全部收回军队资产；合同协议未到期的，通过协商或司法程序能够终止的项目，应提前解除合同协议，确需补偿的，按照国家法律规定给予经济补偿。

《指导意见》明确，对复杂敏感项目，区分不同情况，主要采取委托管理、资产置换、保障社会化等方式进行处理，国家和地方政府在政策上给予支持。对已融入驻地城市发展规划，直接影响社会经济发展和民生稳定，合同协议期限较长、承租户投资大，有潜在军事利用价值，确实难以关停收回的项目，可以实行委托管理。对独立坐落或者能够与在用营区相对分离，军事利用价值不高，已经形成事实转让的项目，由中央军委审批确定后，可以采取置换等方式处理。对部队营区内引进社会力量服务官兵工作、生活的房地产租赁项目，纳入保障社会化范围，规范准入条件、运行方式、优惠措施、经费管理等，更好地服务部队、惠及官兵。

《指导意见》明确，军队全面停止有偿服务后，将国家赋予任务、军队有能力完成的，军队特有或优势明显、国家建设确有需要的，以及军队引进社会力量服务官兵的项目，纳入军民融合发展体系。对需纳入军民融合发展体系的行业项目，由军地有关部门研究提出有关标准条件、准入程序、审批权限、运行管理等政策办法，实行规范管理，严格落实收支两条线政策规定。对军队全面停止有偿服务后空余房地产、农副业生产用地、大型招待接待资产，全部由中央军委集中管理、统筹调控。

《指导意见》强调，军队全面停止有偿服务是军队、中央和国家机关、地方党委和政府的共同责任。各有关方面要高度重视，牢固树立"四个意识"，加强组织领导和工作统筹，党委领导同志要敢于担当、勇于负责，对复杂敏感项目要亲自上手、一抓到底。要严肃工作纪律，适时开展专项巡视和审计，查处违纪违法问题。要以严实作风推动工作高标准落实，确保如期圆满完成军队全面停止有偿服务任务。

（人民网—《人民日报》2018 年 6 月 12 日）

二、战略指导

1. 中共中央政治局召开会议决定设立中央军民融合发展委员会

中共中央政治局 1 月 22 日召开会议，决定设立中央军民融合发展委员会；审议《中央政治局常委会听取和研究全国人大常委会、国务院、全国政协、最高人民法院、最高人民检察院党组工作汇报和中央书记处工作报告的综合情况报告》。中共中央总书记习近平主持会议。

会议决定，设立中央军民融合发展委员会，由习近平任主任。中央军民融合发展委员会是中央层面军民融合发展重大问题的决策和议事协调机构，统一领导军民融合深度发展，向中央政治局、中央政治局常务委员会负责。

会议对全国人大常委会、国务院、全国政协、最高人民法院、最高人民检察院党组和中央书记处 2016 年的工作给予充分肯定，同意其对 2017 年的工作安排。会议强调，要深入学习贯彻党的十八届六中全会精神，严格执行《关于新形势下党内政治生活的若干准则》《中国共产党党内监督条例》，深刻理解和牢固树立政治意识、大局意识、核心意识、看齐意识，坚决维护以习近平同志为核心的党中央权威，始终在思想上政治上行动上同以习近平同志为核心的党中央保持高度一致，坚决维护党中央集中统一领导，不折不扣贯彻执行党中央决策部署。

会议强调，今年我们将召开党的十九大，也是实施"十三五"规划的重要一年、推进供给侧结构性改革的深化之年。要坚持稳中求进工作总基调，统筹推进"五位一体"总体布局和协调推进"四个全面"战略布局，紧紧围绕大局履职尽责，交上让党和人民满意的答卷。全国人大常委会、国务院、全国政协、最高人民法院、最高人民检察院党组要自觉坚持党中央集中统一领导，贯彻落实新发展理念，落实全面从严治党责任，扎实做好党中央部署的各项工作，着力防范和化解各种风险，促进经济平稳健康发展和社会和谐稳定。中央书记处要服务大局出谋划策，突出重点抓好落实，深入开展调查研究，健全完善工作机制，提高解决实际问题能力，完成好党中央交办的各项任务。

会议还研究了其他事项。

（新华社北京 2017 年 1 月 22 日电）

2. 习近平主持召开中央军民融合发展委员会第一次全体会议并讲话

中共中央总书记、国家主席、中央军委主席、中央军民融合发展委员会主任习近平于 6 月 20 日下午主持召开中央军民融合发展委员会第一次全体会议并发表重要讲话。习近平强调，把军民融合发展上升为国家战略，是我们长期探索经济建设和国防建设协调发展规律的重大成果，是从国家发展和安全全局出发作出的重大决策，是应对复杂安全威胁、赢得国家战略优势的重大举措。要加强集中统一领导，贯彻落实总体国家安全观和新形势下军事战略方针，突出问题导向，强化顶层设计，加强需求统合，统筹增量存量，同步推进体制和机制改革、体系和要素融合、制度和标准建设，加快形成全要素、多领域、高效益的军民融合深度发展格局，逐步构建军民一体化的国家战略体系和能力。

中共中央政治局常委、中央军民融合发展委员会副主任李克强、刘云山出席会议，中共中央政治局常委、中央军民融合发展委员会副主任兼办公室主任张高丽就办公室筹建工作情况及会议审议文件作说明。

会议审议通过了《中央军民融合发展委员会工作规则》《中央军民融合发展委员会办公室工作规则》《中央军民融合发展委员会近期工作要点》和《省（区、市）军民融合发展领导机构和工作机构设置的意见》。

习近平指出，当前和今后一个时期是军民融合的战略机遇期，也是军民融合由初步融合向深度融合过渡、进而实现跨越发展的关键期。各有关方面一定要抓住机遇，开拓思路，在"统"字上下功夫，在"融"字上做文章，在"新"字上求突破，在"深"字上见实效，把军民融合搞得更好一些、更快一些。

习近平强调，推进军民融合深度发展，必须立足国情军情，走出一条中国特色军民融合路子，把军民融合发展理念和决策部署贯彻落实到经济建设和国防建设全领域全过程。要发挥我国社会主义制度能够集中力量办大事的政治优势，坚持国家主导和市场运作相统一，综合运用规划引导、体制创新、政策扶持、法治保障以及市场化等手段，最大程度凝聚军民融合发展合力，发挥好军民融合对国防建设和经济社会发展的双向支撑拉动作用，实现经济建设和国防建设综合效益最大化。

习近平指出，推进军民融合深度发展，根本出路在改革创新。要以扩大开放、打破封闭为突破口，不断优化体制机制和政策制度体系，推动融合体系重塑和重点领域统筹。要把军民融合发展战略和创新驱动发展战略有机结合起来，加快建立军民融合创新体系，培育先行先试的创新示范载体，拓展军民融合发展新空间，探索军民融合发展新路子。

习近平强调，推进军民融合深度发展，要善于运用法治思维和法治方式推动工作，发挥好法律法规的规范、引导、保障作用，加快推进军民融合相关法律法规立改废释工作。要优化军民融合发展的制度环境，坚决拆壁垒、破坚冰、去门槛，加快调整完善市场准入制度，从政策导向上鼓励更多符合条件的企业、人才、技术、资本、服务等在军民融合发展上有更大作为。

习近平指出，推动军民融合深度发展，必须向重点领域聚焦用力，以点带面推动整体水平提升。基础设施建设和国防科技工业、武器装备采购、人才培养、军队保障社会化、国防动员等领域军民融合潜力巨大，要强化资源整合力度，盘活用好存量资源，优化配置增量资源，发挥军民融合深度发展的最大效益。海洋、太空、网络空间、生物、新能源等领域军民共用性强，要在筹划设计、组织实施、成果使用全过程贯彻军民融合理念和要求，抓紧解决好突出问题，加快形成多维一体、协同推进、跨越发展的新兴领域军民融合发展格局。

习近平强调，推动军民融合深度发展，必须强化贯彻落实。要增强紧迫感，只争朝夕，紧抓快干，按照职责分工，以钉钉子精神一件一件抓，加快推进重点任务、重大工程落地见效。要着眼于提高军民融合发展整体质量效益，强化督导评估，形成军民融合发展的鲜明导向和评价标准规范。

习近平指出，各地区各部门要把思想和行动统一到党中央决策部署上来，强化使命担当，敢于涉险滩、动奶酪，敢于破难题、闯难关，敢于趟路子、辟新径，加强组织管理、政策规划、重大改革、基础建设、试点示范等方面的统筹力度，协调解决跨部门、跨领域、跨区域重大问题，推动工作取得实效。各省（区、市）要加快设置军民融合发展领导机构，完善职能配置和工作机制，为贯彻落实党中央决策部署提供坚强组织保障。

中央军民融合发展委员会委员出席会议，中央和国家机关及军委机关有关部门负责同志列席会议。

（人民网—《人民日报》2017 年 6 月 21 日）

3. 中共中央政治局进行第四十二次集体学习，习近平强调推动国防和军队改革向纵深发展

中共中央政治局 7 月 24 日下午就推进军队规模结构和力量编成改革，重塑中国特色现代军事力量体系第四十二次集体学习。中共中央总书记习近平在主持学习时强调，深化国防和军队改革是一场攻坚战役，军队要全力以赴，全党全国要大力支持，坚持军地一盘棋，齐心协力完成跨军地改革任务，以实际行动支持国防和军队改革，把军政军民团结的政治优势转化为助推改革强军的巨大力量。

中央军委深化国防和军队改革领导小组专家咨询组副组长蔡红硕同志就这个问题进行讲解，并谈了意见和建议。

中共中央政治局各位同志认真听取了他的讲解，并就有关问题进行了讨论。

习近平在主持学习时发表了讲话。他指出，再过几天，就是中国人民解放军建军 90 周年了，我们特地安排一个关于国防和军队建设的题目。这是党的十八大以来中央政治局集体学习第三次以国防和军队建设为题了。2016 年 7 月，我们围绕军队领导指挥体制改革，了解"脖子以上"改革情况。这次集体

学习安排军队规模结构和力量编成改革的内容，目的是了解"脖子以下"改革情况，了解改革后我军力量体系新面貌，研究进一步把国防和军队改革向纵深推进。

习近平强调，强军是强国的一个重要战略支撑，也是我们党的一项重要战略任务。党的十八大以来，党中央审时度势，领导我军开启强军兴军新征程，朝着实现强军目标、把人民军队建设成为世界一流军队砥砺前行。我们把深化国防和军队改革纳入全面深化改革大盘子，作为强军兴军的关键一招。5年来，国防和军队改革大刀阔斧、蹄疾步稳，在主要领域迈出历史性步伐、实现历史性突破、取得历史性成果。这场重塑重构使我军体制和结构焕然一新，发展格局焕然一新，部队面貌焕然一新，为强军事业增添了强大动力，为国防和军队现代化奠定了深厚基础。

习近平指出，优化我军规模结构和力量编成，解决制约国防和军队发展的结构性矛盾，是深化国防和军队改革的重要内容。我们要聚焦改革目标，深入实施改革强军战略，深入落实改革总体设计，一鼓作气把改革推向前进。调整之后，我军规模更加精干，结构更加优化，编成更加科学，从根本上改变了长期以来陆战型的力量结构，改变了国土防御型的兵力布势，改变了重兵集团、以量取胜的制胜模式，迈出由数量规模型向质量效能型、人力密集型向科技密集型转变的一大步，以精锐作战力量为主体的联合作战力量体系正在形成。

习近平强调，深化国防和军队改革是一次整体性、革命性变革，力度、深度、广度是新中国成立以来没有过的。我们要保持锐意改革的决心和信心，保持攻坚克难的勇气，保持抓铁有痕、踏石留印的劲头，夺取深化国防和军队改革全面胜利。要把统一思想认识贯穿始终，引导全军从思想上政治上行动上跟紧党中央和中央军委决策部署，跟紧国防和军队改革前进步伐，形成推进改革强军的强大势场。要把坚持问题导向贯穿始终，扭住深层次矛盾和重点难点问题持续用力、精准发力，确保改革不断取得突破。要把加强组织领导贯穿始终，把准改革方向，搞好研究论证，掌控节奏力度，加强检查督察，使各项改革举措落到实处。

习近平指出，上个月（6月），我在中央军民融合发展委员会第一次全体会议上，就推进军民融合发展方面工作讲了意见。中央和国家机关、军委机关有关部门和相关工作机构，要做好调查研究、谋划设计、改革试点等工作，推进重要领域和关键环节改革取得实质性进展。政策制度调整改革关系广大官兵切身利益、部队军心士气、军队发展活力，关系改革总体效果。要加快研究论证步伐，搞好系统性、前瞻性设计，让官兵有更多获得感。

习近平强调，国防和军队改革取得了一批重大理论成果、实践成果、制度成果，要及时巩固拓展。要完善领导指挥体制，健全同新体制相适应的工作运行机制，做好军事法规立改废释工作，使新体制新编成的优势得到充分释放。要把推进军事管理创新摆上重要位置，下大气力更新管理理念、优化管理流程、转变管理模式，发展我军特色现代管理体制，在构建新型军事管理体制上迈出实质性步伐。各有关方面特别是地方党委和政府要千方百计帮助官兵解决后顾之忧。

（新华社北京 2017 年 7 月 25 日电）

4. 习近平主持召开十九届中央军民融合发展委员会第一次全体会议

中共中央总书记、国家主席、中央军委主席、中央军民融合发展委员会主任习近平于 2018 年 3 月 2 日上午主持召开十九届中央军民融合发展委员会第一次全体会议并发表重要讲话。他强调，党的十九大强调要坚定实施军民融合发展战略，形成军民融合深度发展格局，构建一体化的国家战略体系和能力。我们要深入贯彻党的十九大精神，增强使命感和责任感，真抓实干，紧抓快干，不断开创新时代军民融合深度发展新局面。

李克强、张高丽、王沪宁出席会议。

会议审议通过了《军民融合发展战略纲要》《中央军民融合发展委员会2018 年工作要点》《国家军民融合创新示范区建设实施方案》及第一批创新示范区建设名单。

会议认为，党的十八大以来，党中央把军民融合发展上升为国家战略，从党和国家事业发展全局出发进行总体设计，组织管理体系基本形成，战略规划引领不断强化，重点改革扎实推进，法治建设步伐加快，军民融合发展呈现整体推进、加速发展的良好势头。

会议指出，坚定实施军民融合发展战略，要坚持以习近平新时代中国特色社会主义思想为指导，全面贯彻习近平强军思想，落实总体国家安全观和新形势下军事战略方针，贯彻新发展理念，坚持富国和强军相统一，形成军民融合深度发展格局，构建一体化的国家战略体系和能力，为实现中国梦强军梦提供强大动力和战略支撑。要坚持党中央权威和集中统一领导，坚持深化改革创新，坚持军民协同推进，坚持有序开放合作。要立足我国国情，顺应时代大势，科学把握方向，明确战略目标，强化战略举措，在解决突出问题中实现战略突破，在运筹全局中赢得战略优势。要加快形成军民融合发展组织管理体系、工作运行体系、政策制度体系，推动重点领域军民融合发展取得实质性进展，形成全要素、多领域、高效益的军民融合深度发展格局，初步构建一体化的国家战略体系和能力。

会议强调，要准确把握军民融合发展战略任务，推进基础设施统筹建设和资源共享、国防科技工业和武器装备发展、军民科技协同创新、军地人才双向培养交流使用、社会服务和军事后勤统筹发展、国防动员现代化建设、新兴领域军民深度融合。

会议指出，要坚持突出重点，勇于攻坚克难，全力做好 2018 年各项工作。要强化思想和战略引领，推动军民融合发展战略在各地区各部门落地生根，在重点领域、重点区域、重点行业取得实效。要实现关键性改革突破，加快国防科技工业体制、装备采购制度、军品价格和税收等关键性改革，加快破除"民参军""军转民"壁垒。要聚焦重点精准发力，培育一批典型，强化示范引领，以点带面推动军民融合发展整体水平提升。要加大法治建设力度，推动军民融合发展综合性立法和重点领域立法进程。

会议强调，国家军民融合创新示范区是推动军民融合深度发展的"试验田"，要以制度创新为重点任务，以破解影响和制约军民融合发展的体制性障碍、结构性矛盾、政策性问题为主攻方向，探索新路径新模式，形成可复制可推广的经验做法。要坚持顶层统筹推进和地方主动探索相结合，高起点谋划、高标准实施、高质量建设、高效率推进，着力在体制机制创新、政策制度创新、发展模式创新等方面树立标杆。军地相关部门要加强资源整合、力量整合、政策集成。地方党委和政府要主动作为，推动创新示范取得实实在在成效。

中央军民融合发展委员会副主任、委员出席会议，中央和国家机关及军委机关有关部门负责同志列席会议。

（新华社北京 2018 年 3 月 2 日电）

5. 习近平主持召开十九届中央军民融合发展委员会第二次会议

中共中央总书记、国家主席、中央军委主席、中央军民融合发展委员会主任习近平 10 月 15 日主持召开中央军民融合发展委员会第二次会议并发表重要讲话。会议审议通过《关于加强军民融合发展法治建设的意见》。习近平强调，强化责任担当，狠抓贯彻落实，提高法治化水平，深化体制改革，推动科技协同创新，加快推动军民融合深度发展。

中共中央政治局常委、中央军民融合发展委员会副主任王沪宁、韩正出席会议。

会议认为，中央军民融合发展委员会第一次会议以来，各地区各部门深入学习贯彻习近平新时代中国特色社会主义思想和党的十九大精神，坚持问题导向，强化顶层设计，全面改革创新，积极探索实践，各项工作取得新进展。

会议强调，要抓好《关于加强军民融合发展法治建设的意见》贯彻实施，完善法律制度，推进军民融合领域立法，尽快实现重点领域立法全覆盖。要提高立法质量，立改废释并重，及时修改、废止不适应实践需要的法规文件，增强法律制度时效性、协调性、可操作性。要完善制度机制，确保在法律范围内想问题、作决策、办事情。要大幅度精简审批事项，降低准入门槛，降低制度性成本，释放社会生产力。要坚持依法决策，确保决策科学、程序正当、责任明确。

会议指出，要加快职能转变，降低准入门槛，优化付款、退税、资质办理等流程，降低制度性成本，释放社会生产力。对需要公众参与的事项，要依法有序公开。要营造公平环境，推行竞争性采购，引导国有军工企业有序开放，提高民口民营企业参与竞争的比例。要按照规则公平的要求，完善投资、税收、评标等方面的政策，把权利保护贯穿于军民融合发展立法、决策、执法、司法各环节，有效维护各类主体合法权益。

会议强调，战略性重大工程是推动科技创新的有效途径。要着力突破关键核心技术，立足最复杂、最困难的情况，以工程建设为牵引，集中优势力量协同攻关，早日取得突破。要扩大国产技术和产品规模化应用，更多立足国产产品开展研制，在使用中不断迭代优化，进而带动国家整体创新实力提升。要提高工程建设效益，统筹配置资源，努力实现整体性能最优、综合效益最大。

会议要求，要加强党中央集中统一领导，充分发挥我国社会主义制度能够集中力量办大事的政治优势，统一协调相关重大工程、重大计划、重大项目，统一调动所需的人、财、物等创新资源，形成整体合力。各有关部门和地区要增强"四个意识"，坚定"四个自信"，发扬钉钉子精神，实干苦干，不断取得军民融合发展新成效。要加快工作机构建设，尽快实现机构到位、职能到位、人员到位，加强干部队伍建设。要敢于啃硬骨头，积极开展创新实践。各级党委和政府要把抓军民融合发展任务落实作为重大政治责任，自觉在大局下把方向、定政策、抓落实，勇于革故鼎新，坚持埋头苦干，不断开创军民融合深度发展新局面。

会议还研究了其他事项。

中央军民融合发展委员会副主任、委员出席会议，中央和国家机关及军委机关有关部门负责同志列席会议。

（新华社北京 2018 年 10 月 15 日电）

6. 习近平出席解放军和武警部队代表团全体会议

中共中央总书记、国家主席、中央军委主席习近平 12 日上午在出席十三届全国人大一次会议解放军和武警部队代表团全体会议时强调，实施军民融合发展战略是构建一体化国家战略体系和能力的必然选择，也是实现党在新时代的强军目标的必然选择，要加强战略引领，加强改革创新，加强军地协同，加强任务落实，努力开创新时代军民融合深度发展新局面，为实现中国梦强军梦提供强大动力和战略支撑。

当习近平走进会场时，全场响起热烈掌声。习近平同大家亲切握手，表示来到解放军和武警部队代表团，同各位代表共商国是，感到很高兴。

会上，黎火辉、郭普校、张学宇、王辉青、杨初格西、李伟、朱程、王宁等8位代表围绕推进军民融合、加强实战化训练、加快航天领域发展、深化政策制度改革、做好武警部队改革、完善退役军人管理保障等问题提出意见和建议。习近平同代表们深入交流，详细询问有关情况，会场发言踊跃、气氛热烈。

代表发言后，习近平发表重要讲话。他指出，党的十九大以来，全军坚决贯彻党中央和中央军委决策指示，认真学习贯彻党的十九大精神，深入学习贯彻新时代党的强军思想，围绕实现党在新时代的强军目标、把人民军队全面建成世界一流军队，加强练兵备战，深化国防和军队改革，狠抓全面从严治军，加快国防和军队现代化建设，强军事业迈出新步伐、展现新气象。

习近平就实施军民融合发展战略、加快国防和军队建设提出要求。他强调，要加强国防科技创新，加快建设军民融合创新体系，大力提高国防科技自主创新能力，加大先进科技成果转化运用力度，推动我军建设向质量效能型和科技密集型转变。要密切关注世界军事科技和武器装备发展动向，突出抓好重点领域军民科技协同创新，推动重大科技项目一体论证和实施，努力抢占科技创新战略制高点。要强化开放共享观念，坚决打破封闭垄断，加强科技创新资源优化配置，挖掘全社会科技创新潜力，形成国防科技创新百舸争流、千帆竞发的生动局面。

习近平指出，党的十八大以来，深化国防和军队改革大开大合、大破大立、蹄疾步稳，实现了我军组织架构和力量体系的整体性、革命性重塑，有效解决了制约我军建设的体制性障碍、结构性矛盾。要扎实推进政策制度改革，加快构建现代军事政策制度体系，坚决破除各方面体制机制弊端，坚定不移把改革进行到底。要坚持用改革的思路和办法解决练兵备战工作中存在的突出问题，大抓实战化军事训练，加快提高我军战斗力。全军要坚决拥护和支持深化党和国家机构改革，加强同有关方面协调配合，共同落实好跨军地改革任务。组建退役军人管理保障机构对于更好为退役军人服务、让军人成为全社会尊崇的职业具有重要意义，要把好事办好办实。

习近平强调，要加大依法治军工作力度，强化法治信仰和法治思维，加快构建中国特色军事法治体系，加快推动治军方式根本性转变。全军要增强宪法意识，弘扬宪法精神，做宪法的忠实崇尚者、自觉遵守者、坚定捍卫者。要适应党的纪律检查体制和国家监察体制改革要求，结合军队实际做好有关工作。要加强同国家立法工作的衔接，突出加强备战急需、改革急用、官兵急盼的军事法规制度建设。要坚持严字当头，强化执纪执法监督，严肃追责问责，把依法从严贯穿国防和军队建设各领域全过程。

习近平指出，国防和军队建设是全党全军全国各族人民的共同事业。中央和国家机关、地方各级党委和政府要大力支持国防和军队建设，全军要积极支援地方经济社会发展。军地双方要发扬军爱民、民拥军的光荣传统，不断巩固军政军民关系，为实现"两个一百年"奋斗目标、实现中华民族伟大复兴的中国梦而共同奋斗。

会前，习近平亲切接见出席十三届全国人大一次会议解放军和武警部队代表团全体代表，并同大家合影留念。

中共中央政治局委员、中央军委副主席许其亮主持会议，中共中央政治局委员、中央军委副主席张又侠，中央军委委员魏凤和、李作成、苗华、张升民参加会议。

（李宣良、梅世雄　新华社北京 2018 年 3 月 12 日电）

7. 习近平视察军事科学院

中共中央总书记、国家主席、中央军委主席习近平 16 日上午视察军事科学院，代表党中央和中央军委，对军事科学院第八次党代表大会的召开表示热烈的祝贺，向军事科学院全体同志致以诚挚的问候。他强调，军事科学是指导军事实践、引领军事变革的重要力量。要深入贯彻新时代党的强军思想，坚持政治建军、改革强军、科技兴军、依法治军，坚持面向战场、面向部队、面向未来，坚持理技融合、研用结合、军民融合，加快发展现代军事科学，努力建设高水平军事科研机构。

军事科学院是中国人民解放军的重要科研机构，几十年来为国防和军队建设作出了重大贡献。在这次深化国防和军队改革中，军事科学院进行了重塑，习近平 2017 年 7 月向重新组建的军事科学院授予军旗并致了训词。

9 时 15 分许，习近平来到军事科学院军事医学研究院，考察相关科研工程进展情况。看到不少成果达到世界先进水平，习近平很高兴，勉励大家再接再厉，再创佳绩。

离开军事医学研究院，习近平来到军事科学院机关。习近平对科研人才高度重视，他特意看望了在军事科学院工作的"两院"院士，关切了解他们的工作情况。习近平指出，你们是党和军队的宝贵财富，我一直惦念着大家，希望大家多出成果、带好队伍，为强军兴军作出更大贡献。习近平叮嘱有关部门要充分尊重人才、关爱人才，扎实做好育才、引才、聚才、用才工作，不拘一格降人才，打造高素质军事科研人才方阵。

一幅幅展板、一件件实物，集中展示了军事科学院的科研成就。习近平看得很仔细，不时驻足询问，详细了解科研项目进展情况，对取得的成绩给予充分肯定。

在热烈的掌声中，习近平亲切接见了军事科学院第八次党代会全体代表，同大家合影留念。

随后，习近平听取军事科学院工作汇报，并发表重要讲话。他强调，军事科学研究具有很强的探索性，要把创新摆在更加突出的位置，做好战略谋划和顶层设计，加强军事理论创新、国防科技创新、军事科研工作组织模式创新，把军事科研创新的引擎全速发动起来。

习近平指出，要紧紧扭住战争和作战问题推进军事理论创新，构建具有我军特色、符合现代战争规律的先进作战理论体系，不断开辟当代中国马克思主义军事理论发展新境界。要打通从实践到理论、再从理论到实践的闭环回路，让军事理论研究植根实践沃土、接受实践检验，实现理论和实践良性互动。

习近平强调，要加快实施科技兴军战略，巩固和加强优势领域，加大新兴领域创新力度，加强战略性、前沿性、颠覆性技术孵化孕育。要坚持自主创新的战略基点，坚定不移加快自主创新步伐，尽早实现核心技术突破。要坚持聚焦实战，抓好科技创新成果转化运用，使科技创新更好为战斗力建设服务。

习近平指出，要推进军事科研领域政策制度改革，形成顺畅高效的运行机制，把创新活力充分激发出来。要深入研究理论和科技融合的内容、机制和手段，把理论和科技融合的路子走实走好。要坚持开门搞科研，加强协同创新，加强军民融合，加强国际交流合作，推动形成军事科研工作大联合、大协作的生动局面。

习近平最后强调，要毫不动摇坚持党对军队绝对领导，认真落实全面从严治党要求，把各级党组织搞坚强，把党的领导贯穿军事科研工作各方面和全过程。要加强科研作风建设，加强科研经费管理，营造良好风气。各级要主动靠上去解决实际困难，把大家拧成一股绳，努力开创新时代军事科研工作新局面。

许其亮、张又侠、魏凤和、李作成、苗华、张升民参加活动。

（李宣良　王逸涛　新华社北京 2018 年 5 月 16 日电）

8. 韩正出席全国军民融合发展工作座谈会

全国军民融合发展工作座谈会 29 日在北京召开，中共中央政治局常委、国务院副总理、中央军民融合发展委员会副主任兼办公室主任韩正出席会议并讲话。会议深入学习贯彻习近平新时代中国特色社会主义思想和党的十九大精神，传达学习习近平总书记在中央军民融合发展委员会第二次全体会议上的重要讲话精神，深入实施军民融合发展战略，部署军民融合发展工作。

韩正强调，推动军民融合深度发展，要加快法治建设，尽快实现重点领域立法全覆盖，着力提高军民融合发展法治化水平，更好发挥法治的规范、引领、保障作用。要强化规划引领，着力抓好军民融合发展重点规划落实，加快构建层次分明、功能清晰、有序管控的军民融合发展规划体系。要聚焦重点难点问题，着力深化军民融合发展体制改革，推进重要领域和关键环节取得突破。要以建设战略性重大工程为抓手，着力推动军民科技协同创新，统筹配置军地资源，实现整体性能最优、综合效益最大。

韩正要求，各地区各部门各单位要增强"四个意识"，坚定"四个自信"，把抓军民融合发展任务落实作为重大政治责任，以钉钉子精神推动军民融合发展战略落地见效。尽快完成地方工作机构设置，实现机构到位、职能到位、人员到位。突出强军兴军，加强政策体系和标准体系建设，抓紧完善体制机制，推动重点改革，抓好示范带动，以实干开创军民融合发展新局面。

会上，国家发展改革委、国务院国资委、全国工商联、军委战略规划办、陕西省、青岛市、清华大学、中国航空工业集团等部门和单位代表作了交流发言。各省、自治区、直辖市党委军民融合办主要负责同志，中央和国家机关、军委机关有关部门军民融合工作负责同志，部分企业和高校军民融合工作负责同志参加会议。

（新华社北京 2018 年 10 月 29 日电）

9. 党的十八大以来，习近平这样部署军民融合

党的十八大以来，习近平着眼于实现强军梦、中国梦，鲜明地提出了军民深度融合的时代命题，并将之上升为国家战略，开创了军民融合式发展新局面。新华社《学习进行时》原创品牌栏目"讲习所"今天推出文章，与您一起品味。

"当前和今后一个时期是军民融合的战略机遇期，也是军民融合由初步融合向深度融合过渡、进而实现跨越发展的关键期。"习近平在中央军民融合发展委员会第一次全体会议指出。

党的十八大以来，随着军民融合的不断深入推进，曾听上去"高大上"的军工正逐步走下"神坛"。"军转民"在提速，"民参军"正热火朝天。习近平审时度势，擘画军民融合的宏伟蓝图，为其发展搭建起"四梁八柱"。

"富国"与"强军"的统一

当前，世界主要国家在综合国力竞争中，大力推进军民融合或军民一体化，以实现军事能力整体跃升和国家经济实力增强的双赢，进而实现长期的国防安全。

美国是其中之一。据了解，美国 85% 的现代军事核心技术同时也是民用关键技术，80% 以上生产军用品的企业同时也在生产民用品。

在新军事革命的影响下，世界主要国家的武器装备建设也从机械化时代向信息化时代迈进。信息化条件下的军事对抗，不仅是军事体系的直接对抗和较

量，更表现为以国家整体实力为基础的大体系对抗。

军民融合的时代命题，应时而生。

对此，习近平强调，必须立足国情军情，走出一条中国特色军民融合路子，把军民融合发展理念和决策部署贯彻落实到经济建设和国防建设全领域全过程。

国防科技和武器装备领域是军民融合发展的重点，也是衡量军民融合发展水平的重要标志。

军民融合发展核心在于一个"融"字，这就意味着不是简单化的叠加和捆绑，而是要在经济建设中贯彻国防需求，使国防和军队现代化建设拉动经济发展。

军队要遵循国防经济规律和信息化条件下战斗力建设规律，自觉将国防和军队建设融入经济社会发展体系。地方要自觉把经济布局调整同国防布局完善有机结合起来。

富国才能强军，强军才能卫国。要统筹经济建设和国防建设，努力实现富国和强军的统一，习近平要求，进一步做好军民融合式发展这篇大文章。

向重点领域聚焦用力

"进一步做好军民融合式发展这篇大文章，坚持需求牵引、国家主导，努力形成基础设施和重要领域军民深度融合的发展格局。"2013 年，习近平在出席十二届全国人大一次会议解放军代表团全体会议时，对军民融合发展提出"深度融合"的更高要求。

"深度融合"是军民融合思想的发展与深化。2015 年，习近平在出席十二届全国人大三次会议解放军代表团全体会议时再次强调，今后一个时期军民融合发展，总的是要加快形成全要素、多领域、高效益的军民融合深度发展格局，丰富融合形式，拓展融合范围，提升融合层次。

习近平说得很明确。"全要素、多领域、高效益"是格局，"丰富融合形式、拓展融合范围、提升融合层次"是方向，这一要求为新时期国防和军队建设发展方式的转变提供了遵循。

习近平指出，推动军民融合深度发展，必须向重点领域聚焦用力，以点带面推动整体水平提升。基础设施建设和国防科技工业、武器装备采购、人才培养、军队保障社会化、国防动员等领域军民融合潜力巨大，要强化资源整合力度，盘活用好存量资源，优化配置增量资源，发挥军民融合深度发展的最大效益。

上升为国家战略

2017 年 6 月，习近平在主持召开中央军民融合发展委员会第一次全体会议时强调，各有关方面一定要抓住机遇，开拓思路，在"统"字上下功夫，在"融"字上做文章，在"新"字上求突破，在"深"字上见实效，把军民融合搞得更好一些、更快一些。

"统、融、新、深"，是习近平为军民融合发展开出的四剂药方，同时也标志着军民融合战略思路的成熟。

2015 年，习近平首次提出，把军民融合发展上升为国家战略。

习近平出席十二届全国人大三次会议解放军代表团全体会议时说，我国军民融合发展刚进入由初步融合向深度融合的过渡阶段，还存在思想观念跟不上、顶层统筹统管体制缺乏、政策法规和运行机制滞后、工作执行力度不够等问题。

2017 年，习近平再次强调，把军民融合发展上升为国家战略，是我们长期探索经济建设和国防建设协调发展规律的重大成果，是从国家发展和安全全局出发作出的重大决策，是应对复杂安全威胁、赢得国家战略优势的重大举措。

习近平用三个"重大"指明，军民融合上升为国家战略，关乎国家安全和发展全局，既是兴国之举，又是强军之策。

中央军民融合发展委员会应运而生。

习近平强调，在中央层面加强对军民融合发展集中统一领导。要以机制和政策制度改革为抓手，坚决拆壁垒、破坚冰、去门槛，破除制度藩篱和利益羁绊，构建系统完备的科技军民融合政策制度体系。

唯有立足国情军情、发挥社会主义制度优越性，才能在国家治理现代化的基础上实现经济和国防两大建设的融合发展。

加快建立军民融合创新体系

科技进步深刻改变着人类生产生活方式，也深刻影响着世界军事发展方向。随着科学技术快速发展，国家战略竞争力、社会生产力、军队战斗力的耦合关联越来越紧，国防经济和社会经济、军用技术和民用技术的融合度必将越来越深。

十八大以来，军民融合发展取得一个又一个骄人实绩。

神舟飞船和"蛟龙号"载人深潜器，使中国人实现上能九天揽月、下可五洋捉鳖的梦想；北斗导航和风云卫星，让我们拥有了太空中的"千里眼"和

"精算师";C919 首飞,实现了国产大型客机"零的突破";硬 X 射线调制望远镜卫星"慧眼"成功发射,实现了我国在空间高能天体物理领域由地面观测向天地联合观测的跨越;整体精密铸造技术、碳纤维及其复合材料核心技术带给我们无限遐想……

正如习近平所言,我们完全有条件把科技领域军民融合搞得更好一些、更快一些。

2017 年 3 月,习近平在出席十二届全国人大五次会议解放军代表团全体会议时强调,深入实施军民融合发展战略,开展军民协同创新,推动军民科技基础要素融合,加快建立军民融合创新体系,下更大气力推动科技兴军,坚持向科技创新要战斗力,为我军建设提供强大科技支撑。

不是碎片似的、一枝一叶的局部创新,而是要"加快建立军民融合创新体系"。建立"创新体系",就是"把创新摆在我军建设发展全局的重要位置",是军民融合发展全局之要。

习近平指出:"我们必须增强紧迫感,以更大决心和力度抓紧推动科技创新和进步。"

时不我待。

(黄玥 王雪 新华网 2017 年 7 月 26 日)

10. 中央军民融合发展委员会办公室召开专家智库座谈会

2017 年 11 月 16 日,中央军民融合发展委员会办公室召开"深入学习贯彻党的十九大精神,坚定实施军民融合发展战略"专家智库座谈会,来自军民融合发展各个领域的 10 位专家和智库代表,畅谈学习领会党的十九大精神的认识和体会,交流实施军民融合发展战略的意义和建议,深刻认识实施军民融合发展战略的重大现实意义和深远历史意义。

中央军民融合发展委员会办公室负责同志强调,学习宣传贯彻党的十九大精神是当前和今后一个时期的重大政治任务,党的十九大对军民融合发展作出了重大部署,在新时代推进军民融合深度发展要有新思路新举措新作为,要在

"统"字上下功夫，在"融"字上做文章，在"新"字上求突破，在"深"字上见实效，奋力开创军民融合深度发展新局面。

专家们一致认为，党的十九大报告中关于军民融合的新思想新论断新要求，明确了习近平军民融合发展战略思想是习近平新时代中国特色社会主义思想的重要组成部分，是习近平强军思想的重要内容；明确了军民融合发展在强国强军中的战略地位，把军民融合发展战略与科教兴国战略、人才强国战略、创新驱动发展战略、乡村振兴战略、区域协调发展战略、可持续发展战略一道纳入新时代国家战略体系；明确了完成新时代军民融合发展的战略任务要强化统一领导、顶层设计、改革创新和重大项目落实，深化国防科技工业改革；明确了"形成军民融合深度发展格局，构建一体化的国家战略体系和能力"的战略目标。这些新思想新论断新要求，体现了我们党对新时代军民融合发展特点规律的认识升华，是习近平军民融合发展战略思想的最新成果，具有长期指导意义。

专家们还结合各自在军民融合领域的理论与实践经验，分别就新时代军民融合发展的重大理论、法治建设、创新体系、重点区域、重点产业、新兴领域、服务保障等问题进行了深入探讨。专家们表示，在为军民融合发展提供智力支持上，既要紧紧盯住国家、战略层面的宏观指导，突出强化一些带有根本性、方向性、长远性的问题；同时又要满足军民融合深度发展的现实需求，切实聚焦决定军民融合深度发展效益、效率，具有示范、带动作用的一些重要领域。在中国特色军民融合发展新型智库建设过程中，切实聚焦习近平军民融合发展战略思想，聚焦军民融合发展战略纲要，聚焦军民融合发展法治建设，聚焦军民融合领域的重点突破，聚焦军民融合国外发展态势趋势和经验做法，聚焦军民融合实践中的典型案例，聚焦军民融合发展教育培训。

据悉，参加座谈交流的专家和智库代表分别来自国务院发展研究中心、全国工商联、军事科学院、国防大学、中国核工业集团公司、中国航天科技集团公司、中国电子科技集团公司、上海交通大学国家战略研究院等军地有关单位。

（董强 《解放军报》2017 年 11 月 16 日）

11. 中央军民融合发展委员会办公室召开统筹推进标准化军民融合工作部署会

2018 年 7 月 31 日，中央军民融合发展委员会办公室会同国家标准委、军委装备发展部、国防科工局，在京召开统筹推进标准化军民融合工作部署会。中央网信办、发展改革委、科技部、工业和信息化部、财政部、自然资源部、住房城乡建设部、交通运输部、国家市场监管总局、中国气象局、国家铁路局、中国民航局、知识产权局、国家保密局、全国工商联、军委联合参谋部、军委后勤保障部、军委国防动员部、军委科技委等部门有关负责同志，以及航空工业 301 所专家参加。会议由中央军民融合发展委员会办公室常务副主任金壮龙同志主持，国家市场监管总局副局长、国家标准委主任田世宏，军委装备发展部副部长刘胜，国防科工局总工程师田玉龙出席。

会议学习传达了党中央、国务院、中央军委领导同志关于统筹推进标准化军民融合工作的重要批示。研究建立了统筹推进标准化军民融合工作协调机制，负责协调解决标准化军民融合工作过程中跨军地、跨部门、跨领域问题，强化重大任务督导落实。审议通过了《统筹推进标准化军民融合工作总体方案》，研究部署了下一步工作任务。明确用 3—5 年时间，基本消除军民标准交叉重复矛盾问题，老旧标准得到及时更新，军民通用标准有效供给，重点领域新增标准军民通用化率达到 60% 以上，初步建立起军地衔接、精干高效、兼容发展的军民通用标准体系，有力保障军民融合发展战略实施。

统筹推进标准化军民融合，是贯彻落实习近平强军思想和军民融合发展战略的重要举措，是构建一体化国家战略体系和能力的基础性工作。会议要求，军地各方要加强统筹协调，坚持军民标准兼容发展，优先解决各方关切的重难点问题，进一步激发融合内生动力，拓展融合的广度和深度，加大信息资源开放共享力度，扎扎实实推进标准化军民融合，确保取得更大成效。

（人民网—《人民日报》2018 年 8 月 2 日）

12. 中央军民融合发展委员会办公室召开专家座谈会学习贯彻《军民融合发展战略纲要》

中央军民融合发展委员会办公室于 2018 年 8 月 22 日组织召开专家座谈会，深入学习领会习近平总书记关于军民融合发展重要论述，认真学习贯彻《军民融合发展战略纲要》。

与会同志一致认为，纲要立足我国国情，顺应时代大势，科学把握方向，明确了军民融合发展的战略目标、战略任务和战略举措，具有里程碑意义，是贯彻落实习近平总书记关于军民融合发展重要论述的重要成果，是高举旗帜、引领方向的战略性文件。纲要的出台，是习近平总书记和中央军民融合发展委员会坚强领导的结果，是军地有关部门密切配合的结果，是专家智库积极参与的结果，凝聚了各方智慧和重要共识。

与会专家对贯彻实施纲要积极建言献策，建议着力破解军民融合发展体制性障碍、结构性矛盾和政策性问题，加快构建组织管理、工作运行、政策制度"三大体系"；坚持需求牵引和技术推动相结合，军民协同创新突破核心关键技术；以军事需求为统领疏通需求对接渠道，形成规范有效的对接机制；加强军地资源统筹，打破利益格局固化局面；深入谋划推进重大改革，确保取得实质性成效；营造推动军民融合发展的良好环境，继续开展规范治理以"军民融合"名义从事的违法违规活动。

会议强调，纲要是新时代军民融合深度发展的总方略，抓好贯彻落实是军地各方当前一项重要任务。要以习近平新时代中国特色社会主义思想和党的十九大精神为指引，坚持党中央集中统一领导，坚持强军兴军导向，坚持军民协同推进，保持战略定力，强化战略运筹，一张蓝图干到底。要强化理论武装、强化统一领导、强化顶层设计、强化改革创新、强化法治保障，着力抓规划引领、抓重点领域、抓需求对接、抓典型带动、抓改革突破、抓协同创新、抓协调推进，在"统"字上下功夫，在"融"字上做文章，在"新"字上求突破，在"深"字上见实效，奋力开创新时代军民融合深度发展新局面。

会议由中央军民融合发展委员会办公室常务副主任金壮龙主持，参与纲要编制咨询工作的 30 余位专家出席会议。

（新华社北京 2018 年 8 月 23 日电）

13. 中央军民融合发展委员会办公室召开规范以"军民融合"名义开展有关活动联络员会议

2018 年 8 月 29 日，中央军民融合发展委员会办公室组织召开规范以"军民融合"名义开展有关活动联络员会议。会议总结了一年来的工作情况，针对近期发现的问题线索，研究提出对策措施。中央组织部、中央网信办、国家发展改革委、工业和信息化部、公安部、民政部、商务部、文化和旅游部、人民银行、市场监管总局、国防科工局、国家保密局、军委政治工作部、军委装备发展部、军委政法委、军委战略规划办、解放军报社等 17 个单位联络员参加会议。

会议提出，一年来，军地相关部门密切合作，制定相关规定、完善联络机制、建立工作台账、及时通报线索、加大治理规范力度，在集中整治打着"军民融合"旗号的非法社会组织，规范整改违法违规网站，及时查处以"军民融合"名义实施的违法案件，规范论坛展会、企业工商登记、离退休领导干部活动，引导产业园、示范区、特色小镇健康有序发展等方面，做了大量工作，净化了军民融合发展的外部环境，有效维护了军民融合发展战略的严肃性。

会议指出，近期以"军民融合"名义从事违法违规活动有所上升，一些非法社会组织改头换面继续从事违法违规活动，有的网站涉嫌虚假宣传，有的伪造国家公文、编造工程项目进行诈骗等，需要加大查处力度。此外，还存在军民融合被泛化、庸俗化等不良倾向，盲目追求脱离实际的示范区建设，论坛、展会、培训班名目繁多，有的内容空洞、质量不高，需要引导规范。

会议要求，军地相关部门要高度重视，各负其责，持续抓好治理规范工作，对各类违法行为坚持露头就打，保持高压态势。要畅通信息渠道，及时发现违法违规线索。要加强政策解读和提高培训质量。要创新治理手段，形成各部门快速响应机制，发挥社会信用联合惩治作用。要加强部门联动，完善政策标准，形成工作合力，为保障军民融合发展战略实施创造良好的社会环境。

（新华社北京 2018 年 8 月 31 日电）

14. 首批知识产权军民融合试点地方确定 13 省市

国家知识产权局和军委装备发展部日前共同确定首批知识产权军民融合试点地方，江苏省、福建省、山东省、湖南省、广东省、重庆市、四川省、陕西省、甘肃省、上海市闵行区、山东省烟台市、湖南省长沙市、四川省成都市等13个省市入选，试点期限为期 3 年。

据了解，知识产权军民融合试点工作是贯彻落实军民融合发展战略，根据《国务院办公厅关于印发知识产权综合管理改革试点总体方案的通知》中"知识产权领域军民融合发展"的要求，本着充分利用国家资源的原则，主要开展八方面工作：一是推动国防专利、军用计算机软件享受地方同等优惠政策待遇，二是利用地方资源开展国防专利受理业务，三是完善国防专利定密渠道、开展地方普通专利申请的保密审查，四是下调国防专利实施备案和转让审批层级，五是建立国防知识产权军地联合维权工作机制，六是逐步放开国防专利代理服务行业，七是开放国防知识产权信息服务，八是引导地方专业机构开展国防知识产权转民用服务。

2018 年 3 月，国家知识产权局和军委装备发展部联合发出通知，组织开展知识产权军民融合试点的申报和评审工作。经过专家评审和认真研究，确定 13 个省市为首批知识产权军民融合试点地方。试点期间，国家知识产权局和军委装备发展部将建立评估考核机制，加强对试点地方的工作指导和跟踪管理，督促各项试点工作顺利实施。

（李国利 李晓红　新华社北京 2018 年 8 月 17 日电）

三、两会热议

1. 习近平六下解放军代表团勾勒强军路线图

2018 年 3 月 12 日，习近平下团组，参加解放军和武警部队代表团的讨论。

党的十八大以来，每年"两会"习近平都要和军队代表们一起共商国是，谈改革、促创新、布局军民融合发展、强调全面依法治军。5 年间，习近平与解放军和武警部队代表们的讲话勾勒出一幅清晰的强军路线图。

走进新时代，习近平对军队建设工作有哪些指导和重要论述？

关于军民融合，习近平这样部署

实现军民融合深度发展，是"富国"与"强军"有机统一的重要保障，也是每年"两会"习近平"下团组"都会提到的一个议题。

2018 年"两会"解放军和武警部队代表团全体会议上，习近平再一次就实施军民融合发展战略、加快国防和军队建设提出三点要求：一是要加强国防科技创新，推动我军建设向质量效能型和科技密集型转变；二是要密切关注世界军事科技和武器装备发展动向，突出抓好重点领域军民科技协同创新；三是要强化开放共享观念，坚决打破封闭垄断。

5 年来，习近平在"两会"上的重要讲话为军民融合的每一步发展指明了方向。

2013 年"两会"解放军代表团全体会议上，习近平提出要统筹经济建设和国防建设，努力实现富国和强军的统一。进一步做好军民融合式发展这篇大文章，坚持需求牵引、国家主导，努力形成基础设施和重要领域军民深度融合的发展格局。

2014 年"两会"解放军代表团全体会议上，习近平提出必须同心协力做好军民融合深度发展这篇大文章，既发挥国家主导作用，又要发挥市场的作用，努力形成全要素、多领域、高效益的军民融合深度发展格局。

2015年"两会"解放军代表团全体会议上，习近平在讲话中开宗明义，用较大篇幅讲述军民融合深度发展的重要性，并首次提出将军民融合发展上升为国家战略。

2016年"两会"解放军代表团全体会议上，习近平提出要把军队创新纳入国家创新体系，大力开展军民协同创新，探索建立有利于国防科技创新的体制机制，推进军民融合深度发展。中央国家机关、地方各级党委和政府要满腔热忱支持国防和军队建设、军事斗争准备，为国防和军队现代化建设创造良好条件。

2017年"两会"解放军代表团全体会议上，习近平就如何落实军民融合发展战略提出了一系列具体规划。首先，在一些跻身世界先进行列科技领域加速推进军民融合发展；其次，发挥国家教育资源优势和军队院校特色，健全军事人才依托培养体系，培养大批高素质新型军事人才；最后，党中央决定成立中央军民融合发展委员会，在中央层面加强对军民融合发展集中统一领导。

新时代、新要求、新格局、新战略。从习近平一系列重要论述中可以看出，未来一段时间内，军民融合深度发展战略将是我国国防和军队建设工作的重点之一。

关于治军，习近平这样强调

随着党的纪律检查体制和国家监察体制改革，习近平对军队治理方式也提出了新的要求。

2018年"两会"解放军和武警部队代表团全体会议上，习近平提出要加大依法治军工作力度，强化法治信仰和法治思维，加快构建中国特色军事法治体系，加快推动治军方式根本性转变。全军要增强宪法意识，弘扬宪法精神，做宪法的忠实崇尚者、自觉遵守者、坚定捍卫者。

此外，习近平还提出了三点具体要求：一是要适应党的纪律检查体制和国家监察体制改革要求，结合军队实际做好有关工作；二是要加强同国家立法工作的衔接，突出加强备战急需、改革急用、官兵急盼的军事法规制度建设；三是要坚持严字当头，强化执纪执法监督，严肃追责问责，把依法从严贯穿国防和军队建设各领域全过程。

"依法治军"是习近平强军思想的重要组成部分，也是过去5年习近平在

"两会"解放军代表团全体会议上多次强调的议题。

2013年"两会"解放军代表团全体会议上，习近平提出要把改进作风工作贯彻到军队建设和管理的每个环节，保持人民军队长期形成的良好形象。2016年"两会"上，习近平又提出贯彻新形势下军事战略方针，推进政治建军、改革强军、依法治军。2017年"两会"上，习近平再次指出，在党中央和中央军委领导下，反腐败斗争要形成压倒性态势，我军建设要呈现崭新气象。

关于改革，习近平这样推进

建设强大人民军队，动力在改革，出路也在改革。当前，我国实现了军队组织架构和力量体系的整体性、革命性重塑，有效解决了制约我军建设的体制性障碍、结构性矛盾。

2018年"两会"解放军和武警部队代表团全体会议上，习近平就国防和军队改革再一次做出了部署。习近平指出，要扎实推进政策制度改革，加快构建现代军事政策制度体系，坚决破除各方面体制机制弊端，坚定不移把改革进行到底。习近平还就强化实战化练兵和组建退役军人管理保障机构作出了指示。

全面实施改革强军战略，是适应世界格局变化和军事发展潮流的战略抉择，也是实现强军目标、建设世界一流军队的根本举措。5年间，习近平在"两会"解放军代表团全体会议上的讲话中曾多次透露出改革强军的风向标。

从2013年"两会"解放军代表团全体会议上"统领军队建设、改革和军事斗争准备"，到2014年提出"推进军队组织形态现代化"，再到2016年"召全军官兵共同努力使谋划创新、推动创新、落实创新成为全军的自觉行动"，一场气势恢宏的改革进程在党中央和中央军委的领导下有条不紊地推进。到了2017年，"国防和军队改革实现历史性突破"，新的军队领导指挥体制"四梁八柱"成功搭建，改革成果丰硕。

除了谈及军民融合发展、依法治军和改革强军，习近平还层多次谈到了科技兴军、军政军民关系、革命军人的历史责任等一系列议题。富国强军，念兹在兹。一路走来，习近平主席到机关、走院校，上高原、访边疆，进战车、登军舰，为人民军队指明了一条走向世界一流军队的光明前程。

（央视网2018年3月13日）

2. 军队代表热议全面推进军民融合深度发展

这是勠力强军兴军的殷切嘱托，这是奋进新时代的伟大召唤！

2018 年 3 月 12 日上午，习近平主席出席十三届全国人大一次会议解放军和武警部队代表团全体会议，亲切接见全体代表，同大家合影留念，并发表重要讲话。

"要加强战略引领，加强改革创新，加强军地协同，加强任务落实，努力开创新时代军民融合深度发展新局面，为实现中国梦强军梦提供强大动力和战略支撑。"代表们说，习主席的重要讲话，为处于改革重塑关键时期的人民军队进一步指明了前进方向，为阔步新时代强军征程的全军将士擂响了催征战鼓。

从现场聆听到会下学习，从领悟精髓要义到思考贯彻落实，代表们怀着对党的领袖、军队统帅的忠诚，对党和军队事业的忠诚，谈体会、话使命，献良策、谋胜战，思路更加明晰、步履更加坚定。

奋进伟大时代，加快军民融合

【辛毅代表】"要加强国防科技创新，加快建设军民融合创新体系。"习主席的重要指示，为新时代国防科技发展指明了前进方向，注入新的动力。作为国防科技工作者，不仅要做好学习理解的"上篇文章"，也要做好贯彻落实的"下篇文章"。

一是在国防科技创新布局上，把基础研究应用放在重要地位，放到国家科技规划中统筹安排，做到知其然还要知其所以然，为国防科技创新奠定坚实基础。二是努力构建军民融合的国防科技创新体系，在政策制度、规划计划、科研力量等具体工作中，拆除制约融合的"隔离墙"，捅破阻碍融合的"窗户纸"，使"军"和"民"真正融在一起。三是抓好重点领域军民科技协同创新，推动重大科技项目一体论证和实施，充分发挥社会主义制度集中力量办大事的优势，像当年抓"两弹一星"那样，把重点领域军民科技协同创新作为推进军民融合的突破口，把军民融合体制机制立起来，把政策法规定下来，走开军民融合深度发展的创新之路。

【刘京菊代表】习主席强调要加强国防科技创新，加快建设军民融合创新体系，大力提高国防科技自主创新能力，充分体现了统帅对时代规律的科学把握、对制胜机理的深刻洞悉、对科技创新的高度关注。学习贯彻习主席重要讲话，应重点做好三方面工作：

在网络空间领域大力加强科技兴军。当前，网络空间已成为国家安全新边疆和战略博弈新阵地，维护网络空间安全刻不容缓。必须加大科技创新的持续推动，实现网络空间核心技术自主可控，唯有如此，才能避免受制于人。

持续深化前沿颠覆性技术研究。蒸汽机、核聚变、互联网，每一项颠覆性技术的发展都会对战争产生深刻影响，甚至改变世界格局。网络空间、量子通信、人工智能等技术的发展与应用也会起到类似作用。历史和现实告诉我们，只有在颠覆性技术上的持续研究和突破，我们才有与强国比肩竞争、实现弯道超车的战略资本。

大力加强科技人才队伍建设。科技的博弈归根到底是人才的博弈，军事科研人才的数量和质量影响着科技兴军的进程。必须积极创新人才培养、引进、使用、保留的体制机制和政策制度，以更加开放的视野聚集优秀人才，努力建设一流的高素质创新型军事人才队伍。

【付宁代表】习主席强调，要加大先进科技成果转化运用力度。结合自己的工作实际，我感到贯彻落实习主席重要指示，就是要牢固树立科技是核心战斗力思想，加快推进信息安全科技创新实践，为建设世界一流军队提供坚实的支撑保障。

要坚持面向部队、面向战场、面向未来，充分发挥军队科研机构系统分析和总体论证作用，健全完善军事需求生成机制，构建作战需求牵引军事科技创新、军事科技创新推动科技成果转化的无缝链接，把军事需求的牵引作用贯彻到军事科技成果管理全过程。

要围绕军事科技创新需求，充分利用和吸纳地方优质科研力量和科研成果，通过成立联合创新团队、高技术项目联合攻关、专利应用、成果改造、集成创新等方式，最大限度实现民为军用，加快形成军队新质战斗力。

要加强科技成果管理体系顶层设计，建立科技成果管理统筹协调和规划对接平台，优化科技成果考评和运用机制，进一步畅通从基础研究、应用研究、技术开发到军事应用的转化链路，加大转化效能检验评估，加速推进先进技术形成战斗力。

【于志坚代表】习主席的重要讲话，紧紧围绕军民融合这个强国兴军的重大战略，深刻阐释关于改革强军、科技兴军、依法治军等重大问题，特别是把军民融合与创新驱动发展结合起来，为我们深化国防科技创新发展指明了方向、提供了遵循。

新型作战力量建设领域科技最密集、创新最急迫，自身使命呼唤创新，对手优秀倒逼创新，破解难题亟须创新，加速转型依靠创新，必须把创新作为新质战斗力生成的"倍增器"。一要转变思想观念重塑创新，打破条块壁垒和利益束缚，树立"不为我所有、但为我所用"观念，通过党委领导推动、政策导向引领，让创新贯穿一切、蔚然成风。二要紧盯关键领域重点创新，扭住瓶颈短板，瞄准前沿核心科技，加大创新人才培养力度，通过重大工程拉动、重大项目带动、重点领域突破，努力实现由跟跑向并跑、领跑转变。三要完善政策机制创新，健全军地协同机制、容错机制、激励机制、评价机制和成果转化机制，形成自下而上普遍创新和自上而下重点创新相辅相成的浓厚氛围，为新质作战能力形成提供连绵不绝的动力源泉。

【朱富海代表】空军作为高技术战略军种，必须密切关注世界军事科技和武器装备发展动向，在新一代武器装备核心关键技术攻关、战略性前沿性颠覆性技术研发上实施军民融合，努力抢占科技创新战略制高点。

作为来自空军某试验训练基地的代表，我认为，学习贯彻习主席重要讲话就是始终立足"适应现代战争形态演变、支持空军战略转型、赢得现代空战主动"的战略全局，着眼武器装备远程化、智能化、隐身化、无人化以及高超声速的发展趋势，在新体制下武器装备试验策略方法、新质武器装备应用等方面成为科技创新的推动者和实践者。具体表现为：在理论创新上，坚持作战主导、创新引领，紧盯世界军事科技发展新动向，积极推进武器装备试验向实战化、体系化发展；在手段创新上，坚持"信息主导、体系制胜"，构建多种手段的立体测控体系，形成集远、中、近于一体的试验体系；在机制创新上，坚持寓军于民、军民融合，创新作战、试验、训练"三维一体"深度融合机制，打通武器装备到部队训练再到实战的链路。

【高波代表】习主席深刻指出，要强化开放共享观念，坚决打破封闭垄断，加强科技创新资源优化配置。这为我们推进武器装备军民融合深度发展，提供了根本遵循和有力指引。要从体制上构建融合共享机制，采取政府搭台、军方主导、企业唱戏的办法，稳步实施武器装备科研体制、采办体系、投资体制和招投标改革，建立融质量管理、保密资质、承制资格为一体的军地联合审查协作机制，让更多优质民营企业进入军品科研生产和维修领域。要从政策上支撑"民参军"具体实践，从国家层面给予民营企业鼓励支持，积极搭建军地需求对接平台，着力打造军民融合示范工程，注重通过有效策略和商业保护机制，消除部分企业的思想顾虑。要从模式上创新挖掘各方资源，运用专题研究、论坛交流、难题悬赏、在线众筹等方式，广泛吸纳专家智库、创新团队、专业机构等社会资源，破解重难点问题，推动新型陆军装备建设创新发展。

【徐兴林代表】"打仗就是打后勤，现代后勤就是军民融合的后勤。"这是我现场聆听习主席重要讲话的突出感受。我觉得下一步工作的突破口，就是要准确把握国家战略竞争力、社会生产力、军队战斗力和后勤保障力的耦合关联，强化开放共享，打破封闭垄断，充分依托用好国家和社会保障潜力，以更大力度、在更广范围走开后勤军民融合发展路子。一是健全融合机制，加强宏观调控和资源统筹，完善后勤军民融合组织领导、情况互通、任务对接、协调会商机制，加快配套法规建设，推动形成上下衔接、左右顺畅、有效运行的后勤军民融合工作格局。二是拓展融合领域，发挥后勤军地通用性、互补性强，军民融合资源丰富、潜力巨大等优势，以军需能源、医疗卫生、工程建设、物资采购、后勤科技及社会化保障等领域为重点，大力推进设施、技术、信息等共建共用共享，加快由自发向主导、分散向体系、传统向新型、平时向战时的深度融合。三是抓好示范工程，围绕后勤军民融合体系建设，以备战打仗急需和战略性项目为优先，推动一批创新示范工程率先立起来、撑起来，提供一批可复制、可推广的经验成果，培育更多的新质保障力，谋求核心竞争新优势，努力开创后勤军民融合深度发展的新局面。

军民团结一心，携手强国强军

【吴杰明代表】习主席强调指出，全军要坚决拥护和支持深化党和国家机构改革，加强同有关方面协调配合，共同落实好跨军地改革任务。我感到，习主席这一重要指示深刻揭示了新时代深化改革的内在规律，从政治和全局高度，对全军官兵投身改革事业、高标准完成改革任务提出了明确要求。

这次党和国家机构改革，坚持党政军群改革一体筹划、同步进行，充分体现了党中央把国防和军队改革放在深化党和国家机构改革总体布局中整体设计、系统推进的深刻考量。特别是跨军地改革，着眼于维护党和国家政治安全及提高部队战斗力，进一步加强了党对包括军队在内的一切武装力量的绝对领导，剥离了与军队根本职能不符合的内容，使军队更加集中统一，坚决听从党中央、中央军委和习主席指挥，更加集中精力备战打仗，完成新时代军队使命任务。

对于国防大学来说，坚决拥护和支持深化党和国家机构改革，既要积极协调配合地方抓好各项改革任务落实，又要加强宣传教育和理论阐释。特别是要针对地方领导干部学员，深入宣讲习近平强军思想，全面介绍国防和军队建设改革取得的巨大成就，进一步强化国防观念，争取地方党委政府对国防和军队建设改革的关注、理解和支持，共同为实现党在新时代的强军目标，把人民军队全面建成世界一流军队而团结奋斗。

【王辉山代表】习主席强调，组建退役军人管理保障机构对于更好为退役军人服务、让军人成为全社会尊崇的职业具有重要意义，要把好事办好办实。在现场亲身感受习主席的深情厚爱，我心潮澎湃、热血沸腾。

在我国，每年都有大量军人退出现役，建立专门的管理机构是人心所向。退役军人是党和国家的宝贵财富。多年来，党和国家对退役军人安置和管理高度重视，做了大量卓有成效的工作。但随着形势发展和退役军人逐年增多，退役军人管理出现一些新情况。组建退役军人管理保障机构，健全退役军人管理保障体制，使退役军人管理保障上升到国家层面，对于激励现役军人、优抚退役军人、稳定军心和鼓舞士气、增进军政军民团结、构建和谐社会都具有重要的促进作用。

退役军人的今天，就是现役军人的明天。我们坚信，这个承载万众期待的机构组建后，必将为退役军人带来利好，必将进一步增强军人职业的吸引力，真正让军人成为全社会尊崇的职业。

【管延密代表】习主席强调指出，国防和军队建设是全党全军全国各族人民的共同事业。中央和国家机关、地方各级党委和政府要大力支持国防和军队建设，全军要积极支援地方经济社会发展。这一重要指示深刻阐明了富国和强军相统一的辩证关系与实践要求，为新时代推动经济建设和国防建设协调发展指明了方向。

富国必须以强军为支撑。武警部队是党领导的人民武装力量的重要组成部分，在维护国家安全和社会稳定、保卫人民美好生活中肩负着重大职责，在维护政治安全特别是政权安全、制度安全中具有重要作用。为此，要着眼当好执勤尖兵、处突铁拳、反恐利剑、救援先锋，忠实履行新时代使命任务，永远做党和人民的忠诚卫士。要始终牢记全心全意为人民服务的根本宗旨，主动参与打好精准脱贫攻坚战，积极支援地方经济社会发展。

强军需要富国作保障。要推进军民融合深度发展，充分用好地方优势资源，在改善部队战备、训练和生活条件，做好转业复退军人安置、随军家属就业、子女入学入托和优抚对象抚恤，依法保障军人军属合法权益等方面拿出具体实在的政策措施。

【杨征代表】现场聆听习主席的重要讲话，倍感振奋、深受触动。作为国防动员系统单位，我们要按照习主席重要讲话精神，以永不懈怠的精神状态和一往无前的奋斗姿态，与时俱进地做好新时代双拥工作。

党的十九大报告提出"坚持富国和强军相统一""维护军人军属合法权益，让军人成为全社会尊崇的职业""加强全民国防教育，巩固军政军民团结，为实现中国梦强军梦凝聚强大力量"。做好新时代双拥工作，应遵循党的十九大明确的基本原则、具体要求和目标任务，着眼重大问题破题，对现有政策落实不好的、执行不力的要做"补课赶路"的工作，确保政策的落实没有漏项、不打折扣，对与时代不相适应的政策制度要及时修改完善。

新时代，国防动员系统还应牢记人民军队根本宗旨，积极推进军民融合深度发展，助力精准扶贫、精准脱贫，积极投身抢险救灾，全力维护社会稳定，做好兴国富民、兴武强军的"答卷人"，不断巩固军政军民关系，为实现"两个一百年"奋斗目标、实现中华民族伟大复兴的中国梦而共同奋斗。

【李秀宝代表】习主席从军民融合的角度，深刻阐述了加强国防科技创新、深化国防和军队改革、推进依法治军等重大战略问题，提出了许多新思想新要求。作为军委机关报，我们要开拓创新，努力工作，发挥好舆论引导作用，为实现党在新时代的强军目标、全面建成世界一流军队提供坚强思想舆论支持。

要不断创新宣传形式和手段，宣传好习近平新时代中国特色社会主义思想特别是习近平强军思想的重大意义、精神实质和实践要求，善于用好新媒体资源，讲好强军故事，努力使重大宣传报道紧扣主题、顶天立地、直指人心。

要聚焦中心，贴近实际，大力宣传部队实战化训练的先进典型和经验，为练兵备战鼓与呼。要紧跟部队改革进程，把实施改革强军战略丰富内涵和重大意义讲清楚，把党中央和中央军委决策部署讲清楚，把事关官兵切身利益的改革举措讲清楚，把改革中涌现的先进典型和感人事迹宣传好，为深化国防和军队改革营造良好舆论环境。

要抓住改革契机，奋力推进新时代军事新闻媒体创新发展。树立融合发展理念，整合各方优势资源，形成合力，努力扩大军事媒体的传播力、引导力、影响力、公信力。

（梁蓬飞 费士廷 尹航 侯磊 中国军网 2018 年 3 月 13 日）

3. 刘继贤委员：把军民融合发展这篇大文章做实做深做好

2017 年 3 月 9 日下午，全国政协十二届五次会议在人民大会堂举行第二次全体会议，多名政协委员就有关议题作大会发言。

全国政协委员、军事科学院原副院长刘继贤作了题为《实施军民融合发展战略的思考与建议》的发言。发言全文如下：

中共十八大以来，习近平主席就军民融合问题作出系列重要指示，强调要将军民融合上升为国家战略，推进军民融合深度发展。2016 年 5 月，中共中央、国务院、中央军委印发了《关于经济建设和国防建设融合发展的意见》；2017 年 1 月 22 日，中央决定成立中央军民融合发展委员会，习主席亲自担任主任。这些重要决策，标志着军民融合进入新的发展阶段。为促进军民融合发展战略的实施，从两个方面谈点思考与建议。

一、从战略高度深化认识

当前，我国正处于由大向强发展的关键阶段，经济建设面临新的复杂局面，要求深化改革、转变经济发展方式，为经济发展提供新的内生需求和增长动力。与此同时，非传统安全威胁与传统安全威胁相互影响，要求加快国防和军队建设步伐，为维护国家"领土边疆"和"利益边疆"提供有效支撑。还应看到，世界范围的新一轮科技革命正在孕育，颠覆性创新不断涌现，各国为在国际竞争中赢得主动、赢得地位、赢得未来，纷纷在国防和军队建设上重新谋篇布局，寻求经济建设和国防建设的最佳结合点。各国对未来军事和科技发展主导权的争夺，比的是理念、体制和政策，拼的是谁更能集国家之志和民族之力支撑和孵化颠覆性创新。科技革命、产业革命和军事革命的发展，已使国防建设与经济建设、军用技术与民用技术的界限越来越模糊、结合面越来越广、融合度越来越深。

实践证明，促进军用技术与民用技术良性互动、协调发展，实现"军中有民、民中有军"，既是各国推动经济发展、科技进步的时代潮流，也是抢占世界军事竞争制高点的战略举措。习主席准确把握世界军事和经济发展脉搏，适时提出军民融合发展国家战略，强调军民融合深度发展，既为我们在新一轮军事革命和科技发展浪潮中把握机遇、应对挑战，缩小与发达国家差距提供了战略指导，也为我们牢牢掌握世界军事竞争的战略主动权，占据未来战争制高点提供了战略抓手。

二、从实际出发深度发展

从实际情况来看，实施军民融合发展战略，推进军民融合深度发展，需要注重以下两点。

第一，加强融合的领导。军民融合深度发展的领导，必须确保党的路线方针政策和决策部署贯彻落实到军民融合的各领域、全过程。为此，要以成立中央军民融合发展委员会为契机，加强统一领导和统筹协调，组织制定军民融合深度发展的方针政策和规划计划，督促检查政府、军队和社会共同遵照施行。要发挥各级党组织推进军民融合深度发展的作用，切实加强对军地各层级、各部门、各行业领域军民融合工作的领导。第二，改进融合的方式。要以健全体制机制为重点，以重大项目工程为支撑，绘制好军民融合深度发展蓝图，积极稳妥有序地做好融合工作。要依托高新技术产业开发区、经济技术开发区、综合配套改革试验区、国家级新区、国家自主创新示范区等各类平台和载体，打造一批军民融合创新示范区，探索可推广、可复制、可持续的新路径新模式，努力实现全国军民融合深度发展"一张图"规划、"一盘棋"布局、"一体化"实施。我们相信，只要把军民融合发展这篇大文章做实做深做好，我们的中国梦强军梦就一定能够早日实现！

（人民网前方报道组　人民网北京 2017 年 3 月 9 日电）

4. 姜鲁鸣委员：以法治建设成就军民融合大业

小智治事，中智治人，大智立法。"法者，治之端也。"法治是国家治理现代化的基石，也是军民融合深度发展的重要依托。近日，中央军民融合发展委员会第二次会议审议通过了《关于加强军民融合发展法治建设的意见》，对军民融合发展的法治建设作出了战略部署，意义重大而深远。

法治建设是实现军民融合发展战略目标的重要依托。我国军民融合发展有两大目标：形成全要素、多领域、高效益军民融合深度发展格局，构建一体化的国家战略体系和能力，核心是实现国家安全和发展统筹治理的现代化。这是一项跨军地、跨部门、跨行业、跨领域发展的宏大事业。要推进新时代军民融合深度发展，迫切需要用法治思维和法治方式加快构建一体化国家战略体系和能力。如果不能有效提升军民融合法治化水平，巨大的国家经济社会资源在日趋激烈的综合国力竞争中就只能是"一麻袋土豆"，我们就会陷入"要素强、系统弱""指头硬、拳头软"和"有资源无力量、有实力无能力"的被动局面。"捏指成拳"，充分释放国家战略资源能量，需要法的力量。只有通过立法把军民融合发展上升为国家意志，通过法律法规对推进军民融合发展的全局性、长远性、根本性问题作出明确规范，通过法律实施强力推进军民融合发展战略的贯彻执行，才能有效消解融合壁垒，大幅降低制度性成本。也只有从法治建设上真正实现军民之间"车同轨、书同文"，才能更好地凝聚国家和社会力量，有效构建以国家整体实力为支撑的现代国防力量体系，锻造出适应信息化战争要求的巩固国防和强大军队。

法治建设是化解军民融合发展矛盾问题的战略路径。当前，我国军民融合发展刚进入由初步融合向深度融合过渡进而实现跨越式发展的关键阶段，仍面临着一系列体制性障碍、结构性矛盾和政策性问题，时常会遭遇"有共识、难落实"难题，其背后无不纠结着复杂的利益关系。要有效推进经济建设和国防建设由条块分散设计向军民一体筹划转变，由重点融合领域向多领域延伸拓展转变，由要素松散结合向全要素集成融合转变，必须在军民融合进程中实现参与各方的利益共赢，这就需要强化法治建设。道理很简单：军民融合发展代表国家全局利益，但它有成本，如果这种成本长期由一个局部单位无偿承担，这样的军民融合是不可能行稳致远的。军民融合涉及政府、军队、企业、中介组织等很多主体，其利益诉求各不相同，这一问题如不能很好解决，代表全局利益的融合发展与各局部利益就会形成矛盾和冲突，军民融合发展所增加的那部分成本因为无人承担而扯皮。实践证明，要有效聚合各部门、各地区、各单位的融合能量，首先必须用法治手段规范各主体关系。在市场利益主体日益多元、利益结构日趋复杂的情况下，只有通过构建系统完备的军民融合相关法律规则、标准和原则，明确界定各主体的权利和义务，合理规范、引导和监督各主体在军民融合中的基本行为，才能稳定各主体的行为预期，充分激发各方参与军民融合的积极性和创造性。

目前，我国还没有一部规范军民融合发展的综合性法律法规，一些融合领域法律仍然缺位，现有法律法规的有些条款也已经不适应军民融合深度发展的要求，法律法规的贯彻执行力有时也不够刚性化。在现实中，军民融合工作有时还要靠感情来维系，靠关系来协调，靠政治觉悟来推动。中国作为一个走向法治社会的国家，一个谋求军民深度融合的国家，要凝聚力量、破解难题，必须加快推进比发达国家更有力度的法律建设，以更为强大的战略执行力和制度推动力促进军民深度融合。《关于加强军民融合发展法治建设的意见》是全面启动新时代军民融合法治建设的动员令，要求我们加快构建相关法律法规体系，不断提高军民融合法律制度的执行力和约束力，用法治思维和法治方式推动中国军民融合之舟驶向深度融合的彼岸。

（《人民政协报》2018 年 10 月 25 日）

5. 朱程代表——交出新时代武器装备领域军民融合深度发展的合格答卷

"很激动，非常难忘！"想起统帅亲切接见并现场聆听习主席重要讲话的情景，朱程代表还沉浸在莫大的喜悦之中，脸上洋溢着兴奋与豪情。

"军事优先，军为首要……通过军民融合把军队搞强……习主席的这些话既特别通俗易懂，又切中要害，深刻阐明了军民融合的战略定位和本质要求。"朱程代表的思绪又回到了气氛热烈的会场。

"党的十八大以来，党中央把军民融合发展上升为国家战略。习主席作出一系列重大决策指示，推动军民融合发展蹄疾步稳，不断向纵深推进。"朱程代表说，大家对此铭记在心。

"当面聆听习主席重要讲话，深感使命在肩、责任重大。"朱程代表说，"作为中央军委装备发展部负责科研订购的部门负责人，我深感使命如山，要只争朝夕，不负重托，努力交上一份合格答卷。"

"推进装备领域军民融合深度发展，关键是从顶层上谋篇布局，全面推进法规制度创新。"朱程代表介绍，针对当前装备领域军民融合工作面临的突出矛盾，并结合工作实际，由科研订购局负责组织拟制的《装备竞争性谈判管理办法》《装备信息发布管理办法》《装备招标采购管理办法》等竞争性采购配套法规目前已经完成初稿，正在征求意见，待完善修改后很快就会公布颁发。

指着桌面上一个记得密密麻麻的笔记本，朱程代表给记者介绍了下一步武器装备领域军民融合工作急需办理的大事件：

——加大信息交互力度，开设装备采购信息网的第二批涉密查询点建设，今年拟再增加 15—20 个异地涉密查询点，目前一部分查询点已经确定。

——10 月份左右，举办"第四届军民融合发展高科技成果展览暨论坛"活动。

——结合军改，加快建立招标、谈判、法律咨询等专业服务机构和管理保障机制，陆续认证合格的招标代理机构……

条条举措具体可操作，件件工作内容、分工及时间节点明确清晰。"必须以强烈的使命担当紧抓快干，大力推进军地资源共享共用，大力推行竞争择优采购，加快推动新时代武器装备领域军民融合深度发展取得实质性进展。"朱程代表的话掷地有声。

（邹维荣 《解放军报》2018 年 3 月 20 日）

6. 杨丽霞代表：军民融合提升军队医院保障能力

"平时保健康、战时保打赢"，这是军队医院担负的使命任务。只有保住健康才能减少非战斗减员，只有治得好才能让冲锋陷阵的官兵无后顾之忧。我建议，以推进军民融合发展为契机，借力地方医疗资源，从优化制度机制、加强学科建设、创新人才培养三方面着手，提升军队医院保障能力。

一是制度上实现军地无缝对接。当前，随着非战争军事行动渐成常态，战创伤学科研究越来越重要，然而这样一门学科却还未列入国家学科序列。为适应新时代军队使命任务的变化，建议将战创伤学科列入国家学科序列，作为军队卫生系统的重要学科优先发展。同时，加强人员、资讯、设备等领域的军地交流协作，以互补提供优质服务。

二是优化人才培养机制。着眼实战需要，结合战场救护的薄弱环节，有针对性地开展人才交流与培养。同时，与地方共建医院加强联合联训，定期开展战场救护训练，抓好卫勤保障力量培养。在培养目标上向军事医学倾斜，突出抓好临床和应急培养，做好地方卫勤保障力量的人才储备。

三是组建区域性医疗模块。成立以总医院为主、部队基层医务人员为骨干的医疗模块，实行统一指挥、统一使用、统一培养、分散管理的模式，解决总医院医疗骨干断层、基层部队医务人员技术不精的问题。同时，尽快建立健全军地应急协调联动机制，通过交流加大对驻地共建医院在军事医学上的技术帮带，提升其应急救治能力水平。在此基础上，健全军地保障机制，确保紧急情况下官兵在地方医院也能优先接受治疗。

（黄翊　中国军网 2018 年 3 月 15 日）

7. 毕京京委员：构建军民融合发展人才培训体系

"党的十九大报告把军民融合发展战略列为'七大战略'之一，明确了新时代军民融合发展在国家战略体系中的重要地位。"原国防大学副校长毕京京委员说，从提升国际战略竞争力、优化军民融合运行体系、提高统筹驾驭经济和国防建设全局能力以及推进军民融合"合力"的角度来看，开创新时代军民融合深度发展新局面，需要一大批爱融合、懂融合、会融合的管理者和专业人才，因此构建相应的培训体系非常迫切。

毕京京委员认为，要以创新和系统思维来谋划、推动军民融合发展人才培训体系建设，确保"融"得顺畅，"合"出高效。他建议，一是深入搞好习主席军民融合发展战略思想学习宣传和理论阐释工作，推动这一战略思想在全国军民融合工作体系内的贯彻落实；二是加强对军民融合发展人才培养的总体统筹，把军民融合发展人才培训体系建设纳入军民融合发展战略进行总体设计；三是坚持分类分级、逐级培训、全员培训，建立涵盖党政军领导干部、业务管理干部、企业经营管理人员、专业技术人员的多层次人才培训体系；四是全面推进军民融合人才培训教材、案例、课程、教学基地、师资队伍等方面建设，集中优势资源扶持一批重点院校、学科专业、实验室和创新队伍。

（柴华 《解放军报》2018 年 3 月 9 日）

8. 杨伟代表：跨越军民融合供需"鸿沟"

2018 年政府工作报告提出，"深入实施军民融合发展战略，深化国防科技工业改革。"全国人大代表、歼 20 总设计师杨伟 6 日表示，地方政府应更加主动积极搭建政府主导的信息沟通平台，创造更多沟通了解的机会，激发双方活力，逐步拓宽军民融合领域，跨越军民融合供需"鸿沟"。

杨伟建议，要进一步开放民营企业参与通道和建设信息共享机制，在确保保密性的前提下，完善国家军民融合公共服务平台、各地军地联席会议制度等平台建设，加强政策法规、采购及技术需求等公共信息交流。此外，加快推进国防科技装备采购制度、军品价格和税收等关键性改革，打破行业壁垒和信息垄断。

"在开创新时代军民融合深度发展格局的过程中，航空工业应成为'领头羊'行业之一。"杨伟认为，航空工业是典型的大型军工工业体系，不仅需要高新技术，还需要完善的产业配套。

（吴文诩 新华社北京 2018 年 3 月 6 日电）

9. 尹力代表：四川将建军民融合产业集群

在 2017 年 3 月 9 日举行的四川代表团开放日活动上，全国人大代表、四川省省长尹力介绍说，四川已与 12 家央企军工集团和中国工程物理研究院签署了战略合作协议，共建军民融合产业基地。

尹力说，习近平总书记 8 日在参加四川代表团审议时，对创新创造发表了重要讲话，要求急起直追，抓住世界科技革命历史机遇，针对经济社会发展方向、目标、战略、短板选准课题，形成更具激励性的制度环境，加快健全军民融合发展组织管理体系、工作运行体系、政策制度体系，抓好军民融合高技术产业基地建设，发展军民融合产业集群。这为四川全面创新改革试验指明了进一步发展方向。

尹力介绍，军民融合发展是全面创新改革试验的核心任务。四川以财政资金为引导，设立了 100 亿元的军民融合产业发展基金，加快推动 150 项重点军民融合技改项目建设。2016 年四川军民融合产业产值超过 2800 亿元，增长近 8%。

尹力介绍，2017 年，四川将重点围绕 9 个方面 115 项任务，着力打通军民融合、科技与经济结合、科技与金融结合"三条通道"，特别是着力做好军民融合深度发展，努力构建具有核心竞争力的军民融合产业集群。

2015 年 8 月，党中央、国务院批准四川为系统推进全面创新改革试验区域。四川省委省政府认真贯彻中央决策部署和习近平总书记系列重要讲话精神，把全面创新改革作为全省工作的"一号工程"。

（周相吉 刘阳 新华社北京 2017 年 3 月 9 日电）

10. 涂建华委员：重庆制造业军民融合大有可为

"重庆军工基础扎实雄厚，在军民融合的道路上大有可为。"在全国政协委员、市工商联主席、隆鑫控股有限公司董事局主席涂建华看来，随着我国经济的发展，很多军工技术转为民用助推经济发展，同样很多民用技术也为军工所采用，军民应相互促进、相互发展。

近年来，涂建华多次提出要加快无人机的发展应用。他表示，无人机是全球新一轮科技革命和产业革命的热点，在影视航拍、传统农林业、工业作业、灾害救援、公共安全以及消费娱乐业领域得到广泛应用，代表着未来通用航空业的发展方向，将成为中国经济增长的新动力。

"我国目前农业植保行业的水平尚有很大的提升空间，国内植保无人机产业的起步还是三四年前的事情，几年间却出现了爆发性增长。"涂建华表示，通过几年的示范演示与实验，无人机植保施药高效、安全、节本增效、节省人工的优势已得到越来越多农户的认可，其对地形的广泛适应性更是不可替代的优势。

涂建华说，随着军民融合发展国家战略的深入实施，无人机技术的飞速发展和军民技术的深度融合，会催生出一系列种类齐全、功能多样、安全可靠，服务经济社会发展的无人机产品系列，从而形成配套齐全的研发、制造、销售和服务的产业体系。根据行业预测，我国民用无人机产品销售和服务总体市场规模 2018 年将达到 110.9 亿元，到 2020 年将达到 465 亿元，2025 年将达到 750 亿元，前景十分广阔。

为此，他呼吁军民融合应以创新为导向，实现产业链上的资源互补；同时应着力打造军民协同创新中心，促进军民优势资源双向流动、相互转化。

（李幸 戴娟 《重庆日报》2018 年 3 月 5 日）

四、社会关注

1. 中国军民融合发展整体推进　重点领域初步形成

党的十八大以来，党中央把军民融合发展上升为国家战略，军民融合发展呈现整体推进、加速发展的良好势头。党的十九大报告提出，新时代要"更加注重军民融合"，"形成军民融合深度发展格局，构建一体化的国家战略体系和能力。"

为什么新时代要"更加注重军民融合"？

国防科工局总工程师龙红山分析说，军民融合发展，就是国家按照国防建设和经济建设的紧密相关性，统一富国和强军两大目标，统筹发展和安全两件大事，统合经济和国防两种实力，将有限的社会资源转化为双向互动的生产力和战斗力，做到一份投入、两份收益。"核心要义是把国防和军队建设有机融入经济社会发展体系之中，使二者相互促进、互通共融、相互支撑；根本目的是构建一体化国家战略体系和能力，实现富国和强军相统一。"

"现阶段提出军民融合深度发展，既是推进国家治理能力现代化的迫切需要，也是谋求国家安全与发展的必然选择。"龙红山表示，当前我国军民融合还面临思想认识跟不上、运行机制亟待完善、资源统筹共享不够、政策制度相对滞后等突出矛盾和问题。他认为，唯有推进军民融合深度发展，才能更好地凝聚国家整体力量，形成中央、地方、军队、企业、社会各方协同推进国防和军队建设的良性发展格局。

此外，随着市场经济的发展，我国很多民营企业迅速崛起，掌握了一大批先进技术、人才和成果，其中许多都是国防科技工业迫切需要的。而国防科技工业多年积累的先进技术与成果，也已经应用于普通百姓的生活之中。"'深度'

意味着更紧密地联系在一起，国防和军队建设可以从经济社会发展中获得更加深厚的物质支撑和发展后劲，经济建设也能从国防和军队建设中获得更加有力的安全保障和科技支持。"龙红山说。

"实施军民融合发展战略，还是引领国家由大到强的长远谋划。"龙红山表示，从国际上的先进经验来看，军民融合、军民通用技术已成大势所趋，我们要缩短与世界军工强国的代差，并跑甚至领跑，必须学习先进模式，统筹配置军民两大体系资源，使经济与国防建设协调发展、平衡发展、兼容发展，实现效益最大化。

我国军民融合发展现状如何？

龙红山介绍，党的十八大以来，我国军民融合发展呈现整体推进、加速发展的良好势头，重点领域融合发展的格局初步形成。"特别是在武器装备科研生产领域，积极吸纳全社会优势资源。目前，取得武器装备科研生产许可证的企业中，民口企业占到总数的2/3以上，其中优势民营企业占比接近一半；'民参军'企业承担任务的领域和层次也不断拓展，部分民营企业已经开始承担总体和分系统任务，一些民营企业在微小型、无人系统和微纳米等前沿关键技术领域逐步发挥重要作用。"

军工融入区域经济发展取得新实效。据了解，目前军工集团公司军民品产值比例基本保持在3:7，其中军工高技术产业在民品产值中的占比逐步提升到50%以上，"四民"（民用航天、民用飞机、民用核能和高技术船舶）产业持续发展，卫星导航和遥感应用、海洋工程和科考装备、网络信息安全、智慧城市等军工高技术产业发展迅速，为国民经济稳增长、调结构发挥着越来越重要的作用。

"拿航天技术来说，不仅仅用于'上天'，它早已走入人们生活，在国民经济各个领域发挥着重要作用。"中国航天科技集团副总经理张建恒介绍，生活中，航天技术的应用已非常普遍。"举个例子，人们坐火车时使用的蓝色火车票，用的就是航天胶片技术研制而成的热敏磁票纸；还有铺设在海底解决世界难题的'航天管'——双金属机械复合海管等。"据统计，我国1100多种新型材料中有80%是在航天技术的牵引下完成的；目前我国已有2000多项航天技术成果被移植到国民经济各个部门，航天民用产值已占据航天总产值的半壁江山。

此外，在军民科技协同创新上，成效已逐步显现。"这突出体现在国家重大科技专项方面，像载人航天、探月工程、高分专项、核高基等项目，都是集聚了军工集团、科研院所、高校、企业等军地优势科研力量取得的重大成果。"龙红山告诉记者，军地各类主体协同创新的模式更加多样，在海洋、网络、空天等事关国防安全的战略新兴领域，初步实现了军民融合重点任务联合攻关；在基础科技领域，军地各方联合开展协同创新，在太赫兹、量子、激光等前沿技术领域取得了突破性成果。

实现军民融合深度发展格局，如何发力？

尽管军民融合近年来持续升温，但专家表示，我国军民融合尚处于由初步融合向深度融合的过渡阶段，还面临着一些结构性矛盾、体制性障碍和政策性问题。

"当前军民融合深度发展还面临一些困难，首要原因还是思想障碍和认识偏差，导致军民融合工作'深不下去，融不起来'。此外从政策法规到管理体制、运行机制还不够健全，影响着军民融合的质量效益。"龙红山表示，军民融合涉及军地部门多，利益藩篱多，事权关系复杂，存在着条块分割、军民二元分离等体制性问题，在需求生成对接、军民协同创新、规划计划衔接、资源共建共享等方面的运行机制尚未完全建立健全。尤其在政策法规层面，顶层推动军民融合发展的综合性法规和国防科技工业等重点领域法律缺失，部分已有的政策法规也存在衔接不够、局限性较大等问题。

"民口单位尤其是民营企业，想承担一些军品任务太难了。"采访中，一些民营企业负责人表示，当前"民参军"的任务渠道还不畅通，民口企业很难了解到军工企业的产品需求。有的即使有所了解，自己的技术也是军工企业迫切需要的，又面临准入难、办证难、周期长等问题。

龙红山对此表示认同。"这样的情况确实存在，军工单位也很难了解到社会上的民口技术发展到了什么程度，双方的信息互通机制还没有在军民之间有效建立起来。"他同时表示，国防科工局已与军方协商达成一致，将进一步完善军品市场准入相关制度。"民营企业反映的重复认证、重复审查的问题，要通过军民融合的机制来解决。今后还将积极搭建军地需求对接平台，着力打造军民融合示范工程，这些措施实现以后，会大幅提高'民参军'的效率。"

中国电子科技集团有限公司董事长熊群力表示："在当前形势和环境下，要探索军民融合的体制、机制和模式创新，破解长期积累的体制性障碍、结构性矛盾和政策性问题，加快推进经济社会整体的结构性调整。当前，军队作为国防力量的主体，是国防科研和武器装备的需求侧，也正在进行全面而深刻的改革。军民融合只有融入全面深化改革发展的过程中，才能深入、完善、可持续、取得实效。"

龙红山认为，"全要素、多领域、高效益"是军民融合深度发展格局的内涵要求，"全要素"是指实现信息、技术、人才、资本、设施、服务等各类要素在两大体系之间的共享共用和渗透兼容；"多领域"是指实现武器装备科研生产、经济布局、基础设施、人才、动员、维修保障以及陆、海、空、天、电等多领域的融合；"高效益"是指要实现经济建设的国防效益最大化和国防建设的经济效益最大化，进而实现富国强军的统一。"未来就是要以此为目标，强化大局意识、改革创新、战略规划和法制保障，形成统一领导、军地协调、顺畅高效的组织管理体系，将军民融合推向深入。"

此外，业界普遍认为，推进军民融合发展，首先要注重发挥国家主导作用，采取自上而下的方式推动各项改革，加强顶层设计，制定军民融合发展的总体规划和重要领域的专项规划；其次要注重市场运作，充分运用市场机制优化资源配置，应扩大竞争性采购比重、大量引入民口的成熟技术、鼓励采用民用标准、营造公平透明的市场竞争环境等。三是注重法制保障，构建军民融合法规体系，根据新形势、新任务、新要求，建立完善不同层面、不同领域的法律法规体系，为军民融合深度发展提供全方位的制度保障。

专家还建议，要加强沟通协调，避免各部门政策间存在重复或交叉问题；建立政策运行的反馈、评估机制，定期开展针对政策执行实施效果的第三方评估工作；重点完善准入和退出、财税金融、产业引导、国防知识产权转化应用等方面的相关政策等。

（冯华 余建斌 人民网 2018 年 5 月 14 日）

2. 继承发展军民深度融合光荣传统

军民深度融合是跨军地改革的重大任务，是一项国家战略。它反映了人民军队发展建设的优良传统，是党长期探索经济和国防建设发展规律的重大成果。

自建军以来，我军就强调加强军民团结，实行人民战争。这是我军的力量源泉，是革命战争胜利的根本保证。早在土地革命战争时期，我们党就提出军民一致的原则。毛泽东指出，革命战争是群众的战争，只有动员群众才能进行战争，只有依靠群众才能进行战争。中国革命的正确道路，即建立农村革命根据地，以农村包围城市的道路，就是实行武装斗争、土地革命和根据地建设三位一体的道路。

在抗日战争中，毛泽东在《论持久战》中提出"兵民是胜利之本"这一重要思想。1942年，在陕甘宁边区高级干部会议上，毛泽东正式提出军民兼顾的原则。就经济发展而言，可以说，这是军民融合思想的源头。他说，"我们一方面取之于民，一方面就要使人民经济有所增长"，"在公私关系上，就是'公私兼顾'，或叫'军民兼顾'"。这一时期，在党中央的统一领导下，各抗日根据地开展了军民大生产运动，这是取得抗日战争胜利的重要原因。

解放战争时期，毛泽东进一步指出："必须有计划地发展生产和整理财政，遵照发展经济，保障供给，统一领导，分散经营，军民兼顾，公私兼顾等项原则，坚决地实施之。"解放区实行土地改革，发展经济建设，人民群众的踊跃支前，有力地推动了解放战争的胜利进行。正如陈毅所说，淮海战役的胜利是人民群众用小车推出来的。

新中国成立以后，人民军队和国防现代化建设进入新阶段。毛泽东指出："中国必须建立强大的国防军，必须建立强大的经济力量，这是两件大事"，提出实行"军民结合、平战结合、以军为主、寓军于民"的方针。1956年，毛泽东在最高国务会议上又说："在生产上要注意军民两用，注意学会军用和民用两套生产技术，平时为民用生产，一旦有事就可把民用生产转化为军用生产。"在国家、生产单位和生产者个人的关系上，毛泽东指出，三者"不能只顾一头，必须兼顾国家、集体和个人三个方面，也就是我们过去常说的'军民兼顾'、'公私兼顾'"。

改革开放后，邓小平提出要走"军民结合、平战结合、以民养军、军品优先"的道路。20世纪90年代，江泽民强调"国防经济和社会经济、军用技术和民用技术，应该相互兼容、相互促进"。2007年9月，胡锦涛在党的十七大报告中指出，要"建立和完善军民结合、寓军于民的武器装备科研生产体系、军队人才培养体系和军队保障体系，坚持勤俭建军，走出一条中国特色军民融合式发展路子"。

党的十八大以来，以习近平同志为核心的党中央，面对战争形态信息化、经济形态市场化、技术形态军民通用化的新的历史条件，提出军民融合深度发展的战略思想，并把军民融合上升为国家战略。实行军民深度融合，是对人民军队光荣传统的继承和发展，是人民战争思想在新形势下的新体现，是富国强军的必由之路。

（江英 《光明日报》2017 年 7 月 18 日）

3. 探索推进国防动员与应急管理有机融合

国防动员体系与应急管理体系，是我国目前并存运行的战时和平时两大危机有效管理机制。积极推进两大体系有效衔接、有机融合，对于贯彻落实军民融合深度发展战略，构建平战结合、平战一体的国家战略体系和能力，具有十分重要的意义。从 2016 年初军委专门组建国防动员部，到今年 4 月份国家应急管理部正式挂牌，标志着我国的平时和战时危机管理机构战略顶层构架已初步形成，为下一步实现国家危机管理体系应急应战一体化建设奠定了坚实基础。适应新的形势任务要求，我们要更新思想观念，抓住有利契机，积极探索推进国防动员与应急管理有机融合。

坚持组织领导"统"，建立集中统一、军地衔接的指挥体系。实践证明，集中统一、军地合成、权威高效的军地联合指挥机构是成功应对重大自然灾害与多种安全威胁的关键。为此，应把建立高效顺畅的应急应战军地联合指挥体系，作为两个体系融合的首要抓好抓实。在地方党委、政府和军事机关的统一领导下，按照军民结合、平战一体、精干高效的要求，以政府应急管理部门与国防动员职能部门为主体，吸收驻军、武警、公安、气象、环境、卫生、新闻等相关部门参加，构设军地联合指挥机构。根据可能担负的应战应急任务，本着执行应急任务以政府应急管理部门为主、执行军事任务以国防动员系统为主的原则，建立总体协调关系、工作定期联系办法、信息资源共享制度，完善联合研判、联合决策、联合行动机制，将国防动员应急功能融入政府应急管理体系，将应急管理处突职能纳入国防动员体系，努力推进两大体系在组织指挥上的衔接。

坚持对接机制"合"，构建功能齐备、任务衔接的力量体系。平时和战时灾害的转换性和类似性，使得平时和战时所需应急应战专业力量队伍具有通用性、融合性。加强国防动员和应急救援队伍的组织编成、专业训练、装备器材保障统建共管，能有效提升两支力量遂行任务能力。坚持力量队伍统编，国防动员系统主要规划作战、维稳及专业保障力量建设，应急管理系统负责组织地方应急力量建设，两个系统联合制订力量队伍编组方案，合理确定专业种类、布局结构、数量规模和标准要求，切实形成专业齐全、军地通用、精干高效的应急应战力量建设布局；坚持装备器材统配，按照军地互补、保障急需、通专结合的要求，制式装备纳入军队统一保障计划，应急装备融入地方渠道统筹解决，通用装备依托社会资源预征预储，全面落实应急应战力量队伍装备器材配备；坚持训练演练统管，以应急应战任务需求为牵引，统筹年度训练演练规划计划，发挥军民融合优势，依托行业系统和任职岗位，大力推行基地化、模拟化、网络化训练，坚持开展联合培训、联合训练、联合演练，切实增强两大力量体系合成应战、协同应急能力。

坚持政策法规"促"，健全双应兼顾、机制衔接的预案体系。国防动员与应急管理涉及军地的多个行业、部门和单位，参与主体多元，在实施依法治国依法治军方略、全面推进依法行政的新形势下，必须把国防动员机制与应急管理机制衔接纳入法制化轨道，依靠法律的权威和约束力，促进两大体系的有机融合。在《国防动员法》《突发事件应对法》等相关法律框架下，根据可能担负的应急应战任务和任务的不同阶段、不同性质，确立平时应急、战时应战"双应一体"的平战转换机制，制订不同方向、不同地区、不同规模、不同类型的专项行动计划和方案，并随情况变化不断修改完善分支计划，逐步形成横向到边、纵向到底的军地一体的应急预案体系。一旦发生重大灾害、社会危机和战争威胁时，立即启动相对应的预案体系，从领导层和执行层实施军地联动，确保战争动员和应急处置的快速反应和实时高效，完成两大体系平战转换机制有效衔接。

坚持保障资源"融"，建设集约高效、资源衔接的保障体系。保障资源是应战应急动员的根基和保证。按照经济建设贯彻国防需求、应急建设贯彻应战需要的原则，科学统筹人力、财力、物力和网络信息等行业系统资源，在应急管理系统中高度聚合应急资源，在国防动员系统中综合集成应战保障要素，统一规划、统一建设。整合财力资源，构建以"地方党委、政府主导、军队积极配合"的财力保障机制，平时建设要纳入各级财政预算进行保障，重大任务可提出专项申请和保障计划，为军地联合行动提供财力支撑；整合运力资源，依托公路、铁路、水路、民航等交通运输设施，融合现代物流先进技术，建立快速运输通道，形成联合应急应战运输网络及协调机制；整合信息资源，构建标准统一、规范数据、互联互通的军地信息系统，建立常态灾情预测、敌情监测等多源情报信息网络体系，提高军地信息采集、风险研判、预测预报能力，实现两大体系在资源保障上的有效衔接。

（田野 《解放军报》2018 年 10 月 16 日）

4. 破壁垒、重孵化、强人才——来自第六届科博会的军民融合启示

第六届中国（绵阳）科技城国际科技博览会正在进行，超级计算机、双频北斗芯片、翼龙无人机、3D 仿真风洞、火箭推进器等一批自主军民融合创新成果集中亮相，充分展现了我国军民深度融合发展的积极成效。

军民融合是一项复杂的系统工程，如何将军民融合更好更快向前推进，科博会上的一线科研人员、企业家和专家有自己的思考。

进一步破除体制机制壁垒

在军民融合馆内，展台上 3 架机身被烧毁的小型无人机很是显眼，引得众人围观。难道是工作人员摆错了展品？原来，这些无人机都是被一旁名为"低空卫士"的激光拦截系统击落的。

近年来，随着消费级无人机的快速发展，"黑飞"干扰低空安全的事件屡见不鲜。由中国工程物理研究院所属企业研发生产的这款"低空卫士"系统，就能在半径 1—3 公里距离内快速锁定、跟踪和击落"低慢小"航空器目标。

中国工程物理研究院是位于绵阳的众多国家级军工科研院所之一，长期以来主要为国防军工服务，形成了大批前沿创新成果。近年来该院通过自设企

业、挂牌交易、军地协同创新、资源设备共享等方式，努力将一批高精尖技术推向民用领域。

"一面是科研院所大量先进技术'养在深闺人未识'，一面是民用市场对科技成果'求贤若渴'。"四川军民融合大型科学仪器共享平台运营负责人陈俊岗认为，深入推进军民融合，要继续发展共通共用、共建共享平台，加快技术、资本、信息、人才、设备设施等要素的军民互动。

进一步面向市场转化孵化

在位于科博会A馆的江苏铁锚热室装备展厅，一列观众正排队体验一款造型奇特的主从机械手。一名小学生用手在后方操作，前方的动臂同步自由伸缩移动，稳稳夹起矿泉水瓶和纸张，使劲晃动也不会松脱。

"在真实作业环境中，动臂是安装在特殊环境里的。"现场工作人员杨阳告诉记者，在辐射等特殊环境下，操作者可以在屏蔽墙后进行作业，以免身体受到伤害，"产品很受市场欢迎，已在多个场景得到应用。"

"打通技术转化路径，就应该以实际应用为导向，面向市场进行孵化。"国家军民两用技术交易中心运营负责人丁爱华说，任何先进技术从实验室到市场都还有相当一段距离，这就需要借助政府、资本和市场的力量，真正培育出符合市场需求、得到资本认可的产品。

绵阳赛恩新能源科技公司负责人刘昆明也感到，中小企业参与军民融合，除了自身技术过硬，还离不开政府、银行、中介服务机构等相关方的大力支持，这样才能共同形成军民融合良性生态圈。

进一步构建人才支撑体系

在科博会场外展区，一个画着行车道的大型场地吸引了记者的注意，成都信息工程大学电子与通信工程专业研究生邓钦和同学一起，控制一辆无人驾驶的电动汽车顺畅完成起步、加速和转弯等动作。

"这是我们团队研发的第二代无人驾驶汽车，最高时速达到80公里每小时，能够实现各种路况下的环境感知，自主性更强。"成都信息工程大学控制工程学院教授张国良说，目前研发团队有十多名相关专业的教师，作为培养人才的一种方式，团队接下来还将吸纳本科生。

中国航天科技集团公司总工程师庄国京认为，推动军民融合要推进高技能人才的培养，尤其是要在政府的支持下，通过市场化运作，构建、完善军民融合人才培养体系，为实施军民融合战略提供人才保证和智力支持。

绵阳华宝鼎业科技公司总经理陈才虎说，正是在军工院所和公司团队两方人才的共同努力下，他的公司正在转化的军民两用新材料技术才能快速取得突破，他希望有更多更高效的军民融合专业化人才服务与交流平台，共同促进整个军民融合产业的快速发展。

（胡旭 李力可　新华网 2018 年 9 月 8 日）

5. 专家建议搭建军民融合的民生公共服务平台

在国研书院主办的"国研书院·中国军民融合产业发展研讨会"上，与会专家建议，应该努力搭建军民融合的民生公共服务平台，打通军工体系与民用体系壁垒，实现两者互通融合。

专家表示，把军民融合发展上升为国家战略，是党中央长期探索经济建设和国防建设协调发展规律的重大成果，是从国家发展和安全全局出发做出的重大决策，是应对复杂安全威胁、赢得国家战略优势的重大举措。

专家们从各个角度对军民融合的国家政策、产业发展做了全面系统阐释和分析，大家共同强调，军民融合对经济发展、科技发展、国民安全都具有重要意义，要放在大国竞争国际形势下来看军民融合现状。军民融合不是贸然提出来的，在中国已经有了一定的历史积淀和基础。中国军民融合度与世界军民融合发达国家相比仍有较大差距。

专家认为，军民融合的核心是产生竞争力，科技创新是军民融合的重要内容。军民融合也有商业模式。应该努力搭建军民融合的民生公共服务平台，要打通军工体系与民用体系壁垒，实现两者互通融合，既可使军队的先进技术走向社会，惠福百姓，同时也为整个社会经济发展提供了新动能。

（关欣 《经济参考报》2018 年 8 月 15 日）

6. 新时代双拥工作如何助力军民深度融合

党的十九大报告强调：党政军民学，东西南北中，党是领导一切的。

中共中央、国务院、中央军委印发《关于经济建设和国防建设融合发展的意见》中明确：党的领导是中国特色社会主义制度的最大优势，是推进经济建设和国防建设融合发展的根本政治保证。必须发挥党总揽全局、协调各方的领导核心作用，全面加强党对军民融合发展工作的领导，确保党的路线方针政策和决策部署贯彻落实到军民融合发展的各领域全过程。

春节前后，记者围绕这一宏大主题展开调研，愈发感到：双拥工作作为我党我军的特有政治优势，以巩固和加强军政军民团结为主旨，在新时代军民融合过程中，恰逢其时，大有可为。

一、从定位看站位

"全民"是个大优势。走进武警上海总队第九支队作战指挥中心，值班席上电脑一字排开，崭新的超大屏幕可同时显示交通、天气、水文等信息，首长机关处置任务可据此及时作出各种决策命令。

这是 2017 年 5 月新启用的作战指挥中心。支队领导介绍，改造过程中，浦东新区有关科技专家及时提出建议，改造经费节省 5 万余元，指挥中心功能却增加了 8 种。

"这是军民融合吗？"也许有人要问。其实，与其在性质上纠缠"是与不是"，不如在效果上看"行与不行"。

从行业拥军看，这无疑是科技拥军的新成果。从军民融合看，这又是经常发生在广大军民身边、看得见摸得着的融合实践。

"双拥工作当然不能与军民融合简单画等号，既不能理解'窄'了，也不能理解'低'了。"一位老双拥这样表示。

行进在中国大地上，感受中国特色社会主义新时代的崭新气象，我们对此有了更多新感悟：很多时候，双拥工作又是与军民融合实践水乳交融、彼此契合的。

放眼全国，从南国椰岛到北部边陲，从东海之滨到雪域高原，许多地方科技拥军大河奔涌，行业拥军风生水起。

什么是军民融合？双拥工作能做些啥？

党的十九大报告强调：我们的军队是人民军队，我们的国防是全民国防。新时代的军民融合，有着三重定位的科学坐标：习近平新时代中国特色社会主义思想的重要组成部分；国家战略和基本方略；党和人民赋予的新时代使命任务。

从定位看站位，许多在双拥工作一线辛勤耕耘的人们表示，把握了这样三重定位，双拥工作方向更加明确，新时代双拥究竟该干些什么、怎么干，心中更有数了。

二、从体系看体现

"参与"是个硬道理。2017年7月，战略支援部队与地方9个单位签订战略合作框架协议之后，培养新型作战力量高端人才工程随之启动"按键"。地方9个签约单位地处全国不同地域，其中包括6所知名高校和3家军工企业。

党的十九大报告提出，同国家现代化进程相一致，全面推进军事理论现代化、军事组织形态现代化、军事人员现代化、武器装备现代化，力争到2035年基本实现国防和军队现代化，到本世纪中叶把人民军队建成世界一流军队。

此前，党中央、国务院、中央军委关于军民融合的顶层设计中早已明确：到2020年，基本形成军民深度融合发展的基础领域资源共享体系、中国特色先进国防科技工业体系、军民科技协同创新体系、军事人才培养体系、军队保障社会化体系、国防动员体系。六大体系建设任重道远，双拥工作可谓恰逢其时。

高端军事人才培养的一系列探索实践给人以启示：从体系看体现，"参与"是个硬道理。

放眼更宏观的主体层面，军民深度融合的组织管理体系、工作运行体系、政策制度体系三大体系稳步构建，也是同样的道理：接地气、有根基的双拥工作大有可为。

令人欣喜的是，以双拥工作为载体和纽带，军民融合以"水到渠成"之势迈开了鼓舞人心的大步子，广大军民直接从中受益。

在浙江舟山，首批2500名基层部队官兵领到了市民卡。从2018年1月起，可以持卡享受跟当地居民一样的城市生活服务。

在中原，全国首个军民融合式应急投送保障基地、全军副食品后勤保障动员中心等一大批融合发展项目落户运行，在建的军民结合产业园区已达30多个。

"戎装市民"与"基地化保障"，不正是"军民一体化"的生动写照吗？

三、从共享看共建

"创业"是个好思路。一座外观近似海螺的建筑格外引人注目，外形如行云流水般动感流畅，晴空下熠熠生辉。这就是秦皇岛人引以为傲的秦皇岛国际展览中心。2017年八一建军节前，再添一座新地标：军界·秦皇岛军事科学教育VR基地。

置身其间，坐上"4D舰载机"，从航母上呼啸而起，去打击来犯之敌；不上太空，就可进入"天宫"赏月；不下海底，即可潜入"蛟龙"探海……这座VR基地由一批转业复退军人为主体创办运营。秦皇岛市双拥办领导介绍，它以"两弹一星＋海陆空天电＋军民融合＋城市地标"为主题内容，构成一个大型国防教育、科普教育和爱国主义教育互动体验馆。

宏观数据显示，2017年全军选择"复员"的干部总量达1900多人。民政部、中央军委政治工作部下发通知，指导各地对符合安置条件退役士兵全面开展"订单""定向""定岗"教育培训。

创业带动就业，是当今时代的一个突出特点。党的十九大报告中强调：就业是最大的民生。要坚持就业优先战略和积极就业政策，实现更高质量和更充分就业。

就业创业，作为双拥工作与军民融合的一个交叉融汇区，注定大有文章可做。

军民融合重点领域，既有传统行业又有新兴领域，既能深耕细作又能冒尖突破。

军界·秦皇岛军事科学教育VR基地备受关注、备受青睐，给人以启示：新兴领域作为就业创业一个重要增长点，军民融合直接惠及广大军民，双拥工作理应积极主动跟进。

引导转业复退军人积极投身军民融合实践，既在国防动员、人才培养等传统领域"深耕"，又在海洋、太空、人工智能等新兴领域"细作"，可望实现一举三得：快速弥补社会人才缺口，充分发挥退役军人优势，有效提升军民融合质量效益。

四、从战略看方略

"创新"是个大举措。2015 年 10 月，新疆维吾尔自治区成立 60 周年纪念大会活动期间，中央代表团与自治区党委协商提出，军队后勤对新疆发展服装产业带动就业战略给予大力支持。

经过两年多探索实践，这项惠及军地双方的双拥举措已经开花结果：军队援疆被装物资，每生产 1 亿元可直接带动近万名群众就业。新疆维吾尔自治区领导感慨地表示，军民融合＋精准扶贫这一创新实践模式在新疆的探索实践，取得显著成效，双拥工作功不可没！

党的十九大报告中强调：创新是引领发展的第一动力，是建设现代化经济体系的战略支撑。放眼全国各地，这样积极主动的探索实践，在双拥工作中有序展开，正在遍地开花。

2017 年 5 月 16 日，吉林省首家战备级大数据灾备中心建成并正式投入运营。这是全国首家利用人防工程建设的战备级大数据灾备中心。

建设过程中，人防部门积极努力，各级双拥办大力协调，大产业"住"进人防工程，充分发挥了人防工程战时防空、平时服务、应急支援的职能使命。吉林省委主要领导称赞，把"闲置"的人防工程利用起来，满足了安全需要，更带动相关产业转型升级，为老工业基地振兴注入新的活力。

从战略看方略，"创新"是个大举措，双拥工作与军民融合相结合的"破题"文章做不完。

大盘取厚势，落子开新局。就发展方式而言，国家战略包括可持续发展、创新驱动发展、科教兴国和人才强国等；就发展目标而言，国家战略包括精准扶贫、健康中国、新型城镇化等；就区域发展而言，京津冀协同发展、长江经济带建设、东北振兴等也都属于国家战略……积极投身国家战略的全面贯彻实施，新时代已经向我们发出庄严召唤：军民怎样深度融合？双拥如何精准跟进？

（魏宏涛 董强 中国军网 2018 年 2 月 24 日）

7. 军民融合构建国家网络空间防御体系

"定天下者，必明于天下之大势，而后可以决天下之治乱。"当前，网络空间成为国家生存和发展的战略高地，"没有网络安全就没有国家安全"。

因网络系统无处不在、网络应用广泛普及、网络技术军民通用、网络精英研战一致、网络安防平战结合、网络防线不分前后之故，网络空间防御体系的构建比陆、海、空、天等传统空间都更适合、更需要加强军民融合、军地联动。在这方面美国早已走在前列，不仅形成了白宫网络安全办公室总体协调，国防部、国土安全部、商务部、司法部、企业等分工协作的组织体系，军地共同研发部署了3个版本的"爱因斯坦"国家网络安防系统，组建了网络空间司令部和若干网络任务部队，还通过两年一度的跨部门"网络风暴"军地演习检验提高网络攻防能力，其网络空间防御体系建设已跨入军民深度融合的常态化发展阶段。

当前，坚持以军民融合为抓手构建国家网络空间防御体系，应立足国情军情，选准突破口和主攻方向，尽快形成防御性威慑和实战能力。

形成军地一体、职权清晰的国家网络空间防御体系布局。确立积极防御、攻防兼备的指导思想，进一步明确军队、公安、司法、外交、宣传、工业和信息化等部门以及产学研等机构在国家网络空间防御体系中的权责定位，尤其要发挥好军队保护国家网络基础设施和关键业务网络安全的职能作用，统筹规划各责任主体的建设任务，以举国之力构筑网络空间安全盾牌。

推动优势互补、融合发展式国家网络空间防御体系建设。以网络空间安防技术、力量、法规建设为重点，发挥军队科研院所的先遣队作用和地方产学研界的主力军作用，加快推进信息技术和产品的自主可控和国产化替代进程，启动网络安全人才应急培养和网络精英招募工程，尽快完善网络安全法规制度体系，形成有队伍、有手段、有规范的网络空间安全管控格局。

建立高效畅通、整体联动的网络空间防御体系运行机制。区分平时和战时，健全需求对接、技术交流、情报互通、行动协调、联合演训等日常运行机制，建立应急状态和战争威胁背景下的网络空间防御指挥协同体制和网络国防动员机制，不断提高国家网络空间防御体系的实战和快反能力。

"军民团结如一人，试看天下谁能敌。"面对某些国家监视一切、搜集一切、分析一切的网络情报计划，面对恐怖主义日益猖獗背后的网络推手，打赢没有硝烟的网络人民战争，需要早日形成国家网络空间军民深度融合格局，群策群力群防，共同打造安全的网络空间。

（程相然 《解放军报》2018 年 4 月 3 日）

8. 军民融合发展助力脱贫攻坚

让贫困人口和贫困地区同全国一道进入全面小康社会是我们党的庄严承诺。决胜全面建成小康社会，必须广泛动员全党全国全社会的力量，充分调动一切积极因素，打赢脱贫攻坚战。在这些力量中，人民军队是一支不可忽视的重要力量。而军民融合发展战略是实现统筹经济发展和国家安全、富国和强军协调发展的必由之路。

军民融合发展助力脱贫攻坚的理论逻辑

把军民融合发展上升为国家战略，是我们长期探索经济建设和国防建设协调发展规律的重大成果，是从国家发展和安全全局出发作出的重大决策，是应对复杂安全威胁、赢得国家战略优势的重大举措。深入推进军民融合发展战略，加快把国防和军队建设融入经济社会发展体系，推动军民融合发展助力脱贫攻坚就是一条有效的路径。这一路径是唯物辩证法在新时代中国特色社会主义伟大事业的科学运用和具体体现。

军民融合发展助力脱贫攻坚体现了工具和价值的辩证统一。一方面，军民融合发展战略是我们长期探索经济建设和国防建设协调发展规律的重大成果，是发展的合规律性的体现。我们要积极运用军民融合这一助力脱贫攻坚的有效手段，按照工具理性实现贫困地区的科学发展，按照发展规律办事，实事求是，因地制宜，切实消除贫困问题。另一方面，军民融合发展助力脱贫攻坚体现了中国特色社会主义的本质要求和我们党的重要使命，是发展的合目的性的体现。

军民融合发展助力脱贫攻坚体现了稳定和发展的辩证统一。稳定是发展的前提，发展是稳定的基础，只有正确处理改革发展稳定的关系，我们的事业才能不断前进。军民融合发展解决的是发展的问题,只有不断发展,为脱贫攻坚提供物质基础,消除贫困的目标才能得以实现。脱贫攻坚解决的就是稳定的问题,只有坚决消除贫困,努力缩小贫富差距,不断提高人民生活水平,才能为我们的发展提供稳定的社会大局。

军民融合发展助力脱贫攻坚体现了全局和局部的辩证统一。全局是由局部组成的,全局决定局部,但是局部的发展也会对全局的发展产生影响。当前我们正处于全面建成小康社会的决胜期,能否如期实现脱贫目标是决胜全面建成小康社会的关键,要实现脱贫攻坚这一总体目标,就要积极探索各种有效途径。而军民融合发展战略是从国家发展和安全全局出发作出的重大决策,是助力脱贫攻坚的其中一条有效路径。

军民融合发展助力脱贫攻坚的现实逻辑

当前,正处于全面建成小康社会的决胜期,脱贫攻坚任务紧迫而又繁重,必须统筹推进"五位一体"总体布局和协调推进"四个全面"战略布局,坚定实施创新驱动发展战略、乡村振兴战略、军民融合发展战略等一系列国家战略,突出重点、补短板、强弱项,坚决打赢精准脱贫攻坚战。

军民融合发展助力脱贫攻坚有利于实现共享发展。军民融合发展关键在"融",必须在"融"字上做好文章。共享发展就蕴含了"融"的理念,推动军民融合发展助力脱贫攻坚,用军队"打好"脱贫攻坚这场新时代的特殊"战役",既有利于消除贫困,也有利于强军兴军,实现二者共同发展。

军民融合发展有利于革命老区脱贫。当前大多数的革命老区还处在贫困状态之中,而在这些革命老区中往往有着更深的拥军爱民传统和更好的军民融合基础。因此,在革命老区中更容易实现军民融合脱贫。我们要充分运用革命老区的独特优势,强化统一领导,加强顶层设计,保障项目落实,着重在革命老区实现脱贫新突破。

军民融合发展助力脱贫攻坚有利于全面深化改革。军民融合发展是一个新提出的战略,还有着诸多不完善的方面,脱贫攻坚又是一个错综复杂和矛盾交织的领域。所以,要实现军民融合脱贫,必须坚持改革创新,不断优化政策制度体系,坚决破除一切不合时宜的体制机制弊端,努力做好军民融合发展助力脱贫攻坚这篇大文章。

军民融合发展助力脱贫攻坚的实践逻辑

探索军民融合发展助力脱贫攻坚新路径,是扶贫工作在体制机制方面的一大创新，在政策层面也具有极大的可行性。军队在工程建设、医疗保障等方面具有独特的优势，而这些方面往往是贫困地区的短板和弱项。因此，军民融合发展助力脱贫攻坚在实践层面就具有很强的针对性，深刻体现出扶贫要精准的思想要求。

军民融合发展有利于加强贫困地区基础设施建设。导致一个地区贫困的原因有很多，其中基础设施落后是一大重要原因，特别是在交通运输领域。正所谓"交通是致富的先行者"，我们要充分运用军队在基础设施建设方面的优势，统筹考虑军民需求，综合运用重要资源，以国防标准建设，同时积极向民间地区开放。尤其是在边疆偏远地区，通过军民融合加强道路、机场、航运等建设，既服务于军队边防，也满足民用交通需求。

军民融合发展有利于阻断贫困代际传递。我们在扶贫过程中要注重扶贫同扶志、扶智相结合，军民融合在这方面也有着独特的优势。一方面，军队可以在军队征兵、军校招生等方面向贫困地区学生和青年提供便利，使得贫困地区学生和青年在军队的锤炼中提高思想境界、丰富科学文化知识。另一方面，贫困地区政府也要加大对退伍转业军人回乡创业的支持力度，给予一定政策倾斜，提供更多创业平台和创业机会。

军民融合发展有利于在贫困地区实施健康扶贫。军队在医疗卫生服务方面有着一定的优势，实现军民融合发展也要把这种优势运用到脱贫攻坚中去。努力建立军队医院与连片特困地区县和国家扶贫开发工作重点县县级医院稳定持续的一对一帮扶机制，促进军队医院向贫困地区提供远程医疗诊治和保健咨询服务，保障贫困人口享有基本医疗卫生服务，防止因病致贫、因病返贫。

（尤元文 张恺 《学习时报》2018 年 8 月 10 日）

9. 探寻晋江经济建设和国防建设协调发展之路

东风染尽三千顷，白鹭飞来无处停。芒种后不久，记者刚抵达晋江，就感受到这座民营经济大市的火热氛围与国防情怀：华灯初上，马路上车流如织，林立的民企广告牌中，不时能看到"关心国防就是关心我们的家园"等宣传牌；街区传出的闽南语歌曲，与军营的呼号声遥相呼应。

晋江，这座得改革开放风气之先的东南沿海城市，习主席在福建任职期间，6 年 7 次来此调研，总结提出"六个始终坚持"和"正确处理好五大关系"为主要内容的"晋江经验"。

16 年来，"晋江经验"不断发展传承，焕发勃勃生机。2017 年，晋江连续24 年居福建省县域经济总量第一位，连续 17 年跻身全国百强县（市）前十名，蝉联全国双拥模范城"六连冠"、福建省双拥模范城"九连冠"。

"我临东海情同深""爱我人民爱我军"，探寻晋江经济建设和国防建设协调发展之路，"晋江情怀"清晰可感、暖意融融。

站位："支持国防建设就是支持经济发展"

经济发展和国防建设到底是怎样的关系？带着这个问号，记者一路探访晋江市党政部门和驻军部队。

晋江市支前办主任周先进没有直接回答问题，而是带着记者拾阶而上，穿越一片密林，来到一座"一个人的哨所"。

"我这辈子都忘不了驻守在这里的日子。"已完成任务交接、准备返营的某部四级军士长戴磊见记者来访，讲述起发生在自己身上的一件事。

曾经，戴磊驻守在这个人迹罕至的深山点位，最大的难题是用水——平时想着法子节省拉上山的战备用水，到了夏天甚至不敢洗澡。

2013 年初，来慰问的晋江市领导得知此事后，当即拍板：为这位守护晋江的哨兵解决用水难题。2013 年 4 月，一条专线管道开始施工建设，为一个兵驻守哨所投入 500 多万元的饮水工程正式动工。

很快，工程竣工，戴磊不用再下山运水，哨所内的淋浴、洗衣设施也配备到位。政府还投资架设路灯，把上山路照得亮堂堂。

"这条路，被官兵称为'军民同心路'。"同行的晋江市人武部政委刘文成介绍。

为何如此舍得投入？"没有一个人民的军队，便没有人民的一切。这不是投入多少的问题，而是认识站位的问题。"

从哨所来到晋江市城市展览馆，退休干部辜雅文告诉记者一个细节，晋江党政机关的许多领导干部都对时任福建省省长习近平的一句话很熟悉："支持国防建设就是支持经济发展。"这句话，正是 2000 年 11 月 27 日《中国国防报》报道这位时任福建某预备役高炮师第一政委事迹的文章标题。

习主席在福建工作期间，高度重视支持国防和军队建设。《中国国防报》还曾援引习近平任省长时的话："做好新形势下的拥军工作，是关系到强我国防、固我长城的大事。一流的经济要有一流的国防作后盾。经济和国防，也是一个整体，不能把两者割裂开来、对立起来，以经济建设为中心，必须毫不动摇地坚持，但这绝不意味着可以忽视国防建设。越是发展经济，越是要建设一支强大的国防力量。"

"发展传承'晋江经验'，要积极发扬福建省支持国防和军队建设的好传统，特别是落实好党的十八大后经济建设和国防建设融合发展思路，形成军地协调发展、平衡发展、兼容发展的新格局。"一位市政府的工作人员对记者说。

作为："致富不忘国防，发展不忘拥军"

在晋江，"军民同心路"不只一条。

为方便官兵到体系医院就医，晋江女企业家施丽蓉出资200万元购买10多辆客车，开通两条"拥军专线"，驻军部队军人军属可免费乘坐。目前，专线客车已增至25辆，服务范围延伸至泉州高铁站。

搭乘"拥军专线"客车，一路棕榈婆娑、海风习习，记者感受着晋江社会化拥军带来的福利。

"致富不忘国防，发展不忘拥军。"这些年，每年坚持到部队过"军事日"、给部队送慰问品的晋江青年商会会长李子兴告诉记者，晋江人民对部队建设的支持不遗余力。

"沟通面对面、服务心贴心、支持实打实"，记者在晋江市双拥办看到的服务宗旨格外醒目。支前办主任科员余春华向记者介绍了另一条"拥军专线"——科技拥军。近年来，晋江市政府拿出专项资金为部队培养人才、奖励部队练兵备战先进单位和个人，先后为部队培养各类专业人才400余名，支持驻军科技强军项目44个，有11个单位、103名个人获得科技练兵专项基金奖励。

在驻晋江空军某部营区，前不久刚在千里之外参加完演练任务的政治工作部副主任翁朝平告诉记者，得益于晋江市出台的《进一步落实军人子女教育优待办法》，他的女儿可以享受就读全市任何一所公办小学的优待政策。

"后路"连着官兵的"心路"。近年来，晋江多次召开"完善军人优待政策，切实增强军人荣誉感"工作推进会，先后推出开通军人优先绿色通道、建立军人家庭必访制度、妥善安置退役军人等 10 项拥军举措；2014 年设立晋江拥军优属慈善基金，开创全省先例。

守护："驻一方水土，保一方平安"

记者到陆军第 73 集团军某合成旅探访时，发现营区门口有一条平整宽阔的专用"救援路"。

"演练抗台抗洪紧急出动，这是必经之路。"该旅一营教导员王俊告诉记者，驻一方水土，保一方平安，部队开展这样的演练早已常态化。

演练是为了关键时刻拉得出来、冲得上去。2016 年超强台风"莫兰蒂"侵袭闽南地区，不少地方出现泥石流、决堤等险情。东部战区陆军某旅官兵从驻训场直接赶赴晋江受灾地区，紧急转移受灾群众。

危急时刻显真情。为提高应急救援能力，去年，陆航某旅与晋江市所属公安、医疗、消防等机构签订军地联合救援协议，明确搜救、协调后送和开通救护绿色通道等事宜，为晋江人民群众开辟了一条"空中安全之路"。

这段时间，晋江市人武部干部邓炎斌非常忙碌。人武部全员出动，发动民兵开展"一兵带一户、一连带一村""富户带穷户、先富带后富"活动。记者在人武部了解到，近年来，驻晋江部队持续开展"骄子护蕾"活动，帮扶成绩优异的困难学子完成学业；坚持开展义务植树造林，出动车辆 1000 多台次，派出兵力 6000 多人次，助力打造"美丽晋江"。

融合："开辟军民融合新境界"

记者驱车前往晋江深沪国家中心渔港，一路绿灯，通畅快捷，像极了这个军民融合发展案例的促成经过。

平时民用，战时军用。前两年，晋江市和驻军部队达成共识：深沪国家中心渔港与军用码头合用，在渔港码头基础上，再扩建两个军用泊位。

"方案上报后，一路绿灯，很快落实。"刘文成告诉记者。

晋江籍青年柯仕伦没有想到，从部队退役返乡，竟受到如此优待——

走下火车，军地领导和群众敲锣打鼓把他接回家。不久后，他应邀参加市退役士兵专场招聘会，现场 50 多家知名企业提供管理、销售、教育等类别的就业岗位 600 多个……

柯仕伦受到的优待，是晋江军地融合发展的一扇窗口。

近年来，越来越多的晋江企业加入"民参军"队伍。去年晋江市首次将促进军民融合产业发展列入经济发展扶持政策，在新出台的《关于加快培育壮大先进制造业的若干意见》中新增军民融合扶持政策，鼓励企业参与军品招标，服务企业办理"军工四证"，支持企业购买或委托开发军民两用技术，吸引军工项目在本地落户等等。如今，晋江一大批资金雄厚、人才聚集、技术先进、自主性强的民营企业，充分发挥自身优势，承担了部分军工产品的研发任务。

2018年5月，晋江军民融合发展再添助力：福州大学军民融合创新（晋江）研究院落地福州大学晋江科教园。

"晋江人民始终与驻晋江官兵心连心，晋江军地将着眼军民融合发展大计，努力实现互惠共赢，不断推进军民融合、科技拥军、双拥创模，开辟军民融合新境界。"晋江市委书记刘文儒告诉记者。

（余金虎 杜怡琼 《解放军报》2018年7月11日）

10. 四川路径给区域军民融合发展的启示

在全国军民融合发展棋局中，四川近年来在探索军民融合发展路径、实现军民双向互动发展上迈出了坚实步伐，正在形成一条区域特色鲜明的军民融合发展路子。

立足军民融合发展的区域优势。区域军民融合是军民融合发展国家战略的根系，也是推动国防建设和区域经济发展的引擎。我国幅员辽阔，各区域资源禀赋和发展条件差异很大，推进军民融合发展战略需要从各自情况出发。在全国8个全面创新改革试验区中，四川是以军民融合深度发展为核心任务的省级行政区域，在推进军民融合发展上形成了主打军工经济比较优势的明晰思路。概括起来，就是将军工经济转化为区域经济社会发展实力，同时以优势民营经济注入军工经济产业链。实践表明，要使军民融合这个国家战略在本地落地生根，前提是充分认识本地军民融合的战略优势和短板，明确本区域应当干什么，能够干什么，把军民融合发展的总体要求与本地区特点紧密结合起来进行顶层谋划，列出本地区军民融合发展的"任务清单"。这个清单，应当是融合一般性任务与本地特殊任务的统一。

坚持军民融合与创新驱动融合发展。近年来我国科技水平有了长足的进步，但在基础研究和前沿技术方面与世界先进水平相比总体上仍有差距。军民分离，进一步制约了自主创新能力的提高。推进军民融合发展的一个重大任务，就是破除军和民两大创新体系之间封闭隔离，推动持久的军民协同创新，促进军民科技信息互通、资源共享、设施共用、技术互促，实现两个体系相互兼容同步发展。在这方面，四川的探索实践，既不同于沿海地区外向型经济技术发展模式，也不同于以北京中关村、上海张江为代表的高科技孵化模式。四川结合本地实际，充分挖掘、释放国防军工和科研院所的科技潜能，探索以"寓军于民、军民融合"为主导的科技资源转化、促进区域经济发展的模式。同时注重挖掘民营企业的创新潜能，成都、绵阳、德阳等地已有一批优势民企参与协同创新过程。展望未来，在推进区域军民融合发展中，需要继续突出以军带民的四川特色，同时要更加充分利用民营企业的资源优势，将民企参军这一传统弱项逐渐转化为强势。还应大力协同推进军民融合示范地、科技创新策源地、科技成果集散地、创新人才汇聚地、高新技术产业集中地各项建设，有效实现军民融合发展再创新。

坚持优化军民融合发展政策制度环境。中央军民融合发展委员会的成立和高效运行，有力统合了相关领导管理体制，政策制度环境正在优化，但军地之间供求底数不清楚、衔接渠道不畅通、运行方式不相容等问题仍然存在。区域军民融合发展的一个重要任务，是在既定的政策制度"大环境"下不断探索优化"小环境"的方式方法，为全国军民融合发展提供可复制可推广的经验。在这方面，四川作了有益探索。"成都十条""德阳十二条"，涵盖了混合所有制改革、支持军民融合重大项目建设、鼓励民企参军和公共服务平台建设等多领域，取得了初步效果。绵阳围绕科技城建设，倾注了大量的政策资源，获得军民融合创新驱动先行先试权，被列为全国军转民科技兴市试点城市、优化资本结构试点城市、技术创新试点城市、信息化试点城市、电子政务电子商务试点城市等，形成了有利于军民融合发展的生态环境。实践证明，推进区域军民融合发展，基本着眼点应放在从总体上消除军民分割状态。军民融合发展能够集中军地双方的智慧和力量，通过推动区域经济建设和国防建设融合发展，共同建设巩固国防和强大军队，共同打造富强民主文明和谐美丽的区域经济社会，形成区域安全和发展的强大合力。在这方面，迫切需要深入探索有效破解诸多矛盾问题的办法。目前，各区域内军地单位所承担的目标任务、考核激励体系不同，利益关系、价值取向、市场经济意识、开放程度、制度规范还不尽一致。如何在区域军民融合发展进程中基本消除各竖烟囱、各管一摊的分散格局，通过更为有效的部省市三级联动，真正形成统一融合规划、统一融合需求、统一资源配置、统一绩效评估，实现区域军民融合体制机制及相关资源的"大贯通"，还需要探索实践很多问题。我们需要更加充分运用国家赋予的先行先试的各种政策，加快推进国防知识产权解密和转移转化、国防科技成果转化、投融资制度等重大改革，尽快形成更具普适意义的经验做法。

（姜鲁鸣　光明网—《光明日报》2018 年 6 月 5 日）

五、论坛展会

1. 首届经济建设和国防建设融合发展论坛在京举行

2016 年 9 月 25 日，首届经济建设和国防建设融合发展论坛暨"乔歌里 1号"中国首台静默移动发电站 MFC30 新闻发布会在中国科技会堂隆重召开。国务院参事、国家发改委能源局原局长徐锭明，中国社科院原副院长李扬，中国社科院研究生院院长黄晓勇等相关领导莅临发布会并致辞，驻京三十多家新闻单位参加了本次论坛。

"氢是一种清洁能源，但是过去氢能的发展面临着压缩、存储、运输的难题。"徐锭明说。他认为，静默移动发电站 MFC30 的发布填补了国内此类产品的空白，为甲醇多元化清洁应用和解决新能源动力电源的重大需求提供了良好的示范作用。

黄晓勇进一步表示，上个世纪末包括美国、日本在内的发达国家都在大力发展燃料电池，目前已经取得一定成果。我国虽然在燃料电池领域发展晚，但发展比较迅猛。26 日发布的 MFC30 是我国能源技术革命的最新研究成果，具有广泛的应用前景，未来能够促进我国经济的发展。

中国工程院院士、中氢新能技术有限公司首席科学家陈建峰在贺信中指出，"乔歌里 1 号"中国首台车载静默移动发电站 MFC30 具有发电效率高、污染物和温室气体排放量少、供电可靠性强、噪声低、电力质量高、变负荷率高、模块化结构简单、占地面积小、自动化程度高等突出优点。它所拥有潜在的军民用价值，将带来颠覆性意义。在军事领域，燃料电池发电系统具有低噪声、低污染和低红外辐射的强隐蔽性突出特征。同时还兼具维护方便、使用时效率高、容量大、寿命长等优点，为打赢未来信息化战争提供可靠保证。在民用方面，燃料电池发电装置在分布式能源领域、汽车领域、船舶领域和航天航空领域有着广阔的应用前景。

此次论坛是在中共中央、国务院、中央军委印发的《关于经济建设和国防建设融合发展的意见》发布之后的首次关于军民融合发展和提高产业、科技领域军民协同创新的论坛。

（人民网 2016 年 9 月 26 日）

2. 第四届军民融合发展高技术装备成果展览在京举办

中共中央政治局委员、中央军委副主席许其亮，中共中央政治局委员、中央军委副主席张又侠，2018 年 10 月 11 日上午参观在中国人民革命军事博物馆举办的第四届军民融合发展高技术装备成果展览。

中央军委委员魏凤和、李作成、苗华、张升民一同参观。

许其亮、张又侠等先后来到先进材料区、先进制造区、新能源区、自主可控区等展区，仔细观看新成果新产品，详细了解有关领域技术发展趋势和应用前景，听取相关意见建议。他们强调，要认真贯彻党的十九大精神，全面贯彻习近平强军思想，坚定不移走中国特色军民融合发展路子，加快新时代军民融合深度发展，努力构建一体化国家战略体系和能力，为实现中国梦强军梦提供强大动力和战略支撑。

本届展览由中央军民融合发展委员会办公室、中央军委装备发展部、教育部、工业和信息化部、财政部、国防科工局、全国工商联、中国科学院主办，302 家单位、1349 项展品参展，着力打造军民融合"国家品牌"，引领推动战略基础性领域自主可控建设和军民融合创新发展。展览期间还举办论坛活动，邀请知名院士、专家学者、民营企业代表等开展专题研讨交流。

又讯：上千项展品亮相第四届军民融合发展高技术装备成果展览

第四届军民融合发展高技术装备成果展览自 8 日起开始在中国人民革命军事博物馆举办，来自 302 家单位的 1349 项展品集中参展。

展览以"协同推进战略基础性领域军民融合创新发展，加快构建一体化国家战略体系和能力"为主题，按照"聚合军地优势资源，面向备战打仗装备需求，突出自主发展安全可控，全面展示高新技术产品，推进合作共享共赢"的总体思路，聚焦"先进材料""先进制造""新能源"和"自主可控"领域，着力打造军民融合"国家品牌"，引领推动战略基础性领域自主可控建设和军民融合创新发展。

据介绍，现场展览通过 VR/AR、3D 模型、实物及人机交互演示等形式，集中展示近年来战略基础性领域军民融合发展取得的最新成果。展区主要设综合区、先进材料区、先进制造区、新能源区、自主可控区、信息发布区和中大型实装区，共展出 302 家单位 1349 项展品。

"参展单位中民营企业占比达 60%，首次参展的约占 60%，约 90% 的参展技术产品核心技术具有自主知识产权。"中央军委装备发展部科研订购局副局长李欣欣介绍说，首次参展的高性能陶瓷纤维、粉床电子束 3D 打印设备、超级电容器及储能系统、系列化氢空燃料电池等创新产品和技术，则展现了我国在基础性领域近年来取得的突破进展。

军民融合发展高技术装备成果展览是当前国内武器装备军民融合领域最具权威性、综合性、示范性的一项国家级展览。从今年开始，军事博物馆将成为举办展览的长期定点场所。

（梅世雄 李国利 邓孟 新华网 2018 年 10 月 11 日）

3. 第四届国防知识产权军民融合论坛在京举行

由中央军委装备发展部国防知识产权局和中国知识产权研究会指导，国防工业出版社、航天科工集团知识产权研究中心、上海航天信息研究所等 5 家单位联合主办的第四届国防知识产权军民融合论坛，2018 年 5 月 11 日在京举行。

共有来自政府部门、各军兵种、军工集团、国防知识产权代理机构等两百余家单位的 600 余名代表参加了这次论坛。论坛以"完善国防知识产权保护和运用体系，促进军民融合深度发展"为主题，从国防知识产权政策法规制度、维权保护、信息服务、人才培养等方面探讨学术理论，开展工作研讨，交流工作情况，总结实践经验。

研讨活动中，与会人员就如何完善国防知识产权法规制度，加强国防知识产权保护和运用，促进军民融合深度发展，提出了许多建设性意见。大家一致认为，国防知识产权事业需要继续发挥军内外专业机构和专家学者的力量，深入开展学术交流研讨，多点布局形成支撑，汇聚更加广泛的力量。

论坛还邀请了中国科学院、军事科学院、海军工程大学和北京知识产权法院的领导、专家就知识产权军民融合、推广转化、司法保护等主题做了学术报告，并围绕论坛主题展开深入讨论。

（郑艳洁　新华网 2018 年 5 月 12 日）

4. "钱学森论坛深度会议聚焦强军富国研讨会暨 2018（第五届）中国军民两用技术应用推进大会"在北京召开

由中国航天系统科学与工程研究院、中国航天工程科技发展战略研究院等多家单位联合主办的"钱学森论坛深度会议聚焦强军富国研讨会暨 2018（第五届）中国军民两用技术应用推进大会"18 日在北京召开，来自航天航空、高校、企业的多位院士、专家共同聚焦"强军富国"深度研讨。专家表示，我国在建设航天强国的道路上，应加速推动航天科技工业的技术转移转化，实现"军民融合发展"。

我国正加速向航天强国迈进　仍面临严峻挑战

中国航天科技集团有限公司高级顾问王礼恒院士指出，航天是国家意志和战略利益的重要体现，是大国战略博弈和利益争夺的战略高地。目前，全球 47 个国家、地区或组织拥有自己的卫星，12 个国家或组织具备发射卫星的能力，170 多个国家使用空间服务，近 30 个国家制定了航天法规，航天国际竞争加剧，国际合作也在拓展。总体来看，世界航天已进入创新发展的快车道，人类探索宇宙的步伐正迈向更远的深空。

中国航天经历了 60 多年风雨，走出了一条自力更生、大力协同、勇攀高峰的中国特色发展道路，建成了完备的航天科技工业体系，取得了以"两弹一星"、载人航天和月球探测为代表的辉煌成就，处于世界航天大国之列。"航天强国综合指数排名第四，正加速由航天大国向强国迈进。"王礼恒说。

"同时，我国在建设航天强国的道路上仍面临着严峻挑战。"王礼恒表示，这些挑战表现在：我国航天军民融合管理体制正在落实，原创不足，空间应用与空间科学发展相对滞后，军民融合深度不够，国际地位有待提高等方面。

王礼恒建议，要在党中央的集中统一领导下，构建具有中国特色的军民融合航天管理体系，完善政策法规体系，统筹推进长周期项目，做好全国全军的示范作用，并加强与国际交流合作。

航天科技工业迫切需要"军民融合"

对于构建具有中国特色的军民融合航天管理体系，中国航天系统科学与工程研究院院长薛惠锋作了《军民融合国家战略的挑战与对策》的主题报告。他表示，航天科技工业已经发展成为我国科学发现最活跃、尖端技术最集中、工程实践最复杂、产业带动最强劲的领域之一，最有优势、也最为迫切在军民融合发展上走在前列。

"欧美航天产业的直接投入产出比约为1:2，但是对相关产业带动却高达1:7至1:14。"薛惠锋认为，在执行层面推动融合，还需发挥企业的主导作用，关键在于军工企业和非军工企业的融合。"通过合资、合作、建立联盟等方式，把军工企业'技术优势、研发优势、集成优势'和非军工企业的'投资优势、市场优势、专项优势'结合起来，才能打通航天技术向现实生产力转化的最后一里地。"

薛惠锋表示，中国航天系统科学与工程研究院是我国军民融合产业平台建设总体单位，近年来，该院以"需求牵引、政府搭台、航天推进、企业唱戏、基金跟随、民众受益"为思路，为航天专利技术的转移转化发挥了桥梁纽带作用。

同期举行的2018（第五届）中国军民两用技术应用推进大会以"深度融合下军民两用技术应用的新动能新机遇"为主题，通过主题报告、对接洽谈、专题活动、展示/路演、征文等形式，促进军民两用技术创新应用的交流与合作。数百家企业、800余个军民两用创新和产业化项目团队，以及来自投资机构、军民口的技术专家和投融资专家参会。

（赵竹青　人民网2018年5月18日）

5. 院士专家探讨空天动力军民融合发展

2018 年 8 月 23—25 日，中国航天第三专业信息网第 39 届技术交流会暨第三届空天动力联合会议在河南省洛阳市举办。大会以"加强专业交叉融合推动空天动力创新"为主题，立足国际空天推进技术最新研究进展，探讨各动力研究领域的未来发展思路和途径。来自国内外 400 余位院士专家学者参加会议。

会上，中国工程院院士乐嘉陵、樊会涛、张立同等空天动力领域专家探讨了固体和液体推进技术、吸气式与组合动力推进技术、特种推进及新型推进技术等空天动力前沿技术发展，并着重探讨了如何推动空天动力军民融合发展议题。此外，多位专家还在会议期间就发动机热管理、材料工艺与制造、结构强度与可靠性、发动机控制、航空航天用高温高速轴承等专业技术方向进行了研讨，并对未来这些领域军民融合发展作出了分析。

大会共计 35 位专家作分论坛报告，168 篇投稿论文参与交流，并对"首届中国航天第三专业信息网《推进技术》专项奖励"获得者进行了评选表彰。

据了解，中国航天第三专业信息网（航天动力技术信息网，简称航天三网）成立于 1979 年，现有成员单位 60 余家，由中国航天科工集团有限公司、中国航天科技集团有限公司、中国航空工业集团有限公司、中国兵器工业集团有限公司所属从事航空航天动力技术研究和制造的科研院所以及高等院校相关院系组成。中国航天科工集团三院 31 所为网长单位。

（赵竹青　人民网 2018 年 8 月 28 日）

6. 中关村第二届科技军民融合专题赛启动

第三届中国创新挑战赛暨中关村第二届科技军民融合专题赛于 2018 年 8 月 1 日在北京中关村国家自主创新示范区展示中心启动。本届大赛将围绕"军民协同，融合创新"主题，面向全国征集军民融合创新解决方案。这一创新举措对于破解军民融合发展体制性障碍、结构性矛盾和政策性问题，加快推进"民参军""军转民"步伐，具有积极促进作用。

专题赛重点围绕网络与通信、智能制造、无人系统、虚拟现实、人工智能、大数据、新能源与动力装置、技术应用场景设计等领域开展需求征集，按照"悬赏众包""揭榜比拼"的方式进行"比武招亲"，胜出者将获得军方项目合作机会，并赢得相关政策和资金支持。

据了解，本次比赛共分为 5 个阶段，分别为需求征集及发布、解决方案征集、初审、分赛、决赛及颁奖，从 5 月份需求征集到启动仪式发布为赛事第一阶段，后四个阶段将在计划时间段依次展开，决赛及颁奖拟定于 12 月份举行。比赛按照探索创新、多园一体、统分结合、合作共赢的原则和公开公平公正的游戏规则，由专家评审委员会、资本投资方联合评出优胜方案和胜出单位，赛后组织颁奖。届时将以政策大礼包的形式公开发布扶持政策、保障措施和服务办法，推进科技成果向实践转化落地生根。

中关村管委会军民融合创新工作处处长张晓明在启动仪式上表示，举办军民融合专题赛，目的就是搭建军民科技对接服务平台，开展专家辅导、融资合作、成果转化、政策解读等服务，促进有效需求与科技成果直接对接，努力探索形成军民协同工作机制，进一步释放"民间高手"创新潜能，为军队挖掘亟须的前沿创新技术和优秀创新团队，为地方培育更多优秀军民融合企业，更好地服务经济建设和国防建设融合发展。

据中关村联创军民融合装备产业联盟秘书长季会现介绍，这次比赛面向全国招贤纳士，国内所有企事业单位、高等院校、科研院所、社会团体、军事单位、民间组织和自然人均可参加，联盟执行团队和有关产业园区将全力做好服务保障工作。

本届专题赛是在科技部、军委后勤保障部、军委科技委、军事科学院指导下，由科技部火炬中心、中关村管委会、军事科学院系统工程研究院、陆军研究院科技创新研究中心、海军研究院科技创新研究中心、火箭军军民融合发展研究中心主办，国防科工局信息中心、北京市经济和信息化委、北京市政务服务办、海淀园管委会、石景山园管委会联合主办，中关村联创军民融合装备产业联盟承办。

中关村科技军民融合专题赛是中国创新挑战赛在科技军民融合领域的专题赛事，2017 年举办首届，全国 19 个省、市、自治区 89 个单位、团体和个人参赛,79 名军队军工专家参加评审对接和服务,50 余项创新技术产品与军方对接,10 余项找到合作伙伴。

(牛广闻 人民网—产经频道 2018 年 8 月 2 日)

7. 智能科技军民融合论坛在天津举行

由天津市工业和信息化委员会主办,天津高新区与中国电子信息产业发展研究院承办的世界智能大会智能科技军民融合论坛 16 日在梅江会展中心举行。

中国工程院院士邬江兴、中国电子信息产业发展研究院副院长曲大伟等众多来自军民融合及智能科技领域的主管领导、院士学者、技术专家、企业代表莅临会议,围绕智能驱动,协同创新加快落实军民融合发展战略这一主题,分享实践经验,剖析发展趋势,探索发展模式。

与会专家学者与企业代表总结和分析了天津军民融合产业发展的阶段性成果,剖析了军民融合重点领域的发展趋势并分享经验。在提出智能科技领域军民融合新成果的同时,也对在发展过程中需要关注的政策法规、运行机制、财税支持、督导评估体系等问题进行了讨论。其中,中国工程院院士邬江兴、中国电子信息产业发展研究院副院长曲大伟、太极计算机股份有限公司创新中心总经理李存国、天津飞腾信息技术有限公司总经理谷虹、天津深之蓝海洋设备科技有限公司 CEO 魏建仓等分别就"新时代推进网信军民融合的思考""人工智能领域的军民协同创新"等主题发表主旨演讲。天津市滨海新区军民融合创新研究院副院长罗军、航天科工集团第三研究院八三五八研究所所长苏建忠等与会嘉宾围绕"智能科技推动军民融合发展""军民深度融合发展模式探讨"等话题进行对话交流。

军民融合发展作为重大国家战略,关乎国家安全和发展全局,既是强军之策,又是兴国之举。此次论坛的举办展示我国在军民融合领域的最新进展,有力推动经济建设和国防建设融合发展。论坛当天,中国空间技术研究院、天津飞腾信息技术有限公司、天津深之蓝海洋设备科技有限公司等多家天津高新区科研机构和高新技术企业亮相展会,带来智能安防系统、智能机器人、"海翼"

滑翔机等众多军民融合创新成果。

（阎丽梅　新华网 2018 年 5 月 17 日）

8. 国内首届军民融合人工智能产业发展 高峰论坛在青岛举办

"军民融合，不仅指军转民，也在民参军，人工智能是军民两用技术，人工智能＋军转民这种跨界融合将形成各种新业态。"哈尔滨工程大学党委副书记夏桂华，在 2018 年 4 月 14 日—15 日于青岛市西海岸经济新区召开的国内首届军民融合人工智能产业发展高峰论坛上分享了他的观点。

"目前以中国名字命名的智能算法还很少，而智能算法对人工智能技术取得突破至关重要。没有算法形不成大的产业。"中国工程院院士、浙江大学特聘教授谭建荣在作主旨报告时指出了他对于当前蓬勃发展的人工智能的冷静观察。院士的担忧也得到国家有关部门的注意，当天参会的工业和信息化部科技司副司长王卫明在作主旨发言时提到："要深化发展智能制造。要鼓励新一代人工智能技术在工业领域各环节的探索应用，支持重点领域算法突破与应用创新，系统提升制造装备、制造过程、行业应用的智能化水平。"

人工智能领域的 13 位专家在主旨演讲中分享了前沿技术和发展前景，来自核工业、航天、航海、船舶、海工、通讯等领域的 300 余位代表参加了论坛。有 17 家企业和机构围绕智慧城市、智能装备、数字化工程、智能家居、智能控制等方向进行了项目路演，分享了 30 余种高新技术应用成果。

论坛由青岛市西海岸经济新区管委会和哈尔滨工程大学联合主办。哈尔滨工程大学青岛船舶科技园位于青岛西海岸新区古镇口军民融合创新示范区，该园区围绕海洋产业、人工智能和军民融合方向，陆续开展高端人才引进、重大项目落地和军民融合保障等创新工作，相继引进 20 个研究中心、百余个高精尖项目落地。

（李丽云　《科技日报》2018 年 4 月 17 日）

9. 第二届军民融合新材料新工艺高峰会议在长沙举行

2018 年 10 月 30 日，以"新时代　新材料　新跨越"为主题的第二届军民融合新材料新工艺高峰会议在长沙举行。本次会议集聚国内外新材料新工艺领域专家智者，融汇产业上下游顶尖力量，深度共享前瞻创新成果、全面领略产业发展脉搏，助推新材料新工艺产业聚合、创新发展。

会上，中国航天科工集团有限公司副总经理陈国瑛指出，材料与工艺，是人类赖以生存的基石，它的每一次变革都推动着高新技术发展、人类社会进步和经济繁荣。农业经济时代、工业经济时代，乃至我们正在步入的信息经济时代，各时代文明与技术的飞跃，都不同程度表现在所运用的材料，以及相适应的工艺上。进入新时代，人民日益增长的美好生活需要，为科研界、工业界提出了新材料、新工艺的重要需求，也催动着我们追求创新的发展步伐。

陈国瑛介绍，在建设航天强国的新征程中，航天科工全面践行国家创新驱动发展战略和军民融合发展战略，坚持技术创新、商业模式创新和管理创新，制订了建成"国际一流航天防务公司"和"具有全球竞争力的世界一流企业"的"两大目标四步走"战略方案，其中将新一代材料与工艺技术及应用作为推动新技术、新产业、新业态发展的一个重大领域方向，为装备制造业的转型升级提供新动能。在"南院北所 N 支撑"的产业结构布局下，航天科工广泛形成政产学研用金等多维度的协同创新，聚焦纳米材料、高性能纤维、特种功能复合材料、3D 打印材料、材料基因组工程等领域，推进新材料新工艺产业生态发展。

本次会议由国家外国专家局、国家国防科技工业局、中国科学院、中国工程院、中国航天基金会等联合指导，湖南省人民政府、中国航天科工集团有限公司联合主办。会议包括高层研讨、专题讨论，以"一主多分"的形式，囊括多个专业领域分论坛，会期一天。会议邀请了来自中国、俄罗斯、美国、瑞典等国家的 40 多位院士、专家，以及国内新材料新工艺领域的专家、学者、企业家、投资人等 400 余位代表齐聚一堂，携手助力新材料新工艺产业的快速发展。

值得一提的是，活动期间，现场搭设了新材料新工艺领域成果展示区，集中展示了国内 30 余家单位近年来在新材料领域的发展成果。其中，航天科工围绕材料与工艺概况、互联网＋材料与工艺、增材制造、金属材料及精密成型技术、复合材料与功能材料、碳材料及纳米材料、智能制造等 7 个方面，集中展示航天科工二院、三院、六院、十院、湖南航天、航天云网等所属 20 余家单位在新材料新工艺领域的发展成果，共展出工业互联网应用、增材制造粉末材料及设备、金属材料、精密成型技术、复合材料及功能材料、碳材料及纳米材料、智能制造等实物展品 100 余项。

（白璐　光明网 2018 年 10 月 31 日）

10. 第九届中国国际军民两用技术博览会在重庆开幕

以"军民融合·创新发展"为主题的第十三届中国重庆高新技术交易会暨第九届中国国际军民两用技术博览会（简称军博会）于 2018 年 6 月 21 日在重庆开幕。

此次展会是经党中央、国务院批准重庆举办的 6 个国家级展会之一，由科技部、中国科学院、中国发明协会和重庆市人民政府主办，会期 4 天，吸引了国内外 216 个代表团参展参会，2037 个项目参展。

据介绍，军博会共分为展览展示、主题论坛和对接交易三大板块。较往届相比，国防与军队系统本次参展是历届展会中规模最大、参与度最高的一次。

展览展示方面，展会重点组织了军民融合领域的技术成果进行展览展示。既有以科技部、中科院、军队系统、军地高等院校及研究机构为主的军民两用技术创新成果展，也有民参军科技企业为主的国防工业支撑展、有关省（区、市）区域国防动员体系建设成果展、国防装备主题展和"一带一路"沿线国家特色项目展。

值得一提的是，此次十一大军工集团全部参展，并带来了各自的顶尖产品，其中不少展品是首次来渝。中国核工业集团有限公司带来"华龙一号"、高温气冷堆、浮动式核电站、泳池式低温供热堆、质子治疗等重点展品。中国船舶重工集团携"辽宁舰""港珠澳大桥""深海勇士号 4500 米载人潜水器"等70 余项展品亮相。

中国航空发动机集团首次在西部地区集中展示先进航空发动机、燃气轮机重点产品。记者在展台看到,中国航发集中展出多型涡扇、涡轴、涡桨等民用航空发动机产品,用以反映中国航发聚焦民用航空市场的发展布局。其中,民用大涵道比涡扇发动机可满足150座至180座级别单通道飞机,将配装我国民用大飞机。涡桨系列展出的涡桨—9发动机,适用于轻型运输机、公务机以及边防、山地和丛林等较高海拔地域的特种作业飞机。此外,石墨烯材料、单晶涡轮空心叶片、粉末涡轮盘、整体叶盘等产品实物,向观众展示了我国航空发动机从材料研制到关键部件设计制造等全方位技术系列的突破。

主题论坛方面,展会举办有军民融合协同创新高峰主题论坛和武器装备采购论坛、军民融合金融创新论坛、国防动员领域军民融合建设论坛、技术创新与装备发展电视访谈式论坛等4个专题论坛。邀请国内外有关领导、知名专家、学者参加演讲,从战略、技术、产业、金融等各要素、领域进行研讨,推动军民融合深度发展。

对接交易方面,本届展会将举办重大项目签约、军民两用技术成果对接交易会、国(境)外高新技术成果对接会、省市及知名高校科技成果对接会等系列对接交易活动,促进军民两用科技成果对接转化,并发布重庆军民融合创新服务平台上线运营。

（钟旖 王伟臣 中新网重庆2018年6月21日电）

11. 2018第二届军民融合院士高端论坛在海口举行

以"军民协同创新 共建融合精品工程"为主题的2018"第二届军民融合院士高端论坛"于6月29日在海南国际会展中心举行。本次论坛由中国科技产业化促进会、海南省科技厅主办,中国科促会军民融合工作小组承办,得到了国家有关部委和海南省委省政府的支持。

本次军民融合院士高端论坛就大力推动科技军民融合深度发展,加快构建军民融合创新体系,加速军地海洋科技、航天航空、卫星导航、人工智能、智慧医疗等领域科技创新和通用科技成果转化落地等展开了讨论,并为海南高标准高质量建设自由贸易试验区和中国特色自由贸易港，建设军地共商、科技共兴、设施共建、后勤共保的军民融合体制机制建言献策。

在首届论坛"共享成果、富国强军"主题的基础上，2018 年论坛聚焦研讨了科技产业军民融合战略发展的主要议题，就军民协同创新工作开展，推动社会科技进步；加快军民科技成果转化，促进军民融合产业发展；坚持国家主导与市场运作相统一，打造科技产业军民融合精品工程；科技创新与体制改革并举，营造军民融合创新体系发展的良好环境等多项议题给出见解和建议，郭桂蓉、李崇银、潘德炉、吴有生、杨元喜、毛基业分别围绕卫星海洋遥感技术、北斗导航技术、作战仿真技术、海洋与水下空间装备技术、国防与经济协同发展等内容提供了真知灼见。

相关领导、企业界代表、高等院校、社会公众 400 余人参加了本届论坛。

（会宣　新华网海南频道 2018 年 6 月 29 日）

12. 第六届中国（绵阳）科技城国际科技博览会开幕

2018 年 9 月 6 日，以"军民融合·科技创新·开放合作"为主题的第六届中国（绵阳）科技城国际科技博览会在绵阳市开幕。全国政协副主席、九三学社中央常务副主席邵鸿出席开幕式。省委书记彭清华，科技部党组成员、科技日报社社长李平，中央军委科技委副主任辛毅分别致辞。省委副书记、省长尹力主持开幕式。省政协主席柯尊平、省委副书记邓小刚出席开幕式。

上午 10 时许，开幕式正式开始。在简短的科技展演结束后，彭清华发表致辞，代表省委、省政府向莅临大会的国内外嘉宾表示诚挚欢迎，向长期以来关心支持四川发展的各界人士表示衷心感谢。彭清华说，创新是一个民族进步的灵魂，是一个国家兴旺发达的不竭动力。2018 年春节前夕，习近平总书记来川视察时明确要求四川把发展基点放在创新上，加快科技成果向现实生产力转化，全方位推进科技创新、产业创新、企业创新、产品创新、品牌创新，为我省推动创新发展指明了前进方向。

彭清华指出，四川是我国的经济大省、人口大省、科教大省和军工大省，科技创新资源十分丰富。我们坚定以习近平新时代中国特色社会主义思想为指导，全面落实习近平总书记对四川工作系列重要指示精神，始终把科技创新摆在全局核心位置来抓，以创新驱动引领经济高质量发展，开启了建设国家创新驱动发展先行省的进程，也为海内外朋友与四川开展创新合作提供了广阔空间和舞台。希望大家积极参与四川军民融合深度发展，高标准建设航空、航天、信息安全等军民融合高技术产业基地，加快打造共通共用、共建共享的军民融合示范平台；积极参与四川产业转型升级，紧紧围绕电子信息、装备制造、食品饮料、先进材料、能源化工和数字经济"5+1"产业发展，共同实施一批关键核心技术联合攻关和成果转移转化，打造一批具有国际领先水平的现代产业集群；积极参与四川高水平创新平台建设，以绵阳科技城、成都高新区国家自主创新示范区、成都科学城、攀西国家战略资源创新开发试验区等为依托，吸引更多资源要素和高端人才加入四川创新"方阵"，带动全省创新发展水平整体提升；积极参与四川科技金融创新，加大对科技型企业和创新创业项目的支持力度。我们将竭诚为海内外投资者来川创业兴业提供良好的市场环境、法治环境、政务环境和生活环境，更好实现互利共赢、共同发展。

李平在致辞中代表科技部向大会的成功举办表示祝贺。他说，科技是人类智慧的伟大结晶，创新是文明进步的不竭动力。绵阳作为全国唯一的国家科技城，是四川全面创新改革试验的核心区域之一，肩负着为建设创新型国家、促进军民融合发展探索经验的历史使命。希望绵阳市充分发挥优势，进一步整合创新资源、集聚创新要素、深化体制机制探索，继续谱写科技城建设的新篇章。作为科博会的主办单位之一，科技部将积极支持科博会办出品牌、办出影响力，加快打造国家级、国际化的军民融合开放合作平台。

辛毅在致辞中说，科技领域是创新驱动发展、军民融合发展和推进科技兴军的战略交汇点。军委科技委高度重视科技领域军民融合深度发展，愿与四川省、绵阳市在发展战略、重大任务、政策制度、信息交流等各方面加强协同联动，加快科技军民融合工作落地见效，为统筹推动国防科技创新超越和区域经济社会发展提供有力支持，共同促进形成国防科技创新百舸争流、千帆竞发的生动局面。

开幕式上，英国八大科技投资基金首席执行官格莱斯特、中国科学院院士沈荣骏、中国航天科工集团副总经理魏毅寅、360企业安全集团董事长齐向东分别作演讲。

致辞和演讲结束后，邵鸿宣布：第六届中国（绵阳）科技城国际科技博览会开幕。

开幕式前，邵鸿和彭清华、尹力、柯尊平、邓小刚及各位嘉宾前往科技城会展中心，参观了军民融合馆、国际科技合作馆、北斗技术应用馆、高新技术产业馆，考察参展的科研成果和转化应用情况。

出席开幕式的还有：国家部委、军方单位、专家学者、四川省有关领导同志樊友山、王寿君、田玉龙、王政、王洋、李华、王洪光、王兆耀、杨长风、皮明勇、申龙洙、杜希平、曹春晓、赵振业、甘霖、姜永申、刘捷、彭宇行、陈放；国家部委、军方单位以及有关省市、国家自主创新示范区、高等院校、科研院所、军工集团、国际组织、国内外知名企业等单位的嘉宾代表；新西兰、捷克、泰国、以色列、韩国、美国驻成都总领事馆代表；俄罗斯奥布宁斯克市、黑山尼克希奇市代表。

（张守帅 祖明远 《四川日报》2018 年 9 月 7 日）

13. 陕西军民融合协同创新论坛隆重举行

为深入贯彻落实习近平新时代中国特色社会主义思想和党的十九大精神，坚定不移实施军民融合发展战略，加快推进科技协同创新，积极探索陕西特色军民融合发展的模式和路径，加快实现高质量追赶超越，2018 年 5 月 26—27日，中共陕西省军民融合发展委员会办公室、西安市人民政府、西北工业大学在西安联合主办，西安市高新区管委会、远望防务科技研究院、远望智库联合承办"陕西军民融合协同创新论坛"。

论坛邀请来自中央军民融合办、工业和信息化部、全国工商联，军队各军兵种研究院及军工集团，陕西省及各地市领导，驻陕高校、军工单位及驻军部队，军地企业代表 500 余人参加了会议。论坛的主题是"军民融合协同创新陕西路"，分主旨演讲、圆桌会议、高级研修班三个部分。主旨演讲邀请来自国防大学、军事科学院、上海交通大学、西北工业大学等院校的 6 名专家就军民融合发展的重大问题作专题报告。

　　"军民融合协同创新陕西路"圆桌会议围绕军民融合发展国家战略，结合陕西省军民融合深度发展的总体思路、战略布局、建设途径、制度设计等重大问题开展研讨交流，听取意见建议，找准军民融合深度发展的突破口和着力点，为走出一条贯彻中央要求、具有陕西特色的军民融合发展之路进行了充分研讨。高级研修班邀请7名专家从国防专利、装备采购、预研政策、军队采购改革等主题来开展政策宣讲、内容解读及问题答疑。

　　党的十八大以来，习近平总书记从时代发展和战略全局的高度，把军民融合发展纳入党和国家事业发展全局统筹设计、强力推进，进一步发展上升为国家战略，这是我们党长期探索经济建设和国防建设协调发展规律的重大成果，是从国家发展和安全全局出发作出的重大决策，是应对复杂安全威胁、赢得国家战略优势的重大举措。陕西省作为国防科技工业大省，拥有一大批军事机构、军工单位和高技术民营企业，具有大力实践和推进军民融合发展的优势。通过举办这次论坛，陕西省委、省政府将更加深入贯彻国家军民融合战略方针，探索地区发展的模式路径，加速丰富融合形式、拓展融合范围、提升融合层次，实现陕西军民融合快速发展。

（许玥凡　中国军网 2018 年 5 月 27 日）

六、战略推进

1. 政府助力，军民融合"旗舰"平台迈入新时代

国防和军队建设进入新时代，军民融合深度发展站上了新起点。

"要强化开放共享观念，坚决打破封闭垄断，通过军民融合把军队搞强。"2018 年 3 月 12 日，中共中央总书记、国家主席、中央军委主席习近平在解放军代表团上，向全社会发出了强化开放共享、深化军民融合的伟大号召，吹响了新时代推进军民融合发展的战略号角。

"在以习近平同志为核心的党中央强有力的推动下，军民融合发展战略正全面实施，各领域各区域融合正深化拓展。"中国工程院院士费爱国在谈及这些年军民融合的发展时感慨颇深。

近日，记者走进中国指挥与控制学会，就新时代军民融合发展现状及问题，采访了部分专家学者。

军民融合进入跨越式发展关键期
军民融合，兴国之举，强军之策。

"一个强大的国家，往往是经济和军事共同作用的结果。大国崛起，成于经济和军事的协调发展；大国衰败，败于经济和军事的长期失衡。"费爱国院士坦言。

当前我国经济正向高质量阶段发展。迫切需要发挥国防建设对经济建设的溢出效应和拉动作用，转变发展方式、优化经济结构、转换增长动力，从而打造发展新引擎，拓展发展新空间，培育发展新动能。

党的十八大以来，以习近平同志为核心的党中央把军民融合发展上升为国家战略。几年来，军地各方谋融合、促融合、抓融合，全社会参与军民融

合发展的热情高涨，实践探索逐步深入，形式内容日益丰富，融合成效不断显现。

费爱国说，"民参军"规模逐步扩大，获得武器装备科研生产许可证的非军工企业约占总数的50%。

军民协同创新取得突破，载人航天、探月工程、新一代运载火箭、大型飞机等国家科技重大专项和重大工程顺利实施，突破了一大批核心技术。

军队保障社会化成效明显，部队官兵伙食、门诊急诊和小远散单位油料等不断实行社会化保障。

"军民融合，战略地位之重要前所未有、融合空间之广阔前所未有、影响程度之深远前所未有。"费爱国说。

党的十九大明确把军民融合发展战略作为必须坚定实施的七大国家战略和"十四个坚持"基本方略的重要内容，并写入党章，必将进一步调动民间技术、信息、创新人才等各类资源投入强军建设。

"当前和今后是军民融合的战略机遇期，也是军民融合由初步融合向深度融合过渡、进而实现跨越式发展的关键期。"费爱国院士告诉记者。

军民融合战略正在中国这片古老的土地上，焕发出蓬勃时代生机。

新时代军民融合发展需破浪前行

"有些人的发展理念还跟不上，对军民融合战略的认识不深，对相关政策的理解不透，尤其是对'参军'的方向把握不清。"中国国防工业企业协会执行副会长兼秘书长石金武对中国网记者说，"中国有十几万家拥有顶尖科技水平的民营高新技术企业，但却只有上千家企业参与国防建设，这说明民口企业仍有很多需下大功夫提升的地方。"

对于现阶段"民参军"面临的主要问题，石金武认为，军品市场需求信息不对称、企业对军品任务波动情况不适应、创新投入与军品任务不匹配等问题突出，导致部分"参军"企业抗风险能力弱，持续发展后劲不足。

在推进军民融合发展中，还存在一些矛盾问题，比如，各方面思想观念还跟不上，顶层统筹统管体制还需要健全，政策法规和运行机制还有待完善，工作执行力度还需要加强等。

"解决这些问题，首要的是强化开放共享观念，进一步'拆壁垒''破坚冰''去门槛'。"中国兵器工业集团公司第207研究所研究员、中国指挥与控制学会副理事长兼秘书长秦继荣对记者说。

中国指挥与控制学会是国内军民融合领域实践探索比较早的学会，通过每年举行军民融合装备技术博览会，吸引大量国内外最新前沿技术向军事领域延伸，较好推动了"军转民""民参军"，对解决军民融合中存在问题发挥了重要作用，被称为军民融合的"旗舰"平台。

"这些年，通过博览会，军地双方一些棘手的军民融合问题得到了很好化解。"秦继荣告诉记者。

中国（北京）军民融合技术装备博览会（简称"军博会"），自 2015 年举办以来，一直以成果展示、高端论坛、新品发布、赛事评选等方式不断创新办展模式，成为高新民营企业参与国防和军队现代化建设重要的信息发布、技术交流、装备展示平台。

"2018 年，我们将突出'开放共享'理念，挖掘企业科技创新潜力，推动军用技术和民用技术的融合度越来越深。""大家共商现实矛盾问题、共享合作发展红利，对于推动军民融合发展大有裨益。"秦继荣介绍。

政府助力军民融合平台双向转化

记者了解到，2018 年的北京军博会除了中国指挥与控制学会、中国国防工业企业协会强强联合，还首次与中关村科技园区海淀园管理委员会联合主办。

海淀区是中国创新要素前沿、科技成果丰富的示范区之一，浓厚的文化氛围，密集的高素质人才，发达的现代科技产业，都为军民融合产业发展提供了培育的"战略高地"。

"海淀身上肩负着勇于创新、先行先试的神圣使命，应承担起探索中国特色军民融合发展道路的崇高历史责任，努力推进军民融合深度发展进程，为海淀区经济发展注入新的活力和催化剂"。在 2017 年 11 月 28 日召开的第四届北京军博会新闻发布会上，中关村科技园区海淀园管委会企业发展促进处处长（区经信办主任）何建吾道出了联合主办的初衷。

中国指挥与控制学会通过一年多的积累，完成了"前沿科技进军营"的活动，围绕海淀区军民融合工作的未来发展，帮助具体落实遴选人才、完善产业、吸纳技术、延伸服务等项目。

北京军博会组委会副秘书长王浩说："我们的目标是通过学术论坛、成果展览、大赛评选、项目路演、新品推荐、人才对接、科技咨询等军民融合全产业链服务，推动军民深度融合发展，将军民融合科技与产业领域的规模效应进一步扩大，给大家提供一个技术、人才、资本、市场共享平台。"

（谢露莹　中国网 2018 年 4 月 26 日）

2. 军民深度融合：京津冀协同发展新推手

一、从"环首都贫困带"到产业带

产业溢出注入融合活力。如今，生活在这方热土上的人们更愿意用"环京津军民融合产业带"来称呼自己的家乡。京津冀协同发展，再加军民融合，贫困正悄然退场。

过去，环京津的"C 型"半环状区域，常被人们戏称为"环首都贫困带"。"大树底下不长草"，原因之一是这一区域负有保障首都生态环境的特殊使命，产业发展受限。

"京津冀协同发展持续发力，给我们带来广阔的市场发展前景。"一家知名无人机生产企业的董事长告诉记者，就在 2015 年底，他所在企业无人机研发制造项目，在河北省定州市正式投产。记者调查发现，今年一季度河北省公布的重点项目名单上，无论基础设施、传统产业改造还是战略性新兴产业，都不乏军民融合项目。其中环京津诸地市中，不少项目来自北京。

2017 年是京津冀协同发展 3 周年，也是河北省《军民融合产业发展纲要》实施第四个年头。伴随京津冀协同发展战略背景下京津产业的不断溢出，各大军工集团加快在河北省环京津区域布局，更多军工企业和项目向河北省迁移、集聚。

令人欣喜的是，放眼河北，一条环京津军民融合产业带愈发清晰起来。

二、从京津冀产业联盟看区域发展

产业协同突破融合瓶颈。2016 年 10 月"第二届军民融合发展高峰成果展"，由一批优势民企自主研发的石墨烯防弹材料赢得中国兵器工业集团的青睐。新一轮石墨烯热就此拉开了序幕。

早在 2015 年底，为推动石墨烯产业链发展、扩大工业应用领域，京津冀石墨烯产业联盟在京正式成立。

石墨烯被称为"黑金""新材料之王"。中国石墨烯产业技术战略联盟李义春告诉记者，它不仅在国防军工领域大有用武之地，在电子信息、新材料、新能源、生物医药等涉及民生的领域内也有着广阔的应用前景。在李义春看来，"结盟"有助于加强石墨烯产业集约化程度，从实验、研发、生产、应用等领域统一规划布局，有效避免同质化竞争。

在京津冀协同发展的版图上，类似的京津冀军民融合产业联盟还有民爆行业一体化产业联盟、小卫星产业联盟等18家。产业联盟让京津冀三地"越走越近"，随之而变的是产业结构升级。

截至2016年年底，河北省的装备制造业首次超过钢铁工业，成为河北第一支柱产业。河北省省长张庆伟说："因为协同发展，这个目标提前实现了。"军民融合就像哑铃一样，一端托起了产业协同，一端托起了区域发展。

三、从资源共享看公共服务均等化

民生工程化解融合难题。有一个形象比喻：在京津冀大家庭里，河北是位"穷亲戚"。

其实，北京这位"富亲戚"也有自己的难处：人口膨胀、交通拥堵、房价高涨、雾霾频现、资源环境承载有限。现任市委书记蔡奇任市长时，曾用"揪心"来形容对北京"大城市病"的感受。

根据京津冀协同发展目标，到2020年，区域公共服务共建共享取得积极成效，区域内发展差距趋于缩小。

前不久，解放军总医院、陆军总医院等首批47家京津冀军地医院开通医保异地结算，老百姓跨省异地就医更加方便。医疗服务均等化迈出的这坚实一步，军方贡献功不可没。早在2015年，解放军第306医院就与石家庄市第二医院达成协议，双方成立军民融合医联体，为卫生系统京津冀一体化合作积累了有益经验。

远不止于此。受益于京津冀地区卫星与导航服务的快速发展，河北石家庄、张家口、唐山等城市同北京、天津一起，成为北斗导航定位系统"百城百联百用"活动的示范地区。

如果说产业联盟帮扶让河北这位"穷亲戚"钱袋子逐渐鼓了起来，那么，我们完全有理由相信：在公共服务均等化上，军民深度融合发展将持续给京津冀人民群众带来更多"获得感"。

四、从千年大计看协同发展新趋势

国防科工喜迎融合契机。2017 年 4 月 1 日，党中央、国务院决定设立河北雄安新区。

消息甫落，众多央企密集发声。据不完全统计，截至 5 月初，共计有超过 40 家央企、金融机构公开表态支持新区建设，其中不乏国防军工企业的身影。

4 月 5 日，中国航天科技集团表示，充分利用好军民融合产业发展基金，积极引导社会资本投入新区建设。紧随其后，中船重工宣布将与一家私营企业共同出资，组建智能船艇飞机有限公司并落户河北。

在党中央规划雄安新区的 7 项重点任务中，建设绿色智慧新城、打造优美生态环境被排在前两位。航天科工、中国电子、中国电科等央企瞄准了智慧新城的建设。中广核集团则准备充分发挥在能源方面的优势。保利集团闻声而动，牵头成立中国（雄安）军民融合创新研究院，围绕"发展高端高新产业"和"提供优质公共服务"重点任务，在新区建设发展中发挥好智库作用。许多专家表示，伴随雄安新区规划建设逐步推进，军民融合注定将成一个重要载体。

距 2020 年京津冀协同发展中期目标实现还有 3 年时间。军民融合将会书写怎样的新篇章？世人热切期待，广大军民翘首以盼。

（蒲云龙　魏宏涛　郭萌　《解放军报》2017 年 6 月 3 日）

3. 河北抢抓军民融合新机遇
加快形成军工军贸发展新格局

2018 年 5 月 31 日—6 月 1 日，在国家国防科工局和河北省人民政府的指导下，国家国防科工局军贸与外事司、河北省国防科工局、河北省商务厅和唐山市人民政府在河北滦南共同举办了军民融合"走出去"对接交流会。来自中国北方工业有限公司等 9 家军贸公司及省内 60 家企业的代表围绕军民融合发展进行了深入交流。会议期间举行了军民融合产业基地授牌和保利物流园项目启动仪式。

国家国防科工局总工程师田玉龙强调，军民融合是加速国防科技成果转化、推动国家经济和地方经济产业升级的重要动力之一。国家国防科工局将和河北省委省政府联手推进，进一步深化"军民融合""走出去""京津冀协同发展"三大战略，推动军贸、外贸、产业集群专业化发展，先行先试，走出开拓性、创新性的发展之路。

近年来，河北省高度重视军民融合深度发展，强调要加强与有关单位开展战略合作，推动产业融合，拓宽高质量发展领域。截至 2017 年底，培育创建了 27 家军民融合产业示范园区、45 家省级军民融合产学研用示范基地、661 家军民融合型企业。一批重大产业项目相继落户河北，军工与区域经济融合发展取得了丰硕成果，部分省内军民融合型企业的产品也逐步走出国门，得到了国际市场的认可。

河北省政协原副主席、省科协主席段惠军介绍，河北是军工大省，军民融合基础雄厚，军民融合发展大有可为，河北省委、省政府也出台了相关文件鼓励支持全省军民融合型企业发展。

河北省商务厅党组副书记、副厅长裴世馨介绍了该省进出口总体情况及外贸转型升级、外贸基地建设概况，解读了相关进出口政策。河北省工信厅副厅长、省国防科工局局长徐振川表示，为全面贯彻党中央、国务院关于军民融合深度发展的重大决策部署，河北坚持把军民融合作为推动经济社会高质量发展的重要内容，不断完善政策措施、加大工作力度，积极深化军民协同创新，力争在壮大产业、推动"走出去"等方面抓出实效，努力形成全要素、多领域、高效益军民融合深度发展格局。

为期两天的活动中，国家国防科工局军贸与外事司、河北省国防科工局、河北省商务厅、唐山市政府、各军贸公司及部分省内企业代表从不同层面介绍了军民融合"走出去"的经验和做法。

本次交流会由滦南县政府和河北省军民融合促进中心承办，安排了嘉宾主题讲演、园区考察等丰富活动，为军民融合、企业沟通、交流智慧、合作共赢搭建了务实的平台。

（黄新培　新华网 2018 年 6 月 1 日）

4. 福建龙岩：军民融合"快车道"铺到老区来

2018年2月中旬，参与军民融合项目的福建省龙岩市某汽车有限公司生产车间内仍是一片繁忙，几十条生产线快速运转，正在赶制年前的一批军工订单。迈进新时代，龙岩市军民深度融合发展的势头就像这条生产线一样正在开足马力向前进。

借助老区政策优势，促成项目加快落地

走进龙岩国家高新技术产业开发区军民融合办公室，满眼忙碌，工作人员身不着椅，电话不停地响。见到记者，该办公室副主任陈春荣一口气盘点了目前正在开展的2个在建项目、2个签约项目和2个在谈项目。其中，某制药企业对接中央军委后勤保障部，将产品列入了采购系统，目前项目已签约，计划投资2亿元开设生产线。

陈春荣说，2014年10月31日"新古田会议"召开后，军民融合办公室的工作开启了"加速度"。龙岩市委、市政府乘着党中央、国务院支持福建进一步加快发展和支持原中央苏区振兴发展的东风，全力争取中央军委后勤保障部、装备发展部、武警总部、十大军工集团和中央企业等支持，探索军民深度融合发展的"龙岩模式"。

为了吸引项目落地，龙岩市委、市政府、军分区成立了龙岩市军民融合发展领导小组，采取了"走出去""请进来"相结合的对接方式，促成更多军工企业进驻龙岩。

龙岩市军民融合办公室一位工作人员告诉记者，在市领导的带领下，全市上下掀起一股"军民对接，项目落地"的热潮，各县（市、区）纷纷组织外出考察团对接招商项目，仅2017年就与部队、军工集团所属企业签订合作项目62个，总投资129.3亿元。

如何推动军民融合项目真正落地实施、加速形成新的增长点？政策支持是保障。龙岩市多次召开会议专题研究军民融合政策、项目、资金扶持等内容，先后出台《关于大力推进龙岩军民融合深度发展的决定》《支持军民融合产业发展八条措施》及《实施细则》等文件，调动企业参与军民融合积极性。截至目前，龙岩市各级政府共与部队、军工企业签约158个项目、总投资585.6亿元。

探索"产—军—学—研"模式,各领域全方位对接

只要轻触按钮,一个机器人就可以实现各个方向无死角智能搬运……1月29日,某智能装备制造有限公司车间内,全向搬运机器人系统吸引了记者的眼光。该公司董事长杨碧海介绍,这项系统是该公司与中国航天科技集团北京卫星制造厂联合研制而成,已成功应用于国家电网设备无人检测和航天器生产过程中的物料搬运,实现了物流车间智能化和无人化。智能车间全向搬运机器人系统的问世,是该市军民产业共育新模式的成果。

随着军民融合产业迅速发展,该市探索"产—军—学—研"融合发展新模式,采取直接投资、技术合作、股权合作、民品参军等形式,在产业、产品、技术、资本等各个领域与军工企业进行全方位对接。

目前,龙岩通过选择优质民企高位嫁接军工技术,全市累计对接技术合作项目61个。在促民品参军方面,全市15家企业进入行业供应商库;46家企业的专用车、机械配件、贵重金属、新材料、光电产品、纺织品、药品、农副产品等八大类产品供应部队、军工企业,累计销售34.2亿元。

目前,龙岩市成功创建国家军民融合产业示范基地,正积极发展专用车、光电、新材料三大军民融合主导产业,在军民产业共育、基础设施共建、教育人才共培、后勤保障共享等四大领域实现军民深度融合。

扩大项目规模效益,助推产业转型升级

2017年9月,为了保证国家一次大型会议顺利召开,福建某应急装备有限公司配合武警水电部队经过近2个月紧张严格的生产测试,下线、调试、再调试、试水、再试水,打造了8台"龙吸水"应急排水装备。军民融合产业促进了公司产业规模持续增长,为产业转型发展增添动力。

你有技术,我有资源,军民产业整合让技术优势助推产品升级。龙岩市依托现有专用车企业,引进了一批军工企业参与高机动越野车、抗洪抢险特种车、应急移动电源车等制造,成为带动该市专用车产业发展的新龙头。在上杭县,中国船舶重工集团712所与福建某贵金属材料公司达成金银等贵金属生产项目,项目建成将推动上杭县金铜产业从"粗笨重"向"高精尖"发展。

近3年来,部队和十大军工集团充分发挥自身优势,深入龙岩老区对接合作项目。特别是2017年8月23日,中国电子科技集团总部及下属18家军工院所、公司在龙岩古田召开"中国电科走进闽西携手军民融合发展项目对接会",双方合作签订了49个项目,致力于共建产业、共育人才、共赢发展。

目前，龙岩市军民融合企业超 50 家，2017 年军民融合企业产值达 586.7 亿元，增长 33.5%，军民融合发展推动工业保持较快增长。据市军民融合办领导介绍，龙岩市军民融合产业规模持续增长，结构渐趋合理、布局日益优化，基本完成由比较单一的军工结构向军民品复合结构的战略性转变，未来将会有更多的军民融合项目落地，为该市产业转型发展蓄积巨大能量。

（裴贤 肖芳菲 林鸿明 《中国国防报》2018 年 2 月 24 日）

5. 山东青岛：军民融合释放内生动力

第 28 届青岛国际啤酒节目前正在青岛西海岸新区举行。许多游客发现，在金沙滩、银沙滩等景点以及许多主干道上，"军民融合共促发展"等广告牌、道旗，不时映入眼帘。

青岛西海岸新区是我国设立的第 9 个国家级新区，也是目前我国唯一被赋予军民融合战略使命的国家级新区，承担着率先建设"军民融合创新示范区"的国家使命。

自 2013 年设立青岛古镇口军民融合创新示范区以来，青岛西海岸新区的军民融合发展路径越来越明晰，模式也越来越丰富，当地经济、社会、教育、文化、卫生等领域不断呈现新面貌。

2018 年 3 月份，青岛军民融合学院在青岛西海岸新区揭牌，这是全国最早设立的军民融合学院之一，学院依托青岛西海岸新区职业教育中心设立，并在军地人才双向培养交流使用方面展开积极探索。

青岛军民融合学院党委书记付宗平说，学院将在联培联训、互认共用的军地人力资源开发共用模式上进行探索。

实际上，军地人力资源开发在青岛西海岸新区也已具备较为扎实的基础。此前，在古镇口军地人才培养中心，军民融合型海军新装备保障人才培训联盟已开始运转，并依托高等院校，定向开展军队人才培训，使部队新装备保障人才培训成本大降低。

而依托青岛滨海学院附属医院建设的青岛军民融合医院，目前正加快推进建设。据介绍，该医院占地 226 亩，总投资 20 亿元人民币，总建筑面积 36.4 万平方米，设计住院床位 1700 张，集医疗、教学、科研于一体，预计 2019 年底投入使用。

军民融合离不开具体产业的发展，而产业发展则离不开金融的支撑。为激活金融要素，实现资源高效配置，构建多元化投融资体系，今年年初，青岛军民融合发展集团有限公司与青岛西海岸新区民营企业联合投资集团有限公司，共同发起了山东军民融合产业基金，以进一步推进军民融合的深度发展。

据介绍，该基金下设基础设施基金、军民两用技术发展基金、医疗产业基金等三个子基金。其中，基础设施基金将继续引导和支持涉及军民融合的土地征收、土地并购及开发；技术发展基金主要面向军工、通信、新材料、新能源、生态环保等领域，进行军民两用、军民融合产业导入和企业孵化；医疗产业基金则主要支持医疗机构和社区卫生服务中心建设。

相关人士认为，基金的设立将使军民融合产业项目的落地转化提速。

青岛西海岸新区相关负责人表示，近年来，青岛古镇口军民融合创新示范区主要聚焦科技前沿和新装备技术保障需求，搭建了数个创新孵化平台，转化了一系列科研成果。例如，在哈尔滨工程大学青岛船舶科技园内，超高速三体滑行艇等多项成果已达到国内乃至国际领先水平。此外，全自动船体表面清洗机器人、舰艇舱室材料、舱室环境工程等一批成果，均逐渐实现了军民两用，吸引了大量民用订单。

目前，青岛西海岸新区已初步形成全要素、多领域、高效益的军民融合深度发展格局。据统计，通过加强"民参军"公共服务，西海岸新区近年来已集成高技术信息 2 万多项，为 50 多家"民参军"企业提供了咨询服务，协助 10 多家企业开展军工资质办理，新培育"民参军"企业 20 多家。此外，古镇口军民融合区内各类科研机构达到 20 多家，国家实验室近 10 个，拥有国内唯一的轻型动力高空试验台，海洋大科学中心、海上综合试验场等一批高端研发平台正在加快建设。

（苏万明 《经济参考报》2018 年 7 月 31 日）

6. 河南省军民融合发展成果喜人

2018 年 11 月 1 日下午，2018 中国（郑州）产业转移对接活动军民融合专题对接会举行。工信部军民结合推进司、河南省国防科工局、河北省国防科工局、山西省国防科工办、陕西省国防科工办、国防科技成果转化中心、有关驻豫军代室以及部分军工企事业单位、部分"民参军"企业的代表共议军民融合发展。

记者从会上了解到，河南省以解决制约军民融合深度发展的主要问题为牵引，创新组织方式，加大合作力度，实施重点带动，搭建平台激励，促进科技成果转化和技术产品的对接。企业之间、军工经济与地方经济之间的融合向高层次、宽领域迈进，正在逐步形成全方位、多领域、高效益军民融合发展新格局。

河南省国防科工局在会上介绍了我省军民融合的成果。在具体的推进措施上，河南省加大对军民融合、军转民支持力度，畅通绿色通道，发挥省军民融合专项资金、省军民融合产业投资基金的引导拉动作用。驻豫军工单位突出融合发展主题，积极开拓民品市场。目前，河南省央属军工单位民品部分已占营业收入的 76%。"中航光电""利达光电""乐普医疗""中原特钢""中兵红箭"等 5 只上市公司股票市值已经达 200 多亿元。在高端装备制造领域，我省和中国兵器装备集团、中粮集团共同开发新能源汽车产业，打造新能源汽车中部研发生产基地，713 所、725 所、27 所、5111 厂研发的一批装备制造强基工程有效支撑国防和经济建设。在电子信息领域，22 所加快实施新乡电波科技城项目建设，27 所承接的"天地一体化信息网络项目"列入国家重大科技项目。在新材料领域，豫西集团 5103 厂大尺度多晶金刚石取得突破性成果，725 所依托钛海绵技改扩能项目，逐步发展成为"中原钛谷"。

河南省还加强了军地战略合作，军民深度融合的层次不断深化。去年以来，河南省相继与中国航天科工集团、中国电子科技集团等八家军工集团签署合作协议，涉及超级电容、工业互联网、天地一体化、信息网络等军民融合项目 38 个，推动军工优势和地方优势统筹互补。地方与军队院校合作创新不断强化，郑州市与中国人民解放军信息工程大学合作成立了郑州信大先进技术研究院，重点围绕北斗导航、网络空间安全等领域开展战略合作。军民重大科技协同创新深入推进，统筹军地科研力量，围绕可见光通讯、工业 CT、载重、无人机、特种机器人等战略前沿技术领域，谋划了一批重大的创新引领型项目。

在合作载体的搭建上，河南省正在建设河南省军民融合公共服务平台，成立了中原军民融合产业联盟、河南空间信息产业联盟等平台，促进军地技术双向转化。稳步推进军民融合产业基地、园区建设，全省已培育郑州、洛阳、新乡、鹤壁、安阳、三门峡、信阳、许昌、巩义等 24 个军民融合专业园区和特色园区。创新军民融合投融资模式，设立总规模为 500 亿元的河南省军民融合产业投资基金，重点投向军民融合产业、优质企业以及军民融合产业基地建设等，为军民融合发展提供强有力的资金支持。

（陈辉 《河南日报》2018 年 11 月 4 日）

7. 从"老三线"到"军民融合"：
湖北襄阳换上经济发展新"引擎"

"瞧，这些座椅将要发往法国图卢兹的空客组装线，那边的货箱则是要发往美国西雅图的波音组装线……"在湖北襄阳市樊城区航空航天工业园的湖北航宇嘉泰飞机设备有限公司生产车间内，公司总经理王廷江自豪地对记者说。

"民航座椅研制要求非常严格。这不只是一把椅子，其实还是一个救生系统。"王廷江说，是军用飞机弹射座椅的"背景"，让他们有了研制民用航空座椅等装备的底气。他们公司已经进入波音公司和空中客车公司采购链。

这一把把稳坐国际市场的椅子，是襄阳军民融合发展的一个缩影。

襄阳自古就是兵家必争之地。20 世纪 60 年代，襄阳被列为国家"三线"建设区域，一大批军工企业汇聚于此。随着时代的发展，曾经是地方经济"发动机"的军工企业，一度举步维艰。

"欲求新，则求变。"襄阳市国防科工办副主任蔡永忠说，为了推进经济建设和国防建设深度融合发展，襄阳将军民融合列为该市全面创新改革清单之一，对军民融合企业专利转让、兼并重组、企业成长、人才培养等各方面给予务实的政策扶持：对军工企业搬迁改造和转型升级实行"一事一议"等。

一系列真招实招，打通军民融合"经脉"，推动形成军民融合深度发展格局。近年来，襄阳的军工企业科研机构年均完成军、民品研发项目200多个，申报专利700余项。

已建成投产并不断完善的航空航天产业园，是承接军民融合产业的主阵地之一。这个国家新型工业化产业示范基地有中国航天科技集团、中国新兴重工3611厂、中国人民解放军5713厂、中国铁路重工中铁十一局等军企、央企10余家。园区去年完成工业总产值153亿元，同比增长13%。

"8年前公司刚建成投产时，产值才几千万，去年的销售收入已达4.3亿元。"襄阳三沃航天薄膜材料有限公司总经理李俊彬说，尖端科技及时转为民用，就是市场核心竞争力，公司在国内首创纳米级微孔氧化铝保护膜就是其中之一。民品发展壮大了，同样可以反哺军品。

记者在襄阳，强烈感受到"军转民""民参军"的历史足印和新型工业的铿锵脚步。不少类似航宇嘉泰这样脱胎于老军工的新兴企业快速成长，越来越多先进技术走出实验室、惠及社会。去年，襄阳市军民融合产值达到650亿元。一度困难重重的军工产业如今在襄阳市成了活力澎湃的战略性新兴产业。

"对企业的一些好想法，地方政府都会想方设法支持。"襄阳航空航天工业园办公室副主任宁满栋说，该市建立了军（工）地（方）高峰会晤机制，地方政府定期召开座谈会、高层论坛或小组协调会，主动为军工企业解决生产经营中的各种问题。

据了解，几年来，襄阳市先后与中航工业、中国兵器、中国兵装、航天科工等企业签订战略合作协议，协议资金300亿元以上。

（侯文坤　新华网2018年8月22日）

8. 湖南省将全力创建长株潭城市群国家级军民融合创新示范区

记者从2018年5月10日上午召开的全国知名民营企业携手湖南助推中部崛起大会新闻发布会上获悉，我省将全力创建长株潭城市群国家级军民融合创新示范区。

据介绍，大会期间将举行 2 个平行论坛，军民融合深度发展论坛和大健康产业发展论坛。2 个论坛均邀请到相关部门、国内相关领域专家、领军企业代表人士作主题演讲。

省经信委将在军民融合深度发展论坛上发布"2018 湖南军民两用技术及产品推荐目录"，重点推进航空航天、民用核能、电子信息、工程机械、新材料、新能源、节能环保等领域的军民两用技术双向转移。

近几年，我省"民参军"取得积极进展，层级已经由一般配套产品向总体和分系统提升，取得武器装备研制生产许可的单位中民营单位占比已经达到51%。省经信委副主任黄东红介绍，下一步将全力创建长株潭城市群国家级军民融合创新示范区。将以军民融合特色产业园区为载体，以军民协同创新和军民融合产业发展为突破口，加快建立军民融合创新体系，全力培育高端装备、通用航空、卫星应用及军工电子、军用关键材料产业集群，为全国军民融合深度发展探索新路径新模式。

大健康产业发展论坛上，健康产业核心园区等相关园区将与参会企业精准对接。省卫计委副主任、省中医药局局长黄惠勇介绍，下一步我省将建立以省级核心园区为龙头、市州为枢纽、县市为支撑的三级健康产业发展体系。将以湖南健康产业园为核心，建设集西医、教学科研、养老养生、旅游休闲、文化娱乐于一体的健康服务业集聚区，建成带动全省、辐射中部的核心力量。

（苏莉 周彬彬 席灵芝 《湖南日报》2018 年 5 月 10 日）

9. 深圳军民融合深度发展回眸与展望

党的十八大以来，军民融合着眼构建一体化的国家战略体系和能力，为实现中国梦强军梦提供强大动力和战略支撑，日益呈现出一个显著特征：中央顶层统筹推进和地方主动探索相结合。

深圳敢为人先，再唱春天的故事，全市下辖 8 个行政区和 2 个新区一体联动，聚焦重点精准发力，培育一批典型，强化示范引领，以点带面推动了军民融合发展整体水平提升。

一、高起点谋划，政策支持力度空前

政策支持的重要性，一个例子可见一斑——

根据规定，当年手机入网必须通过工信部北京检测中心的检验，其过程可能长达三四个月。深圳市政府为此向工信部申请成立深圳检测中心，并以财政补贴等方式为中心提供运营支持。此举迅速引发深圳自主品牌手机向高端转型——制度上一个小举措，促进了整个手机行业的迭代升级。

军民融合作为国家战略，其重要意义更是超出了任何一款产品、一个行业。

在深圳市军地领导看来，军民融合是我们党按照国防建设和经济建设的紧密相关性，统一富国和强军两大目标，统筹发展和安全两件大事，统合经济和国防两种实力，将有限的社会资源转化为双向互动的生产力和战斗力，实现一份投入、多重产出。

深圳市高起点谋划实施军民融合国家战略，政策支持力度空前。

向外探寻，全球招才引智、设立诺奖实验室、发力中外合办高校、打造大科学装置群……一系列举措为军民融合提供了强大人才支撑和智力支持。

向内挖潜，政务服务持续提升效率，服务事项有望实现100%网上申报，行政审批事项平均审批时限在法定时限基础上压缩50%以上，推进至少500个事项实现全城通办……一系列改革为"军转民""民参军"提供了巨大便利。

许多人到深圳有一个强烈感受：在这里，军民融合成了党委、政府统揽的大事；凡涉及军民融合，广大军民自觉行动——为了一切的军民融合，为了军民融合的一切。

二、高标准实施，资源共享频出实招

前不久，深圳市14家机构签订《关于支持女性创业创新发展的共识备忘录》，在人才、技术、资金、培训等诸多方面支持女性创新创业。市女企业家协会秘书长黄小瑶接受采访时表示，实施军民融合战略，妇女照样能顶"半边天"。

这只是一个缩影。资源共享在深圳已成为一种良好习惯。

深圳人爱说这样3组数字：深圳全社会研发投入占GDP比重为4.13%，接近全球最高的韩国、以色列水平；PCT国际专利占全国的43.1%，连续14

年居全国城市第一位；2017年高新技术产业增加值占GDP比重高达32.8%。军委科技委一位领导为之赞叹：这其中该有多少资源可以军地共享啊！

资源共享，靠理念更靠行动。深圳市政府出台《促进重大科研基础设施和大型科学仪器共享管理暂行办法》后，市科技创新委员会经过周密调查论证，2017年5月制定出台实施细则，对信息报送、共享与服务、联合评议等逐一作出细化。

军民融合作为国家战略，重要原则之一是国家主导。在许多重要场合，深圳市主要领导告诫干部群众，一定要自觉坚持和遵循这个原则。把军民融合纳入地方经济社会发展规划是对的，但绝不能简单等同于地方经济社会发展规划，那样就降低了眼界、降低了标准。

深圳人深知，提升眼界、提高标准的办法有很多，资源共享必不可少。

三、高质量建设，创新举措举世关注

深圳博物馆老馆前，一尊名为"闯"的雕塑催人奋进：健硕的巨人张开双臂用力撑开大门，新的天地跃然眼前；

莲花山公园里，一尊名为"自我完善"的雕塑发人深省：大力士用力挥舞着锤头凿子，不停地开山劈石、雕刻自身。

俱往矣！

看今朝，这几年深圳为什么能赢得"硬件天堂""创客之都""创新之城"的赞誉，还拥有"硅谷"一般的称呼——"深谷"？

一个关键词：创新。

深圳在全国率先提出创新驱动发展战略作为城市的主导战略，出台了全国首部国家创新型城市总体规划，以及促进科技创新的地方性法规、自主创新"33条"、创新驱动发展"1+10"等系列文件。

这一切虽然不全是为了军民融合，但军民融合国家战略在深圳全面落地，无形中受益于创新举措在各领域全覆盖。

以光启高等理工研究院为例，从艰难的起步创建到走在全球超材料技术领域前沿，仅用了短短几年时间，其所属光启技术股份有限公司迅速发展成为深圳科技领域的"独角兽"企业。该研究院院长刘若鹏说，他们这种像企业非企业、似事业非事业的新型科研机构，有人形象地比喻为"四不像"。

深圳提出大力夯实基础研究、技术攻关、成果产业化全过程创新产业链。在企业与人才、大科学装置、高等院校之间，"四不像"是一个重要的连接器。

令人振奋的是，深圳目前数十家"四不像"科研机构已经成为军民融合的重要支撑力量。

四、高效率推进，深度融合千帆竞发

3月14日，全国首个国防科技创新快速响应小组在深圳启动运行。这是利用先进商用技术为军服务的一种机制探索。

高效率推进的"深圳速度"，吸引了许多全国性重要活动在深圳落地。

军民深度融合，已经在深圳形成百舸争流、千帆竞发之势。

2016年10月，在北京举行的第二届军民融合发展高技术成果展上，12家深圳企业受到高度关注。

2017年11月，深圳在高交会上首次设立军民融合创新专区。有专家指出，这体现了深圳在军民深度融合领域的担当。

2018年初，第十四期钱学森论坛"钱学森智库聚焦创新中国"在深圳举行，30余位院士及来自地方政府、知名企业、科研院所和高等院校的代表近千人参加论坛。30个军民融合优势项目在现场发布，涉及电子信息、先进制造、量子通信、人工智能、新能源、新材料、节能环保等热点领域。

前不久，深圳市军民融合发展协会区块链产业发展委员会成立暨授牌仪式，在深圳市南山软件产业基地隆重举行。

风从东方来，风来满眼春——

回眸深圳军民融合深度发展，我们的收获是信心；

展望深圳军民融合深度发展，我们的动力是奋进。

（董强 《解放军报》2018年5月23日）

10. 广东省湛江市委书记郑人豪率队赴京拜会中船重工集团高层

2018年7月3日下午，湛江市委书记、市人大常委会主任郑人豪率队赴京拜会中船重工集团，与中船重工集团党组书记、董事长胡问鸣，副总经理、党组成员钱建平等中船重工集团高层座谈。双方表示，将深化地企合作，实现优势互补，推动合作项目尽快落地见效，为实现海洋强国战略和军民融合深度发展作出更大贡献。

胡问鸣指出，党的十九大提出实施海洋强国战略、军民融合发展战略，中船重工因海而生、靠海而长，湛江具有得天独厚的重要战略地位，中船重工集团将大力支持布局湛江的合作项目尽快落地。希望双方加强合作，把湛江的海洋资源优势和中船重工的海洋装备优势结合起来，实现优势互补，发展海洋经济，做好"海"的文章。中船重工愿意参与湛江经济社会建设，希望双方在加快推进深海养殖、海上风电项目建设的同时，进一步拓宽在港口建设、海水淡化、污水处理等领域合作，推动双方合作早见成效，实现发展共赢。

钱建平表示，中船重工高度重视与湛江市的合作，将立足已达成的合作共识和已开展的前期工作等，全力支持广东省在湛江建设海洋实验室，将海上风电装备、海洋工程装备等作为实验室首批启动项目；积极支持、深度参与2018中国海博会，尽快开展海上、陆上防务展筹备工作；落实合作协议，在湛江发展海上风电装备研发制造、海防装备后勤保障、民船维修等业务，打造全产业链基地；加快推进海洋牧场项目建设，发展深海养殖，推动湛江海洋渔业转型发展；加强合作，推进军民融合发展规划加快编制。项目成熟一个推进一个，尽快形成合作成果，共同为海洋强国建设作出新贡献。

郑人豪表示，湛江是天南重地，处于粤港澳大湾区对接海南自贸区的咽喉要道，是我国大西南出海主通道、国家经略南海的保障基地，战略地位重要，区位优势明显，国家和省赋予湛江重要使命。希望中船重工布局湛江，依托湛江，拓展东南亚乃至"一带一路"沿线国家地区业务。湛江将全力支持中船重工到湛江投资发展，积极做好跟踪对接，优化投资环境，做好配套建设，为中船重工提供最优质的服务和最有力的保障，力争实现地企合作共赢、高质量发展。

在钱建平、郑人豪等双方领导见证下，市科技局与中国船舶重工集团海装风电股份有限公司在会上签订《海上浮式风电装备项目合作意向协议书》。市领导欧先伟、黄明忠等参加。

（郭丹 《湛江日报》2018年7月4日）

11. 海南省与中央军民融合办调研组座谈

2018 年 5 月 23 日下午，省委、省政府、省军区与来琼专题调研的中央军民融合办调研组在海口座谈，双方紧紧围绕深入学习贯彻习近平总书记"4·13"重要讲话和中央 12 号文件精神，就打造国家军民融合创新示范区深入交流，共谋共商海南军民融合发展大计，加快推进海南在全面深化改革开放的新形势下军民融合深度发展的有关工作。

中央军民融合办常务副主任金壮龙，省委书记、省委军民融合发展委员会主任刘赐贵在会上讲话，省委副书记、省长、省委军民融合发展委第一副主任沈晓明出席座谈会。

刘赐贵对中央军民融合办一直以来给予海南的关心支持表示感谢，对调研组一行的到来表示欢迎。他说，在全省上下深入学习贯彻习近平总书记"4·13"重要讲话和中央 12 号文件精神的重要时期，中央军民融合办来琼就军民融合发展工作开展专题调研，政治站位高、提出举措实、工作指导性强，充分体现了高度的政治责任感和对海南自贸区（港）建设的大力支持。下一步，海南将充分利用调研成果，认真落实好中央军民融合办的有关工作部署。

刘赐贵介绍了一个多月来我省学习贯彻落实习近平总书记"4·13"重要讲话和中央 12 号文件精神的主要举措。他表示，海南是改革开放的最前沿，也是国防建设的最前哨，推进军民融合发展具有重大意义。省委、省政府、省军区将站在党和国家事业发展的全局，充分认识军民融合发展工作的重要性，自觉增强使命感、责任感，发挥海南优势，创新工作思路，努力打造国家军民融合创新示范区，在军民融合深度发展上争创新时代中国特色社会主义的生动范例。要立足打造我国面向太平洋和印度洋的重要对外开放门户，在扩大开放中推进军民融合发展，加强航空、航天、深海等领域国际交流合作。要以旅游业、现代服务业、高新技术产业为主导，推进军地共商、科技共兴、设施共建、后勤共保。要统筹海洋保护开发和维权维稳，加快推进南海资源开发服务保障基地和海上救援基地建设，坚决守好祖国南大门。

金壮龙表示，在以习近平同志为核心的党中央坚强领导下，海南省委、省政府深入学习贯彻习近平新时代中国特色社会主义思想和党的十九大精神，全面贯彻习近平强军思想和军民融合发展战略思想，围绕服务国防和军队现代化建设，促进经济高质量发展，充分发挥自身优势，积极推动军民融合深度发展，做了大量卓有成效的工作，进行了很多创新实践。突出表现在，省委、省政府、省军区坚决贯彻落实习近平军民融合发展战略思想和新形势下军事战略方针，政治站位高，行动迅速，落实有力；军地协同配合，统筹推进，基础设施融合共享，军民科技协同创新，初步形成了海南特色，取得了阶段性成果；海南战略区位重要，军民融合发展需求丰富，后发优势明显，潜力巨大，前景广阔。

金壮龙指出，党中央决定支持海南全面深化改革开放，在海南全岛建设自由贸易试验区和中国特色自由贸易港，赋予海南更加开放的政策环境，必将为海南经济社会发展注入强大动力，同时也为军民融合深度发展提供难得历史机遇和广阔空间。中央军民融合办将坚决贯彻落实习总书记"4·13"重要讲话精神，坚定支持海南加快推进军民融合深度发展，以习近平军民融合发展战略思想为指引，奋力开创海南军民融合深度发展新局面。

中央军民融合办有关负责人介绍了此次调研的情况和工作安排。省委常委、常务副省长、省委军民融合发展委副主任兼办公室主任毛超峰汇报了海南推动军民融合深度发展的总体考虑和基本情况，省委常委、省军区司令员、省委军民融合发展委副主任陈守民汇报了驻琼军警部队基本情况、军民融合发展工作情况及建议。

省委常委、秘书长、省委军民融合发展委副主任胡光辉，省军区副司令员毕重峰出席座谈会。

（彭青林 《海南日报》2018 年 5 月 24 日）

12. 重庆加强军地协同　多措并举推动军民融合深度发展

飞行空域阻拦网完全包围起来的广场中间，无人机、无人车整齐排列，一支全副武装的无人装备作战小分队正在待命。在前不久举行的第十三届重庆高交会暨第九届中国国际军民两用技术博览会（以下简称军博会）上，"无人装备联合行动"精彩亮相，多种无人装备联合演示，这在国内尚属首次，令众多慕名而来的军迷们大呼过瘾。

很多人并不知晓，此次参演的无人装备90%来自民营企业。重庆企业中信重工开诚智能装备有限公司就是其中之一，公司副总经理高盛强介绍，他们主要研发特种机器人，以前一直想对接军需市场，却苦于没有渠道。"这次军博会，我们的展台已经连续接待了多家军事单位。"

与往届相比，本届军博会军味儿更浓，十一大军工集团全部参展，带来的473项顶尖产品广受关注，民营企业也纷纷利用这个舞台寻求"参军"机会。"军转民"步伐加快，"民参军"规模扩大，本届军博会呈现出的特点也正是重庆市军民融合发展缩影。在军民融合深度发展的背景下，拥有众多军工企业的老工业基地重庆，结合实际认真贯彻落实中央要求，多措并举，扎实推动，军民融合深度发展迈出了坚实步伐。

政策引领，双向转化出成果

党的十九大报告提出，要坚定实施军民融合发展战略，形成军民融合深度发展格局，构建一体化的国家战略体系和能力。贯彻中央决策部署，2017年，中共重庆市委军民融合发展委员会成立。为强化规划引领和制度创新，先后出台《关于经济建设和国防建设融合发展的实施意见》《重庆市经济建设和国防建设融合发展"十三五"规划》等一系列政策文件，科学制定军民融合发展任务和目标。

政策引领下，重庆市军民融合产业逐步壮大，军民科技协同创新稳步推进，深度双向转化呈现喜人势头。

出门不带车钥匙，只需一个手机App，就能进行开关车门、远程启动的操作，还能实现燃油监控、故障诊断、遥控寻车等功能，这是重庆集诚汽车电子有限责任公司最新研发的"虚拟钥匙"。该公司负责人介绍，在国家和重庆市的相关政策引领下，企业自主创新不断推进，"在重庆市的军民融合产业体系中，汽车占有重要位置，也让我们的军转民更有信心。"

轰鸣的螺旋桨声中，重庆民营企业隆鑫通用一架拥有"中国心脏"发动机的农业植保无人机，能够载荷70公斤重的物品，在空中续航一个小时持续作业。经过改装，它就可成为察打一体的警用直升机。

突出军民深度融合，重庆持续培育了长安汽车、海装风电等行业龙头企业，形成了汽车、电子、船舶动力配套、装备制造和服务运营等产业集群，一批彰显军民两用技术优势的主导民品迅速成长。同时，一批卫星导航、智能装备、生物医药等军民融合产业园加速建设，两江新区、璧山高新区军民融合示范区的"试验田"效应不断显现。"在向军民融合深度发展迈进的过程中，重庆已走在国内前列，并将形成独特的发展经验。"在本届军博会举办的论坛上，北京理工大学管理与经济学院副院长孔昭君说，"希望能把军工资源更好地转化为军民融合的发展优势。"

平台支撑，创新发展解难题

"当前军民难融合的最大障碍，在于双方信息交流机制不健全，信息资源不共享，信息平台不互通。"本届军博会论坛上，一位来自军方的专家认为，特别是对于军方采购需求和相关政策，以及民企先进技术和优势产品，两者相互了解还不充分。

军民融合深度发展过程中，重庆突出问题导向，积极探索在"军方需要什么"与"民口拥有什么"之间打通壁垒、铺路架桥。通过加快新型研发机构的持续引进培育，并与知名高等院校开展技术创新合作专项行动，重庆建立起军民融合协同创新研究院、中船重工西南装备研究院、重庆汽车智能制造与检测产业技术研究院等一批新型高端研发平台。由重庆军民融合协同创新研究院牵头、联合22家高校、科研院所和企业组建了智能传感器等产业技术创新联盟，"国防部门需要的订单，民用企业拥有的技术优势，都汇聚到这个'资源池'"，研究院相关负责人介绍，通过常态化机制，及时发布供需信息，不定期召开培训咨询活动，军民融合双向转化更加便捷。

只要使用一张和创可贴差不多大的血型试纸，滴上一滴血，30秒后就能根据试纸上3个点的不同颜色判断出血型。在本届军博会上，来自重庆大学的"血型超快速检测试纸"项目引起了不少关注。"不仅可以为大众医疗提供助力，也可以加入野战急救包等军用装备，因此也有军品企业洽谈合作。"项目负责人介绍。

小到一张试纸，大到大型装备，军博会让重庆"受益匪浅"。军博会首日10个重大项目成功签约，涉及院市合作共建高端智库、央地合作共建高端研发平台、高新技术企业引进、科技成果转化和共建军民融合创投基金等，将为重庆推进军民融合深度发展提供强有力支撑。重庆军民融合创新服务平台也于日前正式上线，发布项目5536项，其中，1516项技术成果通过线上线下形式开展了前期对接。

金融助力，推动融合加速跑

"公司成立不到一年，就顺利拿到了一些国防订单，这全靠'懂技术的基金'。"重庆舜辉庆驰光电科技有限公司副总经理姚舜发出感慨。"之前却受限于资金，研发一度陷入困境。"姚舜介绍，2017 年这项技术在做路演时，被重庆清研华业股权投资基金看中，成功获得 1000 万元起步金，这才将科研成果从"纸上"搬进了"厂房"。"我们去年产值就接近 8000 万元。"姚舜说。

"军民融合深度发展需要'三驾马车'齐头并进：技术、人才、金融缺一不可。"在本届军博会军民融合协同创新高峰论坛上，军事科学院军民融合研究中心秘书长于川信说。社会资本参与，让重庆的军民融合发展资金需求得到了有效解决。

成立于 2008 年的重庆九洲星熠导航设备有限公司在 2014 年与重庆科技风险投资有限公司、重庆市大渡口区科技产业创业投资有限公司合作，引入了 1000 万元战略投资。"金融资本的进入，让我们的业务方向开始有所调整。"九洲星熠公司副总经理任德红说，"我们专门成立了民用研发团队，逐年加大民用领域的研发投入，目前产品已在综合安全监测和预警、车联网、智慧旅游等民用领域得到很好的应用。"

依托基金撬动资本杠杆，助推了全市军民融合加速跑。重庆军民协同创新研究院设立了首期军民融合产业发展基金，对全国范围内的优质早期研发项目和衍生孵化高科技企业进行股权投资，吸引研发团队带项目来渝转化并产业化。在重庆，已有多家企业成长为军民融合的骨干力量，2017 年重庆全社会研发经费支出增长 20%，国防科技工业研发投入占全市经费超过 30%。

（崔佳　人民网—《人民日报》2018 年 7 月 22 日）

13. 四川绵阳国家科技城勇当军民融合"排头兵"

四川绵阳国家科技城加快创新驱动发展，推动科技成果转化，过去"养在深山"的军工科研资源宝库不断转化为转型升级新动力，军转民、民参军呈蓬勃发展之势，昔日的"三线腹地"正在成为我国军民融合发展的"排头兵"。

共享理念找到军民融合"金钥匙"

为了给自己研发的新产品进行专业测试,绵阳赛恩新能源科技公司总经理刘昆明曾经伤透了脑筋——自己建实验室,设备根本买不起,委托检测又必须到省外,排队都得 2 个月。

2017 年 1 月,绵阳建立的全国首个军民融合大型科学仪器共享平台,解了企业的燃眉之急。"通过平台资源库,我们在中国工程物理研究院找到了测试设备。"刘昆明说,"不仅时间缩短到 7 天,原本 3 万元的检测费用直接降到2000 多元,大大加快了产品研发进程。"

作为我国重要的国防军工科研基地,绵阳聚集了中国工程物理研究院、中国空气动力研究与发展中心等众多"国宝级"科研院所,集中了一大批全国乃至全球顶尖的科研仪器设备。另一方面,绵阳上万家中小企业却因仪器设备购买、使用成本太高而"望洋兴叹"。

如何打开这座军工科研资源宝库,是科技城发展面临的重要问题。"我们大胆引入共享经济理念,将科研院所的仪器设备与中小企业研发需求成功对接,这在全国也是首创。"共享平台运营负责人陈俊岗说。

不到两年,共享平台就整合了百余家单位的 4100 余台(套)大型仪器,形成了一万余项指标的检验检测能力,累计服务用户约 1100 家,许多服务成果已成为绵阳科技城经济发展的生力军。

国家创新驱动发展"试验田"

近年来,绵阳科技城先后探索建立国内首个军民两用技术交易中心、电子信息军民融合创新实验室、首家军民两用技术再研发中心,率先开展军民融合企业认定。一系列制度创新让军民融合领域一些长期存在的深层次瓶颈逐渐被突破,科技城正在成为国家创新驱动发展"试验田"。

位于绵阳的四川华丰集团是我国成立的第一家军用连接器科研生产型企业,过去与地方隔离、离市场太远,抱着"黑科技"却不能为地方所用,甚至出现过整个技术团队被挖走的情况。

随着华丰集团并入四川长虹,职务发明所有权、混合所有制等一系列改革推动,企业重现生机。日前,华丰申报的"军民两用高可靠连接器的研发及产业化"项目获国家相关部门认可,项目建成后产品有望全面替代进口,大幅提升我国连接器产业的核心竞争力。

在绵阳科技城"国家军民两用技术交易中心",来自全国的 2 万多项各类成果实现在线发布。到目前为止中心促进了 1000 项技术合同转让，交易金额近 20 亿。

科技创业迎来"新时代"

2017 年，绵阳科技城科技创新综合水平指数达 70.6%，科技对经济增长贡献率达 58%。今年上半年，科技城 GDP 实现近 800 亿元，增长 9.5%，呈现蓬勃生机。

"科技型中小企业在起步阶段要买一台仪器设备可能都要砸锅卖铁。我们针对这个痛点，与共享平台、政府三方合作推出'仪器设备贷'，企业不需要抵押就可申请。"工商银行绵阳分行行长李思林说，"贷款利息仅为基准利率，期限可达 3 年，额度在 3000 万元以内，完全可以满足初创阶段的企业研发需求。"

订单贷、专利贷、仪器设备贷，军民融合保险、担保基金，在科技城良好的创业环境中，只要有技术、有梦想，企业和人才总能找到用武之地。

据统计，绵阳科技型中小企业从 5 年前的不到 1000 家，发展到目前的 1 万家以上，科技创业迎来了新时代。创业环境也带动高端产业不断落地，近年来绵阳累计引进 5 亿元以上重大产业项目 303 个，为产业升级转型注入新动能。

（江毅 胡旭 李力可　新华社成都 2018 年 9 月 6 日电）

七、退役军人

1. 速看！5700多万退役军人的"娘家"是这样

2018年4月16日上午，记者从北京宣武门出发，驱车一个多小时来到位于北五环外的北苑路一个不大的院落，参加备受关注的中华人民共和国退役军人事务部挂牌仪式和成立大会。

中共中央政治局委员、国务院副总理孙春兰出席退役军人事务部挂牌仪式和成立大会时强调，要以习近平新时代中国特色社会主义思想为指导，提高政治站位，增强"四个意识"，坚决贯彻党中央、国务院决策部署，加快机构改革和职能整合，建立健全集中统一、职责清晰的退役军人管理保障体制，开创新时代退役军人工作新局面。

退役军人事务部被广大退役军人亲切地称为"娘家"，这个"家"温暖着广大退役军人的心。记者在现场看到，仪式虽简短、简朴，但庄重、大方，军地双方汇聚一堂，共商退役军人管理保障工作大计。

专家认为，全新组建的退役军人事务部是这一轮党和国家机构改革的亮点工程和重大突破，对更好为退役军人服务、让军人成为全社会尊崇的职业，把人民军队全面建成世界一流军队、为实现中华民族伟大复兴的中国梦提供战略支撑具有重大而深远的意义。

退役军人事务部提供的数据显示，我国现有退役军人5700多万，并以每年几十万的速度递增。

党中央、习主席一直牵挂关心广大退役军人，高度重视组建退役军人管理保障机构。

党的十九大报告指出，组建退役军人管理保障机构，维护军人军属合法权益，让军人成为全社会尊崇的职业。

2018 年 3 月 12 日，习主席在出席十三届全国人大一次会议解放军和武警部队代表团全体会议时强调，组建退役军人管理保障机构对于更好为退役军人服务、让军人成为全社会尊崇的职业具有重要意义，要把好事办好办实。习主席明确指出，军人是最可爱的人，让军人受到尊崇是最基本的。必须做好退役军人管理保障工作。该保障的要保障好，该落实的政策必须落实，不能让英雄流血又流泪。

3 月 13 日，十三届全国人大一次会议在北京人民大会堂举行第四次全体会议。受国务院委托，国务委员王勇向十三届全国人大一次会议作关于国务院机构改革方案的说明。王勇指出，为维护军人军属合法权益，加强退役军人服务保障体系建设，建立健全集中统一、职责清晰的退役军人管理保障体制，让军人成为全社会尊崇的职业，方案提出，将民政部的退役军人优抚安置职责，人力资源和社会保障部的军官转业安置职责，以及中央军委政治工作部、后勤保障部有关职责整合，组建退役军人事务部，作为国务院组成部门。

记者调查发现，成立专门的退役军人管理保障机构，从体制机制上关爱军人尊崇英雄、让军人成为全社会尊崇的职业是世界主要国家通行的做法。

美国在 1989 年成立了美国退伍军人事务部，目前是仅次于美国国防部的内阁第二大部，主要担负 7 项职责：发放残疾抚恤金、死亡抚恤金、退休金和参战补助金；资助退役士兵大学教育；为退役军人提高医疗服务，开展医疗科学研究；提供退役军人住房贷款担保；为退役军人提供就业帮助；管理退役军人人寿保险项目，监督退役军人和退役军人集体人寿保险项目；管理国家公墓。

俄罗斯在苏联解体后不久就成立了联邦军人社会问题委员会，负责对退役军人事务管理工作进行政府协调。这个委员会的主席通常由副总理担任，成员包括政府办公厅主任、国防部副部长等。

我国退役军人事务部虽刚刚成立，但党和国家历来高度重视退役军人的管理保障工作，对他们的关心关爱是一贯的。

新中国刚刚成立时，具有宪法性质的《共同纲领》就规定，"革命烈士和革命军人家属，其生活困难者应受国家和社会优待，参加革命战争的伤残军人和退伍军人，应由人民政府给予安置，使其谋生立业"。随后数十年间，各级政府投入巨大人力、物力和财力，想方设法为退役军人排忧解难。我国陆续颁布实施《革命烈士家属革命军人家属优待条例》《革命残废军人优待抚恤暂行条例》《革命烈士褒扬条例》等法规，从制度层面，对退役军人及家属在医疗、供养、保健、交通、住房、教育、文化、社会公益等方面提供制度保障。

4月16日，中华人民共和国退役军人事务部挂牌成立的消息一经公布，迅速刷爆朋友圈。有网友这样留言——

"这既是党和国家对退役军人牺牲奉献的重要认可，也是对现役军人矢志强军的有力激励。"

"退役军人经过党的培养和军队历练，普遍具有良好的思想政治素质，是国家经济社会建设力量的重要组成部分。退役军人事务部的组建，必将更好地凝聚起同心共筑中国梦的磅礴力量。"

"新组建的退役军人事务部，必将建立起责权清晰、权威高效、运行顺畅的退役军人管理体系，不断完善退役军人保障法律制度，创新服务保障模式，提升管理保障水平，真正让军人成为全社会尊崇的职业。"

解放军和武警部队广大官兵深感振奋，全体退役军人备受鼓舞，激发了他们的从军报国、爱国奉献的使命感、自豪感和责任感。

中国退役军人管理发展开启新时代！

（梅世雄　新华社解放军分社 2018 年 4 月 17 日电）

2. 我国启动制定退役军人保障法　　参军家庭将全部悬挂光荣牌

退役军人事务部部长孙绍骋于 2018 年 7 月 31 日在国新办发布会上说，退役军人事务部正全面梳理评估新中国成立以来涉及退役军人的所有政策法规，着手起草《退役军人保障法》和《关于加强新时代退役军人工作的意见》；2019 年五一之前，将为几千万个退役军人家庭和优抚对象家庭悬挂光荣牌。

退役军人事务部是深化党和国家机构改革新组建的部门，于 4 月 16 日正式挂牌成立。孙绍骋表示，3 个多月来，退役军人事务部边组建机构、边推进业务，边落实当前任务、边谋划长远发展，各方面工作有序推进。

孙绍骋介绍，退役军人事务部已会同军地 12 个部门出台了提高退役军人安置质量、扶持就业创业、悬挂光荣牌、提高抚恤补助标准等 4 个政策；经与部队协商，下达了年度安置计划，将 120 多家中央企业全部纳入年度退役士兵安置计划下达范围，会同财政部提高重点优抚对象抚恤补助标准，平均提标幅度 10%；挂牌第二天就开始接访，成立工作专班，已接待了近两万人次，系统梳理各类对象诉求，逐类研究提出措施办法，督促地方落实政策。

"退役军人事务部虽然是新组建的，但我们是带着任务来的，当年的任务必须当年完成，比如 2018 年要确保完成 8 万多名军转干部、近 4 万名退役士兵岗位的安排工作，还有 2 千多名复员干部、7 千多名军休干部，以及一部分伤病残人员，我们都要接收安置好。"孙绍骋说。

孙绍骋说，每年还有 40 多万自主择业军转干部和自主就业退役士兵，他们也需要就业，政府虽然不帮助安排具体的工作岗位，但是要通过一些优惠政策扶持他们就业创业。

"现在有一些退役军人、优抚对象在生活当中还是有一些特殊的困难，所以我们现在正在研究，在享受公民普惠待遇后再给予一些特殊优待，解决部分退役军人尤其是下岗失业退役军人的养老、医疗等后顾之忧。"孙绍骋说。

退役军人事务部副部长钱锋在发布会上透露，退役军人事务部将首次对拥军优属的光荣牌进行制度化设计，扩大悬挂范围。

钱锋说，原来主要是为义务兵家庭和烈属悬挂光荣牌，下一步，家人参过军的家庭都是悬挂的对象；在样式上进行规范，将统一挂一块"光荣之家"的牌子，由退役军人事务部设计和监制；强调仪式感，悬挂的时候举行俭朴隆重热烈的仪式；同时建立了退出机制。

中央军委政治工作部主任助理兼退役军人事务部副部长方永祥在回答记者关于退役士兵安置问题时说，退役军人事务部最近研究出台了《关于进一步加强由政府安排工作退役士兵就业安置工作的意见》，明天开始实施。

据方永祥介绍，意见强化刚性指标落实，明确由政府安置的退役士兵，安置到机关、事业单位和国企比例不低于 80%，明确国企拿出年度招收人员总数 5% 用于安置符合政府安排工作条件的退役士兵；提高统筹安置的层级，县安排任务重的由市统筹资源进行安置，此次意见规定，市级还有困难的，由省级来统筹资源、落实安置。

在回答记者关于退役军人信访工作的问题时，方永祥表示，退役军人事务部挂牌成立第二天就展开了接访。"我们十分珍惜退役军人事务部与退役军人天然的情感关系，所以我们要求要始终带着感情、带着责任来做好信访的具体工作。"

方永祥表示，下一步将从 4 个方面进一步做好信访工作：一是加快开通网上信访系统，让退役军人少跑腿，让信息多跑路；二是加强督办检查，对信访事项包括有关政策落实加强督办；三是综合梳理意见建议，将好的、有建设性的纳入到政策和立法当中去；四是完善规则、流程和具体办法，提高依法办理、依法信访的工作实效。

（朱基钗 梅世雄 新华网 2018 年 8 月 1 日）

3. 我国退役军人 5700 多万 军报谈老兵担当

★权威部门统计显示，我国现有退役军人 5700 多万，并以每年几十万的速度递增。

★什么是脊梁？脊梁就是默默奉献、无悔担当，把祖国和人民的利益高高举过头顶。

★老兵带头就业创业，不仅是为政府减轻压力，更是为"双创"时代竖起标杆。

★老兵赓续优良传统，不仅是身体力行社会主义核心价值观，更是在打造一座座精神地标。

★老兵当自豪，党和政府一直予我们以厚爱。

★老兵当担责，人民群众一直寄我们以厚望。

1966 年 11 月，天安门城楼上。一位外国记者问朱德元帅："您想身后留下什么样的名誉？"曾经的中国人民解放军总司令、时任全国人大委员长的他一语作答："一名合格老兵足矣！"

一声"合格"，天高地阔；一声"老兵"，情深意长。

我军从建立至今，不同发展时期，陆续有许多官兵退出现役，他们或许不是元帅不是将军，但有一个共同的名字：老兵。

权威部门统计显示，我国现有退役军人 5700 多万，并以每年几十万的速度递增。这些老兵，服役时，是军队栋梁；退役后，是中国脊梁。

什么是脊梁？脊梁就是默默奉献、无悔担当，把祖国和人民的利益高高举过头顶。

每一个步入人民军队的人，从融入这个伟大行列的那一天起，就记住了一个朴实的道理：任何地方、任何时候，都不能辜负祖国和人民的厚望。

只要脊梁不弯，就没有扛不起的家国天下。

新中国成立以来，多少曾立下赫赫战功的老兵隐姓埋名、独自承担——承担来自身体疾病或家庭不幸的困苦艰难，不居功自傲，不伸手苛求。有的拖着伤残之躯几十年，从不叫苦，从不抱怨；有的身患绝症却拒绝接受捐助，坚持靠自己的双手改变命运。

老兵带头就业创业，不仅是为政府减轻压力，更是为"双创"时代竖起标杆。

经济转型、地方就业压力加大等因素，决定了目前许多退役军人面临自主就业创业的现实挑战。不少老兵退出现役后吃苦耐劳、百折不弯，最终成功创业：一位老兵用 12 年时间改变了一个行业的格局——他旗下的安保力量，挺进"一带一路"沿线 28 个国家近 80 个港口，为我海外利益保驾护航；一位病退老兵受一张蓝色动车票启发，带领团队攻关热转印技术，相继取得 28 项专利，帮助政府减轻安置压力，提供大量就业机会，开启了一条绿色环保之路……

这是一种令人欣慰的现象：凡是老兵创办的企业，大都国防意识强，热心社会公益事业，民兵预备役力量组织健全。

如今，从政府到社会各界，都在积极为老兵提供就业创业平台。有见识、有情怀、能吃苦的老兵们懂得，"大众创业、万众创新"是理念更是行动，是当下更是未来。争当"双创"典型，老兵责无旁贷。

老兵赓续优良传统，不仅是身体力行社会主义核心价值观，更是在打造一座座精神地标。

1960 年，河南邓州 560 名适龄青年应征入伍，分配到原沈阳军区工程兵某团，成为雷锋的战友。后来，他们相继退伍、转业返回故乡，以"雷锋战友要为雷锋争光"为座右铭，组建"编外雷锋团"。在他们的带动下，仅 1997 年以来邓州市就涌现出学雷锋先进集体 156 个、先进个人 1.5 万名、见义勇为先进分子 195 人，为社会做好事 10 万多件。

1977 年 1 月入伍的郭明义，服役期间曾被部队评为"学雷锋标兵"，1982 年 1 月，退伍到辽宁鞍钢集团矿业公司齐大山铁矿工作。自 1996 年担任采场公路管理员以来，他每天提前 2 小时上班，15 年累计献工 15000 多小时，相当于多干了 5 年的工作量。工友们称他是"郭菩萨""活雷锋"，矿业公司领导则说他提升了整个矿山人的精气神。

2018 年 2 月 25 日，广东佛山大沥镇，退伍军人、保安员周明洪以自身当"肉垫"，勇救悬空 11 岁男孩，不幸牺牲……这样的事几乎年年有、月月有、天天有，老百姓称赞："当过兵的人，就是不一样！"

黑格尔有句名言："国家是土地上行进着的神。"在俄罗斯，青年人举行婚礼，总是先到无名烈士墓献花，再到教堂举行仪式，因为公众认可一个道理：军人是排在上帝前面的人。

前些日子，一则新闻引发热议：在山西省，师团职干部转业实职安置率近八成。山西省省长楼阳生的话耐人寻味：军转干部是党和国家的宝贵财富，绝不能让军人流血流汗又流泪；安置好转业干部是对军队改革最有力的支持，就是困难再大也要办好。

刚刚结束的全国"两会"上，一些代表、委员纷纷围绕退役军人安置工作建言献策。

老兵当自豪，党和政府一直予我们以厚爱。

老兵当担责，人民群众一直寄我们以厚望。

（董强 《解放军报》2017 年 3 月 18 日）

4. 大数据精准服务退役军人

近日，全国各地对退役军人进行信息采集登记的工作正如火如荼进行，此举旨在摸清退役军人和其他优抚对象底数，加强退役军人工作数据调查分析，积极探索大数据在退役军人工作中的开发和应用，是夯实退役军人工作基础的务实之举。

信息是基础，也是保障，更是做好退役军人事务管理工作的重要支撑。只有摸清底数，才能精准施策。之前，由于没有专门的管理部门，退役军人信息不全不准的问题在有些地方仍然存在，导致退役军人服务保障工作的意见难统一、活动难开展。事实上，广大退役军人也非常希望有一个完整的信息档案，有准确的信息，这样心里才有底。信息采集工作是忧退役军人之所忧，解退役军人之所难。

这次信息采集，可以说史无前例。在采集信息对象上涵盖退役军人、现役军人家庭、军烈属等所有优抚对象。通过此次的信息采集工作，让国家对退役军人群体有更加深入的了解，并能准确掌握全国范围内的多方面情况以及退役军人的迫切需求，既方便国家更好地制定针对退役军人的各种优惠政策，也有利于退役军人事务部对退役军人群体的有效管理。

退役军人信息采集，本身就是一场生动的全民国防教育。信息采集工作与悬挂"光荣军属"牌的工作同步展开，备受退伍军人关注，这是对千千万万个军人家庭心系国防的褒扬，也是彰显千千万万军属在背后默默奉献的闪亮名片，更是全社会尊崇军人的重要表现形式。

"若有战，召必回。"许多军人退役时曾写下这样的铿锵誓言。退役军人是预备役部队的重要力量，是加强军队后备力量建设、保障战时迅速扩编军队的重要组成部分。退役军人的信息数据本身就是国防信息的重要组成部分，信息统计让国家准确掌握全国范围内的退役军人人数、分布情况，有利于退役军人事务部对退役军人群体综合能力素质摸清底数，既有利于更好地服务退役军人群体，也有利于发挥他们的特殊作用。

目前我国信息化建设日新月异，但是军地对退役军人管理的信息化水平还有待提高，不少地区对退役军人的信息管理工作还是主要依靠手工录入与纸质档案管理，效率不高。由于没有统一的政策和信息系统，部分军地单位没有建立有效的信息共享和交换机制，部队有时无法及时获得退役军人的安置、就业、训练、医疗、救助等信息，地方民政部门对退役军人服役期间的了解有时也仅仅依靠档案里的获奖证书等记录。这就需要打破军地间的信息壁垒，整合长期分散于各个部门的数据资源，建立全国联网、上下贯通的全国退役军人和其他优抚对象综合信息大数据平台，完善退役军人和其他优抚对象信息共享工作机制。

采集到精准、安全、可靠的信息数据，是开展退役军人服务保障工作的基础。更令人期待的是如何把这些数据信息真正用起来，让这些数据活起来，切实找准退役军人服务保障工作的难点和突破点，把相关的数据分析成果运用到精准服务退役军人和其他优抚对象上。我们相信，随着退役军人工作逐步走上信息化轨道，大数据的支撑会给退役军人带来更多利好政策，真正实现让数据多"跑路"，让退役军人少跑腿。

（肖福恒 《中国国防报》2018 年 10 月 10 日）

5. 民兵：关键时刻不可或缺的突击力量

2018 年 5 月 12 日，汶川特大地震 10 周年纪念日。

10 年前的那场大地震，山崩地裂，但废墟上，"别怕，有我们在……"那铿锵有力的言语让被困者笃信"临危的生命有人救护"。

大灾大难带来大悟大变。10 年间，四川省乃至全国的民兵应急力量在抢险救灾的实践中历练成长、在攻坚克难中转型发展，实现了能力素质的长足进步和质量效能的显著提升，彰显了国防后备力量在应对重大自然灾害中的特殊地位和不可替代的重要作用。

就近就便的优势是有效进行抢险救援的关键

记者来到汶川采访，当年的救援者记忆犹新。

地震发生后，北川县陈家坝乡专武干部吴正金对着慌乱的人群大喊："是民兵的跟我上！"话音刚落，就有数十名民兵聚集到他身边，他立即整队布置任务。就这样，北川县第一支民兵抗震救灾突击队就地组建。

这便是民兵，散则为民，聚则为兵，身处事发一线，能够第一时间出动，奔赴第一现场展开救援。记者了解到，地震发生后，绵阳军分区将集结指令快速传至全市数百名民兵连长。于是，有的民兵开着农用车，有的骑着摩托车、自行车，一时找不到车的民兵就跑步集结。只用一个小时，第一批民兵集结完毕，并迅速出动，于当晚进入重灾区北川展开救援。

抢险救灾，时间就是生命。救援者早一秒到达，遇险者就多一分生的希望；第一时间控制灾情，就能有效降低灾难造成的损失。由此，民兵就近就便的属地优势便凸显出来。据记载，四川省军区在震后 4 小时内动员民兵 1.3 万余人，成为首批投入生命救援的重要力量；地震当日，他们在全省范围内动员民兵 2.58 万人开赴灾区。

这些年来，全国各地的抢险救灾实践证明，就地就便用兵是民兵队伍建设和发挥作用的重要原则。目前，全国各地大都确立了市建民兵应急大队、县建民兵应急分队、乡建民兵应急班排的应急力量体系，遇有灾害民兵第一时间出动，为及时处置灾情、保护人民群众生命财产安全作出了重要贡献。

人多力量大、用兵可持续的成本优势让民兵成为救灾生力军

自然灾害既有发生突然、危害极大的特点，又有次生灾害多、连带效应广、灾后重建任务重的特点。因此，有效应对灾害，不仅要求首批投入力量大，而且要求持续力量强。那么，什么力量能够适应抢险救灾的成本要求？民兵自然而然就列入了首选队伍。因为，民兵人多力量大、用兵可持续。

汶川抗震救灾中，四川省军区先后从 19 个军分区动员近 6 万名民兵跨区执行救灾任务，在抢救被困人员、抢修损毁设施、保障部队救灾行动等各阶段发挥了特有优势和骨干作用。首批动员对象连续奋战一段时间后，四川省军区有计划、分批次地组织其他地市的跨区救灾民兵进行轮替休整，100 天时间先后轮换民兵 8 个批次，使参加救援的民兵队伍始终保持了旺盛的战斗力。

根据抢险救灾的阶段性特征，民兵使用的方向和方式也需要及时调整。汶川救灾，四川省军区分批动员医疗救护、道路抢修、物资运输等民兵专业分队开赴灾区遂行卫生防疫、疏通道路、清理废墟、运送物资等任务。同时，四川省军区充分发挥民兵人熟地熟况况熟的优势，在现役部队进入灾区之后选派民兵给部队当翻译向导，协助部队抢险救灾。近几年来，四川省军区根据不同阶段的用兵需求，进一步细化动员程序，建立动态灵活的轮换补充机制和分类用兵机制，确保民兵全程使用。

要想急时发挥民兵人多力量大、用兵可持续的成本优势，就得在平时抓好民兵队伍建设。2009 年以来，四川以及全国各地都以汶川抗震救灾为案例，认真总结民兵队伍的建、训、用经验，着力加强民兵整组工作，编实建强民兵队伍，提高退役军人和党团员比例，调整专业分队布局，坚决杜绝"本上编兵、交叉编兵"等问题，确保用兵时民兵拉得出、上得去、起作用。

人员和装备的专业化推动民兵抢险救援能力大幅提升

据四川省军区领导介绍，随着经济社会的发展，该省军地联手，努力推进民兵救援力量建设实现三个转变，即由一般化建设向专业化建设转变，由一般装备向专业救援装备转变，由一般应急向紧急救援转变。

队伍脱胎换骨，能力大幅提升。当年，"汶川有难，八方来援"；后来，这句话变为"八方有难，四川去援"。2010年4月，青海玉树发生强烈地震，四川省组织民兵百车千人翻越7座海拔4500米以上的雪山，昼夜兼程奔赴玉树灾区，在高原抗震救灾这个特殊战场发挥了特殊作用。2010年8月，甘肃舟曲发生特大泥石流灾害，成都市民兵应急救援大队出动300多名民兵，携带专业救援装备，跨省机动，快速奔赴灾区抢险救援，出色完成了任务。

"汶川抗震救灾初期，眼看着活生生的人被压在废墟下，而我们手中只有几根棒棒，无法撬开水泥板。支援玉树抗震救灾时，我们手中有了生命探测仪、电锯、破碎机等，救灾效率翻了几十倍。"曾参与汶川救援的民兵告诉记者，专业精良的装备令民兵应急力量救援效率大幅提升。在芦山地震救援中，灾情不明时，成都市民兵无人侦察机分队的无人机迅速升空侦察；"生命线"受阻时，德阳市民兵直升机分队的直升机满载急需药品飞抵芦山县城……

近几年来，四川省军区积极整合军地通用装备资源，根据地域差别和任务区划，有重点、成建制地为民兵应急救援队伍配备了12个大类、共计3.5万余台（套）的专业装备，有效推动了民兵应急能力的跃升。

新时代，全国各地的民兵应急力量建设都像四川一样，大步走向专业化、机械化、常态化，在抗击各类自然灾害中发挥了不可或缺的重要作用。

应急勇挑重担，应战一样担当。记者采访时许多民兵说，未来应战，中国民兵一定能够有效履行使命！

（徐晶晶 宫玉聪 杜怡琼 人民网2018年5月11日）

6. 基金助力退役军人创业 关爱老兵创业就业公益项目启动

中国社会福利基金会爱军双创基金"关爱老兵创业就业公益项目启动仪式"于2018年10月28日在北京丰台军民融合创新工场举行。该基金与北京金农良品农牧科技有限公司、加枫味（北京）国际餐饮管理有限公司联手打造的军创公益餐饮连锁项目，直接对退役军人创业就业进行特定的帮扶，旨在探索一条政府支持、基金扶持、企业参与，与国情民意相适应的退役军人创业新路，为广大退役军人提供了创业的舞台和就业的机会。这个项目的启动，体现了社会各界在新时代中国特色社会主义思想指引下，所形成的时代新风尚和新举措，也体现了全社会正在以更加务实的行动表达对退役军人的尊崇与关爱。

军创公益餐饮连锁项目是在充分进行市场调研的基础上，针对退役军人的特点，精确整合餐饮行业各个要素和关键环节，通过基金扶持，导入经营模式，输入创业人才，形成"基金＋模式"的帮扶模块，再通过全产业链系统的支持，有机的将生态基地、主副食供应、冷链物流，以及装饰设计、技术培训、数据管理和安全监控等要素相结合，进而形成"基金＋产业链"的系统配套、延伸连锁、可复制的体系化经营模式。通过各级政府的支持在各省市推广，通过爱心企业的参与提供保障和支持，退役军人可零资金、零基础加盟，最大限度地规避创业风险，缩短经验积累期，减轻资金筹措压力，最大程度地为退役军人和军烈属创业提供便利的条件。参与项目合作的机构和企业，遵循市场规律，有机组合，相互衔接，发挥各自优势，逐步扩展市场，为项目的可持续发展提供有力的支持。

"作为一个在部队服役多年的老兵，关心退役军人责无旁贷。"海军原副政治委员冷宽中将在致辞中表示，要通过这些活动的开展，让更多的人来关心关爱这个群体，帮助退役老兵迈好工作转轨、人生转身的关键一步；鼓励退役军人发扬军队传统，艰苦奋斗、发奋图强，主动为政府解忧，再创新的辉煌；要合力把为退役老兵服务的工作做得更好，让现役军人安心服役，让退役军人在新的岗位上建功立业，为人民为社会做出更大的贡献。

"看到有这么多人在为退役老兵做一些实实在在、利国利民的事，很欣慰。"贺龙元帅之女贺晓明女士在现场发言中指出，退役军人是最值得尊敬和最需要我们关爱的群体，我们后来人有责任、有义务去关心他们、爱抚他们。

参加启动仪式的主要领导有，海军原副政治委员冷宽中将、贺龙元帅之女贺晓明、海军原副参谋长尹长志少将、解放军报社原副总编连俊义少将、空军报社原社长陈志铭少将、退役军人事务部张志强处长、中国船舶工业综合技术研究院学术委员会副主任（CCTV 特约评论员）宋晓军、原海军南方局政委李岳峰等，社会团体组织、爱心企业领导、退役军人代表和媒体代表共同见证了公益项目启动仪式。

（光明网 2018 年 10 月 29 日）

7. 全国首个关爱退役军人协会在津成立

天津市关爱退役军人协会于 2018 年 9 月 28 日在津召开第一次会员大会暨成立大会。退役军人事务部对天津市在全国首创成立关爱退役军人协会给予充分肯定。

据介绍，天津市关爱退役军人协会是在天津市委领导下，由天津市关爱退役军人、热心拥军工作的各界人士组成的社会组织，是市委市政府关心关爱退役军人的桥梁纽带，是做好退役军人服务保障的参谋助手。

记者了解到，天津市关爱退役军人协会成立后将广泛宣传党和国家关爱退役军人政策，大力宣传退役军人先进典型、先进事迹，关心关爱退役军人，帮扶困难退役军人，支持退役军人创业就业。

同时，加强协会组织党的建设，发挥退役军人党员在不同岗位的模范带头作用，激励退役军人为天津创新竞进贡献力量，让军人成为全社会尊崇的职业。

（付光宇 新华社天津 2018 年 9 月 28 日电）

8. 邢台市退役军人创业孵化基地揭牌

2018 年 8 月 1 日，邢台市退役军人创业孵化基地揭牌。该基地的投入运行，将为该市退役军人及家属创业开辟一个新途径。

据了解，该市退役军人创业孵化基地位于钢铁北路与永康街交口附近，建设面积 3300 平方米，配备完善的会议室、专家洽谈室、文体活动室、军创俱乐部等。基地由优秀退役军转干部具体运营，可以容纳 60 余家创业实体入驻，带动就业 300 至 500 人。入驻该基地的企业，可免除管理类、登记类和证照类等行政事业性收费，两年内减免房租，水电费减半，符合条件人员还可以申请小额担保贷款、社保补贴、创业培训补贴等 30 余项优惠政策。此外，还能享受政策咨询、项目推介、市场评估、开业指导、融资服务、手续办理、跟踪服务等"一条龙"创业服务。

同时，邢台市人社局还组织知名企业家、创业成功人士、政府职能部门人员、专家学者等 60 余人组成指导专家队伍，免费对退役军人创业者提供项目推介、注册登记、开业指导、风险评估、创业培训、融资等服务。对列入"青年创业引领计划"的退役军人创业人员，采取创业者"点菜"、专家"帮厨"的方法，为求职者提供个性化、专业化"私人定制套餐"，提高创业成功率。

（邢云 李振胜 《河北日报》2018 年 8 月 2 日）

9. 中军速运退役军人就业创业项目启动在杭州发布

2018 年 11 月 2 日上午，中军速运退役军人就业创业项目启动仪式暨新能源专用车交车仪式在浙江杭州举行。现场，退役军人事务部、中国退役士兵就业创业服务促进会（以下简称"退服会"）、浙江省杭州市等军地领导和企业代表共 400 余人出席活动。

中军速运作为退役军人的就业服务平台，在上海、深圳、广州、武汉、成都、南京、贵阳等城市初步建立起了拥有近千名退役军人员工的物流队伍。成立两年来，中军速运积极扶持退役军人就业创业，发挥退役军人"纪律性强、执行力强、忠诚可靠、朴实勤劳"等优点，在全国各个城市物流配送领域提供专业服务。

未来，中军速运计划在广东、浙江、江苏等地投放 5000 辆新能源物流车，在 3 年内，把 5 万辆新能源物流专用车快速布点至全国 100 多个城市，为上万名退役军人提供就业机会。同时，中军速运还将筹建成立退役军人创客平台，并鼓励退役军人参与新能源物流创业。

为鼓励那些"退役不褪色"，在岗位上继续创造精彩人生的退役军人，本次活动专门设置了"最美物流司机"颁奖环节，鼓励退役军人在脱下军装后始终保持着军人本色。其中获奖的 6 名退役军人，对待事业锐意进取，对待困难攻坚克难，获得了广大客户和同行的一致好评。

据悉，奇瑞汽车、菜鸟物流、货拉拉等企业已与中军速运分别签订了战略及业务合作协议。

（辛闻　中国网 2018 年 11 月 3 日）

10. 山东省举办首届"长城军地杯"退役军人创新创业大赛

2018 年 9 月 5 日，山东省首届"长城军地杯"退役军人创新创业大赛决赛在驻济某部圆满落幕，本次大赛由山东省公共就业和人才服务中心主办，山东省自主择业军队转业干部管理服务中心、山东省长城军地人才就业创业促进中心承办。"这是一个退役军人创客们与业界权威专家交流的平台，也是一次投资者与双创项目对接、洽谈、合作的机会。"参赛选手纷纷表示。

作为首届山东省退役军人创新创业大赛，此次承办方及各相关支持单位集合优势资源，以"军民融合、创新发展"为主题，以发现和培育优秀退役军人创业项目和创业人才为基础，邀请创业导师、创业投资人、创业成功代表作经验交流，举办专场军民融合产业理论论坛。论坛现场，大家围绕如何激发退役军人的潜力、如何帮助更多的战友、如何发挥自身优势把军民融合产业做好等话题展开讨论。论坛还邀请到投资公司专家为退役军人讲解投融资知识，解答创业者遇到的难题。

据活动负责人介绍，本次大赛分报名、初赛、复赛和决赛四个阶段，吸引了 155 支参赛队伍参加。经过激烈的复赛，共有 30 支队伍脱颖而出，进入决赛。大赛评委表示，大赛有效汇聚军地智慧和社会资源，不仅为有创新想法、有创新能力的退役军人提供了一个展现自我、以赛促学的平台，还有助于推动"大众创业、万众创新"，有效激发退役军人创新创业热情。

（卢军 《中国国防报》2018 年 9 月 12 日）

11. 宁夏军地倾情帮扶军烈属和退役军人记事

近日，宁夏军地人员翻山越岭、进村入户，对 3 万多个军烈属和退役军人家庭进行走访慰问。

这是宁夏军地 2018 年联合开展的第三次集中走访活动。如今，让军人成为全社会尊崇的职业正在成为宁夏军地的自觉行动。

（一）

家住中卫市沙坡头区高营村的芮新明老人，曾上过战场，还立过功。

2017 年儿子车祸离世后，老人的精神受到打击，家庭生活也陷入困境。为此，军地相关部门多次上门慰问，并将其列为帮扶对象。

2018 年以来，宁夏军地部门联手对与芮新明老人情况相似的军烈属、退役军人等 4000 余户重点关注对象，展开为期 13 天的走访摸排，并采取一对一、全覆盖的方式确定了 891 户首批帮扶对象。

多次召开座谈会之后，宁夏军地共同研究出台了《关于军烈属、退役军人和现役军人军属贫困家庭脱贫攻坚工作的实施意见》和《关于军烈属、退役军人和现役军人军属优抚解困工作的实施意见》，并由扶贫、民政、交通、卫生、旅游等 11 个部门分别牵头出台相应的法规文件，依法展开对军人群体的帮扶工作。

（二）

在海原县吴湾村，退伍老兵普福拉着宁夏军区领导的手久久不肯松开。通过帮扶接触，老兵和军区领导很快就成了好朋友。

在帮扶活动中，宁夏军地领导带着情感深入走访，见面先敬一个军礼、叫一声老班长、握一次手、喝一杯热茶、坐一次热炕头，开口聊家常，把关怀关爱传递给每个人。

据了解，重点帮扶的 891 户军人家庭中，建档立卡贫困户共有 465 户，其中因病致贫的占 43%，因年龄偏大、缺乏劳动力致贫的占 38%。为此，他们坚持"一户一策"，采取产业、教育、安居、医疗等帮扶措施，为 53 户住房条件差的家庭修建或修缮了新房，为 30 余户遭遇重大变故的家庭解决了实际困难；针对部分思想上有疙瘩的老兵，他们坚持上门做好一人一事工作……

宁夏军区与自治区党委宣传部合力在全区开展"寻访老兵、记住老兵、尊崇老兵"系列宣传活动；银川警备区和银川市委宣传部共同在媒体上开设《永远的军魂·寻访老兵》专栏，持续宣传老兵们不忘初心的军人本色；大力推行军人优先，为符合条件的退伍老兵办理免费游览景区、乘坐公共交通工具、免费体检的优待卡，在全社会倡导"为国牺牲奉献、国家不会忘记"的正能量。

正在新疆某部服役的石嘴山平罗籍战士薛凡宇，在国际军事比武竞赛中斩获第一，荣立一等功。石嘴山市军地领导上门为其家人送喜报、奖金，带头表达对军人的尊崇之情。

（三）

王瑞山是中宁县的一名退伍老兵，3 年前返乡创业，搞起绿色有机无公害水果种植，却因为技术瓶颈陷入困境。

了解情况后，宁夏军地主动协调知名企业上门，为他制订专属产业发展方案，送技术，免费提供有机肥，使他的公司水果产业效益提高 30%。

据了解，宁夏军地联手帮扶活动开展后，有 30 多家企业主动参与。宁夏山东商会与 33 户军人贫困家庭建立帮扶关系，银川市永宁县私营企业主杨洪林自发对县里的 49 户军人家庭进行走访慰问……

灵武市白土岗乡退伍老兵蒙文英带领 16 名乡亲，成立泾英农牧专业合作社，一起走上了脱贫致富路。蒙文英说："我会继续带领乡亲们脱贫致富，为军人争光。未来如果有召唤，我愿随时再入伍。"

（贾启龙 路波波 新华社银川 2018 年 8 月 31 日电）

八、战略模式

1. 中国特色军民融合之路，军地双方该怎么走

怎样逐步构建军民一体化的国家战略体系和能力，走出一条中国特色军民融合路子？近年来的实践表明，发挥好军民融合对国防建设和经济社会发展的双向支撑拉动作用，坚持走协调发展、平衡发展、兼容发展之路，就一定能加快实现经济建设和国防建设综合效益最大化。

一、从遍地开花到落地生根，根盘巨石四时青

2015 年 3 月全国两会上，习主席在解放军代表团发表重要讲话，军民融合上升为国家战略。

历史将证明，这是一个标志性的里程碑。各方参与热情由此得到空前激发，基础设施建设和国防科技工业、人才培养、军队保障社会化等传统行业摩拳擦掌，强烈渴望找到一个个新的突破口；海洋、太空、网络空间等新兴领域跃跃欲试，热切盼望在经济建设和国防建设两大领域能够一展身手。

与此同时，相关社会组织、中介服务机构、媒体网站、论坛展会蓬勃发展，为推动实施军民融合发展战略注入了强大活力。2017 年 3 月，工信部公布军民融合科技服务机构名单，首批 51 家中介机构入选；4 月，国家发展改革委公布"民参军"推荐企业名录，139 家优势民企榜上有名。

"根盘巨石四时青"。放眼全国，100 多个军民融合协作区、示范基地、科研中心如雨后春笋，遍布航空航天、船舶车辆、机械制造、电子信息等行业。军民深度融合日益显示出强大生命力，协调发展、平衡发展、兼容发展的理念落地生根，新动能逐步释放，大效益正在显现。

二、从摸石过河到有序推进，进德工夫在日新

2016 年 2 月 16 日，中央军委下发《关于军队和武警部队全面停止有偿服务活动的通知》。其中一个表述，敏感的外媒高度关注：对于承担国家赋予的社会保障任务，纳入军民融合发展体系。

2017 年 9 月 22 日，习主席在中央军民融合发展委员会第二次全体会议上发表重要讲话，再次强调：要确立现代后勤就是军民融合后勤的理念，坚决破除自成体系、自我保障的传统思维，主动把军事后勤保障的力量之源扎根在经济社会发展的土壤之中，努力构建现代化的军事后勤军民融合体系。

"进德工夫在日新"，前后两相对照，人们对双向支撑拉动有了更加深刻的认知和理解：经济建设为国防建设提供更加雄厚的物质基础，国防建设为经济建设提供更加坚强的安全保障。

从摸石过河到有序推进，很大程度上归功于不断强化运用系统科学、系统思维、系统方法研究解决问题。近两年来，自上而下，军民融合一系列生动实践中既加强顶层设计又坚持重点突破，既抓好当前又谋好长远，协调发展成为广泛的自觉行动，平衡发展成为各行各业的显著特征，兼容发展涌现出一大批看得见、摸得着的实际成果。

三、从自补短板到融合共享，享了许多家乐事

早在 2010 年，中关村人便开始思考：如何将政府物资采购向军方拓展？怎样帮助企业拓展军品市场？而今，中关村人谋划更多的则是：怎样将中关村海量级的 IT 人才服务于国防军队建设，助力打赢未来空天信息化战争。

从自补短板到融合共享，这个显著变化的背后正是军民融合双向支撑拉动带来的巨大效益。

前不久，空军电子对抗某旅基层官兵从新闻上看到今年夏季颇受欢迎的"空调背心"，大家赞不绝口。战士徐宁告诉战友们，这件爆款产品就是军民融合的一个最新成果，官兵们略感惊讶之余更体验到军民融合的独特魅力。

"享了许多家乐事"，从"空调背心"到"恒温水杯"，从灭火"导弹"到给地下管线做"CT扫描"的探地雷达……军民融合发展的许多成果直接造福社会，刷新着普通百姓的"幸福感"。某部旅长王建荣提醒说，投身军民融合伟大实践，不能仅仅以眼前的"有用""没用"作为评判标准，而应该站在国家战略的高度想问题、做选项，凡是有利于协调发展、平衡发展、兼容发展的

事情，哪怕眼前暂时作一些牺牲，只要对长远有利，对经济建设和国防建设有利，我们都应该义无反顾、毫不犹豫地去做。

四、从高歌猛进到行稳致远，远看方知出处高

在信息、新材料等领域已经组建完成、体现军民两用技术发展的 15 个国家工程技术研究中心，究竟如何起步？科技部资源配置与管理司副司长吴学梯前不久表示，原 863 计划、973 计划、支撑计划作为成功范例，提供了一个深刻启示：军队提出需求，民口组织攻关。

抓好战略筹划，突出抓好新兴领域军民深度融合发展的谋篇布局，为协调发展、平衡发展、兼容发展提供了良好的内外环境。

曾有一段时间，一些地方不论条件具备与否，千方百计争创各个层级的军民融合示范区，不论有无可能一定想方设法与军工集团搭上关系，争取配套"订单"……伴随 2017 年 8 月中央军民融合发展委员会办公室对以"军民融合"名义从事违法违规活动进行治理规范，这些不健康苗头也得到了及时纠正。

"远看方知出处高"，谨防军民融合成为另类 GDP，坚决杜绝钻制度空子、走灰色地带之类现象发生，成为军地双方的一个共识。怎样加快建立纵向贯通、横向协同、顺畅高效的组织管理体系？从上到下，从地方到军队，各方正积极行动。

五、大国方略呼唤大视野

军民融合国家战略是一个纵观全球，面向国内，瞄准战场，促进市场的全局性方略。贯彻好这一大国方略，呼唤我们拥有一种大视野。

把好世界发展脉搏，紧跟全球一体化进程。加快形成全要素、多领域、高效益的军民融合深度发展格局，就是要逐步构建军民一体化的国家战略体系和能力。这个"一体化"，离不开"全球一体化"的大视野。1971 年重新主持中央军委日常工作的叶剑英元帅，曾经指示有关部门"要经常按着地球'脉搏'的跳动"。而今有了云计算、大数据、物联网，办法当然比叶帅那时候更多了，可思维是不是真的达到了全球思维、战略思维的高度呢？当前，我们的安全威胁主要来自境外，经济发展也受制于国外，跟踪发展，融入世界，才能找准外在客观因素，变被动为主动，为确保安全与发展提供重要参照。全球一体化进程给人类社会带来根本性变革，把整个世界在经济层面上更紧密地连接

起来，在思想文化、意识形态、军事发展等诸多方面产生深远影响。从总体利益上看，全球利益的联动性促使国家利益由封闭走向开放，国家利益的结构、内容和维护手段不断更新，这就既需要民在先、军在后，更需要军先行、民跟进。从影响因素上看，企业和资本的国际化以及新技术新能源的出现等外在因素，日益成为影响国家利益的重要因素，加快推进军民融合国家战略，在核心关键技术等方面取得重要进展，对于积极参与并主动影响世界发展具有重要作用。从保障安全上看，全球化使国家经济和军事安全问题越来越突出，与其紧密相关的科技安全、信息安全、资源安全、生态安全、国防安全等成为国家利益中的重要内容，保护国家利益，同样呼唤军民一体，勠力同心，共筑长城。

瞄准世界发展前沿，加快走出去融进来力度。在全球一体化大背景下，你中有我、我中有你的国际间紧密合作日益突出，海外利益的内涵已经从单纯经济利益向多重利益延伸，军民深度融合发展顺应这一发展大势，同样需要我们做好"走出去"和"融进来"相结合的大文章。从走出去上看，我国企业已经走出国门，一方面为当地建设和快速发展作出重要贡献，并把中国优秀传统文化传递给世界；另一方面又把国外先进理念、先进技术、先进方法学了回来，为国家建设起到积极作用。同时也应看到，走出去仍面临一些严峻的安全问题，需要把确保安全的触角延伸向海外，不断完善海外安全体系建设。从融进来上看，一方面是将在国外发展的高技术人才吸引回国，经过多年锻炼和知识积累，有的已经成为了高技术企业的骨干、科研院所的中坚，需要充分发挥好他们的聪明才智。另一方面是将国外的高技术企业、研究院所和人才吸引进来，通过制定完善的政策制度，发挥其技术优势、人才优势和管理优势。

盯紧世界发展走向，调动和吸纳多方力量。开展国际间合作，已成为世界一些发达国家借力发展的重要途径。美国国防部为此专门成立"军备合作指导委员会"，统一领导和协调国防科技合作事宜，在联合攻击机（JSF）研发上邀请丹麦、荷兰等国共同参加解决技术难题。俄罗斯出台《俄罗斯对外军事技术合作法》，不但与独联体国家合作，还与欧洲国家进行军事技术合作。军民深度融合发展，可采取由我主导请进来一体研究、定期集中研究、阶段联合研究等多种形式。从力量运用上看，目前我国在海外的政府相关机构、各类企业、民间组织等已成为对外发展的重要力量和前伸平台，只要按照国家发展的大思路，将其纳入国家发展的总体布局之中，就能充分发挥其不可替代的独特作用，真正把军民深度融合的潜在优势和资源开发好、利用好。

（董强　于川信　中国军网 2017 年 10 月 15 日）

2. 提升国家网络安全实力　军民融合模式将大有可为

网络空间安全领域的军民融合一直是保障国家网络安全的重要抓手，360企业安全集团近年来携手多家机构，积极探索军民融合发展模式，呼吁共筑网络空间安全。

日前，由 360 企业安全集团牵头承建的"网络空间安全军民融合创新中心"正式成立。该创新中心以大数据协同安全技术国家工程实验室为依托，聚焦网络空间国防安全领域，提供与国际前沿接轨的网络国防安全智库服务和创新技术产业服务。

360 企业安全集团董事长齐向东表示，"当前，网络空间已成为国家安全新边疆和战略博弈新阵地，网络空间安全是国家信息安全的重要组成部分，决定着社会的稳定、经济的安全和未来战争的胜负。面对新的安全形势，迫切需要加强军民融合创新，提升网络安全国防力。我们通过建设军民融合创新中心，把 360 的产业技术优势向网络国防事业输出，为军民融合共筑网络空间安全开创新模式。"

据悉，该创新中心将创建网络空间军民融合"三种模式"：一是树立为军队服务意识，探索网络民企参军"需求主导"模式；二是驱动军民融合创新意识，构建军民网络安全"共建共享"模式；三是强化网络安全精品意识，完善网络装备技术"研用一体"模式。

其实"网络空间安全军民融合创新中心"的发起设立，也是 360 企业安全集团与多家军工企业与科研院所，不断推进网络空间安全合作实践的结果。近年来，360 企业安全集团在军民融合方面的探索一直在扎实推进。

2017 年 12 月 8 日，360 企业安全集团与北京航天光达科技有限公司签署战略合作协议，以推动航天技术产业与城市经济融合，加快战略性新兴产业落地。

2017年12月28日，360企业安全集团与中国工程物理研究院（以下简称"中物院"）签署战略合作协议。双方将在信息安全研发与研究、安全服务、人才培养等方面展开多层次合作，促进网络空间领域军民深度融合。

可以说，军民融合共建网络空间安全正逐渐成为业界的共识。2018年1月31日，由国内产、学、研各界联合发起的"智能协同云技术与产业联盟"在京成立。该联盟由中国航天科工集团有限公司、中国电子信息产业集团有限公司、中国信息通信研究院、中国科学院计算技术研究所、清华大学软件学院、360企业安全集团、科大讯飞信息科技股份有限公司、北京友友天宇系统技术有限公司共同发起。

联盟理事长、中国航天科工集团有限公司高红卫董事长介绍，联盟是政、军、产、学、研深度融合的协同创新载体，为推动我国信息文明发展提供先进的公共标准与产品。

联盟副理事长、360企业安全集团董事长齐向东表示，360企业安全集团将充分发挥互联网技术优势，以数据为创新驱动力，积极推动网络空间安全方面的军民融合发展，为提升国家网络安全实力奋发作为。

（安国平　经济参考网2018年3月15日）

3. 构建军民融合新型保障力量体系

设施共建共享、人员合编作业、信息互联互通、平战快速转换、军地民统筹兼顾……我军联勤保障部队郑州联勤保障中心某投送基地正在悄然崛起。

构建军民融合新型保障力量体系

中原腹地，一支军民融合新型保障力量、全国首个军民融合投送基地——联勤保障部队郑州联勤保障中心某投送基地正在悄然崛起。

作为军民融合的"先行者"和"试验田"，该基地军民融合深度发展已初显成效，在部队远程立体投送、战备物资跨区跨境运输、伤病员后送转运、国家和地方应急救援支援等保障任务方面作用日益凸显，正逐步发展成为覆盖全国、辐射境外的"投送枢纽"。

先行先试　超前规划

联勤保障部队郑州联勤保障中心某投送基地毗邻机场，地处航空港核心区域，规划布局和功能设置配套优化：功能区一线排布、交通线贯穿两翼；各货运站相互连通，能够多点并行作业、跨库一体联动；空陆侧有机划分，即时安检后可直达机场停机坪；所有设施设备与机场系统配套联通，业务流程无缝衔接。

几年前，着眼于提高我军多方向、远距离遂行多样化任务的应急投送保障能力，相关部门系统提出了建设"方向"基地和"枢纽"基地的战略构想，构建实体化、网络化的军民融合新型保障力量体系，并明确了"平时服务、急时应急、战时应战"的职能定位。

据了解，当地政府在政策、土地、资金、建设等方面给予了大力支持，机场集团、海关等驻场单位全程参与、跟踪指导，战略投送基地既达到技战术指标又与地方全维联通。2015 年 9 月，该基地与机场集团正式成立军民融合领导小组，签订《军民融合实施方案》《安全保密规定》，军民融合运行转入常态化。

走进联检候机楼，只见一箱箱货物排列整齐，各项指示灯令人眼花缭乱。联检候机楼、3 号货运站是该基地与机场集团先期开展的融合项目，可为兵力和物资投送提供集结整备、快速安检、登乘装载等"一站式"保障。已经立项的军民融合物联网应用示范工程是又一亮点，建成后将有机统筹军地交通力量，与国家应急平台高效衔接，与社会物流网络安全交互，构建起信息数据中心和多网汇聚、调度指挥、智能感知等多个平台，使基地成为可视化军事物流转运节点、网络化多式联运投送枢纽、数字化军地应急联储中心。

"军民深度融合是基地建设发展和履行使命的特有属性和核心所在。"该基地主任张春立介绍，实现大批次快速立体投送，军地运力优势互补、铁公空综合运用、远中近相互衔接、装运卸整体配套，是基地最终建设目标。现在各项建设紧锣密鼓压茬推进，正在规划建设的专用通道与机场停机坪直接相连，机场三期规划也将紧临基地建设多个停机位，持续为战略投送能力加油提速。

利军利民　优势共享

共建、共管、共用，这是基地融合项目的运行模式。军地双方签订了《关于推进应急运输与物流军民融合式发展的战略合作协议》和《军民共建共用合作协议》，不仅为部队节省了经费投入，而且为地方提高了经济效益。机场集团副总经理柳建民介绍，3号货运站货运年吞吐量可达10万吨，这些能力平时可为地方创造一定的竞争优势。投入使用后，将一定程度上帮助集团突破发展瓶颈，直接经济效益逐年攀升，融合示范作用成效显著。一旦国防需要，即可立即无条件转为军用，发挥应有的国防动员职能和潜力。

不仅如此，军地保障队伍建设也呈现喜人局面。基地主动为机场人员开展国防教育，普及部队装备常识、装载注意事项及保密要求，懂军事业务要求的地方技术能手越来越多；机场集团定期为官兵开展货运业务、组板集装、叉车驾驶等专业培训，提供岗位实践平台，组织相关专业资格认证考核，已有16名官兵取得了叉车操作手资质等考核认证，还有一批骨干参加了民航货运员、航空危险品鉴定等专业资格认证培训。

采访期间，正值每周开展的物资投送联合训练。由基地官兵和机场人员合编的航空装卸队密切协作，物资安检、组板集装、拖车转运、货机装载，所有流程一气呵成，顺畅有序、动作娴熟。据介绍，装卸队在人员和装备编成上有着合理的分配，逐步形成了以基地专业骨干为主体、机场技术人员为补充，基地自有装备与机场民航通用装备相结合的融合编组模式。队长郭宝军说，通过优势互补，不仅实现资源共享，业务水平也水涨船高。前期，在执行某旅跨区演练前指装备物资航空投送任务中，航空装卸队默契配合、周密组织，90分钟完成装机任务，无一差错。

"既相互依存彼此依托，又优势共享互利共赢。"柳建民坦言，基地军民融合项目为机场客货运发展提供了新的增长点，机场的扩容壮大也将助力基地投送能力大幅攀升。

平战结合　保障打赢

走进航空集装器自动化立体库，上百个集装板上600多吨帐篷、单兵食品、炊事用具等通用后勤物资，已通过航空安检，按照配比基数模块化打包集装，实行常态预储，遇有情况可直接出库转运装机。

基地副主任张爱忠介绍，他们着眼应战应急保障任务，走访不同类型部队了解投送需求，考察国内多个机场掌握运输能力指标，储备了3个专业11个品种战储物资，并录入信息系统，实现物流作业全程自动化控制，而且正着力与省民政厅、交通厅、粮食局、应急办等单位协调建立联储机制，部分已达成了联储意向，基本具备第一拨次支援保障能力。去年，基地向驻藏某部紧急发运急需战储物资时，从接收命令、任务准备到装载起运，3小时便全部完成。

基地和机场还健全有联战联保的方案预案，明确了人员编组和责任分工，平时定期召开军民融合工作会议、常态联教联训、依案联演联保，急战时快速平战转换，成立联合指挥所，组织人员、装备、物资迅速集结整备、安检通关。机场还设有国防动员办公室，专门组建了投送支援保障队伍，特殊情况下，根据国家统一部署，将适时转换为军用设施。

2016 年 3 月，基地协调机场在运行指挥中心为军队设置了专用调度席位，值班官兵可动态了解航班信息、监看停机坪实时状态，协同指挥能力显著增强。同年 7 月 20 日，在迎接维和烈士李磊、杨树朋遗体回国仪式上，该席位全程参与调度指挥，发挥了极大作用。

顺畅的联合投送保障新机制，有力地提升了战略投送能力，该基地先后参与完成了战区部队跨区演练、维和轮换空运、公安特警跨区执勤、入藏入疆新兵运输等多批次投送保障任务。

此外，深度的融合强化了机场的拥军意识。2016 年"八一"前夕，机场开通了内地首个民航机场军人优先通道，常态开展军人暖心活动，在购票值机、安检登乘等方面为过往军人、军属提供优质服务。据统计，去年共保障 7000 余人次，受到一致好评。

（苏银成 付凯 孙威 人民网—《人民日报》2018 年 5 月 20 日）

4. 全军首个军民融合可再生能源局域网国家示范项目启动

日前，驻守在海拔 3600 多米高原的新疆军区某部官兵再获好消息：全军首个军民融合可再生能源局域网国家示范项目在这里启动实施。军委后勤保障部军需能源局负责人介绍，这是贯彻军民融合深度发展战略，军地联手开展的首个可再生能源建设项目。

可再生能源局域网是指在国家大电网未连通地区，综合利用风电、光伏、小水电等多种可再生能源，为军地提供安全可靠、清洁高效普遍电力服务而建设的局域低压配电网。军委后勤保障部积极与国家能源局开展战略合作，军民融合着力推进边防部队电网建设，统筹军地用能需求，依托新一轮农村电网改造升级，通过连通大电网或建设可再生能源局域网等方式，力争"十三五"末有效解决全军边防部队用电难题。

据了解，可再生能源局域网项目将采取"国家政策支持、企业投资建设、军队购买服务"模式，具体是国家给予可再生能源运行管理政策支持，骨干央企投资建设、运营管理、提供服务，部队官兵与驻地居民享受优惠用能服务。

建设内容上，主要是新建光伏、风力和储能电站，配套建设输电线路、应急柴油电站和智能微网管控系统等。建成后，该地区能源自给率将超过90%，不仅能较好满足军地双方照明、供暖、制氧、取水和装备等综合用能需求，还可大大减轻油料、煤炭等后勤保障负担，初步构建绿色低碳、安全高效、可持续的高原现代能源体系。

据了解，该项目取得的经验成果，将为在部队推广应用新能源和可再生能源，探索能源军民融合发展方法路子，解决高原、海岛、边防等地区用能保障难题提供示范样板。

（孙兴维 于海青 《解放军报》2018 年 8 月 18 日）

5. 全军首条高原军民融合物流货运航线开通

2018 年 1 月 22 日，顺丰航空开通成都至拉萨货运航线并顺利首航，这是军委后勤保障部运输投送局与顺丰集团推进军民融合加强军事物流建设的又一举措。军委后勤保障部运输投送局领导告诉记者，航线的开通丰富了进出藏物资航空投送手段，将进一步提升我军航空运输投送保障能力。

军委后勤保障部运输投送局始终把军民融合作为深化拓展航空运输投送准备工作的重中之重，在充分发挥我军现有航空运输能力的基础上，依托快速发展的新型物流企业，不断挖掘地方运输潜力，搭建物流供应保障链条。2016 年，他们与顺丰集团建立了合作机制，此次联合开通成都至拉萨航空物流货运航线，旨在加强军民优势互补，探索驻高原部队物资快速有效进出藏投送手段。

该航班在服务当地经济社会发展的同时，为军队预留货舱容量，使部队进出藏物资得到常态化航空运输保障。

据了解，自2016年启动军民融合物流体系构建以来，顺丰集团先后参与部队被装物流配送、无人机配送等试点工作，为部队提供了优质服务。为确保高原军民融合物流货运航线的顺利开通和常态运行，该公司还专门调配高原型飞机，并派出优秀机组执飞，为投送保障打下坚实基础。

（孙兴维 陆斌 《解放军报》2018年1月23日）

6. 军民融合！全军首家军营无人超市在陆军投入使用

全军首家军营无人超市30日下午在陆军装甲兵学院正式投入使用。这一超市结合二维码识别、智能货架以及RFID射频识别等技术，为部队官兵和家属打造全新的购物体验。

记者在现场看到，一经投入使用，前来超市体验购物的官兵络绎不绝。拿着刚买的饮料走出超市的学员张彦博告诉记者："扫码进超市，拿上想要的东西，出口扫码结账直接从手机扣钱就行了，非常方便。"

军营无人超市是陆军与京东集团开展战略合作的首个落地项目。"这是陆军后勤部着眼军民融合提高保障效能的有益探索。"陆军后勤部采购供应局局长钟先文表示，无人超市是个开端，"按签订的协议，双方还将在网上采购、无人配送等方面进行深化拓展合作，特别是高原、海岛、边防和无社会依托等部队的物资供应保障。目的是打造新型陆军采购供应保障体系，提升采购和供应保障能力，形成信息化、智能化、服务型、打仗型的采购保障体系，为陆军转型建设发展和备战打赢提供强有力的物资保障支撑。"

记者了解到，下一步，陆军后勤部与京东集团将在现代仓储物流、大数据建设、应急物资保障等12个项目中展开探索性合作，共同探讨研究运用智能化手段创新陆军后勤保障模式。这是陆军后勤部按部队需求牵引、社会资源补充、军民融合发展的思路，坚持平战结合、市场运作、提升效能、稳中求进，充分运用大型优质企业资源、技术等优势，着力构建全域通达、精准高效、灵敏快捷、持续可靠的陆军后勤物资供应保障体系的重要举措。

（李清华 杨庆民 新华社北京 2018 年 5 月 30 日电）

7. 让奇思妙想 "一飞冲天"

——探营国内首家航天特色创客空间

航空航天科技，总让人觉得高冷神秘。然而，当双创的浪潮席卷中国之时，中国航天也开始探索融入到创新之中。

日前，国内首家航天特色创客空间——星天地创客空间迎来了两周岁生日。

上海埃依斯航天科技有限公司是中国航天科技集团公司上海宇航系统工程研究所的全资子公司。两年前，为汇聚创客创意，推广创客文化，探索航天内的新型创客运营模式，上海埃依斯航天科技有限公司旗下的星天地创客空间在上海紫竹科技园成立，成为中国国内首家具有航天特色的创客空间。

"'让高精尖技术下地，让奇思妙想上天'是我们航天人的共同心愿。"上海埃依斯航天科技有限公司副总经理邱宝贵介绍，星天地创客空间成立以来，孵化的创意产品在第五届中国创新创业大赛军转民大赛上分别获得第一名、第二名和优胜奖；在未来星球表面探测机器人创意创客大赛中，子母蜗牛、钢铁侠、空地两栖火星探测机器人等模型样机脱颖而出，未来星球表面无人科学考察等一批高大上的研发项目还面向社会创客，积极汇聚民间智慧创意。

创立之初，星天地创客空间以科普中心、创新中心、孵化中心为其三大重要的功能定位。过去两年间，星天地创客空间为社会提供了航天科普活动、航天科普课程、航天文创产品、航天文化展馆设计等各类文化服务，不断深化科普中心和创新中心的内涵。记者注意到，作为平台，星天地创客空间不仅面向航空航天爱好者提供激光雕刻机、3D打印机及精密五金测绘工具等软硬件设备，还吸引来了海内外专家进行航天高精尖技术项目合作，并与上海市七宝中学等学校建立了科技创新基地，共同开发航天科普课程，提升学生科技素养。星天地创客空间将航天文化与科技融合，打造科技文化融合演绎的"开放夜"舞台，广泛吸纳外部智力资源，提供跨界交流合作平台品牌。

两周年生日之际，星天地创客空间正式入驻上海张江高科技园区，旨在对接更多创新创意元素，吸引更多国内外资源支持。入驻张江高新园区后，其将增强并拓展孵化器效能，孕育出更多航天高科技创新项目和技术转化项目，并引入风投和众筹平台，推动航天创新的商业化进程。

目前，在上海市科委、浦东新区科经委、张江高科技园区管委会、上海市科委科创中心、上海航天技术研究院、上海市宇航学会等的支持下，"国家千人计划专家彭福军创新工作室""上海航天科普特色示范区""上海航天科普基地""军民融合项目联合孵化基地""紫竹星天地联合孵化基地""学生科技创新实践基地"等已在星天地创客空间揭牌。

在浩瀚的星空和更加辽阔的世界中，航天创客们为航天技术创新、军民融合搭起一座沟通的桥梁，将"高冷"的航天文化普及到大众。

（王春 《科技日报》2017年10月19日）

8. 中国科研电子商务如何助力军民融合发展

"科研电商实践暨军民融合服务"研讨会近日在四川绵阳举行，"科研电商"与"军民融合"是此次研讨会的两大主要议题。

科研电商是指服务于科学研究的全产业链一体化电子商务，是相对于综合电商在服务领域和经营范围上的细分。与会嘉宾接受中新社记者采访时表示，科研电商可在多个方面助力中国军民融合的发展。

完善军队物资采购体系

全军武器装备采购信息网于2015年1月4日上线，标志着军队采购"触网"

时代的到来。三年来，该网站年度信息发布总量增长了近4倍，信息发布单位也从最初的军委机关、军兵种装备部等几家，扩展到武警部队、军队科研机构和院校等几十家。信息发布的数量和质量都不断提高。

北京军鹰装备技术研究院副院长董勇表示，军队采购可分为科研武器装备、物资器材、办公消耗品三大类。军方的物资采购平台在军队需求信息发布和供应商管理等方面存在优势，而"民口"的科研电商可以充分对接市场信息，且在采购过程自动化方面发展深入。二者各有侧重，存在优势互补。

董勇认为，军地两方的军队采购平台"可以融在一起"，前提是加强顶层设计、法规制度、标准统一、信息安全等方面的建设。

服务军工领域科研创新

谈及科研电商服务军工科研的成效，喀斯玛控股有限公司副总裁李红林介绍说，源于中国科学院的科研领域第三方电子商务平台"喀斯玛商城"，其目前服务的单位中，超过20%承接了军工项目。在此基础上，商城进一步服务军工单位，已经向军工研究院所提供采购、管理、资讯、物流等服务。

国科赛思（北京）科技有限公司CEO党炜说，科研电商可以提高军工科研的效率，降低创新成本，甚至带来"颠覆性的体验"，"以前的装备项目研发，元器件选型可能至少要两个月，现在不到五分钟。"

以自己所在的航天军工元器件领域为例，党炜表示，一般宇航级元器件的质量高、性能低，科研创新所需要的先进元器件往往属"民用"，但其可靠性存在风险。国科赛思旗下赛思库类型的科研电商可以为军工科研创新提供"民参军"的元器件支撑，打破"军口"高质量需求与"民口"高性能供给之间的信息壁垒。

突破军民融合发展瓶颈

据中国军方此前表示，中共十八大以来，军民融合发展战略全面实施，组织管理体系基本形成，战略指导和规划统筹显著加强，重点改革扎实推进，重大工程逐步落地，法治建设步伐逐步加快，各领域各区域军民融合深化拓展，呈现整体推进、加速发展的良好势头。

肯定成绩的同时，军民融合发展也存在瓶颈。董勇认为，军民融合发展主要的问题在于法规不相融导致的"条块分割"。他建议，地方应加强战略引领，做好顶层设计；加强军地协调，做好军地融合；加强机制创新，发展军民融合"互联网＋"思维；加强军民融合任务的落实，引入地方电商平台，发展第三方服务。

"我理解的军民融合是军、民双方最尖端的东西互相融合。"在党炜看来，"民"最尖端之处在于设备技术创新，"军"最尖端之处在于对质量、可靠性的把控。二者相辅相成、协同发展，方能达到"军民有效的融合"。

（李纯　中国新闻网 2018 年 4 月 18 日）

9. 河北首家军民融合医疗联合体成立

近日，解放军白求恩国际和平医院与邢台宁晋县医院举行签约揭牌仪式，正式组建了河北首家由军队医院和地方医院共建的"军民融合医疗联合体"。

据了解，军民融合医联体建立后，和平医院将提供医疗技术支持，安排专家到宁晋县医院进行技术指导、会诊，同时，开通转诊"绿色通道"，在门诊挂号或住院床位紧张时，向宁晋县医院提供优先服务。今后，双方将定期开展联合义诊、健康宣教等活动，宁晋县的患者在家门口也能享受到高水平的医疗服务了。

（李兵　张彬楠　《燕赵晚报》2017 年 12 月 15 日）

10. 西海岸新区打造军民深度融合发展的"青岛模式"

2013 年 2 月，我国首艘航母驻泊古镇口军港后，青岛市委在军港所在地——青岛西海岸新区规划建设古镇口军民融合创新示范区。西海岸新区着眼率先主动融、高效融、双向融、畅通融，先行先试、创新示范，努力将古镇口打造成全国深度融合发展样板区、靠前综合保障示范区、陆海统筹特色海军城。

伴随战略母港崛起，在古镇口周边陆域 178 平方公里、海域 650 平方千米区域，建设军民融合创新示范区、打造特色海军城，成为军地双方的高度自觉，思想感情融为一家人，目标追求融为一个梦，发展布局融为一盘棋。示范区设立以来，按照使命共担、军地共商、产业共融、科教共兴、设施共建、后勤共保的思路，积极探索军民深度融合发展的新路径、新方式，打造军民融合的"青岛模式"。

创建国家级军民融合创新示范区

青岛西海岸新区是国务院批复设立的第9个国家级新区，是海洋科技自主创新领航区、深远海开发战略保障基地、军民融合创新示范区、海洋经济国际合作先导区和陆海统筹发展试验区，也是已批复的19个国家级新区中唯一被赋予军民融合创新示范区功能定位的新区。

一出胶州湾隧道，在漓江东路路边的宣传牌上，几个大字非常醒目："建设军民幸福、干部自豪、令人向往的美丽新区"。既有军，又有民，军民融合，在新区发展中占据重要地位。古镇口示范区位于青岛西海岸新区的几何中心位置，是承接军民融合创新的主要平台，规划陆域面积178平方千米，海域面积约650平方千米，海岸线长约54千米，先行启动区20平方千米，战略定位为深度融合发展样板区、靠前综合保障示范区、陆海统筹特色海军城。

近几年来，围绕提升战略母港综合保障能力，古镇口示范区以青岛市全域资源为依托，主动承担国家"一带一路"战略、海洋强国战略、军民融合发展战略和创新驱动战略，创造性地规划建设"军民融合产业发展、装备技术保障、军地人才培养和军队社会化保障"四大中心，产业发展向"蓝高新"全方位提升，装备技术保障向"海陆空"全要素拓展，人才保障向"军地校"高层次迈进，军队社会化保障向"军政企"多领域覆盖，示范区面貌日新月异。目前，示范区正在创建国家级军民融合创新示范区。

向古镇口示范区下放76项管理权限

军民融合发展是兴国之举、强军之策。实现军民融合，西海岸新区率先从体制机制层面入手，创新协商、规划、政策机制，破除军政二元分离的体制障碍，探索建立统一领导、军地协调、上下联动、需求对接、资源共享的体制机制，促进军地协调发展、双向一体运行，形成军民融合发展的合力。

2014年，西海岸新区在全国率先建立军地共商、协调议事的军地联席会议制度，由驻军部队首长和地方党委主要负责同志轮流主持召集，每年召开一次，形成长效机制。截至目前，军地联席会议研究决策示范区总体规划、社会化保障等重大事项和涉军议题20余项。

此外，将国防和军队建设规划的宏观需求充分融入经济社会整体布局之中，将古镇口建设工程纳入新区城市总体规划、土地利用总体规划、环境保护规划、海域使用规划，需求牵引规划、规划主导资源配置，"多规合一"、统筹建设，实现富区、强军、惠民相统一。

实现深度融合，离不开政策的支持。西海岸新区在创新支持和保障古镇口加快发展政策方面，下足了力气，围绕行政许可、经济建设等事项，向古镇口示范区下放 76 项管理权限，基本实现古镇口的事在古镇口办。

一批批军工科技项目陆续签约入驻

好风凭借力，筑巢引凤凰。古镇口军民融合创新示范区有了好政策、好服务，不愁引不来好项目。很快，一批批军工科技项目陆续签约入驻，"军转民""民参军"进程不断加快，为新区军工科技产业发展增添了新动能，助推军民融合深度发展。

近日，在古镇口军民融合创新示范区军工产业园的中科院轻型动力研发基地，基础设施配套正在积极推进。该项目由中科院工程热物理研究所投资建设，设立青岛轻型动力研究所和中科院工程热物理研究所青岛分所，建设国家轻型动力国防科技重点实验室。主要进行航空发动机的研发、设计，建成后将成为国内唯一具有轻型发动机研发能力的试验平台。

据介绍，青岛轻型动力研究所项目总投资 5.5 亿元，占地 100 亩，主要建设 4000 平方米的综合办公楼和 1.2 万平方米的试验厂房。青岛轻型动力研究所将重点开展小型涡喷、涡扇、涡轴航空发动机和其他陆用、海用轻型动力的研发、设计以及产业化，重点解决国内高端航空发动机的瓶颈技术问题。

目前，研究所正在建设两万米高空的实验研究平台，通过地面的实验装置来模拟高空的实验条件，进行发动机的高空实验，近期将完工投入使用。此外，中科院轻型航空动力研发基地自主研发孵化的无人靶机市场前景广阔。

像这样的军工科技项目还有很多。就在上个月，总投资 91.7 亿元的 17 个军工科技项目在青岛西海岸新区古镇口军民融合创新示范区集中签约落户，项目涵盖航空航天、军工装备、战略新兴材料、海洋科技、卫星大数据等领域，为该区军民融合深度发展再添新动力。

打造军民融合特色产业集群

产业发展向"蓝高新"全方位提升，装备技术保障向"海陆空"全要素拓展，人才保障向"军地校"高层次迈进，军队社会化保障向"军政企"多领域覆盖。围绕军民融合这一特殊定位，古镇口融合区科学制定产业发展规划，大力开展军民协同创新，重点培育海洋防务与船舶海工装备、军民两用信息技术、涉军涉海新材料等 6 大产业，先后引进了中科院轻型动力研发和产业化基地、中国电子科技集团海洋测试研发基地等涉军涉海项目 125 个，总投资超过千亿元，打造起军民融合特色产业集群。

此外，引进 5 个院士工作站和 16 个国内顶尖国防创新团队，以及海洋国家实验室、国家级海洋探测装备协同创新公共服务平台、海洋物探及勘探设备国家工程实验室等一批国字号、军字头协同实验研发载体，将青岛军工科研和军工产业提升到一个新高度。

这些遍地开花的项目，已经越来越显现出其带动优势。蛟龙号深海载人潜水器推进电机等一批尖端科研成果快速转化为生产力。三体超高速船、舱室环境工程、海洋新材料领先全国并实现军民两用。全自动化船体表面清洗机器人，船体水下部分清洗作业效率提高 80%。民营企业海洋新材料科技公司正牵头制定领域内国家军用标准。

实现军地人才培育深度融合

良好的投资环境只是吸引人的第一步，对战略定位为深度融合发展样板区、靠前综合保障示范区、陆海统筹特色海军城的示范区来说，人才的重要性不言而喻。规划建设占地 11 平方千米的大学科教园区，中国科学院大学海洋学院、哈尔滨工程大学青岛校区、中国海洋大学黄岛校区等 8 所高校，在古镇口设立分校或机构，建立了军地联培联训平台，并将为军民深度融合发展提供强大的科技人才支撑。推动海防重镇与国防名校紧密结合，国防大学在古镇口设立军民融合青岛研究院和现地教学基地，与青岛市联合主办军民融合发展战略高端论坛。

海军航空兵训练基地在古镇口设立信息化教学实践基地，搭建海军士官就近培训新平台。建设国内航海类院校首个校际共享航训码头，按照市场化运作、购买服务等方式为军地各类人才提供海陆综合训练、风帆训练等训练平台。

示范区充分利用地方现有高校资源，不断拓宽军地人才储备和交流渠道，改进人才培养模式，推进军地合力培育军事人才，实现军地人才兼容发展。不断深化依托国民教育培养军事人才的路子，推动部队和学校、舰船装备承研承制单位进行战略合作，创新建设全国首家"军地人才培养中心"，开展军地通用专业培训，已承训舰船管理、系统检测、设备维修等军队新装备保障人才4000余人次，为部队节约成本80%以上，使部队腾出更多精力和财力投入核心战斗力建设。打破军地人才培养的体制壁垒，实现商船海员和海军舰员学历与技术资格互认，为官兵职业规划和长远发展拓宽道路。

结合部队需求走出军民融合新路子

目前，在军民融合发展上，国家支持社会优质资源利用渠道和范围，提升军队饮食保障、商务服务等。着眼于增强对军港的后勤保障能力，示范区组建了山东省首个军民融合食品保障协会，与龙头企业成立了军队社会化保障中心，建设集食品加工配送、水兵厨房、展览展示、检验检测于一体的军港生活保障中心，政府出资补贴配建绿色军供蔬菜标准化生产基地，港区70%以上食品蔬菜实现本土直供，不仅满足了官兵的食品保障需求，也拉动了地方现代农业的快速发展和农民增收。

此外，创建装备技术保障中心，形成近百家舰船承研承制单位协议合作格局，不仅构建了海陆空一体化装备技术保障体系，也带动了青岛船舶制造、海工装备产业升级和通用航空等新兴产业的崛起。

为解除官兵后顾之忧，出台《关于加强古镇口驻区部队社会化保障的意见》，建立起覆盖保障性住房、教育医疗、食品供应、就业创业等领域，军地统筹衔接的公共服务体系；示范区划出专门地块建设海军公寓，财政为入住官兵提供6万～10万元的住房补贴，建成海军社区、海军幼儿园、海军希望小学和军地120医疗救护站，引入社会资本，规划床位1500张的山东省首家民办公益性军民融合医院、服务涉军官兵子女的12年制青岛启德实验学校（北师大附中）开工建设，家属就业、子女上学、医疗服务等全方位无缝对接。

坚持基础设施军地共建共享

按照军需与民用一体、经济与战备兼容的原则，高标准推进基础设施规划建设。将军港水电气暖配套及环境整治、垃圾处理一并纳入城市总体建设规划和市政保障体系。军地联手申报青连铁路，修改军港专用线规划，全线里程缩短40千米，节省大量国防投资，大幅提高军事运输效能。军地双方按照战备标准，共同修建了10千米长的"三沙路"，实现了平战一体。按照"三沙路"军地共建模式，示范区正在筹建进港西路，高标准建设军地通用综合管廊、海水源热泵供热（冷）等设施。

此外，军地联合沿滨海一线建设国内首个红蓝文化交融的海军公园，建设

"钓鱼叠嶂""黄岩环秀""大国母港""南沙揽胜""永兴凌云"五大节点，安装歼五、歼六战机、水陆坦克、导弹、鱼雷、军用雷达、"科学一号"科考船等退役装备22件，雕塑17件，彰显军民融合和海洋科技特色，获批山东省国防教育基地，正在申报全国国防教育基地。成为青岛旅游文化的新地标。

如今，古镇口由昔日的小渔村，已经蝶变为高端项目的集聚区、环境优美的海军城、军民协同创新的试验场，将形成500亿元的经济总量，成为西海岸率先蓝色跨越的新引擎。

打造军民融合"青岛模式"

通过近年来的实践，青岛古镇口军民融合创新示范区已经具备以下特点：一是靠前综合保障。实现了由军港社会化保障向陆海空装备技术综合保障的跨越。二是体制机制创新。做到了有机构，有平台，有空间，有实践，初步形成了可复制可推广的工作经验。三是涉军涉海主题鲜明。以富国强军为使命，以科教为引领，致力于走高端、做增量，主攻军民融合技术和产业，推动军工技术和装备水平提升。

下一步，示范区将按照中央决策部署，抢抓军民深度融合发展战略实施和军队改革重大机遇，进一步深化体制机制创新，加快发展军民融合产业，推动国防科技和武器装备军民融合，加快建立军地通用型人才培育体系，提升军队装备技术和后勤保障能力，打造独具青岛特色的军民融合发展模式。

长风破浪会有时，直挂云帆济沧海。在古镇口，既有军、又有民、军民融合，既有陆、又有海、陆海统筹，既有海军城、又有大学城、城城相融。在军地双方的共同努力下，古镇口这艘军民融合的航母，必将在建设海洋强国的大潮中乘风破浪、扬帆远航。

（刘笑笑 魏玉暖　大众网—《半岛都市报》2017年6月14日）

11. 硬科技+军民融合+大文化，三大产业赋能创新西安

作为世界四大古都之一，西安有着3000余年的建城史和1100年的建都史。

古有"丝绸之路",今有"一带一路"。文化底蕴深厚的西安一直代表着中华文明的荣耀。随着"一带一路"建设大幕开启、自贸试验区优势不断释放、关中平原城市群发展规划批复以来,西安通过持续做大硬科技产业、创造军民融合产业发展新格局、激活历史悠久的文化产业,在近年来全面展示了跨领域发展的新形象,不断输出创新发展的西安形象,创造西安新的城市名片。

硬科技"八路军"稳健行进,赋予西安城市名片新光芒

2017年11月6日,西安市政府网站发布《西安市发展硬科技产业十条措施》,由此,历史底蕴雄厚、科教资源丰富、人才供给匹配、产业结构高端的西安,在"一带一路"的"科学复兴"下,踏上与"硬科技"相互成就之路。

站在助力国家实力和创新型国家建设的高度,西安提出发展硬科技,聚焦以人工智能、航空航天、光电芯片、新材料、新能源、智能制造、信息技术、生物医药为代表的战略核心技术与产业集群。目前已形成半导体、智能终端、生物医药、软件与信息服务"四大千亿产业集群";在高端装备制造领域,已形成汽车制造、能源装备、特种装备的研发与制造产业链,在工业4.0时代占据了制高点。而2017全球硬科技创新大会的成功举办,更是打响了西安的硬科技品牌,使"全球硬科技之都"成为西安在世界城市发展中一张新的城市名片。

如今,"硬科技"产业已是西安的一张王牌,西安正在以"五星级"标准、"店小二"服务,不断优化营商环境、营创环境、营智环境,吸引高科技人才和企业。

军民融合多项举措并行,赋予西安军工发展新机遇

军民融合产业是加快国防科技工业转型升级、服务地方经济发展的重要途径。随着军民融合发展上升为国家战略,军民融合产业更是迎来前所未有的机遇。党的十九大报告指出,要坚定实施军民融合发展战略,深化国防科技工业改革,形成军民融合深度发展格局,构建一体化的国家战略体系和能力。

西安是我国重要的国防科技工业基地。军工企业、科研院所、高校密集,军工实力雄厚,高素质科技人才集聚,这些都是促进军民融合发展的有生力量。为加快军民融合产业发展,西安全面深化改革,积极开展军民融合改革试验,结合自身军工资源优势,制定上报了《西安创建国家军民融合创新示范区实施方案》,策划包装了267个总投资5022亿元的军民融合重点项目。并通过军工体制机制改革、军工成果转化等五大方面、11项内容,全力创建国家军

民融合创新示范区。在诸多机遇的带动下，西安军民融合在体制机制、承载空间、公共服务、政府配套和主体活力等方面得到了明显优化，取得了一定的成果。目前，西安军民融合企业达到300多家，军民融合企事业单位涵盖我国军工全行业。

文化资源重新激活，赋予西安经济发展新可能

西安作为历史文化名城，文化资源积淀深厚，文化产业发展强势。在建设"一带一路"的契机下，西安厚重悠久的中国文化遗产和丝路文化遗产正在被激活，西安作为中华文明和丝路文化高地的地位正在被重塑。早在2007年，西安文化产业增加值占GDP的比重就超过5%，2017年陕西省文化产业增加值初步测算突破900亿元，增速近15%，其中西安文化产业增加值占全省总量的60%以上。2018年上半年西安实现生产总值3832.49亿元，按可比价格计算，同比增长8.2%，其中第三产业增加值2467.07亿元，增长8.3%。文化产业投资增长84.2%，同比提高75.6个百分点，文化产业成投资增长新引擎。

近年来，西安文化产业发展欣欣向荣。无论是2017年5月西安为全面开启"音乐之城"模式正式出台《西安市建设"音乐之城"实施方案》，还是西安曲江影视出品电视剧《大秦帝国之崛起》《白鹿原》《那年花开月正圆》等作品热播；无论是起源于西安的WE电子竞技俱乐部重回古都落户西安，还是以西安高新区、碑林动漫平台、曲江新区等三大平台为依托的动漫集群正逐渐形成；抑或是文化+旅游+科技的融合带动着西安文化产业飞速发展，文化产业都在为西安的经济发展增添着更多的可能。

2018年，西安市正以供给侧结构性改革为主线，加快文化产业项目、园区和特色小镇建设，加大招商引资力度，让文化产业成为大西安追赶超越的强大引擎。

2018年，是中国贯彻党的十九大精神开局之年，也是改革开放40周年。习近平主席在博鳌亚洲论坛上的讲话，郑重宣示了新时代开启中国同世界交融发展新画卷的坚定信念和扩大开放的重大举措。国际化城市的建设需要国内外活力资本的助力，产业发展更是离不开资本的助力。经济全球化已成为不可逆转的时代潮流。

面对时代新机遇，千年古城如何把握时代潮流，以创投之力承担历史使命？硬科技、军民融合、文化三大产业如何借资本之力寻得新的突破？2018年9月5—6日由中共西安市委、西安市人民政府主办的"2018全球创投峰会"

上，众多国家知名经济学家、全球知名投资人、创业者将汇智西安，共讨全球创业与投资机会，共推创投行业的创新发展。

（中国网 2018 年 8 月 28 日）

12. 军地协调采购贵州革命老区绿色农产品洽谈会在京举行

2018 年 9 月 21 日下午，由贵州省军区政治工作局、贵州省商务厅、北京市海淀区双拥办共同主办的军地协调采购贵州革命老区绿色农产品洽谈会，在北京新发地贵州绿色农产品北京运营中心举行。此次洽谈会以"军地携手助推黔货出山，军民协力决战脱贫攻坚"为主题，军地有关部门和单位代表 200 余人参加会议，并与来自贵州省和北京市的 120 多家企业、采购商进行了洽谈。

贵州省军区政委李辉代表省委、省政府、省军区，向关心支持贵州革命老区发展的各位领导、嘉宾、企业家及各相关单位表示衷心感谢。他指出：此次采购洽谈会，是坚决贯彻党中央、中央军委和习近平主席关于脱贫攻坚的一系列决策部署，助力老区群众脱贫致富的实际行动；是赓续传统、挖掘资源，提升老区绿色农产品品牌效应，拓宽老区绿色农产品输出渠道的积极举措，充分体现了讲政治，体现了担当，体现了首都人民的博爱胸怀，特别是北京市海淀区通过政府立项招投标定向采购贵州绿色农产品送军营的方式，为如何把贵州绿色农产品引进北京、引入军营，探索提供了可学可用的方法路子，值得肯定，更值得学习借鉴。省军区领导希望，北京、贵州两地军地有关业务部门以此次洽谈会为契机，认真总结经验，加强沟通联系，牢记使命、感恩奋进、真抓实干、埋头苦干，军地携手、军民协力助推贵州决战脱贫攻坚、决胜全面小康，引领推动北京和贵州两地的双拥工作走在前列。

海淀区人民政府区长助理李东明在致辞中说，党的十八大以来，习近平总书记站在全面建成小康社会，实现中华民族伟大复兴中国梦的战略高度，把脱贫攻坚摆到治国理政突出位置，提出一系列新思想新观点，作出一系列新决策新部署。海淀区坚决响应习近平总书记的号召，牢固树立和践行"四个意识"，坚决把习总书记关于打赢扶贫攻坚战的指示落实好。贵州是全国脱贫攻坚的主战场，海淀区此次通过招投标定向采购价值250万贵州革命老区贫困群众生产的绿色农产品，用于慰问驻区部队，是一件利国、利军、利民的大好事。既支持了革命老区的扶贫工作，又慰问了驻区部队；既加强了贵州和海淀区的互动交流，又助力了军民融合深度发展，达到互利多赢的实效。海淀区愿意在革命老区扶贫工作中，力所能及地做一些贡献；愿意加强与贵州省的互动交流，采用"招投标定向采购"方式，把海淀区广大驻区部队官兵的心与贵州革命老区贫困百姓的心紧紧地连在一起，为黔货出山，助力脱贫，贡献自己的力量。

贵州绿色农产品北京交易中心是贵州省委省政府、省商务厅为助推贵州绿色农产品出山，拓宽贵州绿色农产品销售渠道而搭建的"桥头堡"，也是"贵州绿色农产品进军营"的主阵地。贵州省商务厅党组成员、副厅长沈新国在会上就如何把好渠道关、品质关、数量关、价格关做了发言，表示将制定好优质农产品目录，对带动建档立卡贫困户增收企业和拥军企业进行重点扶持，努力帮助其拓宽销售渠道、市场渠道、推介渠道，让"贵州绿色农产品进军营"这项民心行动惠及更多贫困人口。

贵州省人民政府驻北京办事处副主任黄浩代表贵州省绿色农产品企业及种养殖户向支持帮助贵州老区的各级各部门表示感谢。贵州省驻京办将切实发挥协调和服务作用，充分利用好贵州绿色农产品北京运营中心这个大窗口、大平台，积极组织各类推介活动，提高贵州绿色农产品的知名度和美誉度。

贵州茅台酒厂（集团）有限责任公司总经理助理、茅台酒厂（集团）有限责任公司驻北京办事处主任张连钊在洽谈会上表示，贵州茅台酒厂（集团）有限责任公司将以大品牌、大企业、大担当为己任，在脱贫攻坚战中勇扛大旗，投入资金和精力，利用贵州茅台在市场销售、品牌建设方面的优势资源，全力以赴助推"贵州绿色农产品出山"，带动更多农产品企业发展，更多贫困群众致富。

北京黔菜协会会长、贵州绿色农产品北京交易中心董事长谢伟表示，我们贵州绿色农产品交易中心将按照省委省政府省军区的要求，在省商务厅的指导下，以挖掘老区红色资源，输送老区绿色优质农产品为主线，主动作为、认真作为、创新作为，在市场供应端确保"品质做优"，在市场销售端确保"采、销"同价，维护好"贵州革命老区绿色农产品进军营"绿色通道，将优质优价的贵州革命老区绿色农产品源源不断地送进部队，送上北京市民的餐桌。

会上对 600 多种品类的贵州绿色农产品进行了现场展示，绿色、生态、优质、健康的"贵州特产"，给参会人员留下了深刻印象。京黔两地相关单位、企业、采购商现场采购 800 多万元，签订意向协议 6000 万元，北京市海淀区与贵州绿色农产品北京交易中心签订了推广采购贵州绿色农产品战略合作协议。

据了解，近年来贵州以推进产业结构调整为抓手，多业并举，通过发展蔬菜、茶叶、生态家禽、食用菌、中药材等山地特色农业，助推全省产业扶贫上新台阶，也为"军地携手助推黔货出山，军民协力决战脱贫攻坚"战略提供了货源品量保障。今年 4 月份贵州省军区就进京联系北京市双拥办和驻京部队，6 月份以来已组织相关单位及企业采购贵州革命老区绿色优质农产品 1200 多万元送进军营，直接惠及 1100 户建档立卡贫困户和 28 家退役军人创办企业。通过此次洽谈会，京黔两地还将持续探索军地携手创新产销衔接机制，确保"贵州绿色农产品进军营"产业有基地，产品质量有保证，建档立卡户和退役军人有增收，助推贵州革命老区绿色农产品出山，决战决胜脱贫攻坚。

（刘志刚 《中国食品安全报》2018 年 9 月 21 日）

九、军企改革

1. 航天科工：军民融合结硕果

创造我国商业发射最快纪录的快舟火箭，服务于 82 万企业用户的我国首个工业互联网云平台 INDICS，涉及上万台计算机的自主可控信息安全系统，防伪税控"利剑"、海鹰无人机、灭火"导弹"、给地下管线做"CT 扫描"的探地雷达……这些高精尖产品背后，都有着同一张闪亮名片：中国最大的导弹武器研制生产单位——中国航天科工集团公司。在外界看来，航天科工好像戴着神秘的面纱。但其实除了能够研发和生产众多国之重器，航天科工的军民融合技术和产品也早已深入到国民经济和日常生活中。

近年来，航天科工加快了以技术创新、商业模式创新和管理创新的转型升级，不但为我国国防现代化作出突出贡献，还积极投身于国民经济主战场，主动承担起我国信息技术产业发展的生力军和我国先进装备制造业发展的突击队重任，一条具有自身特色的军民融合发展之路逐渐清晰，并在不断前行中取得了丰硕的成果。2016 年，航天科工军民融合产业实现营业收入 1332 亿元，占总营业收入的 65%，军民融合产业规模已经超过 2012 年集团公司的整体营业收入规模。

中国超大直径固体火箭发动机 2018 年春节期间将点火验证关键技术，2018 年二季度将进行全尺寸验证试验。这款由中国航天科工集团四院研制的固体火箭发动机，直径超过 4 米，大幅刷新了固体火箭发动机直径的世界纪录。此前的纪录由美国保持，直径为 3.7 米。

军民融合为民生保驾

数年前，即将建成的央视新址曾因烟花爆竹而引发特大火灾。消防部门动用了 98 米高、彼时全国最高的高举消防车参与救援。但喷水始终无法企及 150 多米高的大楼顶部，救援条件严重受限。最终，在 27 个中队、85 辆消防车的努力下，大火才被扑灭，但火灾造成了极大的经济损失。

从那时起，航天科工就着手研发一种专门解决高层、超高层建筑火灾的装备。而解决这一世界性难题的关键，竟是航天科工最为擅长的导弹技术。

2014 年底，由中国航天科工集团二院 206 所研制的"高层楼宇灭火系统"获得公安部消防产品合格评定中心颁发的技术鉴定证书，取得了"投弹式高层建筑干粉消防车"的产品资质。2017 年 1 月，高层楼宇灭火系统正式交付北京市消防局呼家楼中队，开始在高楼林立的 CBD 执勤。

高层楼宇灭火系统也被形象地称为"灭火导弹"，这款由导弹技术发展而来的产品，专门为应对高层建筑火灾而生。航天科工二院 206 所军民融合总体室副主任申研告诉《经济参考报》记者，"灭火导弹"由三部分组成：一是发射系统，装有 24 发灭火弹；二是控制系统，安装在车辆副驾驶位置的计算机，接收火源探测信息，显示在屏幕上，操作人员通过手柄瞄准火源，接到指令后按下发射按钮；三是结构系统，即车辆主体部分。该系统的展开时间为 3 分钟，从接到指令开到现场，路上就可加电、自检，瞄准、发射只需数秒；典型高度范围为 100 米至 300 米，炮弹内填装有高效灭火剂，可在几百米外远距离发射，消防车不需要开到火场，而是在数百米外瞄准、发射，减轻了火场周围的交通压力。

申研介绍，将载有高效灭火剂的灭火弹快速、精确地投送至火灾区域，特别适合在城市环境下使用。灭火弹发射后，既要能穿透玻璃进入室内，又不会破坏建筑结构。"灭火导弹"经过了无数次的试验，进入室内后，灭火弹并不会爆炸，而是把灭火剂喷射出来，弹壳是完整的，不会有碎片伤人。

像"灭火导弹"这样的军民融合产品，近年来航天科工还开发出了不少：同样运用导弹技术的"天网一号"低空慢速小目标探测与拦截系统，成功保障了北京奥运会、国庆阅兵等重大节庆赛事活动，同时实现了从"大型活动安保"向"平安城市""智慧城市"系统工程的纵深拓展；全国首个城市地下管线综合项目在德州市正式落地，实现了以探地雷达技术对地下管线的"无损检测"；海鹰无人机可以 24 小时全天候实施监控，可在低温环境下工作，已成功应用于国土测绘、警用巡逻、应急救援、农林植保等众多行业领域。

持续发力"互联网＋智能制造"

在大力发展军民融合产业的同时，航天科工还积极响应国家"互联网＋"和"中国制造 2025"等重大战略，以自身的技术创新和模式创新，探索出一条"互联网＋智能制造"的发展新路。

在中原腹地的中国航天科工河南航天工业总公司 695 厂，工作了十几年的工人冯攀飞没有想到，自己朝夕为伍的机器有朝一日可以"听得到""能说话""有想法"。

走进这家传统制造企业，现代化的气息扑面而来。一台不足一米高的智能 AGV 小车在数控机床之间有序穿梭，制造设备运作有序，上料、生产、检测、数据回传，一气呵成，而周围几乎看不到工人。

但智能化改造企业给这里带来生产效率的跃升。以弯管这道工序为例，过去冯攀飞要比对着图纸反复测量角度、距离，纯凭自己感觉控制力度，和同事一整天连轴转，最多也只能完成十几根金属管路。而现在，工艺图纸升级为三维设计布局，机器手"听到"MES 系统下达的指令便依照设定程序完成生产动作，并将成品送至检测台。现在作业的员工只需拿着激光测量设备扫一扫成品，各项指标、数据就会立即上传至云端，机器会自动比对标准自动生成检测结果。"以前不离手的游标卡尺现在成了闲置的摆设。"冯攀飞介绍，如今 12台设备的操作工由原有一班 10 ～ 12 人减少至目前的 2 人，机床主轴有效切削率从 30% 提升至 80%。

这样的智能化改造在航天科工并非孤例。在四川省成都市，航天科工云网公司为成都若克科技有限公司打造一条智能制造生产线，这家原本主要为石油、航空等领域制造高端零部件的企业借助制造升级，进入高铁零部件生产这一全新领域。"我们借助云网的平台匹配合作商、寻找商机，将生产能力和市场最大化。"成都若克总经理何兵表示，"只要拥有超一流的创意，都有可能通过智能制造、协同制造、云制造的方式生产出超一流的产品。"

2015 年 6 月 15 日，"互联网＋智能制造"产业化创新服务平台航天云网正式上线，将互联网和产业界的创新成果深度融合于经济社会各领域中。

"我国拥有相对较完善的制造业体系，业务齐备、产业链完整，正处于转型升级关键阶段，必须抓住工业互联网发展的'窗口期'。建设可以满足各类企业需求的中国人自己的工业云平台，是新一代信息技术与工业融合发展的需要，是新时期军民深度融合的需要，更是保障我国制造业主权的需要。"航天科工董事长高红卫进行了深入分析。

目前，作为我国唯一提供智能制造、协同制造、云制造公共服务的云平台INDICS，技术上与西门子公司的MindSphere云平台、GE公司的Predix云平台处于同一水平，并在平台功能和应用场景上更为丰富，推广应用的速度与成效优势明显。目前，INDICS已在北京、广东、浙江、江苏、贵州、江西、湖北、四川等国内区域和德国、伊朗等国外地区落地，入驻企业超82万家，其中境外企业3000多户，中小微企业占比超过90%，私营企业占比超过90%，与线下实际分布一致；业务运行过程嵌入云平台企业1500余家，设备接入云平台6000余台，这是全球已知嵌入企业数和接入设备数最多的云平台。

在"一带一路"倡议下，航天科工正放眼世界加快布局，面向全球用户的"国际云"正在落地开花。2017年7月5日，航天科工与德国西门子公司签署战略合作协议，面向未来的工业生态系统计日可期。

掌握技术核心竞争力

据航天科工介绍，目前我国重要基础设施、信息系统和个人电脑中采用的处理器、操作系统、存储设备等均严重依赖国外进口，构建起"铜墙铁壁"般的自主可控信息系统及安全防护体系，是一项关乎国家信息安全"命脉"的"民族工程"。

作为第一个吃螃蟹的"国家队"，中国航天科工自2014年起，依靠在信息技术领域的优势，率先开展自主可控信息系统及应用试点工程，首开全国大型企业集团级自主可控信息系统应用先河，目前已有上万台自主可控计算机终端得到应用。经过两年多实践，航天科工在自主可控关键技术攻关、试点工程应用、产业发展布局、基础能力建设等方面取得了重要成果：新型自主可控终端用户体验由"可用"达到"好用"水平；联合开发的高性能数据一体机上线，邮件系统累计发送数万份电子邮件；政府自主可控计算机采购项目不断中标，知名度与日俱增；元心自主可控移动操作系统已经在移动政务、移动警务、移动巡检等领域成功实现应用。

目前，中国航天科工成功实现了近20个自主可控信息系统的上线运行，并在自主可控信息系统关键软硬件产品研发、迁移适配、人才队伍建设等方面取得了多项成果。这是我国自主可控信息技术成果首次应用于国家大型军工企业的成功实践，表明我国在摆脱国外信息技术封锁、实现信息系统大规模自主可控方面取得了新进展。

而随着"营改增"的全面推进，航天科工再度在税务领域做出重要贡献。"营改增"意味着从征税方式、征税群体、税率到软件系统、硬件设备等一系列的复杂变化。为此，航天科工应用多年积累的技术经验，利用云计算、大数据、移动互联网等技术对系统进行全面升级。升级后的新系统，企业开发票时，卖了什么、卖给谁了、交了多少税都可实时传输到国家税务总局数据中心，国家可以随时查询分析税务信息，一改过去由各省自我监管的形式。企业可以像手机更新 App 一样，对系统进行在线升级。其中，核心设备金税盘 CA 验证灌装的设计，就像网银 U 盾一样保护设备在网络环境下安全运行。

（侯云龙 《经济参考报》2018 年 1 月 23 日）

2. 中船重工：埋头拉车、抬头看路，学习张进先进事迹掀起"两学一做"学习教育高潮

将张进事迹展览室建为领导干部学习教育基地，号召集团上下党员既能埋头拉车、又能抬头看路……16 万中船重工人将张进精神转化为锐意进取的工作动力，通过当先锋、作表率、比贡献把"两学一做"学习教育推向高潮。

张进是中央企业优秀共产党员、原中船重工重庆船舶工业公司副总经理。他锐意改革、恪尽职守、廉洁爱岗、敬业奉献，把毕生热血倾注在建设军民融合、产融一体的创新型领军企业发展上。2016 年 6 月，52 岁的张进因常年劳累倒在了工作一线。

坚定发展信心，学习张进精神推动中船重工抓好抓细抓实国企党建。党组书记、董事长胡问鸣说："张进同志敢闯敢拼、勇于担当，既能埋头拉车，又能抬头看路，是不可多得的优秀企业家。"他表示，学习张进与"两学一做"学习教育结合起来，坚定做强做优做大国有企业的信心和决心，推动中船重工改革创新发展。

一位模范就是一本鲜活的教材。在张进同志生前工作过的前卫公司、海装风电、重庆船舶工业公司，职工追忆张进同志先进事迹、撰写怀念文章、讲专题党课、举行主题劳动竞赛，对照张进同志先进事迹，找差距、查不足、做

整改。"作为年轻人，要对企业有信心，要能吃得了苦，耐得住寂寞。只有能够弯下身子埋头苦干，才能挺直腰杆创造明天。"大船集团船坞三部员工张成功说。

党员树先锋，党建引航向，在"两学一做"学习教育中，中船重工把党的领导融入公司治理各环节，党组织充分发挥"把方向、管大局、保落实"的政治引领作用，切实把加强党的领导与完善公司治理统一起来，持续完善"双向进入、交叉任职"的领导体制，全面推行党组织书记和董事长"一肩挑"。

领导干部靠得住，国企才能搞得好。"能不能搞好企业不在于所有制，而在于领头人，要有搞好国企的自信。"2014年，企业面临生存危机、军品订单下降，张进这番话给了领导班子"金子般的信心"，让公司渡过难关。集团公司各级领导干部在学习中表示，张进精神提振了信心，要充分发挥表率作用，打造一支忠诚、干净、担当的领导干部队伍，为国有企业的改革创新发展提供坚强组织保证。

不忘初心、干事创业，学习张进精神让国企广大职工特别是党员干部对照自己的思想言行，自觉对照"四讲四有"标准，提振攻坚克难、干事创业的精气神，职工的主人翁精神进一步凸显。

"生命不仅仅有长度，生命的宽度也许比长度更加精彩。"渤船集团船体分厂政工干事陈博在学习张进事迹后表示，作为新一代中船重工人，要立足岗位、扎实工作，实现自身价值、奉献青春、定义青春。

中船重工重庆前卫科技集团有限公司党委书记、董事长黄四光说，党员和领导干部要带头学张进，用实际行动和优秀业绩，去完成张进未竟的事业，创造出新的"前卫速度"。

（中船重工供稿　新华社 2018 年 7 月 24 日电）

3. 航空医学工程中心在京成立

2018 年 4 月 20 日，中国航空工业集团有限公司在京成立航空医学工程中心。该中心依托航空总医院、航空工业试飞中心为主体组建，旨在着力解决我国航空装备快速迭代更新发展需要,以攻克新型航空装备研制中的航空医学工程难题为牵引,重点推进航空医学工程医、研、教、防、训"五位一体"发展,为我国航空工业转型升级、创新发展提供有力支撑。

当日上午,航空医学工程中心成立仪式在航空总医院举行。航空工业党组成员、总会计师李耀,中国工程院院士俞梦孙,中华医学会航空航天医学分会主任委员罗永昌,以及来自国家卫健委、国防科工局、朝阳区卫计委、北京航空航天大学、中国医科大学、陕西师范大学、空军军医大学、空军航空医学研究所、军事医学科学院、海军医学研究所、空军总医院、民航总医院,航空工业集团各部门、航空工业试飞中心、各主机厂所及所属医疗机构等单位的领导及代表,航空总医院各学科带头人,120余人参加了成立仪式。仪式由中航资产(中航医疗)总经理刘平主持。

仪式上,航空工业集团科技与信息化部魏金钟部长、人力资源中心司君鹏主任分别宣读了航空工业成立航空医学工程中心批复文件和工程中心第一届理事会、专家委员会任命文件。李耀总会计师、俞梦孙院士、罗永昌主任委员、中航资产(中航医疗)魏晓龙董事长共同为航空医学工程中心揭牌。李耀总会计师为中心第一届理事会理事长魏金钟、专家委员会主任委员兼首席科学家俞梦孙颁发聘书。中心主任由航空总医院党委书记、院长王文标担任。

李耀总会计师在仪式上致辞指出,组建成立航空医学工程中心,是航空工业立足转型升级、创新发展作出的一项重要决策,标志着航空工业向"医工结合"转型发展迈出了坚实的一步。他表示,我国航空工业已迈入自主创新、高速发展的新时代,随着航空装备向更高、更快、更远、超机动等方向发展,飞行过程中的高过载、高应激、高速度、低氧、低气压和多样化的军事任务,都对航空武器研制和体系保障能力,提出更加复杂和全面的保障需求。这些方面,我们与欧美和俄罗斯等相比,研究工作相对薄弱,差距也非常之大。因此,十分有必要补充完善我国的航空医学体系,开展航空医学研究,探索高性能航空装备对飞行人员的系统影响,特别是从人机工效学的角度,解决航空医学工程的一些关键技术和问题。集团组建"航空医学工程中心",目的就是着眼解决我国航空装备快速迭代更新的发展需要,为我国航空工业转型升级、创新发展提供有力支撑。

对于中心建设发展,李耀总会计师强调,中心要坚持"小核心、大协作"的专业化发展方向,通过多种形式的战略合作,构建"一个中心抓总、多个研究方向协同、借助空、海军和高校、科研院所资源作补充"的军民融合研究应用架构。他要求中心要强化使命担当，明确职责定位，优化资源整合，健全体制机制，突出主攻方向，抓住军民深度融合发展的契机，不断拓宽科研项目立项渠道，保障项目良性运行。他还要求集团总部各部门要大力支持中心课题申报和业务拓展，落实扶持中心发展的政策措施，在中心发展进程中提供指导和帮助，在集团内形成合力，共同做好航空医学工程科研协同创新与成果转化。

王文标院长在仪式上致辞，衷心感谢国家有关部委、航空工业集团、航空工业试飞中心、各主机厂所及其所属医疗保障机构和国内航空医学领域顶尖级专家学者的大力支持。他表示，中心的成立，在医院发展史上具有里程碑意义，是医院在"立足航空、服务社会"的战略发展方向上迈出的新步伐。他介绍了航空总医院历经46年励精图治的整体实力。近年来，医院坚持"立足航空、服务社会"的差异化发展策略，构建了围绕航空工业主业服务的医疗保障网络、远程医疗平台、高端人才保障团队，以及与航空医学工程相关的完整学科体系和专业人才队伍。2016年航空总医院在北京市68家上报业务数据的三级医院综合诊疗能力排名中位列第19位，也是唯一一家进入前20位的企业医院。王院长认为，以航空总医院为主体组建的航空医学工程中心具有得天独厚的优势。

王文标院长表示，医院将牢记责任使命，在航空医学工程中心建设中，创造性开展工作，尽快健全中心体制机制，实现机构到位、职责到位、保障措施到位。中心将以集团各部门、试飞中心、各主机厂所和相关高校、研究院所为依托，以攻克航空装备研制中的航空医学工程难题为牵引，聚焦航空生理、航空心理、航空生物动力学、航空工效、航空临床医学与职业病、航空卫生与飞行医学保障、航空试飞医学保障七大主攻方向，整合各方优势资源，有计划、有重点、有步骤地推进航空医学工程医、研、教、防、训"五位一体"创新发展，不断打造航空医学与航空装备研制工程相结合的技术输出源，让航空装备性能与飞行人员保障、战斗力提升更好地有机融合，为促进我国航空工业转型升级、航空装备迭代更新做出新的更大贡献。

仪式结束后，随即举行了航空医学学术报告会，中国工程院院士、空军航空医学研究所航空医学工程研究中心主任俞梦孙院士，空军军医大学航空航天医学教育部重点实验室主任常耀明教授，分别围绕航空医学工程学科内涵，以及医学、特种医学、航空航天医学、航空航天医学工程等主题作学术报告，与会数十位专家学者共同探讨我国航空医学的发展。

当天还分别召开了航空医学工程中心理事会、专家委员会第一届一次会议，通过了中心章程。理事会和专家委员会成员，还分别聚焦中心七大主攻专业方向及"医工结合"问题，对中心未来发展进行热烈讨论，并提出了意见建议。

据悉，航空总医院建院伊始便承载着为我国航空工业提供医学保障的历史使命。医院始终牢记"航空报国、强军富民"宗旨，遵循航空工业集团党组的决策部署，在北京地区构建了航空工业总部、中国航发总部、中航国际、中航技（亦庄）4个医务室，以及长空、航材院、南郎家园3个门诊部等围绕航空主业服务的医疗保障网络；专门建有"航空工业医疗保障中心"，为航空工业员工提供专属"绿色通道"；搭建了航空工业所属远程医疗平台，组建了航空工业高端人才专属健康管理团队。未来，医院将以航空工业医疗保障中心、职业病防治中心、航空医学工程中心"三个中心"的职能定位为使命，抢抓军民深度融合和"医工结合"创新发展机遇，立足服务航空工业，不断开创医院融入航空工业发展的新局面。

（人民网—人民健康网 2018 年 4 月 24 日）

4. 一家混合所有制企业的军民融合之路

——从宝银特种钢管有限公司的系列突破说起

中国为什么会崛起？中国因什么而崛起？中国用什么崛起？

答案不一而足。

但有一点不可否认，创新精神！

2013 年 10 月 21 日，在欧美同学会成立一百周年庆祝大会上，习近平总书记深刻指出，创新是一个民族进步的灵魂，是一个国家兴旺发达的不竭动力，也是中华民族最深沉的民族禀赋。在激烈的国际竞争中，唯创新者进，唯创新者强，唯创新者胜。

5年后，中国以铿锵步履走入新时代，作为这个判断有力的回应。

创新，不是嘴上说说，纸上画画，墙上挂挂。它来源于边界突破。

中国改革开放40年的奋斗史，从创业者角度看，就是不断突破思想束缚、突破行业壁垒、突破国际技术封锁、突破市场空间的过程。

每个个体的突破汇聚在一起，就形成了中国不断向上的磅礴力量。

一沙一世界。

如果说，军民融合发展，是这段历史奏鸣曲的一段精彩乐章，那么，江苏银环精密钢管有限公司不断的突破，构成了其中一个响亮的音符。

通过解剖银环公司这只麻雀，我们对过去一定能产生更深刻的体悟。对未来，也会生出更多期待。

成绩：国际先进生产线的背后

在宝银公司（江苏银环精密钢管有限公司与国企合资的混合所有制企业），就有这样一件让人骄傲、象征着在新材料领域具有国际一流水准的生产线。

2017年7月18日，全国政协委员、中国工程院原副院长、全国政协人口资源环境委员会副主任干勇院士率领30多名工程院院士、国内相关领域专家，就中国工程院重大咨询项目调研宝银公司时，留下了一个判断：宝银公司690生产线是一条非常宝贵的生产线。

这是一条什么生产线？能得到中国最具权威的专家如此高度肯定。

它的产品是一种新型管材用在核电领域，包括压水堆、高温堆、快堆、小堆等所有堆形全覆盖。此外，广泛适应于航空、航天、船舶、高铁等高科技领域。

它不仅代表了当今核电用管制造的顶尖水平，还具有某种象征意义：在宝银实现其国产化之前，其生产技术曾长期被法国、日本和瑞典三国企业垄断。

成绩可喜，疑问也随之而来——为什么这样关键的技术突破，会发生在江苏宜兴一家业外几乎没听过的企业手里？它的创始人庄建新到底有什么高招？

解开这个疑问，是本文的立意所在。但对于军民融合发展战略而言，对广大中小企业而言，对中国工业转型升级、中国经济高质量发展而言，它还具有更为现实的借鉴意义。

从另外一个角度看，一家中小企业，一位普通的创业者，在破产的边缘，依然能以家国为重、以创新为先、以奋斗精神为念，在一个外人几乎看不到的领域，扎根20余年，完成了一个又一个不可能完成的任务，这不正是中国企业家精神的现实范本吗！

初心：一个人不爱家如何能爱国？

《孟子》言：天下之本在国，国之本在家，家之本在身。

"我父亲从小教育我，家是国的基础，国是家的延伸，国家与家庭、社会与个人，从来都密不可分。一个人不爱家，如何能爱国？"父亲对他影响特别大，这句话也深深地影响着他的人生选择。

江苏银环精密钢管有限公司董事长、党委书记庄建新生于20世纪60年代，年轻时最敬佩两个人，一个是毛泽东，一个是自己的父亲。

这个家既包括家人，也包括他所在的单位、公司。

1991年，年仅30岁的庄建新出任国有企业江苏省宜兴市精密钢管厂厂长、党支部书记，也是当时宜兴市最年轻的厂长。

但没过几年，庄建新就经历了人生的第一个坎。"由于技术落后、产权制度不合理、产业链缺失等原因，钢管厂面临倒闭。"庄建新告诉记者。

当时庄建新面临两个选择：钢管厂实行破产，他重新回到政府部门任职；或者接手工厂，背负起1400万元债务。

工厂已由原来送去上钢五厂培训的38名骨干变成现在的172人，他们怎么办？因为舍不得多年来在工厂投入的感情，以及共同奋斗的同事们，思虑再三的庄建新决定放弃重回政府部门的机会，重振精密钢管厂。

他当时的现金只有从父亲手里借来的10万元钱和50万元贷款。

尽管钢管厂看起来"前途渺茫"，但庄建新的发展思路很清晰，且无比坚定：要从单纯生产转到研发、生产一体化。只有依靠自主创新，靠技术取胜，新工厂才有活路。

至今，在银环的官网上仍记载着当年的"初心"："银环从建厂开始，就以高性能管材产品研发和生产为载体，始终把科技创新及新产品开发作为重点工作。自觉将核心技术的提升与国家发展战略对接。"

1998年，江苏银环精密钢管股份有限公司正式成立。庄建新当时作出两项决策：一是进行产权改革，解决发展动力不足的问题。二是多方筹措资金，上世界一流设备，生产高科技含量、高利润回报的高精尖管材。

1998年，银环公司迎来了第一次转机。当年6月，燕山石化生产线换热器损坏，如停产每天损失高达 7000 万元，从国外进口换热管要 3 个月才能到货。

银环受命于危难之际，突破工艺、技术道道难关，用了不到 20 天就完成了换热管的研制生产并送货到位。

"20 天完成任务的背后，实际上是我们几年来的技术积累啊！后来，燕山石化的领导亲自接见我们，感谢帮助他们解了燃眉之急，还额外给了我们一笔奖励！"回忆往昔，庄建新依然感慨，"这说明我们的路走对了。"

升级："两弹一星"精神成动力

人总是要有点精神的！

精神的作用，在面临关键抉择时会产生意想不到的影响。

庄建新带领银环的转型升级之路，就充分体现了这一点。

1998 年至 2001 年，银环声名鹊起，市场也不断扩大。2001 年 6 月，银环市场部门获悉，国内 30 万千瓦以上火电机组锅炉关键材料——高、低加 U 形管全部依赖进口。由于交货期长、价格高，我国电站锅炉业发展受到严重制约。

市场需求就是创新机遇。

"我那时去了法国、瑞典相关企业考察，想和他们寻求合作，但招待我的只是一杯咖啡，不许参观、不许拍照，我真正尝到了'闭门羹'的滋味。回国后，下决心要攻克难关。"庄建新对当时的情况记忆犹新。

面对各国技术封锁，庄建新的办法是用"两弹一星"精神激励团队。"我们的前辈原子弹都能造，我们也一定能做到！"庄建新不断给自己和团队打气。

他也清楚地认识到，单靠一己之力怕是不行，仍需要联合多方力量。一方面，银环积极与高院等科研机构合作，争取外脑支持；另一方面和国有企业东方锅炉等下游用户联合攻关。

经过一年半的反复试验，银环终于研制开发出超超临界电站锅炉关键材料 6 个系列新产品，填补了 5 项国内空白，形成了特殊不锈钢无缝管产业链。

这项技术不仅打破了跨国公司对我国电站锅炉业长期的核心技术垄断，而且大大降低了制造技术成本，仅为东方锅炉集团当年就节约生产成本近 3 亿元，摘掉了 ST 的帽子。银环由此也获得了"管王"的称号。

自主创新的成功，给了庄建新极大的信心。产品创新替代进口，自此成为银环的企业发展战略。

小企业也要有大梦想！银环初期的发展路径表明，小的只是规模，战略决不能小！梦想有多大，舞台就有多大。

由于高起点切入，银环实现了跨越式发展。在历经短暂而艰难的阵痛之后，企业从一个乡镇小厂发展成为能够在全球范围内配置资源，有国际竞争力的国家高新技术企业。

靠创新应对挑战，始终把握发展主动权。企业领导班子带领技术团队先后自主研制开发近 30 多个有自主知识产权的新产品新工艺，取得 10 多项发明专利，有 9 项产品和工艺填补了国内空白，有 6 项产品替代进口，有 3 项产品标准达到国际先进水平。

当时研制的不锈钢换热器管，在 2002 年获得国家冶金产品最高奖项——金杯奖。在此后的中石化、中石油重大项目招标中，银环与国外同行平起平坐，赢得了一个个大单合同。

自主创新战略的持续实施，技改投入的不断增加，带来了企业的盈利能力、可持续发展能力的快速提升。企业销售收入从 1992 年的 450 万元，跃升到 2007 年的 9.8 亿元，15 年增长了 200 多倍。特别是"十五"以来，企业持续高速健康发展，销售收入连续 5 年实现翻番，利税连续 3 年实现翻番。

法宝：混合所有制经济显威力

能力越大，责任越大！反过来，承担的责任越大，压力越大，可能迸发的创造力、能力也越大！

随着企业的不断壮大，银环自主创新的动力也从最初的满足市场需要、提高市场竞争能力，演化成了一种为振兴民族工业、打破国外垄断、填补国内空白的社会责任。

2005 年，庄建新再一次站在了行业潮头。针对国家核电建设所需关键管材严重依赖进口的现状，银环决定进军核电领域，凭借火电关键管材成功研发、替代进口的技术积累、经验总结的基础上，开展核电用管的系统研发。

研发需要真功夫。银环公司先后与清华大学、北京钢铁研究院等十多家高校和科研院所建立技术研发联合体。在与大学和科研院所的合作研发中，银环先后完成数十项科研攻关和新产品开发项目。

在行业领导的倡导下，宝钢与银环于 2006 年 6 月正式签约，合资合作研发和生产核电用新型 690 管材，合资成立宝银特种钢管有限公司。宝银公司的诞生不仅加速了核电关键材料国产化和产业化进程，而且提升了我国在特殊钢领域的国际竞争力。

特别是 2007 年 6 月与宝钢集团合作研制开发的新型管材项目的顺利启动，打破了国外长期垄断的局面，使中国成为继法国、日本和瑞典之后第四个有能力生产该产品的国家。

之后银环与宝钢、中广核共同出资 15 亿元成立混合所有制企业——宝银特种钢管有限公司，专业研发与生产核电蒸汽发生器用新型管材。

当时，宝银公司在与中核、中广核、国家核电、清华大学、华能、宝钢等进行了广泛的技术交流与合作的基础上，经长期研发，取得了丰硕成果。

经过 5 年多的努力，2010 年 12 月宝银完成首套 150 吨国产化新型管材的交付。经过东方重机使用国产新型管材，经穿管、定位胀、封口焊、液压胀、清洁、内窥镜检查、涡流检测到最终水压试验等，出厂前检验全部合格。

这套国产化产品在广西防城港核电站 1 号机组成功投入使用，这标志着我国首套核 1 级国产化新型 U 形换热管取得成功，拥有自主知识产权的核蒸汽发生器的"中国芯"正式服役核电机组，打破了国外企业长达 50 年的技术封锁和垄断。

2011 年 3 月 11 日，日本福岛核泄漏事故，严重影响全球核电项目建设，中国的核电建设全部停工，宝银公司面临前所未有的严峻考验。2014 年，宝银公司为了摆脱长期停产以及严重亏损困境、保护稳定好技术团队、更好地激发经营团队和发挥体制机制的优势，把银环股份 75% 股权和宝银公司进行资产重组，增加注册资本 8.17 亿元，形成宝钢集团 31%、银环集团 30%、中广核集团 23.32%、华能集团 10%、技术团队 5.68% 的股本结构，成为国内典型的混合所有制企业。

创新是一个永无终点的马拉松。

宝银公司是依靠科技创新发展起来的一个科技型企业，以市场需求为导向，公司战略发展是立足高端市场、服务高端用户、制造高端产品的"三高"定位。不断引进高层次技术人才，始终坚持"研发一代、生产一代、储备一代"的发展思路，开展了第四代核电产品的研发，包括高温气冷堆蒸汽发生器用多头螺旋管束、快中子增殖堆中间换热器用管的研究开发，并已经完成了材料研发、工艺固化、关键设备开发、专业产线集成等研发课题，形成了具有自主知识产权的核心技术。

价值：1+1＞2 的军民融合发展

军民融合体现在三个层面：思想融合、资本融合、产品融合。军民融合发展战略，来自实践，也在引导着实践不断前行。

2013 年 11 月《中共中央关于全面深化改革若干重大问题的决定》发布，指出要积极发展混合所有制经济。《决定》指出，国有资本、集体资本、非公有资本等交叉持股、相互融合的混合所有制经济，是基本经济制度的重要实现形式。允许更多国有经济和其他所有制经济发展成为混合所有制经济。

从银环的发展史就不难看出，民营企业和国有企业从三个层次都实现了不同程度融合，实现了强强联合，优势互补，攻克了很多难关，推动着我国工业走上国际舞台。

庄建新对此有很深的感触。"参与军民融合发展，企业要经受千锤百炼，最终成为直接的受益者。"

比如参与核潜艇相关项目研究。

在全世界任何一个国家，这都属于高度机密的项目，而且也是技术难度最高的项目之一。

2011 年，国防科工局、中核集团、钢研总院等到宝银公司调研、评审。基于目前在役核潜艇某新型管材全部由宝钢特钢提供且质量可靠这一客观情况，宝银公司作为央企控股（宝钢、中国广核、中国华能）的混合所有制企业，有强军报国的坚强意志，独具装备精良、技术移植＋技术创新、质量一贯制等显著优势。国防科工局和军方要求宝钢集团利用宝银公司这条先进的全流程生产线，立即启动改进型某种潜艇用新型管材的研制。

任务也是命令。宝银公司全员行动，在国防科工局、中核集团核动力院、105 所、中科院沈阳所、钢研总院、清华大学、宝钢特钢的大力帮助和指导下，开展新型管材研制。

在民用核电产线的基础上，新增投资 8000 余万元，历时 6 年科研开发获得了全流程产线（冶炼、锻造、挤压、冷轧、弯管）的评定，完成了军品研制保障和批量生产两个能力建设。

技术创新成果上，2017 年宝银公司分别取得了上海市科技进步一等奖、国家科技进步二等奖、第二届中国军民两用技术创新应用大赛金奖、中国能源装备关键材料十大领军企业等多项荣誉，产品取得了 50 多项专利，编写了 6 项国家标准和 5 项行业标准。

"宝银已经走在了混合所有制经济发展的前列，有利于国有资本放大功能、保值增值、提高竞争力，有利于各种所有制资本取长补短、相互促进、共同发展。"庄建新深有感触地说。

格局：创业者都是发光体

有人说，每一个创业者，都应该是自带能量的发光体。

从一个旁观者的角度看，庄建新就是一个很有个人魅力、有大格局的创业者。

魅力来自他的执着。

比如，在对待国际竞争与合作的这件事情上，他坚持"走自己的路"。

银环公司的快速崛起，打破了外国公司长期垄断中国精密钢管高端市场的局面，有多个产品挤进世界同行前五强。这自然引起国际竞争对手的格外关注。

曾经只招待一杯咖啡的跨国公司纷纷前来商讨合作与收购，有一家公司开出 5000 万欧元高价收购银环，还允诺在收购之后，以年薪数十万美元让银环公司董事长庄建新继续经营公司，这让很多人都为之心动。

但他想都没想就直接拒绝了。他的理由很简单直接：我当初创立银环的初心就是要自主研发核心技术，不受国外技术的制约，历经千辛万苦之后才取得了今天的成绩，岂能拱手相让！

也正是凭着这种信念，庄建新才有了挑战洋品牌、拒绝跨国公司主动联姻的气魄，坚定地抵御了跨国巨头们抛来的一个又一个诱惑。

魅力来自他的担当。

采访中，庄建新还多次强调他的另一个身份：党委书记。"我时刻提醒自己是一名党员。"庄建新说。

目前，在银环 1300 多名员工中，有 138 位党员干部。

他要求党员一定要以身作则，身先士卒，在员工中起到表率作用。而他自己则一定最先做到。

在银环，民主生活会成为一个特别关键的公司治理环节。他经常在会上开展批评与自我批评，大家也都畅所欲言，民主的氛围进一步增强了凝聚力。

日本福岛核电站事故后，对银环的发展带来一定影响。为了保证每个员工的利益，他已经很多年没拿过工资了，现在主要靠"吃老本"。

庄建新以自己的人格魅力和敢争世界一流的魄力，凝聚起了一支由数十名国内外知名专家、数百名中青年高级技术人才和大批技术创新能手组成的企业人才团队，使企业始终保持着旺盛的创新思维和创造活力。当年帮助公司攻克难关的技术人才很多都已成为公司的荣誉员工。

魅力来自他的信念。

他坚信奋斗的价值，坚信中国一定会越来越好，坚信奉献者也一定会得到社会的尊重，坚信自己一定能完成历史的使命。

这种坚信，常常会给周围的人带去温暖的力量。

愿景：军民资源无缝融合流通

庄建新、宝银、银环的故事，只是军民融合大潮中翻起的一抹浪花，折射的却是整个太阳的光辉。

从技术创新角度看，这个故事无论过程、结果还是趋势，都让人振奋。不仅接连实现了进口替代、突破了国际技术封锁，也实实在在地解决了我国核电、潜艇等事关国家发展大局的一部分难题。

从资源配置合理化角度看，这个故事并不完美，还有大段空白需要填写。

从十八届三中全会《决定》提出让市场在资源配置中起决定性作用，到中央接连推出促进军民融合发展的政策，目标都是进一步完善我国社会主义现代化经济体系。

如今，在军民融合发展的大道上，还有一些阻碍资源合理配置的绊脚石。

比如，产权确定问题和知识产权问题。原中芯国际负责技术的副总裁吴汉明就曾在接受采访时指出，我国混合所有制企业中的军用技术转为民用技术时，有两大障碍，一是产权归属于谁，往往涉及国有资产流失的边界界定。二是军用技术原来出于保密原因基本都不申请专利，一旦转为民用，就可能被国际巨头盯上，以专利大棒打击。芯片产业就遇到了这个问题。

其实，宝银公司也或多或少遇到过类似的问题，在军品研发的自主知识产权，甚至被同行业竞用。现在，它遇到的另外一些问题则更棘手。

比如，此前曾有许多专家学者呼吁解决核电装备国产化，首台套应用是个难题。现在，宝银投巨资已经基本解决了这个难题，替代进口的国产化已经完成，国外同行从每吨200多万元的天价也回归80万元的理性价格，但行业一些下游客户部门却依然习惯用进口产品。

这是市场的自由选择吗？这是让市场决定资源配置吗？这能体现国家整

体安全观吗？都不是。因为国产化产品成本低、质量好且经过了科学检测和应用，这是民族企业投入全部精力、财力、甚至是生命取得的核心技术，这才有与国际同行叫板定价的话语权，所以民族工业是强国之基础，并且宝银主体是国有骨干企业控股的企业。

3月2日召开的十九届中央军民融合发展委员会第一次全体会议提出，要立足我国国情，顺应时代大势，科学把握方向，明确战略目标，强化战略举措，在解决突出问题中实现战略突破，在运筹全局中赢得战略优势。

一个又一个宝银这样的企业突破，构成了整体战略优势的基石；也正是解决了一个又一个宝银这样的企业所面临的问题，军民资源双向无缝连接流通，才能实现整体战略突破！

路漫漫其修远兮，吾将上下而求索！

（王珊 《人民政协报》2018年3月21日）

5. 军民融合深度发展 浙江军工产业出现了一个巨无霸

为落实军民融合深度发展，浙江省机电集团有限公司重组国营926厂、国营941厂、国营972厂等国有独资军工企业，于2018年4月9日正式组建浙江省军工集团暨浙江省军工集团股份有限公司（筹）。

省属军工企业的专业化改革重组，是为了做优做大做强浙江军工产业。新组建的省军工集团抓住军民融合的历史机遇，在成立大会上与省国有资本运营有限公司、省国际贸易集团有限公司、浙江清华长三角研究院、江西省军工控股集团有限公司签署了投资合作意向书。省国资委相关负责人表示，积极引进具有市场、技术、资金优势的战略合作伙伴，稳妥推动军工企业混合所有制改革，将为下一步实施股份制改造和证券化做好准备，从而全面提升我省军工产业的核心竞争力和行业地位。

省机电集团负责人向记者透露，浙江省军工集团成立后，将按照"突出主业、优势互补、强化创新、提高效率"的要求，切实提高资本配资和运行效率，增强盈利能力和质量，建设成产品技术含量高、质量稳定可靠的跨地区、跨领域的大型军工上市企业集团。下一步，浙江省军工集团将进一步推进军民融合示范区建设，加快构建军工集团军民融合创新体系。

据悉，新组建的省军工集团拥有浙江省唯一的保军资质，防暴产品被列入武警采购序列，取得武器装备科研生产许可和装备承制单位资格，通过武器装备科研生产单位保密资格认证、武器装备质量管理体系认证。

（浙江在线 2018 年 4 月 10 日）

6. 湖南云箭军民融合风生水起

作为一家老牌军工企业，湖南云箭集团有限公司加快军民融合发展，在做强做优军品的同时，充分发挥技术、设备和人才优势，做大水轮发电设备等民品产业。记者日前从湖南云箭了解到，2017 年该公司水轮发电设备新增订单突破 3 亿元，其中国外项目占比超四成，成功进入 12 个"一带一路"国家市场。

2017 年，湖南云箭成功承接大唐湖南、贵州南网、葛洲坝一公司的水电项目，实现了与国内能源建设巨头合作。在深耕国内市场的同时，湖南云箭加快进军海外市场。2017 年，越南松萝、南挪两个自主机电总包项目顺利交付并网发电，松萝 4 项目获越南"优秀工程项目"证书，打响了"云箭水电"在越南的品牌效应。

"云箭水电"实现由机电总包项目向工程总包项目的转型，成功签订了印尼赛门多水电站建设 EPC 项目。同时，湖南云箭"借船出海"，联合中电工、中电建、华电集团等大型企业，通过整合营销资源，公司作为投标主体单位参与了阿富汗等国 4 个水电项目的投标，且均已进入评标第二轮，项目金额合计超过 5 亿美元。

（曹娴 张圣瑞 《湖南日报》2018 年 1 月 12 日）

7. 长虹多项目获专项肯定　夯实绵阳军民融合产业根基

近日，长虹军民两用高可靠连接器的研发及产业化、通信用智能化电源系统关键技术开发及产业化等多个军民融合项目获得国家发改委专项支持，夯实了绵阳市军民融合产业发展的根基，同时也将加速长虹军民融合深度发展。

绵阳军民融合产业发展独具优势

绵阳拥有富集的创新资源和有力的政策支撑，开展以军民融合为特色的产业集群，在推动地区乃至全国的军民融合产业发展中有着举足轻重的地位。

长虹方面表示，此次，四川长虹电源有限责任公司的"通信用智能化电源系统关键技术开发及产业化"项目，获得"绵阳科技城军民融合高技术产业集聚发展工程项目"专项支持，将充分发挥绵阳国防科技工业技术优势，在航空航天、航海、城市轨道交通、电力通讯等军民用领域，加速军民融合成果转化，形成一大批具有自主知识产权的新产品，有力推动绵阳军民融合高新技术产业聚集群发展。

项目获国家支持　产业核心竞争力提升

长虹表示，以此次获得国家发改委专项支持的"通信用智能化电源系统关键技术开发及产业化"项目，将极大发挥四川长虹电源公司在电源系统技术研发的优势，基于公司技术资源的共享已形成的智能术等关键技术，继续研发通信用智能化电源系统关键技术的开发，形成一整套核心技术，促进公司军民融合产业的有利发展。

长虹专注技术研发　借力并推动绵阳军民产业升级

依靠着在军民深度融合发展领域的不断探索，长虹始终以核心技术为第一生产力，专注核心技术的研发。据媒体报道，长虹推进军民深度融合发展，逐年加大科研经费，每年都投巨资用于军民领域研发，拥有一系列核心技术和研发成果。

长虹认为，技术发展可与军民产业强盛形成良性循环，相互促进，推动军民融合产业良性发展。比如，长虹电源有限责任公司将获专项肯定的通信用智能化电源系统关键技术，应用于航空、高铁及城轨、电动（汽）车、电力、电动工具等民用配套产品上，有利于加速军民融合成果转化，同时也更加熟练地掌握核心技术，研发更完善的技术链条。

对于长虹来说，依托绵阳军工科技资源优势和产业基础，可加快创新平台建设，加速技术成果转移转化，推进军民协同创新，构建多层次创新供给体系，极大地提升自身创新能力和产业核心竞争力。

长虹认为，公司多个军民融合项目获国家专项肯定，对绵阳来说也是一个机遇。在国家军民融合政策支持下，绵阳可继续以军民融合高技术产业集聚集群发展为目标，做大做强军民融合产业，持续提升优势产业集聚发展水平和辐射引领能力，深入推进开放合作，带动区域经济转型升级。

（新华网 2018 年 7 月 24 日）

8. 航天技术民用化为智能家居注入航天基因

航天高科技产品如何进入寻常百姓家？ 2018 年 8 月 10 日，航天科技集团五院 514 所发布了旗下军民融合智能家居系列新产品，率先为智能家居注入"航天基因"。

据了解，514 所作为专业计量测试研究所，在载人航天工程、探月工程等国家级航天任务中贡献斐然。此前，514 所已经为多个航天器集成测试大厅研发过多代环境综合监测系统，为航天级组装测试环境提供高精度多点全自动的环境洁净度、温湿度综合监测。

以此次发布会重点推介的一款空气监测器为例，其关键技术就是源自 514 所航天器集成测试大厅高精度全自动环境监测技术，采用航天级高精度洁净度、温湿度传感器，保证数据采集和传输的准确性。此外，监测器自带的校准算法，也是航天计量测试技术在民品的延伸，保证产品出厂时已经自动与专业计量仪器进行比对校准，校准值自动写入产品，最大程度消除系统误差，保证监测数据可靠。

据介绍，这款空气监测器将承担起"家庭智能化中枢"的责任，以它为中心可以实现家庭空气净化器、空调、加湿器、新风机、除湿器等所有家庭智能电器的云端联动。未来，消费者可以实现一键控制所有电器，也可以远程调控，获取更加人性化的使用体验。

此次发布的智能家居品牌被命名为"宇焕"，取"航天技术创新生活方式"之意。发布会上还公布了"宇焕"新品牌计划，涉及"宇焕计测"和"宇焕家居"两条并行的产品线。"宇焕计测"主要服务于军工、航天、工业自动化、制造业等 B 端生产产业。"宇焕家居"剑指家庭空净、安防、健康、起居等智能家居细分行业。

据了解，"宇焕"品牌将由 514 所旗下全资子公司航天河科技负责运营和推广。作为该所航天民用产品推广的重要平台，公司已推出多功能示波万用表、红外热像仪、高精度恒流源板卡、炉温测试仪、超灵敏度检漏装置等计测产品，在工业企业得到应用，以及空气净化器、新风净化机、有害气体多功能分解盒等家居产品服务大众消费需求。

514 所表示，将坚持"强企报国、科技惠民"，在军民融合发展战略指引下，着力发展航天技术应用产业，推动航天科技成果转化，同时，加速技术、产品与市场衔接。后续，514 所将在军民融合发展方面加快探索实践脚步，持续推动航天科技创造美好生活。

（赵竹青　人民网 2018 年 8 月 10 日）

十、科技融合

1. 科技扬起新年新航程　建立军民科技融合新格局

2018 年拉斯维加斯消费电子展于当地时间 1 月 9 日开幕，来自中国的各类新型科技产品闪耀会场。

"慧眼"卫星遨游太空，量子计算机研制成功，首次海域可燃冰试采成功，C919 大型客机飞上蓝天，首艘国产航母下水……刚刚过去的 2017 年，科技创新捷报频传，充分展示了我国的创新活力和创造伟力。

"加快建设创新型国家，推动重大科技创新取得新进展，促进大众创业、万众创新上水平。"一声号角起新航，2018 年广大科研人员将会创造出怎样的惊喜？又有哪些重大科技创新成果值得期待？

创新动力加速显现

"从世界最大的无现金交易总量到世界最快的大数据计算速度，从世界最大的电动汽车市场到世界最先进的高铁网络，从世界最多产的人工智能科学论文到世界最领先的光伏产业链，中国在许多行业突破科技瓶颈，成为世界的领跑者……"日前，英国《金融时报》一篇报道，对中国汹涌澎湃的创新浪潮给予高度评价。

诚哉斯言。新的一年，将会有更多的科技创新带给我们惊喜。"蛟龙""海龙""潜龙""云龙"等"七龙探海"，让深海探测迈向更深、更广、更远；人工智能"中国芯"逐步从终端迈向云端，将为服务器的在线推理业务提供强大的计算支持；我国物联网行业进入"集成创新、跨界融合和规模化发展"的新阶段，"智能零售"将帮助传统线下零售业实现复兴；经过第三阶段测试，预计在 2018 年底我国 5G 产业链主要环节将基本达到预商用水平……

党的十九大报告提出，创新是引领发展的第一动力，是建设现代化经济体系的战略支撑。站在新的历史起点上，我国有望在新一轮全球科技竞争中赢得战略主动，在更多领域实现发展和突破。

军民科技融合深入推进

按照计划，北斗卫星导航系统将于2018年底服务"一带一路"沿线国家。1月12日，西昌卫星发射中心成功发射了第26、27颗北斗导航卫星，此次发射是北斗卫星导航系统2018年首次发射。而这是军民科技融合发展的一个缩影。

此前，由科技部、军委科技委联合发布的《"十三五"科技军民融合发展专项规划》部署了7方面16项重点任务，并提出到2020年基本形成军民科技协同创新体系，推动形成全要素、多领域、高效益的军民科技深度融合发展格局。

借力军民融合，各地各部门都在筹划部署，不断释放科技创新潜能：国防科工局印发《军工科研项目指南公开发布规程》，通过信息发布共享，激发国防科技创新活力；河北省把军民科技融合产业作为推动工业转型升级的重要力量，军民融合主营业务收入预计在新年度突破2400亿元；浙江省日前组织军民融合科技合作促进大会，进一步做大做强军民科技融合协同创新平台……

随着我国军民融合发展产业渐入佳境，下一步军民科研力量和创新资源将统筹集聚，基础前沿和关键共用技术研究将持续推进，逐步形成全链条、多领域、高效益的军民科技深度融合发展格局。

中国智造走向世界

"1551家中国厂商"，这是日前在美国拉斯维加斯落幕的2018年国际消费电子展上中国参展厂商的官方数字。整体占比达33%，向全世界展示了科技创新的"中国力量"，也昭示着2018年中国智造将加速走向世界。

随着中国高铁、核电、通信、新能源汽车等多个行业快速成长，许多技术参数在国际上处于领先水平，越来越多的中国科技企业成为国际竞争中的优胜者。与此同时，智慧水务、智慧教育、智慧医疗等为代表的智慧城市"神经系统"正在加快搭建。

在海外设立科技基金和孵化器、成立国际创新总部、海外员工本地化比例不断提升，利用国际国内两个市场、两种资源，把"引进来"和"走出去"紧密结合，新的一年，中国科技将越来越有"国际范儿"。

唯改革者进，唯创新者强，唯改革创新者胜。2018年，抓住新一轮科技创新战略机遇期，开启建设世界科技强国新征程，我们充满信心。

（方帅 《解放军报》2018年1月18日）

2. 军民融合：应急保障的国家级探索实践

一、从净水站到应急联盟，靠啥赢得国家级科研平台青睐

特殊贡献者的特殊机遇

2018年9月13日，由重庆市国土房管局主办的2018年突发地质灾害应急救援综合演练在忠县复兴镇江河村谭家坝举行。

演练活动模拟地处长江流域、三峡库区的谭家坝，遭遇连续暴雨诱发突发滑坡地质灾害，当地群测群防员、驻地地质队员发现险情后立即上报；市县各级单位按照预案协同调度、快速部署，迅疾派出应急救援队、救援专家、医疗救助等人员，及时疏散、转移了全部"受困群众"。

地方有关领导现场观摩体验后表示，演练成功举办，"重庆市应急技术与装备协同创新中心"功不可没。

这一科研合作平台，正是由陆军勤务学院国家救灾应急装备工程技术研究中心牵头，联合中国煤炭科工集团、中国航天科工集团〇六一基地等单位成立的。在重大科研项目攻关、服务部队建设、开展应急救援、支持地方经济发展等方面，"协同创新中心"正发挥着越来越重要的作用。

在四川省汶川县映秀镇，村民们至今忘不了当年那一幕：大地震发生，断水断电多天后，道路刚抢通不久，解放军原后勤工程学院就把野营多功能净水车开到村坝上，村民们纷纷挑着水桶排队取水，两台净水车确保了1万多名受灾群众每天能喝上干净放心的水。

2008年"5·12"汶川地震爆发后，解放军原后勤工程学院奉命参加抗震救灾，实施应急供油、应急供水、应急供电和抢修抢建的突出表现，赢得了时任科技部部长万钢的高度赞扬。他建议依托解放军原后勤工程学院组建救灾应急装备领域的国家级科研平台。2009年10月正式列入国家工程中心组建计

划后，国家救灾应急装备工程技术研究中心这个汶川抗震救灾催生的"特殊婴儿"拿到了"准生证"。2014年2月，国家救灾应急装备工程技术研究中心经过高效建设，以优异成绩顺利通过科技部3年组建验收，开始正式运行。

研究中心牢牢把握职能定位，在公共安全和应急装备工程技术研究领域主动作为。作为首批成员单位，研究中心联合发起成立"应急救援装备产业技术创新战略联盟"，2013年入选科技部国家产业技术创新战略试点联盟。以首批成员单位资格参加国家工信部支持组建的"全国应急产业联盟"，当选为常务理事单位。

从净水站到应急联盟，靠啥赢得国家级科研平台青睐？伴随军民融合上升为国家战略，这个研究中心全体成员在实践中逐步形成一个共识：军民融合呼唤家国情怀，家国情怀支撑军民融合。正是由于学院全体官兵对国家、对人民有特殊贡献，国家级科研平台才会给予优先考虑，提供优先机遇，在今后的军民融合深度发展进程中，更应该以特殊贡献为经济社会发展服务，为军队提升核心战斗力服务。

二、从小型柴油机看大协作，怎样发掘国家级科研项目优势

山城大坐标的不凡气魄

2017年10月25日，在陆军勤务学院学术报告厅内，来自军地20余家单位的130余名科研人员汇集一堂，共同召开国家重点研发计划"高原高寒地区灾害现场安置装备关键技术与装备研究及应用示范"项目启动会。

这在以往是不可想象的。

从研究中心组建待验收之时，陆军勤务学院就通过分析载人航天等军民融合科技创新的典型案例明确提出，大项目推动、大需求牵引是组建优秀团队的一个关键因素。

大项目、大需求，呼唤大气魄。有人笑问：山城一隅，何来大气魄？学院和中心领导信心满怀地表示：山城大坐标，就是我们的气魄！

此言不虚。

放眼地理，大山大水，重庆地处中国中部和西部地区结合部，自古就有"蜀道难"之说。同时，重庆也是长江上游地区唯一汇集水、陆、空交通资源的超大型城市，西南地区综合交通枢纽。

纵观文化，历史上的巴人一直生活在大山大川之间，大自然的熏陶、险恶的环境，练就一种顽强、坚韧和剽悍的性格，以勇猛、善战而著称于世。源于

巴文化的巴渝文化成为长江上游最富有鲜明个性的地域文化之一。

军民融合上升为国家战略，给陆军勤务研究创新赢得前所未有的重大机遇。置身这样一个大时代，我们不干谁干？借地理之便，扬文化之优，我们不努力谁努力？

科研攻关有时简直就像打仗。军民融合不能有"想法"没"办法"，更不能想起来"激动"干起来"不动"，军人搞科研攻关更应该有一种"敢打硬仗"的作风。研究中心在陆军勤务学院大力支持下，深入分析后勤保障与应急救援重大需求，抓住国家科技计划改革的重大机遇，通过联合申报和承担国家级科研项目，迅速构建起一支技术特色突出、专业优势互补、产学研用一体的军民融合创新团队。

"高原高寒地区灾害现场安置装备关键技术与装备研究及应用示范"项目启动会上，学院官兵欣喜地看到，20多家单位齐聚山城，其中既有国防科技大学、解放军总医院等军事教学科研机构，也有上海交通大学、天津大学、北京科技大学等地方高校；既有来自航天科工、中船重工、中船工业、新兴际华等军工集团的重点企业，也有玉柴机器、烟台万华等地方龙头企业。

一台高原型小型柴油机核心部件的诞生，见证了这些"领头雁"机构的聚合效应。这一核心部件针对高原高寒地区灾害救援及军事后勤保障中存在的突出问题，基于全链条设计、一体化实施的原则，相继攻克高原高寒环境装备性能退化机理等一系列难题，有效突破了高原环境柴油机动力增效等多项关键技术。与之相应，高原高寒地区主食加工、住宿、净水、供油、垃圾和动物尸体处置及防疫洗消等专用急需技术装备应运而生。

三、偶然发现的"量身定做"，航空技术缘何实现高寒应用

民用新技术的军事转换

一个西瓜大小的圆鼓形机器，输出功率竟然能达到100千瓦？还能够保障约800平方米高原住宿供暖、供电需求？

没错！

5月19日至26日，2018年全国科技活动周暨北京科技周活动主场，在中国人民革命军事博物馆成功举办。当时，"高原高寒地区应急宿营保障系统"一亮相，立即引起现场军民的浓厚兴趣。

这款多功能折叠房屋，能够快速展收，还能供热、供电、供氧，是一种特别适合高原高寒地区应急保障使用的新型装备。整个集成系统看似体积庞大，

其能源供给却只用了那个西瓜大小的圆鼓形机器。

"这是微小型燃气轮机，别看个头小，输出功率却是同体积柴油发动机的3到4倍。"展览现场，中科合肥微小型燃气轮机研究院有限责任公司总经理谭春青充满激情地向大家介绍，大家听得津津有味。

这家由中国科学院工程热物理研究所和安徽省巢湖经济开发区共同成立的高科技公司，是国内微小型燃气轮机研发生产的"排头兵"，其微小型燃气轮机具有功率密度高、低温性能好、可靠性高的突出优势，目前主要用在航空领域。

航空技术缘何实现高寒应用？知情人说，这是一次偶然发现的"量身定做"。

众所周知，高原高寒地区应急宿营保障是灾害救援与后勤保障的迫切需求，高效可靠的热电联供系统更是提升保障效能亟待突破的一项关键技术难题。

需求在找技术，技术也在对接需求。一次交流会上，国家救灾应急装备工程技术研究中心与中科合肥微小型燃气轮机研究院有限责任公司的技术人员，偶然"碰撞"在了一起，"聊"出了重大线索："像这样受低温低氧环境影响较小，既能产生热量、又能产生动力，而且热量多动力少的装置，简直就是为高原高寒地区应急宿营保障量身定做的！"

双方一拍即合，瞬间迸发灵感火花。国家救灾应急装备工程技术研究中心快速响应，联合万华节能、新兴重工、北京科技大学等单位组成联合攻关小组，相继攻克了微小燃气轮机热电联供、折叠房屋大空间扩展与高效保温、分子筛强吸附实时制氧与弥散供氧等关键技术，在最短时间内试制出"高原高寒地区应急宿营保障系统"原理样机，实验结果表明：应用效果良好。

权威人士表示，这是国内首次将微小型燃气轮机用于应急宿营热电联供保障，更是民用尖端科技植根于军事后勤保障的肥沃土壤开出的一朵艳丽之花，结出的一枚甘甜之果。

偶然中有必然。军民融合的广阔领域，只要做有心人，就能提高偶然向必然转化的概率，就能缩短偶然向必然迈进的距离。研究中心成员强烈感悟到：在与官兵和群众密切相关的军事后勤和应急救援领域，科技军民融合同样大有作为。

四、从军民融合到"一带一路","中国制造"再发力的启示

军事大后勤的和平效能

2018 年 8 月，受台风"温比亚"影响，山东寿光等地出现大面积严重洪涝灾害，大片的蔬菜泡在水里，村民们心急如焚。灾区从河北、江苏、天津等地紧急调用 30 多台（套）机动式大流量远程输水系统，其中 21 套系统由国家救灾应急装备工程技术研究中心和新兴重工湖北三六一一机械有限公司联合研制。

关键时刻关键场合能够再一次作贡献，研究中心全体成员由衷为之自豪和骄傲。

这一大型装备由国家科技支撑计划资助完成，研发过程充分借鉴和利用了密闭输送控制、软管收卷、水力布站及运行调度等军用软质输油管线技术，并结合重大火灾救援和城市排涝应用需求，通过技术移植及型号扩展，缩短了研发周期。中心负责人介绍，其间通过开发系列民用产品，最大流量达每小时1300 余立方米，全面达到或超过国外同类装备先进水平。2016 年 6 月曾参加国家"十二五"科技创新成就展，之后陆续配备到北京、天津、上海、重庆、陕西、湖北等 30 多支消防部队。

立足重庆，面向全军全国，研究中心全体成员深感责任重大。渝新欧铁路是"一带一路"国际合作重要运输通道，重庆又是最早开通中欧班列的城市之一。

"一带一路"背景下军民融合已经取得重要进展。"一带一路"重大倡议的顺利实施，推进了我国与沿线国家科技交流与合作，也让军民融合进入了更大范围、更高层次、更深程度。譬如，"核电"与"高铁"一样，已经成为中国的又一代表性"名片"。

救灾应急装备工程技术，在国际合作交流中同样大有可为。朝着这一目标奋进，中国军队贡献巨大，中国军人重任在肩。研究中心全体成员极目远眺，"中国制造"再发力给他们以深刻启示，现代后勤就是军民融合后勤，在国际合作中，军民融合后勤一定能够释放军事后勤的和平效能。

中欧班列开通初期，因沿线部分地区冬季极端严寒，笔记本电脑等产品承运过程中极易损坏，铁路货运受到严重影响。国家救灾应急装备工程技术研究中心充分发挥军队后勤保障专业技术优势，研制开发了"渝新欧大通道冬季运输专用保温集装箱"。这款保温集装箱创新性地利用国内西南地区—欧洲之间

地域的自然温差，相变材料在热区融化蓄热、寒区凝结放热的独立控温方案，通过中国船级社和国外相关机构严格认证，最终实现冬季运营常态化，为中欧铁路大通道提供了有力支撑。

一个依托军队院校建设的国家级科研平台，为什么能够发挥如此巨大作用？研究中心全体成员用行动作出了回答：不忘服务军队建设和经济社会发展的双重使命，以军民融合科技创新成果惠及更多人民群众。

（胡永攀 吴臣勇 李庆章 《解放军报》2018 年 10 月 13 日）

3. 中国航天科技集团成立首个氢能工程技术研发中心

2018 年 6 月 6 日，我国首个军民融合氢能工程技术研发中心在中国航天科技集团组建成立，中心以推动航天氢能技术军民融合发展，推动氢能利用领域高端技术装备研发和工程应用为目标，为我国绿色清洁氢能综合开发利用注入动力。

氢氧火箭发动机、氢燃料电池……氢能源因来源广泛、燃烧热值高、清洁无污染和适用范围广等优点，被视作 21 世纪最具发展潜力的清洁能源之一。

中国航天科技集团科技委副主任谭永华介绍，该氢能工程技术研发中心将力争成为氢能利用规划论证、技术研发、业务拓展、对外交流的专业平台，将围绕氢能利用领域高端技术装备工程应用，重点开展高效低成本制氢储氢技术、氢液化技术、质子交换膜燃料电池、氢能装备检测和安全应用等关键技术研究，加速氢能利用技术发展，为氢能利用产业链的形成提供技术支撑。

值得注意的是，在燃料电池技术领域，航天科技集团六院拥有质子交换膜燃料电池系统动力应用、可再生能源储能应用及泵阀关键部件等技术。科研团队此前完成了国内第一台车用高压燃料电池发动机装车运行，通过了 2000 千米全路况模拟实验考核。

（胡喆 白国龙 《经济参考报》2018 年 6 月 8 日）

4. 中国首枚民营自研商用亚轨道火箭首飞成功

2018年5月17日7时33分31秒，中国首枚民营自研商用亚轨道火箭"重庆两江之星"在中国西北某基地成功点火升空，实现中国首枚民营自研商用亚轨道火箭首飞。

据了解，"重庆两江之星"为重庆零壹空间航天科技有限公司（以下简称"零壹空间"）OS-X系列的首型火箭。该火箭长度9米，总重7200千克，全程大气层内飞行，最大高度约42千米，最大速度超过5倍音速，飞行时间265秒，飞行距离273千米。零壹空间自主掌握固体火箭发动机技术，发动机推力达到350千牛，能够为客户载荷实现0～20马赫的飞行速度，同时该火箭可灵活配置燃气舵、空气舵、姿控动力等多种控制机构，并具有很强的控制能力，可以根据用户的需求进行定制化设计，满足飞行试验所需的各类复杂飞行弹道。本次首飞载荷的客户是航空工业沈阳所。

零壹公司CEO舒畅表示，OS-X系列火箭从公司内部立项到完成首飞，仅用了一年时间，如此"快"的速度主要得益于公司对商业航天新型研发模式的探索。

本次飞行试验中，零壹进行了国内首次"减阻杆""低成本能源""箭上无线通讯"等创新技术的研究，为简化火箭系统设计、降低研制成本打下了坚实基础：以箭上无线通讯技术为例，将火箭从"有线网络"带入"无线WIFI"的新时代，该项技术可以减少箭上电气系统设备50%的重量，节约箭上电气设备30%的成本，缩短箭上电气系统60%的设计周期。正是通过不断的科技创新，才能为客户提供更加高效、快捷、低成本的服务体验。

零壹空间积极响应国家军民融合战略，基于成熟技术自主研发了OS-X系列亚轨道火箭，并联合北航、南航、西工大、哈工大等10余所国内传统航空航天优势高校共同成立了飞行联盟，致力于通过低成本，高频次，组合式飞行试验，降低技术验证的经费门槛，加速空天技术的有效转化，从而丰富国家在空天领域的成熟技术储备。飞行联盟是一个开放，创新，共享的平台，到2020年将实现"三个一百"，联盟成员单位达到一百家，X系列火箭将每年完成一百个科研任务，单发飞行试验里单项技术验证经费在一百万以内。

零壹空间未来目标是紧密联合高校及科研院所，围绕研究任务建立起一个从科研需求到飞行验证，从方案设计到成果固化的闭环式航天科技生态链，通过系列化的飞行试验，引领全国空天技术的发展方向，逐步提升国家空天领域基础科学的研究水平，快速推动前沿技术的工程应用。同时，公司自主研发的OS-M系列火箭将专注于微小卫星精准迅捷组网发射，服务于全球小卫星及相关业务需求客户，提供快速、低成本以及优质的发射服务，其首型火箭计划将于今年年底前后首飞。

OS-X系列火箭是为航空航天技术验证量身打造的专用飞行试验平台，成功填补了我国在航天飞行试验专业、开放、低成本的助推火箭的空白，全面助力航空航天前沿技术实践与转化。OS-X火箭的研制成功是在国家"军民融合"政策指导下，民营企业进入战略性新兴产业的创新典范，实践了快速、高效的新型商业航天发展模式，是我国新时代航天领域发展道路上的成功探索。

（赵清建　光明网 2018 年 5 月 17 日）

5. 军民融合：尿不湿、脱水蔬菜都是"军转民"产品

为高铁保驾护航、"航天管"铺设海底解决世界难题、雷达探测城市地下管网、"航天纸"让人们便捷出行……近年来，我国大力推动军工技术向民用领域转化，为国民经济发展注入新活力。

体现军民融合的技术和产品都有哪些？它们又发挥了什么作用？

据介绍，我国目前典型的军民融合产业主要有民用核能、民用航天、民用飞机、高技术船舶和军民两用电子信息等；另外一类比较突出的应用则是以国家战略性新兴产业和高技术产业为方向，在新材料、新能源、环保、智能制造等领域大展身手。

为经济社会发展注入新动能

——建设首个工业互联网平台

早在 2009 年，中国航天科工李伯虎院士就在国际上率先提出云制造的理念；2015 年，世界首批、我国首个工业互联网——航天云网正式上线，在2017 年 6 月举办的工业互联网高峰论坛上，航天科工正式全球发布工业互联网

平台 INDICS。航天科工董事长高红卫表示："通过建设中国特色的工业互联网，航天科工在推动企业自身转型升级和军用技术成果转化为民用的同时，广泛吸纳全社会中小企业参与国防工程建设，进而推动军民深度融合和供给侧结构性改革。"

目前，作为我国唯一提供智能制造、协同制造、云制造公共服务的工业互联网平台 INDICS，已在北京、广东、浙江、江苏等国内区域和德国、美国等国外地区落地，入驻企业 150 万家，协作采购需求发布金额达 3405 亿元，成交金额总计 1452 亿元；国际云平台注册用户总计 1.27 万家。利用 INDICS 提供的协同设计、协同制造、协同试验功能后，企业显著提升了人力、物力、财力资源的运用效率。

服务民生更美好

——北斗导航精度更准

具有十几年登山经验的徐成东是一名资深驴友，每次户外探险，他的习惯是每到一处陌生地点都要检查位置，并向后方发送简单的信息。徐成东手里拿的是一款依靠我国北斗卫星导航系统进行定位的应急终端，除了可以定位导航，还能实现通信传输发送短报文。GPS 只能单向接收定位信号，却无法发送信息，这是北斗卫星区别于 GPS 的一项重要功能。"很多山里面是没有基站信号的，但是北斗应急终端是通过北斗导航卫星作为中继，相当于是一个基站，可以做传输和通信，所以我们玩穿越或者是玩探险的时候，要带上这个北斗应急终端，随时都能和后方大本营保持联系。"徐成东说。

北斗发展的初衷是服务于国防事业，在国家实施军民融合大战略下，北斗系统组网日趋完善，精度大幅提升。提高民用定位精度、服务于国民经济的发展成为北斗的新使命。目前我国已累计发射 30 多颗北斗导航卫星，北斗系统已"升级"到最新的北斗三号系统。到北斗三号全球导航系统建成后，将可为全球民用用户免费提供约 10 米精度的定位服务。

——空管系统从起飞到降落全程陪伴

当坐上飞机，开始空中旅行时，你最担心的是什么？飞机在空中谁来指挥？有没有人协助飞行员管控飞行？其实不用担心！从坐上飞机的那一刻起，来自中国电科的空中交通系列产品，会像接力赛一样，一棒又一棒地严密交接，守护你的飞行安全。据有关负责人介绍，近年来中国电科将防空指控领域的军用高科技优势转化到民航领域，形成了空管产业通信、导航、监视、空中交通管理等四大业务领域，可为民航用户提供从起飞到降落的整体解决方案。

目前，中国电科空管自动化系统已担负起国内75%的大中型机场值班任务，国内市场占有率稳居第一，并已成功跨出国门；其中，空管一次二次雷达，技术水平达到世界一流，在国内民航市场国产化占有率达到100%。据介绍，未来中国电科将突破从地基到星基应用的关键技术，研制全新的下一代空管系统，实现从并跑向领跑的跃升，与国产大飞机项目比翼齐飞，服务民航强国战略。同时，将先进成熟的系统与装备"走出去"，服务于"一带一路"建设。

——探地雷达实现地下管线"非开挖检测"

城市地下管线是城市运行的重要基础设施和"生命线"，但随着城市快速发展，地下管线的建设规模不足、管理水平不高、安全事故频发等问题凸显。在住建部指导下，中国航天科工与山东省德州市签署合作协议，试点应用航天技术加强城市地下管线综合管理。他们将航天系统工程理论与物联网、云计算、大数据等新的信息技术融合应用于城市地下管线领域，用航天遥感、探地雷达、自动控制等多种技术为治理"城市病"提供创新思路和现实支撑。

"阵列式探地雷达能够实现城市地下6米深度的探测，快速形成三维探测图，实现对地下管线和道路下方土体病害的'非开挖探测和检测'。"航天科工三院35所该项目负责人张鹏介绍，试点旨在实现城市地下管线定位管理精细化、应急处置高效化、信息共享全面化，全方位提升城市地下管线综合管理能力，打造城市安全的"生命线"。

航天技术转化受青睐

航天技术在"军转民"中发挥着显著作用。这些技术不仅用于"上天"，也可以"下海""入地"，在国民经济和人民生活各个领域发挥重要作用。据统计，我国1100多种新型材料中有80%是在航天技术的牵引下完成的；目前已有2000多项航天技术成果被移植到国民经济各个部门，航天民用产值已占据航天总产值的半壁江山。

——"航天炉"将褐煤"绿化"

褐煤是煤化程度最低的煤种，我国褐煤储量极大，但长期以来，由于国内缺乏自主的粉煤加压气化技术，煤化工没能大规模地发展。依托中国航天在运载火箭研制、生产和试验方面积累的技术、人才和管理优势，中国航天科技集团公司一院所属航天工程公司自主研发了航天粉煤加压气化技术及整套工艺包，成为国家重点推广的洁净煤利用技术。其核心装备"航天炉"技术优势显著，已累计申请发明及实用新型专利 189 项。这一技术对我国未来开展"煤制油"、保障石油供应具有重要意义。目前，航天工程公司实现了从"卖产品到卖服务，再到卖专利"的逐步升级，累计售出"航天炉"70 余台，在粉煤气化装置领域市场占有率第一。

——火箭"心脏"支招长线输油

人们形象地把发动机比喻为火箭的"心脏"，专家们更把涡轮泵比喻为发动机的心脏。中国航天科技集团公司六院在不断对航天涡轮泵技术进行研究、改造、升级的同时，致力于将这些技术转化为民用产业。目前，依据涡轮泵技术研发出的各种产品已经广泛应用于相关领域，取得巨大成功，其中最具代表性的民用产品，就是长输管线高效输油泵。它的作用是把从油田开采出来的原油通过数百甚至数千公里的管道输送到炼油厂或者其他地方，每隔大约 100 公里，就需要一套泵设备给它加力。这就要求泵系统不仅要具有强大的动力输出，更需要具有不间断可靠工作、抗强腐蚀等特点。同时，涡轮泵技术还被使用在各种高端消防设备上。

——"航天纸"让人们便捷出行

如果你乘坐火车时用的是蓝色的火车票，那么其实你手握的就是"航天技术"。因为这种车票运用的是航天胶片技术研制而成的热敏磁票纸。由于技术可靠、使用便捷，目前这种"航天纸"已经占据国内热敏磁火车票领域全部市场。

——尿不湿、脱水蔬菜、摩丝都是"军转民"产品

在航天发展史上，不少航天员都遭遇过发射时突然"尿急"的囧事，"太空服之父"华人科学家唐鑫源利用高分子吸收体发明了能吸水 1400 毫升的纸尿片，为航天员解决了难言之隐。而这项技术后来转为民用，走进了千家万户，变成了人们熟悉的"尿不湿"。

方便面里的脱水蔬菜包，也是航天技术转化来的应用。为了让航天员在太空里吃到蔬菜以补充维生素，冷冻脱水蔬菜技术发明了。该技术几乎能除去蔬菜中的全部水分，将其重量降低 20%，但同时能保留 98% 的营养成分。

很多爱美女性不一定知道，其实她们头上引以为豪的秀发，也沾了航

天技术的光。太空医学领域中的外层覆膜技术，被应用开发成一种喷发定型摩丝。

（冯华 余建斌 《人民日报》2018 年 5 月 15 日）

6. 军民融合电磁环境效应研究中心在石家庄揭牌

军民融合电磁环境效应研究中心 2018 年 6 月 22 日在石家庄揭牌。刘尚合、方岱宁、王永良、杜彦良等 10 名两院院士，百余名科研院所、高等院校专家学者以及知名企业代表齐聚石家庄，共同研讨交流学科交叉创新。

据悉，"军民融合电磁环境效应研究中心"是由中国工程院院士刘尚合牵头，石家庄铁道大学、陆军工程大学、北京全路通信信号研究设计院集团有限公司三家单位共同发起成立的。

刘尚合在揭牌仪式上说，该中心成立的目的就是凝聚和稳定一批创新创业能力强的高水平科技人才，开展电磁环境效应领域创新性理论研究和前沿技术、关键技术研究工作，为电磁空间安全学科、轨道交通行业和区域相关产业发展提供理论依据、智力支持和技术支撑，推进军民融合技术双向转移和转化应用。

（赵博 新华网 2018 年 6 月 23 日）

7. 重庆军民融合协同创新平台采用国内首创技术研发新型破冰弹助力江河防凌作业

2018 年 5 月 22 日，《重庆日报》记者从重庆军民融合协同创新平台获悉，近日该平台成功研发了一种新型破冰弹，该破冰弹采用国内首创的"一弹两炸"技术，可广泛应用于江河防凌作业，具有及时高效、可控性好、性价比高等优势。

重庆军民融合协同创新平台，由重庆军民融合协同创新研究院与重庆红宇精密工业有限责任公司联合组建。近期，红宇精工依托上述平台，着眼于民用爆破、抢险救灾等领域，陆续开发了多款衍生于军用技术的新型民用产品。新型破冰弹就是其中的一种代表产品。

据介绍，过去江河防凌作业主要是采用航空投弹方式，其精准性、可控性不强，成本也较高。而红宇精工研发的新型破冰弹采用定点投放、遥控爆炸方式，其"一弹两炸"技术可实现在冰层表面和深层的连续、精准破坏，作业方式直接简便，安全性高，综合作业费用也远低于航空投弹。业内人士认为，其将在未来的江河防凌方面发挥重要作用。

除了新型破冰弹，该公司还正在研发多用途灭火系统、道路破障系统等，这些新型产品和系统将在抢险救灾中发挥重要作用，研发成功后将转给地方企业生产，助推地方经济发展。

（白麟 谢平 《重庆日报》2018 年 5 月 24 日）

8. 勇立"军民融合"潮头 长虹华丰荣获"新能源贡献奖"

新能源汽车产业成为国家战略新兴产业的重要组成部分。近日，上汽通用五菱汽车股份有限公司供应商年会在厦门举办，共有 500 多家供应商代表参与此次盛会，长虹华丰公司荣获"新能源贡献奖"。

为把握全球能源变革发展趋势和我国产业绿色转型发展要求，国家大幅提升新能源汽车的应用比例，推动新能源汽车成为国家发展的支柱产业，华丰公司抓住机遇决定进入新能源领域，一切从无到有，研发营销质量工艺生产统一认识和团结协作，为能在新能源领域站稳脚跟而努力。E100 电动汽车高压配电系统总成的诞生，让华丰在新能源道路上迈出了第一步。

"第一步迈的并不顺利。"长虹华丰公司总经理刘太国表示，华丰一直专注和专业于军工、通信和轨道交通行业，对电动汽车市场的开发完全是从零技术积累、零行业经验、零生产经验开始。因为在电气控制技术方面的知识储备和相关人才匮乏，使得华丰新能源团队举步维艰，如履薄冰。在生产工艺方面，又受到原有固化思维影响，期间华丰不断整改，增加新工装、新设备，一步步摸索、完善。

目前，一条属于高压配电系统总成的一流生产线正投入使用。华丰把生产计划、安全管理、一次交验合格率、客户投诉、提案改善建议、5S 绩效考评等纳入生产过程管理，保障产品高质可靠、按时交付，受到上汽通用五菱等客户的充分肯定。

据了解，长虹华丰是我国第一家军用连接器科研生产型企业，在"军民融合"方面一直勇立潮头，其产品为国内外核电站配套，连接器最长寿命可达 60 年，拥有涉及航空、航天、兵器、舰船、核电、石油勘探、机车车辆、通信等领域需求的各类连接器超过 6 万余种，多个产品与解决方案填补国内连接器领域的空白，其编制的低频电源连接器 IEC 国际标准，成为国际首个低频电源连接器标准，填补该领域的国际空白。此外，华丰为我国神舟飞船、空间站等项目配套，总计交付达十几万只。

（中国质量网 2018 年 4 月 9 日）

9. 做高端天线领跑者　星网天线以实际行动践行国家军民融合发展战略

西安高新区是我国发展高新技术产业发展的重要基地，同时也是国防科技资源密集区域，高新区率先结合国家自主创新示范区建设及西安全面创新改革试验的目标任务，以创新驱动为引领，通过建立创新军民融合体制机制，完善军民融合政策体系，构建了军民融合发展新格局，探索出了以自主创新为核心的军民融合发展新路径和新局面。

其中，国防科技和武器装备领域是军民融合发展的重点，"民企参军"更是军民协同创新的鲜活样本。位于高新技术产业开发区的西安星网天线技术有限公司，在军民融合的道路上先行先试，执着前行，在军民融合的发展战略引导下，已经成功实现"民参军"。该公司研发的产品已成功进入专业军用移动通信、导航、雷达等天线产品及微波器件的军品市场领域。

星网天线成立于2009年，由西安电子科技大学教授、留学归国人员、陕西省、西安市"百人计划"成员徐良创建。自公司成立之初，一直关注高端产品，发挥自有的技术优势，将目光聚焦于技术含量高、定制类的产品研发，并专注于解决现有军用天线的技术难题。这些高科技含量的核心技术和产品不仅可广泛应用于民用市场，而且也是军用天线产品市场上不可或缺的关键技术。

深度融合"民参军"步伐加速 形成竞争优势

基于多年的计划经济体制，在我国一些军工企业内部，有自己专业的天线研发部门，但大多集中于大型系统中的天线应用。而对于一些小型应用系统，如导弹、车载、机载、固定台、舰船、手持及背负等平台，因其技术要求高、难度大、定制性强、种类多且批量小，往往不受重视，但天线的技术性能很多时候又对系统的成功起决定作用，在这些"小而重要"的领域内，就形成了军工天线国企不重视、而民营天线企业又缺少强者的困局。正是基于对这一问题的充分认识，公司以技术为切入点，成为军工国企定制天线的有力补充。

在2015年以前，星网天线技术有限公司主要以民品为主，市场单一，盈利能力弱。在2015年年初，总经理徐良带领公司决策层认真分析了面临的新形势：在外部环境方面，2014年国家军民融合政策取得了突破性进展，党的十八届三中全会明确提出推动军民深度融合发展，以装备采购和定价模式改革为契机，鼓励民营企业参与军事装备研制和配套。现实的国防建设需求，以及社会经济发展，都给"民参军"提供了大发展的机会。

内部环境方面，经过多年的积累，公司已在短波天线、30—88MHz超短波天线、S波段卫星通信天线技术方面已经成熟，且具备很强的竞争能力。已全面与国内大型通信设备（系统）制造企业/科研单位建立了良好的合作关系，打通了产品应用及推广的渠道。因此，2015年公司把重心转向军事特殊用途天线。经过积极努力，于2015年、2016年两年取得了军品研制、生产相关资质，为公司"民参军"发展奠定了基础。公司利用其在短波、超短波等军用天线领域多年的技术积累，很快将核心产品拓宽到覆盖导弹、车载、机载、固定台、舰船、手持及背负通信等多种应用领域，并取得技术专利19项，在研产品型号近20项。"西安军工基础非常好，人才队伍也是全国领先，我认为通过灵活的机制和自主创新，民营企业也能掌握核心技术，从而形成竞争优势。"徐良坚信这是一个非常有前景的方向。

2016年，星网天线技术有限公司成功研发了直径13mm的S频段卫星手持机天线及其专用芯片，该技术为国内首创。天线采用先进的3D激光镭雕生产新工艺，突破了天线小型化的关键技术，使产品性能指标满足并优于国内军用和民用卫星通信手持终端的要求，并在2016年第二届军民融合发展高科技成果展览中，得到装备发展部有关领导的重视和表扬。在此基础上，又继续升级，陆续完成车载型和军用手持型系列产品，目前已有两款手持天线和一款车载小型化产品被军方确定为列装产品，同时民用系列也已经批量生产，获得目前国内市场最大份额。2017年公司参与军方重点型号预研项目，承担总装备部"十三五"装备预研某技术项目，成功跻身民营企业牵头承担军品预研项目之列。同年，公司与中电集团成都十所联合申报成功战略支援部队航天系统部"十三五"某预研项目，公司负责其中天线部分的预研。2017年公司军品销售收入已占总销售收入的66%以上，公司以其优良的技术和产品成功跻身军品市场，为企业赢得丰厚的利润。

徐良说，他非常自豪能为国防事业做贡献。他相信，随着军民融合成为国家战略，民营企业占军工企业的比例将越来越重，"民企参军"的队伍也将越来越壮大。

开拓创新　探索军民融合发展新方向

徐良作为公司的总经理和技术带头人，同时作为西安电子科技大学的在职教授，始终关注国内外通信领域前沿关键技术，注重技术创新、重视科技投入。在谈到关于军民融合如何创新时，徐良说道："我们依托西安电子科技大学、东南大学等高校在电磁场与微波专业领域的优势，一方面，将这些高校的科研成果进行转化；另一方面，公司与学校紧密合作，通过产学研结合的方式，为社会培养高技术人才，持续提升公司自主创新能力，不断促进企业军民融合向更深发展。"

在谈到后续发展规划时，徐良总经理说，除了保持天线技术的领先优势之外，公司还将拓宽领域，凭借在天线设计及天线测试方面的技术积累，积极开展无人机对大型特殊装备或平台进行测试的技术研究，解决目前大型目标或特殊天线的电磁特性方面欠缺有效的测试和评估手段的问题，为军民融合技术装备升级提供独立、可靠的测试保障。

当前，随着我国军民融合范围的进一步拓宽，越来越多民企获得了"参军"资格。但相对于掌握大量资源的国有军工单位，民营企业要想在国防科技工业有一席之地，必须要有和国有军工单位同台竞技的能力，才能最大限度地发挥"鲇鱼效应"，促进国防强大，体现民参军的根本意义。

（李靖美　开发区报道 2018 年 5 月 8 日）

10. 神龙航空：翱翔在科技创新的天空

2013 年 7 月 22 日，甘肃省定西市岷县、漳县交界发生 6.6 级地震。地震造成道路受阻，信号中断，如何快速获知当地的灾情，成为摆在抗震救灾面前的重要任务。体态轻盈的无人机，不仅可超低空云下作业，对天气的依赖非常小，而且不需要专用机场，凭借着这些特点，在抗震救灾和灾后重建评估中发挥着不可替代的作用。作为专门从事无人机及通用航空轻型飞行器研发、生产及培训的企业，兰州神龙航空技术有限公司（以下简称神龙航空）在接到了拍摄震后图像的任务后，立即派出 8 位飞行队员、6 架无人机奔赴救灾一线。"由于道路中断，飞行队员们只能扛着沉甸甸的航拍设备在山路上徒步 5 公里。"神龙航空创始人兼董事长李青富告诉记者，队员们在面临泥石流等灾害的情况下，利用神龙航空自主研发的无人机拍下了高质量的航拍画面，为抗灾指挥部提供了宝贵的震后图像。

成立于 2004 年的神龙航空是甘肃省首家从事无人机及通用航空轻型飞行器研发、生产及培训的高新技术民营企业。创始人李青富有着 10 年的从军经历。1995 年，转业后的李青富，通过一次偶然的机会接触到无人机，从此，便痴迷上了这个在当时尚属新鲜事物的高科技技术。为了更好地从事无人机的研究与开发，李青富积极与国内外专家沟通，经过近十年的准备工作，李青富成立了神龙航空。

"载荷 30 千克垂直起降工程型旋翼式无人飞行器"是神龙航空自主研发的无人机。"该飞行器与其他飞行器相比，最大的特点就是效载荷可达 30 千克，并且可垂直起降。这就对地面空间的要求进一步降低，还可做超低空飞行、定点悬停，甚至倒飞等飞行动作。"李青富为记者详细介绍，神龙航空掌握了该飞行器发动机的核心技术，围绕这一技术提交了 2 件发明专利申请和 1 件实用新型专利申请并获得授权。

李青富介绍，近年来，神龙航空始终坚持走军民融合发展的道路，在自主设计、研发、制造无人机的同时，与北京航空航天大学、西安无人机研究所等、高校科研院所建立合作关系，是华南理工大学、北京航空航天大学、兰州理工大学、兰州交通大学等高校的产学研实习基地。"神龙航空现已掌握双杠对置式航空发动机、新材料机架结构、设备搭载云台等多项无人机核心技术，拥有中国专利25件，成功开发出工程应用型无人直升机等8个系列共32种机型，特别是公司研发的高性能数字信号传输系统得到了市场的广泛应用和认可，拥有自主知识产权的无人直升机专用航空发动机在业内广受好评。"李青富自豪地说。为推动甘肃省无人机技术的发展，"甘肃省航协神龙航空运动俱乐部""兰州神龙航空运动俱乐部"等组织相继成立。

"科技创新为神龙航空插上了腾飞的翅膀，未来我们将坚持自主创新，重视知识产权保护，努力为高端装备制造业的提升和通航产业的发展开启一片新天地。"李青富表示。

（李倩 《中国知识产权报》2018 年 8 月 17 日）

十一、产业融合

1. 我国通用航空产业军民融合发展启示录

率先突破当先锋

通用航空产业是以通用航空飞行活动为核心，涵盖通用航空器研发制造、市场运营、综合保障以及延伸服务等全产业链的国家战略性新兴产业。

通航产业与空军专业相通、历史相连、命运相系、利益相同，是军民融合深度发展的天然载体和最具代表性的产业，也是军民融合的一个重要领域。近年来，乘着军民融合战略的东风，我国通用航空产业实现了从无到有、从少到多的全方位突破。

特色小镇投身"大战略"

走进位于浙江省绍兴市新昌县的国家级通航产业综合示范区——"万丰航空特色小镇"，投资百亿元建设的一期工程已初具规模。

"不断出台的政策利好，为通航产业发展提振了信心。"万丰奥特集团总经理陈滨介绍说，5.5平方千米的"万丰航空特色小镇"，只是我国通航产业发展的一个缩影。

早在2017年1月，国家发改委就已经印发《关于建设通用航空产业综合示范区的实施意见》，将包括绍兴、天津、成都在内的26个城市列为首批"国家级通航产业综合示范区"，并明确提出到2020年建设50个通用航空产业综合示范区，自主研制的通用航空器对新增市场的贡献率达到50%，带动建成50个以上通用机场，力争实现通用航空产业经济规模5000亿元，成为区域经济发展的一个新增长极和产业转型升级的新引擎。

以通航飞机研发制造为例，公开资料显示，近3年来，中国民航通用航空的航空器数量以每年 300 余架增量增长。截至 2018 年，中国民航通用航空器已达 2595 架。值得关注的是，国产通用航空器仅 500 余架，不到 1/5。

"这无疑是一片值得开拓的新蓝海。"国防大学军民融合深度发展研究中心主任罗永光表示，与国际高端飞机制造公司开展战略合作，制造拥有自主知识产权的飞机整机，努力在工业布局微环境中形成通航专业产品产业链，提升的将不只是通航产业经济效益，还有国防和军队建设效益。

事实上，这也正是"万丰航空特色小镇"发展的路径选择。从 2016 年开始，他们积极开展海外并购，先后收购多个国家通用航空飞机制造项目，包括飞机制造、机场建设、通航运营、飞行培训和飞行服务站在内的完整产业链正在陆续落地……乘着军民融合发展的东风，这个特色小镇正在迎来一个新的春天。

通航救援铺开"一张网"

"我院收治了一名患主动脉夹层的现役军官，目前病人生命垂危，需要紧急手术，请求支援！"4 月上旬，一阵急促的电话铃声骤然响起，徐州第 97 医院的紧急求助打破了南京总医院心胸外科的平静。

危急关头，南京总医院立即向签订空中转运伤员协议的金汇通航发出救援申请……一场空地接力救援迅即展开。仅仅一个半小时后，一架橙色直升机就在南京总医院门口徐徐降落，病人得到及时救治，最终脱离危险。

"通航产业的国防动员效益不容小觑！"军方一位领导闻讯后赞叹。

据金汇通航相关负责人介绍，目前该公司已经和全国范围内 50 多家医院建立合作关系，其中不乏许多部队医院。

事实上，作为典型的军民融合产业，发展通用航空不仅是构建现代化立体交通网络系统的重要一极，也是提升一个国家国防水平的重要体现。当代中国，这已经成为行业管理者和从业者的共识。

购置全自动设备数套，引进机器人焊接设备，形成年产 100 套停机坪生产线……在浙江绍兴，当地政府在医院、高速公路、高层消防、5A 景区、国防交通等应急救援场所紧锣密鼓进行布局，力争 2020 年底前形成浙江省军民融合航空紧急救援"一张网"。

派遣通航飞机向设想重大地震发生后的民居、矿山、化工厂等地输送救援力量，参与执行空投、机降、灭火等任务……在四川成都，省政府将多家通航企业列为军民协作应急救援演习的重要依靠力量。

动用地方通航飞机为边防部队提供物资补给、医疗救护和武器平台测试等服务……在内蒙古，军地双方已经将通航产业发展作为现代化边防建设的重要一环。

可以预期，随着军地双方一系列政策规划的落地实施，通航产业必将更好地发挥对我国国防和军队建设的支持作用。

"一体化"建设有序落地

一直以来，通用航空基础设施建设滞后是制约我国通航产业发展的一个重要因素。公开资料显示，我国目前建成并投入使用的通用机场和通航起降点仅有 400 个左右。

"通航机场尚无整体统筹规划，审批、建设长期受到束缚，机场建设主体不明确、资金投入不足、运营盈利困难、社会资本进入缓慢等问题，制约了通用航空基础设施建设。"内蒙古自治区发改委基础处一位负责人告诉记者，我国空域资源很大部分由军方负责管理，发展通航产业，军民融合是一个必然选择。

近年来，内蒙古自治区军地双方联合出台了一系列举措，为发展通航产业破解难题、补齐短板、开拓空间。

建立畅通的通用航空机场建设协调机制。内蒙古空域涉及北部、中部、西部 3 个战区空军，项目涉及的军方各单位都采取了先期介入、主动对接、情况通报等形式，大力支持地方通用机场建设和运营，并已经将通航机场纳入战略机场网络体系建设计划中。

"与此同时，推动公共运输机场实现军民两用，也是解决通航机场资源不足的思路之一。"这位负责人介绍，通航机场本身具有准军事化特征，他们在通用航空机场建设规划中，充分考虑军事行动和多样化非军事行动需要，同时满足通航产业发展、地方经济建设和国防战略的需要。

中国民航局副局长李健表示，未来民航还将与军方在通用航空预备役建设、低空空域开放使用、开辟通用航空任务、审批绿色通道等方面开展全面合作，更好地发挥通用航空对经济社会发展和国防军队建设的支持作用，助力构建一体化的国家战略体系和能力。

人才"蓄水池"两个接口

不久前，空军转业军官、四川航空公司机长刘传健驾驶故障飞机成功备降的消息，在网络上刷屏，引发社会各界对活跃在民航战线上退役军人的广泛关注。

随着通航产业蓬勃发展，越来越多退役军人选择加入通航公司，来自内蒙古通航集团的徐立军就是其中一员。2016年，他从空军某部转业后加入内蒙古通航集团，仅用一年多时间就成为业务骨干。

"这并非个例，在我们集团，有大量退役军人成了业务骨干。"内蒙古通航集团董事长郭庆辉告诉记者，专业人才不足一直都是通航发展面临的重要问题，这也为军民融合的人才培养方式提供了更多可能。

以飞行员为例，我国目前尚未形成类似于发达国家的飞行员成长通道，飞行员培养费用高昂，同时由于我国没有成熟的通航文化，不能以航空消费、娱乐消费等给予通航发展以有力支撑，导致了通用航空成熟飞行员成为一种稀缺资源。

"在不影响国防和军队建设的前提下，如果能够吸引更多空军退役飞行员加入通航企业，无疑是一个很好的选择。"郭庆辉说。

据悉，空军近年来已经开始和部分省市共同探索在空军飞行院校中开设通用航空专业，研究制订通用航空飞行人才培养与学历教育相结合的实施方案。

与此同时，空军也在试点探索支持通用航空俱乐部、飞行培训学校参与空军飞行员初期培训，部队给予专项拨款支持上述培训单位的融合发展。罗永光表示，这也将为空军飞行人才储备提供一条新的路径。

"改变以往空军飞行员往通航单向流动的窘迫，开辟通航人才向军方流动的通途，打通人才'蓄水池'两个接口，实现军地之间有序'进出'，对经济建设和国防建设融合发展无疑是一个新尝试。"军民融合领域一位资深专家如是说。

（方帅 戴楠楠 朱小强 《解放军报》2018年6月9日）

2. 中船重工整合集团应急产业资源组建"中国应急"

中国船舶重工集团有限公司（以下简称"中船重工"）整合集团内部应急

产业资源组建"中国应急"。与此同时，自6月12日起，创业板上市的"华舟应急"正式变更为"中国应急"，证券代码不变。

当日，中船重工董事长胡问鸣在武汉召开的"应急产业发展国际研讨会"表示，中船重工所属企事业单位结合自身技术与装备集成优势形成了一大批有竞争力的各类新型应急产品，其中集团下属的各类海洋装备使用的综合消防设备、核应急发电机组、应急交通工程装备、海上应急搜救系统、援潜救生装备和潜水、深海个体救援装备、高原应急救生装备、核辐射监测预警系统、发电应急系统等相关应急技术与产业资源，将逐步整合进入中国船舶重工集团应急预警与救援装备股份有限公司。

胡问鸣表示，希望依托中国应急这个平台，打造百亿级应急产业。集团未来还会加大应急领域研发来拓展新的产品，通过市场兼并做大做强中国应急。

应急产业是新兴产业，也是朝阳产业。中国是一个自然灾害多样且频发的国家，70%以上区域、50%以上人口分布在气象、地质、海洋自然灾害频发区，防灾救灾、抢险救援越来越受到社会、政府高度重视，客观上催生和极大地推动了应急产业发展。

中船重工表示，目前中船重工的应急产业占据国内市场绝大部分的份额。

参加研讨会的国内外专家认为，全球应急产业具有万亿级的市场想象空间，未来中国在军民融合战略等实施过程中，应急产业将以新兴产业的姿态获得长足发展。

（黄艳 伍欣 《经济参考报》2018 年 6 月 14 日）

3. 航天科技集团发力商业航天："捷龙""鸿雁"将登场

未来3年，航天科技集团将在发射服务以及通信、导航、遥感卫星等优势领域陆续开展商业实践探索，重点在商业发射服务、卫星通信与空间互联网、高景一号商业遥感等领域进行布局。2018 年 9 月 26 日，在湖北武汉市第四届中国（国际）商业航天高峰论坛上，中国航天科技集团有限公司宇航部部长尚志介绍了集团公司商业航天发展情况。

火箭:"长征""捷龙"助力商业航天发射

尚志介绍,在商业发射服务方面,航天科技集团微小型固体运载火箭"捷龙号"将在年底前发射。其700千米太阳同步轨道运载能力可达150千克,单发价格不超过2500万元。"捷龙号"火箭瞄准微小卫星发射市场,将为微小卫星的验证、星座组网和补网提供更加灵活、经济、迅速的渠道。

此外,正在研制中的长征系列新一代运载火箭未来也将有望用于商业航天发射服务。

其中,小型固体运载火箭长征十一号将在明年上半年实施首次海上发射。火箭具备发射准备周期短、发射模式更加灵活的特点,可填补我国低倾角航天发射能力的空白。

新一代中型液体运载火箭——长征六号甲、长征七号甲和长征八号将在2020年实现首飞,这几型火箭采用全新测发模式,将大幅降低发射成本,提高安全性,缩短发射周期。

尚志提到,目前,我国下一代重型运载火箭的研制正在有序推进,届时将大幅提升进入空间能力,支撑载人月球探测、月球基地建设、载人登火等国家重大工程项目的实施。

尚志介绍,航天科技集团面向商业市场,向国内外用户提供全方位的长征系列火箭商业发射服务。在服务模式上,可根据不同用户需求提供专车(专属定制)、拼车(组团发射)、顺风车(搭载发射)服务;在产品能力上,为全面满足市场需求,陆续推出的无毒无污染、绿色环保新一代运载火箭将覆盖各个轨道发射需求,并逐步替代现役常规运载火箭。

卫星:"鸿雁""高通""高景"加快商业化应用

加快推进卫星应用产业发展是航天科技集团商业航天重点布局方向。

在通信卫星应用方面,航天科技集团正在推进全球低轨卫星移动通信与空间互联网系统建设。该系统即"鸿雁星座"计划,首颗试验星将于今年12月由长征二号丁运载火箭搭载发射,到2020年完成9颗卫星构成的试验示范系统建设,到2023年完成系统一期建设。该系统可在全球范围内提供移动终端通信、宽带互联网接入、物联网、热点信息推送、导航增强、航空航海监视等六大应用服务,并将首次使我国卫星通信覆盖领域扩展至远洋甚至两极地区。

高轨通信卫星,尤其是高轨高通量卫星的商业化步伐将同步推进。按照计划,"十三五"末,集团公司在轨运营的高通量卫星将达 3～4 颗。2019 年计划发射中星 18 号高通量通信卫星,与已发射的中星 16 号卫星结合,总容量将达到 30G,实现对我国全疆域的覆盖。2023 年前后再发射两颗超大容量同步轨道高通量卫星,在轨高通量卫星系统容量不小于 500G。高轨通信卫星将用于教育支持、航海通信、应急通信、野外保障等多个领域,满足国家"一带一路"、军民融合、守边固边、精准扶贫等多层面需求。

商业遥感卫星方面,航天科技集团自主投入的商业遥感卫星系统第一阶段已完成建设,4 颗 0.5 米光学高景一号卫星在轨组网运行,具备 1 天重访的全球观测能力。其数据已成功应用于全国土地利用变更监测与核查、第三次全国土地调查以及地理国情普查等国家和省级大型项目中,0.5 米影像国内市场占比达到 50%,并已销往 20 多个国家和地区。

尚志表示,后续,航天科技集团将发展高端光学卫星、敏捷 SAR 卫星等商业遥感卫星,增加商业遥感卫星多样性。此外,还将根据用户需求提供个性化定制的遥感卫星及配套产品,可为日新月异的不同场景、不同规模的遥感细分市场提供卫星研制、发射、接收和应用一揽子解决方案。

开放合作:打造商业航天利益共同体

记者了解到,今年 8 月,航天科技集团在第七次工作会上发布了《集团公司关于加快发展商业航天的指导意见》,明确提出将发展商业航天作为集团公司落实国家战略、推动全面深化改革、助力航天强国建设的重要途径,对于新时期的商业航天发展,进行了重新定位。

航天科技集团将积极开放供应链,向拥有关键核心技术、具备自主可控能力、符合集团公司合格供应方要求的企业和单位敞开大门,并积极推进商业航天运载火箭、商业航天元器件、商业航天测控以及小卫星等联盟的组建,加强资源共享,探索技术发展,创新商业模式,打造商业航天利益共同体。

预计至"十三五"末,航天科技集团将进一步建立完善商业航天管理体制,构建丰富多元的商业化航天产品与服务体系,培育若干股权多元化、市场化运作、符合现代企业制度的商业航天公司,发展一批有影响力的商业航天项目,造就一批商业航天领域的优秀企业家。

尚志表示,未来,集团公司将持续落实国家军民融合发展战略,本着开放、共享、合作、共赢的原则,在符合国家有关政策与标准的前提下,积极为致力于推动商业航天发展的社会各方提供全级次、全方位、全产业链的配套服务，共同推动航天强国建设。

（赵竹青　人民网 2018 年 9 月 26 日）

4. 中关村军民融合产业园打造国家级示范园区

"作为一项国家战略，军民融合发展既是强军之策，又是兴业之举。"2018年 10 月 31 日，中关村军民融合产业园相关负责人在接受记者采访时如此表示。

在当下新经济发展的大潮中，坐落于北京市海淀区四季青镇的中关村军民融合产业园，被看作是四季青产业发展历史上的一张"新名片"。在北京市"腾笼换鸟"构筑高精尖产业结构的大背景下，中关村军民融合产业园完成了产业的转型升级，心怀国家级引领示范性军民融合产业园区的梦想，正在朝着园区 4.0 的发展方向大步跨越。

"园区 4.0"携智能和标准化全速崛起

2015 年 9 月，在北京市海淀区区委的政策指引下，经营了 20 多年的北京西郊汽配城转型定位于军民融合产业园，并顺势启动了改造工程。后在海淀区管委会的指导下，正式确定为中关村军民融合产业园。

经过 3 年多的规划建设，中关村军民融合产业园发生了翻天覆地的变化，一座高举"园区 4.0"大旗的高端智慧园区粗具规模。到目前为止，园区的基本建设接近尾声，招商完成 95%，物业租金收益大幅提高，智慧管理系统进入调试运行阶段，多个平台均已进入运营阶段。

据中关村军民融合产业园党总支书记李建东介绍，中关村军民融合产业园秉承"实业兴邦、产业报国"的发展夙愿，选择的是物业、投资以及多种平台综合运营的新兴产业模式，并以打造第四代产业园为目标，引入标准化建设理念。园区与中关村巨加值科技评价研究院合作，共同推行军民融合标准化体系建设工作，这是打造产业园核心竞争力的关键，也是园区 4.0 发展的主线。

按照《中华人民共和国标准化法》，中关村军民融合产业园与中关村巨加值科技评价研究院联合发布了第一个园区 4.0 标准体系，为新阶段的园区发展树起一杆"大旗"。这套标准体系，旨在让市场八大主体（政府、企业、大学、

233

院所、科技服务机构、金融机构、人才、军队）同在一个平台上，共讲"军民普通话"，降低信息不对称，提升资源配置、军民融合的"量质效"。

具体而言，园区4.0就是以一套"可复制、可推广、可认证"的现代治理标准体系为支撑，园区与企业依存共生、协同发展、融合共赢的创新生态圈。园区1.0（物业共享）、2.0（服务共享）主要是以硬件制造为基础，提供有形的"硬服务"，而园区3.0（标准共享）、4.0（产业共享）主要是以软件支持为基础，提供标准和产业的"软服务"。这个由"硬服务"变"软服务"的过程，正是打造现代园区核心竞争力的创新过程。通过建立管理、服务、技术等标准体系，拆掉技术、产品、市场壁垒，打通军地供需通道，破除科技成果转化障碍，实现园区4.0创新链、价值链、产业链高端运行的新兴业态。

高擎"融+"新理念建设多平台集群

融则赢，和则强。

李建东表示，作为海淀区军民融合发展"一核三带多平台"战略布局中的核心，军民融合产业园依托丰富的资源优势，结合军民融合产业和高精尖产业特点，吸引军民高端要素集聚。产业园提出"融+"理念，旨在以园区为平台，实现多主体多要素之间的深度融合。

园区先后与多家专业公司合作，搭建了军地对接、军地成果转化、军工资质认证、军事大数据、知识产权、标准化、金融、孵化加速、线上培训等多个平台，以股权参与或共同成立公司的方式进行运营。这些平台的搭建，实现了产业园"瘦身增高"，延伸拓展了园区的产业链，创新改变了园区的运营模式。注册成立了资本金上亿元的资产管理有限公司，与金融机构共同设立"军民融合"基金，使园区资产实现了倍增。合作成立的军工资质认证平台，为参军企业提供专业的咨询服务和业务培训。

值得注意的是，产业园的招商标准要求比较高，不仅是与军民融合相关的优势企业，海淀园管委会还会把关产业定位和入驻企业。当然，"家有梧桐树，不愁凤凰来"。包括中国船舶、中船海装、北斗导航、北京壮龙、砺剑防务、北方爆破、九天微星、中标慧安、弘大科技等在内的50多家优秀军企民企先后进驻园区，让园区汇聚了人气、提振了士气、充满了朝气。

这些入园企业既有国家级的企业分支，也有省市一级的知名企业；既有老牌子的"大块头"，也有新创立的"小中微"。它们主要集中在网络与信息安全、新材料、无人系统、大数据与人工智能、光电装备、高端海洋装备、通用航空与卫星应用和集成电路及核心传感器等 8 大产业领域；覆盖海、陆、空、火箭军、战略支援部队等军种和武警、边防军等各军兵种。它们的共同特点是：知识技术密集，科技人员较多，生命周期长，附加值高，年增长率是传统产业的 3 ~ 5 倍，是地区经济增量的主力军，也是聚集军民融合产业、引领科技创新的引擎。

"双轮驱动"战略下的生态环境再造

对于中关村军民融合产业园来说，既有产业园传统物理空间的承载功能，更有军民融合战略格局下的产业调整。那么，如何打造具有全国影响力的品牌主题产业园？园区人给出的答案是：用细节打磨品质，靠品质成就未来。

据李建东介绍，园区通过建立综合服务平台和军民融合专业服务平台实现"双轮驱动"的战略业已成型，包括工作生态、生活生态、文化生态和产业生态等在内的四种生态建设正在同步推进中。

其一，打造高端工作生态。园区楼宇是以 5A 标准建设的，在改造过程中，聘请建筑设计院专家为园区量身定制，设计了天幕和摩空间，打造了当地的又一个地标性建筑。产业园运用现代科技构建面向未来的智慧园区，基于云计算、物联网等先进技术，搭建了园区管理和应用服务两大平台，重点开发数字安防、智能物管和智能办公三大模块，通过信息化手段实现人员、车辆、环境、资产之间的信息互通和共享，实现园区智慧物联、智慧运营和智慧决策。

其二，营建良好生活生态。未来在园区工作生活的人数将达到 4000 人左右，大多数属于白领精英阶层，那么园区就要打造与之相适应的高端生活生态。当前园区积极与镇域内的教育、医疗、养老、社区等机构建立合作关系，帮助有需要的员工，特别是企业里的特殊人才，协调解决子女入学、就医、养老、廉租住房等生活难题；扩建出 1 万多平方米的下沉广场，签约了 20 多家国际一线品牌、国内知名品牌、网红品牌的商家，提供餐饮、健身、休闲等全方位的生活服务。

其三，构建优质文化生态。高端园区必须配套建设优质的文化生态。在硬件建设上，园区打造了大型天幕和造型别致的摩空间，成为极具特色的文化街景，同时聘请专业团队，精心设计下沉广场，突出设计的精细和文化元素，让每个点位都成为园区的一个文化符号；与专业团队合作，创建了园区的"融＋咖啡"文化品牌，配建图书角，提供高品质的文化服务，以后可随着园区的复制向外推广；在下沉广场经常组织文化活动，丰富员工 8 小时以外的文化生活，让园区在非工作时间亮起来、动起来、活起来。

其四，培育多维产业生态。围绕园区 4.0"产业共享"的目标，中关村军民融合产业园未来将着力培育"产、学、研、用"一体、供需对接一体、线上线下一体的依存共生、协同发展、互利共赢的多维产业生态。

至此，从生活、工作、文化到产业，四大生态耦合优化、合而为一，共同组成更高层次的生态链体系，从而全面推进军民融合更高程度、更深层次的创新发展。

（张汉青 《经济参考报》2018 年 11 月 2 日）

5. 北京丰台建立军民融合科技创新体系 "民参军"企业接踵而来

聚集 7 大军工集团、27 个军工研究所、35 个军工产业企业、科技人员 7 万余名、国家重点实验室和工程中心 13 个、省部级重点实验室 22 个……凭借得天独厚的资源禀赋，北京丰台区正一步步擦亮军民融合高地这张新"名片"，摸索建立军民融合的科技创新体系，越来越多的创新型企业聚拢而来，军民融合的步子迈得更大、走得更远。

作为北京唯一以军民融合产业集群为支柱产业的区，丰台区正一步步擦亮军民融合高地这张新"名片"，摸索建立军民融合的科技创新体系，促进军民双向技术交流。如今，越来越多向往参与军民融合的创新型企业向这块"磁石"聚拢而来。

新机遇唤起"民参军"热潮

如果把军民融合企业进行分类，那无疑是"军转民"和"民参军"两种。在北京重要的高技术创新基地——中关村丰台科技园区内，"民参军"企业正成为一股不容忽视的力量。

顾名思义，"民参军"即民营企业、民营资本，或以民品为主的国资进入军工行业。"这个行业里主要有两类人，一类是从体制内出来创业的'内行'，另外一类就是像我这样跨行进入的'外行'。"北京国卫星通科技有限公司创始人关超告诉经济日报记者。

关超"参军"的经历很有代表性。2005年，关超进入一家民营军工企业从事销售工作。"当时，虽没有大的政策引导，但随着一批科研项目上马，'民参军'迎来一个春天。"后来，这个从销售 GPS、北斗、惯性系统起步的年轻人凭着工作上的一股韧劲，不到30岁就成为行业内最年轻的总经理。

2015年，军民融合发展上升为国家战略。凭着10年积累的工作经验和对这个行业的热爱，关超加入创业大军，并把公司"安家"在对军民融合产业集群扶持政策高度重视的丰台科技园。

2016年，无人机产业呈爆发式增长。关超敏锐地切入了一个新市场——反无人机系统。一年后，一辆搭载国卫星通公司研发的反无人机系统的吉普车出现在天安门广场，参与执行党的十九大安保任务，之后又参加了今年全国两会的安保任务。这套国产化率达到95%以上的反无人机系统，由预警雷达、光电追踪、打击系统3部分组成，能在5公里范围内形成有效禁飞区，同时跟踪20个目标。通过及时发现、跟踪目标，并通过跟瞄、打击将无人机驱离或迫降，实现空域管理24小时不间断。

除反无人机这项主营业务外，国卫星通的导航产品还不断中标大型国家工程，进入航天器地面对接实验、无人深潜器等项目的供应商行列。

以丰台科技园为核心，丰台区汇聚了大量具备参与军民融合发展能力和意愿的创新型企业。北斗航天卫星应用科技集团实现了北斗卫星导航系统的一体化发展；威标至远科技发展有限公司的靶弹用于部队军事训练和实弹演习、科研院所武器装备科研试验和鉴定等领域；阳光凯讯科技有限公司研发的应急通信产品先后参与军事演习、反恐维稳、海上维权等重大活动60余次……

因势利导加速产业聚集

与始终"扎根"丰台的关超不同，埃洛克航空科技有限公司的创业者"为聚集而来"。"我们团队由两部分人组成，一拨来自航天集团的军工无人机团队，一拨来自互联网企业，从人员构成上就是一家军民融合企业。"埃洛克航空科技有限公司 CEO 王砚泽告诉记者，"我们打造了一条军用技术民用化的途径，享受了国家鼓励军民融合、鼓励科技人员创业的政策红利"。

2015年创业时，无人机行业里能做飞行控制系统的企业凤毛麟角。而埃洛克的军工血脉拥有的正是这个"大脑"部件的原创技术。从飞控系统到无人机整机，路越走越宽。即将迎来第四轮融资的埃洛克，已经成为高精度的空间数据服务商。

这家高成长公司选址时颇费思量。王砚泽说，来丰台就是看准了园区的产业集群政策和已形成的行业效应。在这里，埃洛克大展拳脚，业务横跨无人机、人工智能、地信测绘、互联网大数据、云计算。

企业蜂拥而至，不仅源于龙头企业的带动，更因为瞄准了"北京最密集"的军民融合科技资源禀赋。先天优势和政府的因势利导，让丰台军民融合的步子迈得更大、走得更远。

"北京有47所部队研究所，27所在丰台。"来自丰台区科委的数据显示，丰台集中了中国航天科工集团、中国航天科技集团、中国船舶重工集团公司等7大军工集团、27个军工研究所、35个军工产业企业，聚集科技人员7万余名，国家重点实验室和工程中心13个，省部级重点实验室22个。

2016年底，《北京市"十三五"时期军民融合深度发展规划》中提出丰台军民融合创新基地的概念。2017年初，打造"军民融合信息和科技资源高地、军民科技成果转化高地、军民高精尖产业示范高地、军民融合体制机制改革示范高地"的目标在丰台叫响。

围绕"军民融合产业园区建设、创新成果转化、产业培育、人才集聚、开放合作、金融服务"等体系，丰台一步步展开军民融合创新体制机制探索，畅通军民两用技术转化渠道，推动军民融合科技成果转化，加快军民融合高精尖产业发展。

目前，丰台科技园已经聚集了海格通信、元六鸿远、海丰通航等一批军民融合企业。航天科技集团、航天科工集团、兵器工业集团等"国字头"企业名下约50家企业入驻园区。其中，航天海鹰集团、航天科工惯性等一批航天应用技术企业，已经成为北京航天系统单位"军转民"的知名企业。

扶持政策破除行业"痛点"

军民融合板块一片繁荣背后，是短兵相接的激烈竞争。想脱颖而出，并不容易。

1992年在丰台园区注册的"元老级"企业元六鸿远电子科技股份有限公司拥有完整的多层次介电容器生产线，产品应用覆盖军、民领域，承接并圆满完成了"神舟""嫦娥""天宫一号"及长征系列运载火箭等多项国家科研生产任务。不久前，这家深耕行业26年的企业终于有了上市计划。

"民参军"企业做军工，为啥发展这么慢？"这是军工行业的特点决定的。"

丰台科技园区管委会相关处室负责人告诉记者，"民参军"企业做军品首先要过"军工四证"关，面临预研时间长、回款慢等共性问题。管委会对园区企业的调研发现，"能坚持下来的都是有情怀的企业"。

所谓"军工四证"是指武器装备质量管理体系认证、武器装备科研生产单位保密资质认证、武器装备科研生产许可证认证、装备承制单位资格名录认证，是军品市场的"进门卡"。具备资质后，企业还要有健全的人员、部门配备。

"承担预研项目，要先投入。从做配套起步到列装再到系统集成，往往需要 10 多年。"该负责人表示，由于军民融合板块的企业多属轻资产型，通过贷款融资的难度也相对较大。这也是越来越多企业选择军品、民品"两条腿"走路的原因。

此中甘苦，关超深有体会。但他更清楚地认识到，随着国家为军民融合发展提供并完善一系列制度和法律保障，军民融合产业无限潜力亟待开发，"我们要以市场需求为导向，不断进行技术创新，提高产品的市场占有率，让企业立足于军、服务于民"。

那么，政府还能做些什么呢？据了解，目前丰台科技园管委会主要是在子女入学、人才保障房等方面给予支持。针对前期调研中发现的"痛点"，丰台区政府正酝酿与中关村管委会联合出台对丰台军民融合产业集群的扶持政策。

此外，记者从丰台区科委了解到，丰台将加大对军民融合专项经费的投入，吸引和扶持天使投资和风险投资机构，降低科技型中小企业融资门槛。同时，积极推动与国家、市级各部门的沟通，争取更多项目进入国家、市级重大项目之中。

（杨学聪　中国经济网—《经济日报》2018 年 5 月 16 日）

6. 跨界融合打造北斗产业生态链

西昌卫星发射中心以"一箭双星"方式成功发射第 33、34 颗北斗导航卫星。由此，北斗卫星导航系统步入全球组网新时代，北斗产业也将进入新一轮的黄金机遇期。

但是，与美国 GPS 产业巨大规模相比，北斗产业还很弱小。"这主要体现在北斗产业的生态系统还没有真正建立，产业链条还不完善。"近日，在广州北斗时空产业园联盟成立大会上，中国工程院院士刘经南说。

他认为，通过军民融合发展北斗产业，龙头企业将发挥引领带动作用。

发挥龙头企业优势

军民融合的难点在于跨界融合，进而形成北斗产业生态环境。

那么，如何推动产业结构优化升级，打造北斗系统创新链、产品链、价值链，引领北斗时空技术及智能信息服务的跨越式发展，成为目前亟待解决的问题。

作为"北斗时空产业园联盟"的代表企业，同时也是军民融合高科技龙头企业，海格通信的前身是国营 750 厂，其核心业务是为海军提供舰用专装整机设备。目前已经快速发展成业内颇具竞争力的重点军工电子企业之一。

过去，海格通信紧跟北斗导航卫星系统的发展，抓住北斗二号系统建设机遇，潜心研究北斗导航技术，相继研制开发了北斗一号、北斗二号相关产品。多年的技术研发，让海格通信构建了从芯片、天线、模块，到整机、系统和运营服务的完整产业链，掌握了抗干扰、高灵敏度、高动态、高精度、卫惯组合、守时授时、芯片设计等多项关键技术。

如今，通过跨界融合，海格通信在智慧城市、智能交通等方面打通应用链，进一步拓展了行业应用和大众应用的市场空间。"海格通信在全产业链的基础上，构筑芯片化、高精度等核心技术竞争优势，同时以高精度平台为主线，提供'平台＋服务'的系统解决方案，实现了海格北斗的规模化发展。"海格通信副总经理刘彦说。

目前，海格通信的军民融合又上了一个新台阶。记者在采访中了解到，北斗产业园目前正在主推"1+N"的布局。"1"指以海格通信北斗产业园为核心，发挥海格通信龙头企业作用，辐射广州科学城"N"家北斗知名企业，推动产业集聚和军民融合发展，形成以北斗技术为主导，导航与位置服务、大数据、通信、互联网等兼具发展的"1+N"现代产业体系。

构建北斗导航生态体系

作为军民融合的先行者，海格通信的"融合之路"非常清晰。"海格通信将通过加大北斗导航领域资本运作力度，依托北斗时空产业园联盟搭建的平台加强企业强强联合。同时将与高校、科研机构合作，积极引入高层次人才，推动跨界融合创新，催生一条以高精度位置服务生态链、北斗三号 RDSS 服务生态链、智慧视频服务技术生态链等三大生态为核心的北斗导航产业生态体系。"刘彦说。

按照海格通信的战略步骤，将逐步成为北斗导航领域的领军企业，支撑北斗位置服务战略性新兴产业快速发展，实现北斗＋实体经济深度融合，在中高端消费、创新引领等领域培育新的增长点。

作为北斗产业发展的平台和纽带，北斗时空产业园联盟将联合整合各方资源，推动产业结构优化升级。联盟理事长刘经南院士说："为北斗产业的健康发展，联盟将在协调、配置、整合资源上发挥作用，逐步推进北斗产业园向特色化、专业化、集群化发展，构建园区发展新生态。"

（龙跃梅 《科技日报》2018 年 9 月 5 日）

7. 雷神智能装备叶斌："硬科技"助力军民融合深度发展

2018 年 10 月 23 日，在西安航天基地通航产业园内，一辆军用无人察打攻击车正在地面"巡逻"。该装备由陕西雷神智能装备有限公司（以下简称雷神公司）研发推出，具备实时通信图传、双向传输控制遥控等高新尖端技术，可实现定线巡逻、侦察攻击、要地防卫、反恐维稳、后勤保障运输、抢险救援处置等功能。

作为国内领先的硬科技军民融合企业，雷神公司拥有完整自主知识产权和核心技术研发团队，定位于我军地面无人智能平台核心技术创新服务者和无人智能装备系统集成供应商。"为了满足打赢未来高科技信息化战争的需要，在西安军民融合的大背景下，雷神智能装备应运而生。"雷神公司董事长叶斌表示，未来，希望这些来自西安的"硬科技"产品，能在空地无人协同领域进行创新战术战法的研究和应用，提升我国军事水平和综合实力。

军民融合催生"硬科技"企业

当前，西安正全力推进军民融合平台建设，发展先进制造业。西安把军民融合改革作为发展的重大机遇，在"军转民""民参军"过程中形成全要素、多领域、高效益的发展格局。如今，军民融合产业正在加速"孵化"，雷神公司就是其中的典型代表。

据了解，雷神公司成立于2016年，由中科院西安光机所中科创星投资孵化。该公司研发的军用地面无人侦察攻击平台和警用全地形反恐镇暴无人车，弥补了我军地面无人平台领域的短板，产品全部拥有自主知识产权，获得多项发明专利。

"西安良好的军民融合政策让公司得到了快速发展的机会。这里科研院所众多，科研人才资源丰富，这对硬科技企业来说，是历史机遇。"叶斌称，作为初创企业，西安光机所中科创星也给予了公司很大支持，促成企业和政府、投资机构的对接，正是得益于西安的优势资源，才使公司步入了发展的"快车道"。

"硬科技"加速科研成果产业化转化

据了解，雷神公司目前正在研发的产品其关键技术指标全部对标国际先进装备，在某些技术指标上已经与国际先进水平相当。其中，轮式军用地面无人察打平台和正在研发的警用全地形反恐镇暴无人车，均为国内首创。

为了将最顶尖的人工智能无人平台技术和察打系统技术落地并转化，雷神公司还建立了以中国工程院欧阳晓平院士为核心的院士专家工作站，主要在"高能智能打击平台、辐射探测侦察平台、空地无人协同战术平台与辐射探测技术"等关键技术上开展创新研究和技术攻关，院士专家工作站将瞄准国家重大项目课题，结合国防反恐战略需求、应急民用等民生需求在全国范围内实现产业化。

"建立院士工作站，就是为了将院士的科研成果进行产业化转化，在院士工作站的指导下，丰富平台单元，协助科研成果落地。"叶斌说。

据悉，未来，公司还将陆续推出"雷神""Thorera""Thunderoc"等系列品牌的无人车、无人机。叶斌说："硬科技没有'泡沫'，它是实际科研技术的积累，雷神公司将继续秉承专业、专注的工匠精神，努力为军、警、民多用途空、地无人平台的发展贡献力量，努力为军民深度融合事业贡献力量。"

（光明网2018年11月1日）

8. 山西太原打造军民融合创新基地

记者从山西太原市政府获悉，太原市将在全市域打造军民融合创新基地，争创国家级军民融合创新示范区。

太原是国家国防军工产业布局的重要城市，目前已形成特种化工、信息产业、节能环保等多个军民融合产业，在军民融合技术研发、成果转化和产品制造等方面具有一定产业基础和优势。

据介绍，太原军民融合创新基地将以先进制造业和新材料为主攻方向，突破阻碍"军转民"和"民参军"进程的体制机制障碍，探索一批军民共建共享的新模式新路径，全力打造先进装备制造产业集群、新材料与特种材料产业集群、电子信息与节能环保产业集群。

目前，基地已签约项目20个，总投资近600亿元，涵盖了航天航空、装备制造、新材料、电子信息、节能环保、绿色食品等领域。太原市提出，到2020年基地将完成投资1000亿元，实现工业总产值400亿元，经济总量达到200亿元；到2030年，基地完成投资4000亿元，实现工业总产值2000亿元，经济总量达到1000亿元，基本建成国家军民融合创新示范区。

（马晓媛 新华社2017年12月27日电）

9. 江西"飞"起来——航空产业将成江西经济强劲引擎

2018年8月16日上午，江西洪都航空工业集团一架L15高教机，沿着3600米主跑道顺利降落在南昌航空城瑶湖机场。这意味着投资16亿多元的瑶湖通用机场正式启用。

江西"航空新闻"近期密集飞来：全国首个省局共建的民航适航审定中心在南昌成立、全国首个低空空域管理暨通航飞行服务院士工作站落户江西、江西民营企业研制的单发四座固定翼通用飞机滑跑成功、江西获国内首张无人机航空运营许可证……聚合一则则新闻，江西"飞"起来的姿态跃然纸上。在新中国第一架飞机诞生的江西，航空产业将成为经济发展的一大强劲引擎。

再树航空制造的江西新贡献

在洪都商飞公司4万平方米的车间，C919飞机长6米、直径6.5米的前机身部件刚完工，至此洪都已交付5架C919前机身和中后机身。C919是我国首款按国际标准自主研发的干线飞机，其前机身、中后机身均为"江西制造"，凝聚着洪都40项关键技术攻关。

1954年，新中国第一架飞机正是由洪都生产并在南昌首飞。如今，江西航空制造业规模位居全国前四，拥有两家国家布局的航空总装厂和两家"国字号"飞机设计研究所、8家飞机整机制造企业、65家航空企事业单位，是全国教练机、直升机研制生产核心基地，也是我国唯一同时拥有旋翼机和固定翼飞机研发生产能力的省份。

从外媒眼中的"空中明星"猎鹰L15高级教练机，到飞越世界屋脊的大型民用直升机AC313，再到可与国际先进武装直升机媲美的"树梢杀手"直10……这些航空明星都打着"江西制造"烙印。

江西省工信委表示，作为新中国航空工业的摇篮，江西要在新时代再树航空制造的江西新贡献，形成更大的航空制造江西优势。

开拓通航领域的江西新空间

从2014年的390亿元到2017年的740亿元，江西航空产业营业收入保持了年均20%以上的增速。面对被誉为"下一个万亿元黄金产业"的通航产业，江西"飞速"抢抓机遇，推动以制造为主的航空产业格局，向以制造为核心、航空运营为主干、航空服务为支撑的现代航空产业体系升级。

江西省委军民融合办介绍，中国军民融合技术交易中心、中国AOPA适航技术服务中心、中国国际飞行器交易中心、国家区域通航管理和服务项目等5大项目不久前在江西集中签约，助力江西开拓通航领域新空间。

"通勤航空生态产业链"正在江西形成。江西省工信委航空和船舶工业处处长吴安辉说，这条产业链以运营为切入点，集聚制造优势，拓宽运营途径，实现江西航空业上下游联动发展。执飞省内航线的"江西快线"将于2018年10月试运营，它上游连接着航空制造业，下游连接着航空服务企业。目前江西9家通航运营单位获批，4家通航公司正在筹建，高安等多个通用机场完成项目核准或场址审查。

"通航＋旅游""通航＋体育"新业态在江西快速兴起。2017年底，第18届亚洲跳伞锦标赛在江西吉安桐坪机场举行，29个国家和地区的近300人参赛，10余万人现场观赛。在桐坪，轻型飞机空中体验飞行、跳伞等航空运动异彩纷呈。武功山旅游区被列为国家通航旅游示范工程，南昌和景德镇入选全国首批26个通航产业综合示范区，乘直升机将是游江西新选择。

谋划现代航空的江西新作为

8月高温下，以"百亿投资千亿产业"为目标的景德镇市吕蒙航空小镇正在紧张建设中，已落户3家飞机整机生产企业、31家飞机零部件企业和2家通航运营企业。以航空文化和航空运营为特色，桐坪、共青城等航空小镇也在规划建设中。

这是江西"飞"起来的航空梦想：让航空产业大起来、航空研发强起来、江西飞机飞起来、航空小镇兴起来、航空市场旺起来。围绕到2020年全省航空产业营业收入突破千亿元、从航空资源大省向航空经济强省转变的目标，江西出台了一系列鼓励航空产业发展的政策举措。2017年，江西出台《加快推进通航产业发展的若干措施》，着力破解制约产业发展的通用机场及服务保障设施不完善、通航作业项目类型单一等难题，规划推进了通航机场和直升机起降点建设、南昌航空城和景德镇直升机生产基地建设，制订了基本实现2030年"市县通"与"县县通"的直升机通航运营规划。

针对人才短板，江西提升航空领域开放合作，与中国民航局、北京航空航天大学等建立战略合作。南昌航空大学与中国航发集团共建国内首个航空发动机学院，江西飞行学院正抓紧筹建。

致力实现现代航空梦，江西正努力在"飞"。

（刘菁 李美娟 新华社南昌2018年8月17日电）

10. 广东首个军民融合产业小镇落户肇庆

2017年7月4日，"肇庆·保利军民融合产业小镇"合作签约仪式在肇庆举行。肇庆市将与中国保利集团合作，整合相关人才、资金和产业链资源，在肇庆高新区打造广东省内首个军民融合产业小镇，形成新的军工科技产业集群。

据了解，签约仪式得到了肇庆市委、市政府以及多方的重视。中国保利集团公司总经理张振高，以及国防大学和肇庆市的多位领导出席签约仪式。

创新模式——军民融合推进肇庆新型城镇化进程

"肇庆·保利军民融合产业小镇这一项目，符合中央战略，符合未来发展趋势，也符合肇庆的实际。"肇庆市市长陈旭东说。

据了解，军民融合是国家战略，关乎国家安全和发展全局，既是兴国之举，又是强军之策。按照上级要求，做好军民融合深度发展的命题，既要发挥国家主导作用，又要发挥市场的作用，形成全要素、多领域、高效益的军民融合深度发展格局。

"希望双方深化合作共建，努力把这一项目建设成为军民融合发展的典范，助力肇庆加快发展。"肇庆市委书记赖泽华说。赖泽华表示，上级提出要把军民融合发展这篇大文章做实，加快形成军民深度融合发展格局。这次双方合作，就是军民融合发展的具体实践。肇庆有悠久的历史文化、丰富的自然资源、良好的区位交通，后发潜力巨大。

陈旭东表示，该项目是军民融合发展的创新实践，符合国家推动"一带一路"、粤港澳大湾区发展战略，与肇庆提出打造宜居宜游宜业城市和"绿富同兴"发展理念高度契合，能进一步提升肇庆市军民融合发展的深度、广度、高度。肇庆将坚持安商重商扶商发展理念，深化"放管服"改革，转观念、转作风、转职能，为项目建设提供最优质服务，合力推动项目加快建设，争取早日建成出效益。

张振高介绍，保利集团的自身定位与肇庆市的产业规划和发展路线高度契合，"肇庆·保利军民融合产业小镇正是在这一背景下应运而生，具有里程碑式意义。"笔者了解到，肇庆·保利军民融合产业小镇是广东省内首个军民融合产业小镇，将成为中国保利集团即将在广东省建设的"一心多点"军民融合中枢产业园区的重要组成。该中枢产业园将军民融合信息流横纵打通，实现军民融合的系统化和合理化落地。

肇庆·保利军民融合产业小镇作为都市经济的高级形态，将以其创新理念推进肇庆新型城镇化进程建设，为肇庆增添区别于其他城市的自身特色和文化印记，打造一张被世人铭记的特色名片，"也将有利于肇庆对接粤港澳大湾区建设，走出一条具有肇庆特色的城市发展新路子。"张振高表示。

一轴三区——集合产业园和主题公园等多种业态

据了解，肇庆·保利军民融合产业小镇将提供就业岗位8000个。项目预计总投资100亿元，总用地约5000亩，定位于"军事文化、旅游、科技产业的综合体"，将发展成集军事博物、军训拓展、特色运动、旅游休闲、军民产业园等多种业态为一体的复合型项目。

在空间布局方面，该项目规划了"一轴三区"，即以军民融合大道这"一轴"，串联起军民融合产业园、国防主题公园、文化主题小镇"三区"。

其中，军民融合产业园作为小镇的核心，定位打造为军工科技产业集群。产业园主要由军民融合科技谷、国防大学培训中心组成，整合人才、资金和产业链资源，提供研发、孵化场所。

同时，上述产业园还将建设国防论坛、军事主题酒店、军事主题商业街区等配套设施，打造军民融合高峰论坛会址。全部建成后，可集文化、艺术、休闲、购物于一体，提供多元化的配套设施和服务。

其中，国防主题公园用地面积最广，大约3200亩。公园为一心、一轴、多组团镶嵌式规划结构，包括爱国主义教育基地、国防动员训练中心、军事运动梦想营地三大主题区。

此外，"三区"中的文化主题小镇，除了军事文化主题，还包括影视科幻主题，将依托优美的山林湖环境，打造成融合军事科技、影视科幻、文化艺术的特色小镇。

据了解，国防主题公园建设完成后，预计年接待游客300万人次。此外，产业园中的国防大学培训中心，预计每年可训练大中院校学生、机关、企事业单位人员5万～7万人。

（熊程 《南方日报》2017年7月5日）

11. 佛山顺德军民融合创新产业园投入使用

2017年12月28日上午，以"科技创新，强军兴业，融合发展，协作共赢"为主题的新时代军民融合深度发展论坛在佛山新城召开，同时举办了佛山顺德军民融合创新产业园揭牌及广东省空间网络工程技术研究中心授牌仪式，及首批 12 个入园项目的签约仪式。

中国指挥与控制学会监事长戴浩说，广东省作为中国经济第一强省，在军民融合创新产业发展的进程中，必须走军民融合深度发展之路。既要坚持全方位融合，促进信息、技术、人才、资本、设施、服务等要素的军民双向流动、渗透兼容；更要坚持多领域融合，向多元经济成分延伸，由经济、科技、教育这些行业向全社会覆盖，由传统安全领域向新兴安全领域拓展，为全国"军民融合"提供广东经验。

佛山市委书记鲁毅认为，佛山民营经济发达，制造业基础雄厚，市场环境好，顺德连续多年蝉联全国百强区冠军，推动军民融合深度发展具有坚实的基础，应抢抓建设军民融合创新示范区的先机，继续发挥优势产业支持带动作用，坚决拆壁垒、破坚冰、去门槛，推动佛山军民融合步伐越来越快，发展越来越好，以军民融合为抓手，提升佛山产品质量，助力佛山产业转型升级。鲁毅还说，健全的功能服务平台是引导优势民营企业进入武器装备科研领域的纽带和桥梁，通过政策的支持与引导，发展军民两用技术创新创业，探索军民融合协同发展。

在首批入园项目的签约仪式上，天基物联网 DCS 系统、微波光子雷达、X 波段阵列天气雷达、军民两用产品可靠性保障平台、供应链管理平台、军民融合科技服务平台、低空核辐射监测系统、大超人 CDSS 系统、信息安全支撑平台、网络空间安全学院、数字家庭公共技术平台、军用隐形材料项目这 12 个重点项目签约入驻。

此外，中国工程院姜会林院士，国防科技大学宋君强院士，全国政协常委、国务院参事室李玉光参事，国家科技部创新发展司余健副司长，广东省科技厅何棣华副巡视员，佛山市委常委、常务副市长蔡家华，市委宣传部长、顺德区委书记郭文海等也出席了签约仪式。

（崔凌云　新华网 2017 年 12 月 28 日）

12. 海口枭龙 AR·VR 军民融合产业园
在海口高新区开工

2018 年 6 月 20 日上午，海南省宣布建设自贸区（港）后引入的首个虚拟现实项目——海口枭龙 AR·VR 军民融合产业园在海口国家高新区美安生态科技新城正式奠基开工。项目总投资 2.5 亿元人民币，预计 2 年后正式投产。

《中共中央　国务院关于支持海南全面深化改革开放的指导意见》中明确提出鼓励海南发展虚拟现实技术。在以互联网、物联网、人工智能、大数据等为代表的下一代信息技术中，AR、VR 是重要代表。海口枭龙 AR·VR 军民融合产业园项目计划占地 50 亩，涵盖光学模组、主板、摄像模组、模具、后线组装、综合测试、老化测试，对应多个实验室、产品设计，开发、展示等需求。项目总投资 2.5 亿元人民币，随着生产能力逐步提升，自 2020 年开始，年产值预计 3.5 亿元左右。

北京枭龙科技有限公司总裁、海南世纪枭龙光学科技有限公司董事长吕云波说，目前海南正在逐步探索建设自由贸易实验区（港），而 AR·VR 产业又是一个未来的新兴产业，所以对项目在海南的落地充满信心。关于产业园的定位，吕云波介绍，将打造成一个有领先技术支持的平台型项目，希望未来不仅有全国相应的 AR·VR 上下游企业，甚至全球的科研企业都可以开展更多的合作。项目不仅有技术基地，还有综合服务中心，将建立一个从研发到生产到项目支持的孵化平台，让最先进的技术在海南诞生并且推广到全球。项目预计 2 年后正式投产。

中国社会经济调查决策咨询中心副主任、中国管理科协研究院品牌推广委员会副主任、品牌管理学者刘瑛介绍，海口枭龙 AR·VR 军民融合产业园落户海口国家高新区后，将 AR·VR 前端技术带进高新区，可以有效地带动海口国家高新区的社会效益品牌。此外，产业园产品研发后将第一时间在海南落地，对海南的旅游业将有较大地促进作用。例如娱乐领域、旅游领域，引入 AR·VR 技术，将使海南冲破旅游淡季的限制，同时能带动高科技旅游产品落户海南，改变海南旅游产品结构，为海南的旅游产品带来质的变化。

海口国家高新技术产业开发区是海南省唯一的国家级高新区，是我国面向东南亚的高新技术产业门户、海南推进新型工业化的核心引擎，2017 年营业总收入完成 305.7 亿元。目前园区拥有各类专业技术人才 5000 余人，入园企业 1500 余家，其中高新技术企业 56 家，上市企业 5 家。园区总体规划面积 55.42 平方千米，重点发展生命健康、低碳制造业、高新技术等产业。

（张瑜 王雯君 新华网 2018 年 6 月 20 日）

13. 银川军民融合产业园开园

2018 年 10 月 12 日，银川市在贺兰县举行银川军民融合产业园开园暨首批项目签约会议，宣布银川军民融合产业园开园。

银川市积极响应国家军民融合发展战略，与中国电子信息产业集团有限公司合作共建银川军民融合产业园。银川军民融合产业园由产业基地和创新基地两部分组成，产业基地用于落地实施军民融合重大产业项目并提供配套服务保障功能；创新基地主要服务于军民融合领域技术研发引进、模式创新和成果转化。银川军民融合产业园依托双基地的运维模式，面向全国及"一带一路"沿线国家和地区，重点围绕国防保障、信息安全、智能制造、新材料运用等方向，构建新型军民融合产业体系，为实现银川高质量发展提供新动力，为筑牢西北安全屏障提供新平台。

为加快推进园区建设，银川市政府与中国电子信息产业集团有限公司、中国航空工业集团有限公司、中国航天系统科学与工程研究院、中国兵器工业试验测试研究院、中国电子科技集团公司电子科学研究院等单位签约，内容涉及产业园区规划顶层设计、组建合作公司的制度安排和成立产业发展基金的金融支撑、新材料新能源和装备制造领域项目合作、共同搭建军民两用"双创"平台等，这些项目对于军民融合深度发展、产业创新、经济转型升级、提高城市竞争力有着重要的现实意义和长远的战略意义。

（徐佳敏 刘娜 《宁夏日报》2018 年 10 月 15 日）

十二、金融融合

1. 中国国防金融研究会在京成立

2018 年 5 月 12 日，中国国防金融研究会成立大会在北京举行。

据悉，该研究会是以军民融合方式组建的全国性、学术性、非营利性高端智库，旨在进行理论研究、政策分析、方案设计和学术交流，为国家和军队提供决策咨询服务。研究会成立后，他们将开展国防金融基本理论、应用理论、前沿问题等相关情况的研究；围绕国防金融领域的重大问题，举办论坛和研讨活动，为增进了解、沟通情况、交流信息、分享成果提供渠道和平台；推动以金融手段扶持有广阔应用前景和重大价值的技术创新，促进高新技术向国防和军队建设运用转化，发挥技术孵化与技术应用的桥梁和纽带作用等，在全社会汲取和整合配置国防建设资源，从资本层面推动军民深度融合。

与会专家表示，采取国防财政和国防金融两条腿走路、双轮驱动的模式，支撑国防和军队建设，是现代西方发达国家的普遍做法。在我国由大向强发展、国防和军队能力建设亟待提升的关键阶段，更应充分借鉴发达国家的有益经验，在国防财政的基础上，走开国防金融发展的路子。国防金融是一种极具发展前景的新型金融形态，已成为建设现代国防的强大推力，善用国防金融来撬动国家整体资源实力，能对财政性国防投入形成助力和补充，为军事力量走出去和"一带一路"战略实施提供智力支持。

在 12 日召开的首次会员大会上，审议通过了《中国国防金融研究会章程》；选举产生了国防金融研究会理事长、秘书长和常务副秘书长。来自国防大学、民政部、国家开发银行等研究会单位会员的法定代表和个人会员共 130

余人出席会议。

（褚振江　人民网 2016 年 5 月 12 日）

2. 军民融合：金融支持如何确保高质量

金融是现代经济的血液，金融和实体经济互为依托，相互促进、相辅相成。在军民融合深度发展实践中，怎样推动财政主导融资向多元化金融创新服务体系转型，进而为中小企业"蝶变"开辟通途？四川省绵阳市的探索实践，给出了有益的参考答案。

一、中小企业"融资难""融资贵"如何化解

政策扶持＋金融支持：应急转贷资金应运而生

有人说，绵阳之所以能够在军民融合的道路上越走越远，在于清醒地认识到，形成军民融合产业"万马奔腾"的格局，需要大型企业高质量发展，也需要更多中小型企业健康成长。

2017 年 4 月，绵阳在全国率先制定实施《军民融合企业认定管理办法》，全市共有 321 家企业通过了认定。然而，"融资难""融资贵"却是中小企业普遍面临的难题之一。

"根据《绵阳银行业支持军民融合发展的九条措施》《绵阳银行业推进军民融合金融服务工作指导意见》等文件，通过认定的军民融合企业在贷款时可以享受一系列便利和优惠。"中国人民银行绵阳市中心支行相关负责人介绍，绵阳还十分注重金融系统与财政系统联动，专门出台了《绵阳市实施财政金融互动和支持企业直接融资财政政策的意见》等 10 余份政策文件。

规模为 1.11 亿元的科技型中小企业信贷融资业务风险补偿资金设立之后，分别注入 8 家合作科技信贷专营机构，对出现的风险予以补偿。截至 2018 年 6 月底，已促进 6 家合作银行累计向 659 户中小企业发放贷款 73.78 亿元。绵阳还设立 2.6 亿元的企业应急转贷资金，帮助企业还贷续贷应急。截至 2018 年 6 月，已为 137 户企业支出 245 笔，共计 17.4 亿元，有效缓解了企业的燃眉之急。

令人欣喜的是，绵阳市中心支行通过开办"军民融合票据通""央行小微票

据通"等业务，为定向精准支持中小型军民融合企业发展提供了源源不断的资金支持。

促进银行业金融机构扩大信贷增量、促进保险业金融机构扩大服务保障、促进准金融机构发挥补充作用……一系列政策相继实施，绵阳市成功引导金融资本加大了对实体经济投入，加大了对军民融合企业投入。

二、一系列"全国首家"的诞生究竟意味着什么

科技城特色＋多层次覆盖：运行体系日趋完善

2017年6月，天府（四川）股权交易中心军民融合（绵阳）分中心挂牌成立。这家中心根据军民融合企业的发展规律、业务特征、保密要求等，量身制定了挂牌规则，挂牌企业可通过私募证券融资、股权质押融资等方式融资，为军民融合企业扩大直接融资规模提供了有力支撑。业内权威人士称，这也标志着绵阳在发展新型金融业态方面迈开了大步。

好政策，就要靠专业机构和专业人才执行。

近年来，绵阳市相继依托市工商银行成立了全国首批3家军民融合金融服务中心，依托市建设银行成立了全省首家军民融合银行事业部，依托地方担保公司组建了全国首家军民融合担保事业部。依托证券、保险、地方准金融机构，分别成立了行业军民融合产品研发中心。

后续动作同样赢得各界关注，全国首家军民融合科技支行、首家军民融合保险支公司、首家军民融合融资担保公司等军民融合专营机构，相继在绵阳落地。

作为配套措施，绵阳市还在信用资金使用、授信审查、保险赔付等方面充分考虑军民融合企业特点和需求，适当放宽监管要求，建立起差异化考核机制，提高军民融合专营机构监管指标容忍度。建立区别化的激励考核机制和独立化的信贷审批机制，在评级授信、审批流程等方面开辟"绿色通道"，并实施信贷计划单列，在年度信贷计划指标分配上，执行高于全行平均信贷增长计划10个百分点的信贷政策，进一步放宽回款条件。

截至目前，绵阳市设立的军民融合金融专营机构已达10个，彰显科技城特色，覆盖军民融合银行、担保、保险、基金、证券等多层次的金融专营服务机构体系初现雏形。

三、怎样量体裁衣开发针对性的金融产品

核心企业＋产业链企业：信用"增值"加快变现

2015年6月，绵阳被工信部和中国人民银行列为企业应收账款融资服务

全国两个试点城市之一。绵阳抓住机会,在全国率先探索走开了"核心企业带动供应链中小微企业融资"的标准化模式。

军民融合龙头企业具有上下游企业众多的特点,通过核心企业撬动的融资服务模式,实现对中小型军民融合企业的信用"增值",在一定程度上降低了中小企业在金融机构的信用风险考量门槛,提高了融资的成功率和时效性。

近年来,绵阳市金融机构针对中小型军民融合企业轻资产特点,量体裁衣,开发了一系列富有针对性的金融产品。

绵阳商业银行军民融合科技支行,成功推出"军工研发贷""军工资质贷""军工订单贷"等10余项专属信贷产品,这些产品在贷款抵押物上均放宽或取消了门槛。

"以'订单贷'为例,只要手上有订单,最快两个小时就可以从军民融合科技支行拿到贷款,不需要任何抵押物。"绵阳一家民参军企业的负责人介绍说。

无独有偶。绵阳市保险行业也在持续发力,专门开发出了以"军融保"专属组合产品为代表的军民融合保险品种。市金融办相关负责人介绍,绵阳市保险行业专门针对军民融合企业开发的科技保险品种已经达到10个、承保机构7家,能够为军民融合企业提供定制化、多样化的风险保障服务。

民间准金融机构,也为军民融合作出了不可低估的贡献。绵阳市依托地方担保公司组建的全国首家军民融合融资担保公司,立足科技城产业链布局,与银行金融机构研究开发了"科贷保""保贷通"等军民融合专项产品,已累计为军民融合企业提供了17笔、合计8500万元担保。

合理设置信贷门槛,缩短审批时限,降低办理成本,绵阳市军民融合企业的金融营商服务环境正进一步改善和优化。

四、融资对接平台跨部门信息数据库为何要提速

涉密资格+有效征信:融合共享延伸触角

2017年,攀钢集团江油长城特殊钢有限公司承接了某新型军品生产任务,因涉密问题不好把握,导致出现融资难题。

绵阳市商业银行军民融合科技支行了解相关情况后,快速成立专门的项目小组,深入企业实地考察项目及产品情况,最终决定采取项目资金封闭运行的方式管控实质信贷风险,向企业授信7000万元,为企业完成国防军工重点项

目提供了宝贵的信贷支持。

如何破解军民融合企业因保密因素带来的融资难问题？绵阳市商业银行军民融合科技支行从成立之初，就从建设上探索破题之道：聘请保密专家，要求相关业务人员考取"涉密人员资格证"，积极向国家国防科工局申报"军工涉密业务咨询服务安全保密条件合格证书"……一系列举措在增进互动的同时，也消除了军民融合企业对失密、泄密的顾虑。

登录由绵阳市高新区、绵阳市税务局联合地方企业共同搭建的"税鑫融"财税资综合服务平台，连通政府、企业、税务、银行四方信息，以税务为引领，融合军民融合企业财务、资金信息，作为企业融资有效征信依据的功能令记者耳目一新。

近年来，绵阳市还依托国家军民两用技术交易中心和四川货币信贷大数据系统，建立起了规范的军民两用技术成果评估、定价、流转机制。金融机构开展服务，有了更可靠的依据。

登录绵阳市中小微企业信用服务网及融资对接平台可以发现，跨部门的信息采集、更新、共享机制已经日趋完善。

据工作人员介绍，数据库目前已采集 4.1 万户企业的各类信用信息 130 万条，实现融资金额 93.3 亿元，还能作为政府部门实施奖补政策的重要参考。据悉，这些重要金融基础设施建设还在进一步提速中。

（方帅 《解放军报》2018 年 9 月 1 日）

3. 国创基金成立：总规模 1500 亿 主投军民融合高科技产业

2018 年 5 月 16 日，在国务院国资委的指导下，总规模 1500 亿元人民币的中央企业国创投资引导基金（以下简称"国创基金"）在北京创立。

国创基金由航天投资控股有限公司代表中国航天科技集团公司联合中国中车集团、国新国际、中国保险投资基金、中国工商银行、中国邮储银行、上海浦东发展银行和北京市政府等发起设立，总规模 1500 亿元人民币，首期规模

1139 亿元人民币。

该基金将主要投向处于世界先进水平、技术已经过产业化验证、市场空间巨大、成长迅速的航天、核能、船舶等军民融合产业，高铁、先进电网装备、新一代信息技术、清洁能源、新能源汽车等产业；并对量子通信、3D 打印、机器人、石墨烯、碳纤维、高温合金、高强轻质合金、生物医药、节能环保等一批中央企业优质项目，进行投资布局。

据介绍，设立国创基金的主要目的是增强中央企业科技创新能力，突破关键核心技术，培育世界一流企业；发展壮大战略性新兴产业，培育发展新动能；推动中央企业间、中央企业与其他主体间的协同创新。

而除了与中央企业合作外，国创基金还将依据中国航天科技集团公司等中央企业具有的技术优势，结合地方特色优势产业，探索与地方政府共同成立基金，促进央地合作、协同发展，使中央企业项目能够更好的融入地方经济，满足地方需求。目前，国创基金正在与陕西、四川等地方政府研究洽谈合作。

国创基金采用有限合伙制，国创基金管理有限公司及基金近期已在北京市顺义区完成注册。

国务院国资委主任肖亚庆、副主任徐福顺及有关司局的负责同志，国家发改委、科技部、财政部、国防科工局、证监会等部委和北京市政府的有关负责同志；国创基金合伙人单位负责人，以及相关中央企业负责同志参加了基金创立大会。

中国航天科技集团公司董事长雷凡培在致辞中指出，航天科技集团牵头发起设立国创基金，以中央企业为主体，发展壮大新一代信息技术、高端装备制造、新材料、新能源等战略性新兴产业，体现了军工行业在国家科技创新中的排头兵作用。他介绍，近年来，航天科技集团积极通过发起设立专项基金的方式推动科技创新发展，集团控股的航天投资控股有限公司已发起设立产业投资基金 8 只，总资金规模超过 2000 亿元，投资项目 116 余个，投资金额 350 余亿元，在基金募集、基金管理、投后管理等方面积累了丰富的实践经验。

会上，国创基金还与一汽集团、东风汽车、中车集团等中央企业签订了投资国华军民融合产业发展基金、中央企业新能源汽车产业发展基金、高铁装备基金三只产业发展基金的框架协议。

（佘惠敏　中国经济网 2017 年 5 月 16 日）

4. 中国拥军优属基金会中华艺术专项基金管理委员会在京成立

中国拥军优属基金会中华艺术专项基金管理委员会于6月5日在京正式成立。该会的成立旨在搭建一个"弘扬中国精神，凝聚中国力量"的艺术沟通平台，充分争取社会各界的支持，广泛募集资金，资助开展拥军文化艺术合作、促进多元文化艺术交流，系统、规范、持续地开展与艺术相关公益文化艺术事业。

中国拥军优属基金会（下称基金会）是经国务院批准设立的全国性公募慈善机构。该基金会紧紧围绕党和政府的中心工作，践行基金会的宗旨，充分发挥各方的资源优势，广泛动员社会各方面力量，共同开创拥军优属、军民融合工作的良好局面。

中华艺术专项基金是中国拥军优属基金会的下属单位，主要工作内容是为解放军各战区和有代表性的师、旅、团分批筹建拥军艺术室，开展文化拥军优属活动，文化援建活动等慈善公益范畴之内的事务，并贯彻党的文化服务人民的方针政策，把握文化发展的正确方向，结合新的时代条件，为传承和弘扬中华优秀传统文化，做大、做强拥军优属慈善事业而努力。

中华艺术基金管委会执行主任兼秘书长侯立杰、常务副主任龚建欣、常务副秘书长王红；中央国家机关美协主席、中共中央办公厅秘书局贾海禄局长、中国书协理事王阔海；中国人民军事博物馆书画院常务副院长李洪海在会上分别致辞。国务院新闻办原秘书局汪兴明局长、原国务院扶贫办乐远章局长、全国政协委员、中国工艺美术学会唐克美副会长、民政部资深双拥专家史为勤、解放军马振邦将军、陶景顺将军、黄金元将军、涂国政主任等出席了本次活动。

（人民网 2016 年 6 月 6 日）

5. 上海海银设立军民融合产业基金

由海印公益基金会牵头发起的、规模达100亿元人民币的军民融合产业基金日前在上海成立，同时成立的还有上海海银公益基金会退役军人专项基金，规模达1000万元人民币。

据悉，军民融合产业基金偏金融属性，将通过市场化运作，以军民融合项目、退役军人双创、明星军工基金和军工并购基金为主要投资方向，支持军民融合的重点产业以及退役军人自主创业的、有潜力的优质企业和项目。

作为慈善公益性质的基金，退役军人专项基金将秉持"授人以渔"的理念和宗旨，通过职业培训、岗位提供等方式给予退役军人支持和关爱，促进中国退役军人的职业发展。

发布会上，海银就退役军人创业就业服务和军民融合产业投资等事宜与中关村联创军民融合装备产业联盟、深圳国际公益学院、上海紫竹创业孵化器有限公司和汉卫国际安全护卫有限公司等机构签署战略合作协议，携手社会各界力量，共同助力强军事业。据悉，上述两个基金将落实"三个1"的目标，即募集100亿元投资基金、提供1000万元慈善基金、在三年内落实1万名退役军人的就业安置。

今后，海银将与相关战略合作机构和企业一起，大力发掘和支持军民融合的优质企业和项目，做好退役军人就业安置、创业孵化和技能培训，为老兵们提供更多服务与保障。

（龙二　经济参考网2018年3月21日）

6. 国内首只军民融合指数在沪发布

2018年1月12日，由中航资本控股股份有限公司、中国社科院旗下国家金融与发展实验室、中证指数有限公司合作开发的"中证中航军民融合主题指数"在上海正式发布。

　　"中证中航军民融合主题指数"简称军民融合（指数代码：931066），成分股选取军民融合领域100家具有代表性、产业引领、产业优势及行业排头兵企业，并运用科学的统计计量模型建立的能综合反映资本市场军民融合发展总体态势的军民融合指数。该指数以2012年12月31日为基日，以1000点为基点，样本股每半年调整一次。指数标的聚焦涉军尖端技术及军民通用相关行业，能够有效地将波动性与稳定性有机结合，历史回测收益表现良好。

　　据中航证券金融研究所首席军工分析师李欣介绍，"中证中航军民融合主题指数"是我国资本市场首只响应国家军民融合发展战略的二级市场指数，由中航资本和国家金融与发展实验室、中证指数公司合作开发，中航资本子公司中航证券具体编制。指数综合反映军民融合板块中的代表性企业在A股的整体表现，不仅成为收集、存储、管理、验证军民融合产业板块上市公司基本数据平台，还将成为市场投资者对军民融合产业投资的价值发现、参考基准和决策依据。

　　航空工业副总经理吴献东指出，中航资本多年来在军工产融结合方面做了积极探索。希望以此次指数发布为契机，充分利用社会优质资源实现军民互补、产融互动，提升航空产业和其他军工集团社会化整体协同能力，推动形成全要素、多领域、高效益的军民深度融合发展格局。

　　国家金融与发展实验室理事长李扬做《现代经济金融与军民融合发展》主题发言，提出推进军民融合是个"大文章"，要有大成果。

　　据了解，中航资本是我国第一家产业金融上市平台，拥有十二大央企军工集团旗下唯一的证券公司。该指数也是继中航工业指数和中证中航军工主题指数后，中航资本创设的第三个二级市场指数，将成为政府制定宏观和产业政策的依据、资本市场开发指数投资产品的优秀标的，是投资者对军民融合产业投资的价值发现、参考基准和决策依据，有助于打造收集、存储、管理、验证军民融合产业板块上市公司基本数据平台。

　　会上，中航资本和中国社科院旗下国家金融与发展实验室签订了战略合作协议、指数合作服务协议，同时与中证指数公司签订指数合作开发协议。

（新华网2018年1月1日）

7. 江苏省内首家军民融合专业银行在江阴揭牌

2018 年 7 月 27 日上午，江苏省内首家军民融合专业银行、军民融合金融服务中心在中国银行江阴支行正式揭牌。

中国银行江阴军民融合专业支行是在省发改委、省军民融合发展办、江阴市政府、无锡市发改委、中国银行江苏省分行、无锡分行的支持下，为发挥金融系统对江阴军民融合企业的支撑作用，推动军民融合产业发展壮大而成立的。成立后将依托江阴市雄厚的制造业基础，充分发挥国际化、综合化、全功能的服务优势，加强银企紧密协同，共同开创江苏军民融合深度发展新局面。

江阴市副市长杨云、中国银行无锡分行副行长何晓明分别代表江阴市人民政府与中国银行无锡分行共同签署了战略合作协议。根据协议，双方将全面开展结对党建活动，进一步加深在军民融合领域的金融合作，中行无锡分行将加大对江阴市军民融合重点领域信贷投放力度，协助军工贸"走出去"，共同建立协同创新机制等。

目前，践行军民融合战略、支持军民融合业务已写入中国银行总行新一期战略发展规划，中国银行江苏省分行徐效强副行长表示，江苏中行积极服务江苏军民融合产业发展，制定《军民融合"产融直通车"授信指导策略》，构建传统信贷、资产管理、直接融资、交易银行、并购业务、财务顾问的"六位一体"服务体系。目前江苏中行已与 230 家军民融合企事业单位建立合作关系，上半年投放贷款金额超 150 亿元，江苏中行将在试点基础上向全省推广。

中共江阴市委常委、副市长仲剑表示，省内首家军民融合专业银行落户江阴，体现着中行积极响应并践行军民融合发展战略、全力服务实体经济的使命和担当，今后将不断推进军民融合产业做强做大、持续打响"制造业第一县"品牌、促使经济高质量发展，把江阴打造成全省全国"军民融合＋金融创新"高地。

（马晓康　中国银行江阴支行 2018 年 7 月 27 日）

8. 山东设立军民融合产业基金　总规模 100 亿元

山东军民融合产业基金日前在青岛西海岸新区设立，总规模 100 亿元人民币。

据介绍，该基金由青岛军民融合发展集团有限公司、青岛西海岸新区民营企业联合投资集团有限公司共同发起。该基金作为母基金，前期计划下设基础设施基金、军民两用技术发展基金、医疗产业基金等三个子基金。其中基础设施基金主要用于支持涉及军民融合的土地征收、土地并购及一二级联动开发；军民两用技术发展基金主要面向军工、通信、新材料、新能源、生态环保等领域，进行军民融合产业导入和企业孵化；医疗产业基金主要涉及医疗机构收购、医疗机构建设和社区卫生服务中心建设。后期，母基金将根据发展情况增设不动产管理基金和文化、医养健康产业发展基金，以服务园区配套产业发展。

据了解，青岛西海岸新区是我国设立的第 9 个国家级新区，承担着军民融合和海洋强国两大国家战略实践任务，被赋予创建"军民融合创新示范区"的使命。西海岸新区将以此为基点，激活金融要素，实现资源高效配置，构建多元化投融资体系，推进军民融合深度发展。

（苏万明　新华社青岛 2018 年 3 月 28 日电）

9. 重庆成立首只军民融合领域创投基金

记者从重庆市科学技术委员会获悉，重庆科技风险投资有限公司联合上海新微科技集团、重庆临空投资开发集团有限公司发起的重庆上创科微股权投资基金近日在渝成立。据悉，该基金规模为 3 亿元，是重庆市首只专注于军民融合领域的创投基金。

上海新微科技集团是中科院上海微系统与信息技术研究所的高科技投资与资产管理平台。长期以来，中科院上海微系统所聚焦国防科技工业和战略性新兴产业发展,将特种宽带无线通信技术、微纳传感技术、特种物联网系统等多项国防领域具有自主知识产权的核心技术在应急、环境监测等民用领域进行成果转化和推广应用,并结合科技金融,形成了一个集军民两用前沿技术布局和研究、创业投资、孵化及产业化为一体的军民融合产业技术创新平台。

重庆市科委副主任牟小云在成立仪式上表示,重庆具备推动军民融合发展的良好基础和独特优势。此次重庆市科委联合渝北区、上海新微科技集团共同设立重庆上创科微股权投资基金,就是想通过科技金融合作,来培育一批具有竞争力的军民融合高新技术企业,推动重庆军民融合产业更好更快发展,打造西部军民融合产业高地。

（黎华玲 新华社重庆 2017 年 12 月 26 日电）

10. 四川推出"设备仪器贷"破解军民融合企业融资难

2018 年 10 月 24 日,一款名为"设备仪器贷"的银行创新信贷产品在四川军民融合大型科学仪器共享平台发布。这款科技金融服务产品,专门用于帮助科技型军民融合企业购置研发、生产所需仪器设备,解决其"无抵押、融资难"问题。

"作为一家以技术创新为核心竞争力的中小型军民融合企业,我们对大型科研设备的需求是刚性的,但购买这样的设备往往需要几十上百甚至上千万元。"四川绵阳赛恩新能源科技有限公司总经理刘昆明说,要让初创企业一开始就拿出这些资金根本不可能,向银行贷款也需要固定资产作抵押,还要付出很高的利息成本。

中国工商银行四川省分行副行长王涛说,"设备仪器贷"就是针对科技型军民融合企业高知识、高技术、轻资产,难以获得贷款的"痛点"而设计。产品依托四川军民融合大型科学仪器共享平台,采用政府风险补偿基金形式,具有"时效快、期限长、利率低、无抵押"的特点,专门为"军转民、民参军"企业仪器设备购买提供专项融资服务。

产品发布当日，绵阳赛恩新能源科技有限公司成为首批获得贷款的3家企业之一。刘昆明说，公司主要研发军民两用永磁电机，此次以科技型军民融合企业身份从工商银行绵阳分行获得一笔100万元的3年期无抵押信用贷款，年利率只需4.5%，资金将全部用于购买研发和生产设备，解决了企业新品研制的燃眉之急。

绵阳市副市长孙福全表示，绵阳是全国首批促进科技和金融结合试点地区之一，此次推出的"设备仪器贷"，在企业设备共享利用、开拓融资渠道、创新还贷方式等多个方面均有创新，将进一步拓宽金融服务实体的渠道。

（胡旭　新华社成都2018年10月25日电）

11. 50亿元军民融合知识产权运营基金落户四川绵阳

通过在绵阳深入实施知识产权战略，开展知识产权创造、运用、转移转化、融资等全链条服务，充分发挥知识产权作为科技成果向现实生产力转化的桥梁和纽带作用，为绵阳科技城建设提供更有力的支撑

2018年9月7日，以"知识产权金融助推军民融合大发展"为主题的2018中国军民融合知识产权金融高峰论坛在绵阳举行。当天，汇桔网、知商金融在绵阳签下多项战略合作协议，总规模50亿元的军民融合知识产权运营基金落户绵阳。

论坛上，汇桔网、知商金融与绵阳科发集团签署战略合作协议，合作方将共同出资发起成立总规模50亿元的军民融合知识产权运营基金。通过在绵阳深入实施知识产权战略，开展知识产权创造、运用、转移转化、融资等全链条服务，充分发挥知识产权作为科技成果向现实生产力转化的桥梁和纽带作用，为绵阳科技城建设提供更有力的支撑。

汇桔网、知商金融与绵阳科创园区管委会签署战略合作协议。根据协议，汇桔网、知商金融将投资28亿元，在绵阳科创园区打造"军民融合知识产权互联网金融平台及全国总部""汇桔宝企业人工智能大数据产业化云平台总部""国际知识产权技术转移产业基地总部"三大知识产权运营平台。

当天，汇桔网、知商金融还与建行四川省分行、工行绵阳分行签署战略合作协议。根据协议，合作方将共同研发新型知识产权融资产品，在间接融资、直接融资、融智顾问、私人银行等多领域进行业务合作，重点满足持有知识产权的科创类中小微企业需求。

（蒋君芳 《四川日报》2018 年 9 月 8 日）

12. 军民融合深化开启军工板块新机遇 精选 15 只潜力股

2018 年 4 月 2 日，在大盘小幅震荡下行的背景下，国防军工板块逆市上涨 2.47%，涨幅在 28 类申万一级行业中居于首位，个股方面，振芯科技收获涨停，此外，包括中航沈飞（8.5%）、耐威科技（6.36%）、国睿科技（6%）、中航飞机（5.82%）、内蒙一机（4.82%）等在内的 14 只个股也均涨逾 3%，综合来看，昨日板块中上涨个股共计 34 只，在所有可交易个股中占比超过八成。

事实上，近年来军民融合的不断深化已成为军工行业持续发展的重要助力，在 3 月 29 日召开的国防部例行记者会上，国防部新闻发言人任国强大校指出，要在新的历史起点上推动军民融合深度发展，着力做好加强战略引领、加强改革创新、加强军地协同、加强任务落实四个方面，并提出加快推进武器装备采购、国防科技成果转化；推进军民融合发展重点任务、重大工程落地见效等具体要求。

对此，业内人士表示，近年来，我国军民融合成效已显，在相关政策不断助推下，军转民与民参军两大产业模式加速融合，得以充分发挥民营企业在新兴领域的技术优势，为传统军工企业发展注入新鲜血液，有利于促成"小核心、大协作"的国防科技工业体系尽快建立。

资金流向方面，《证券日报》市场研究中心根据同花顺数据统计发现，昨日市场中共有近 7 亿元大单资金对 21 只军工股进行布局，具体来看，中航沈飞（20995.43 万元）、中航飞机（10700.18 万元）等 2 只个股昨日大单资金净流入均在 1 亿元以上，包括中直股份（9200.74 万元）、内蒙一机（4030.75 万元）、南洋科技（3961.46 万元）、中国卫星（3538.4 万元）、国睿科技（2865.81万元）、中航电子（2228.83 万元）等在内的 12 只个股昨日也均受到 1000 万元以上大单资金追捧，上述 14 只个股昨日吸金共计 6.69 亿元。

分析人士指出，得益于我国军用装备更新换代速度加快，相关上市公司实现降本增效，对自身业绩提升形成利好，同时国防军工板块估值处于近三年低位，结合周边安全形势变化来看，军工板块市场关注度有望提升，或进一步催化板块上行。

从业绩面上看，目前已有 22 家军工行业上市公司披露了 2017 年年报业绩数据，其中，南洋科技（187.17%）、洪都航空（177.89%）2 家公司报告期内净利润同比翻番，此外，新余国科、中航沈飞、中船防务、中航电子、中航飞机等 13 家公司 2017 年净利润也均实现同比增长。从已发布 2017 年年报业绩预告的上市公司数据来看，共有 9 家公司报告期内净利润有望实现同比增长，其中，鹏起科技（336%）、航天通信（234.4%）、北斗星通（142%）等3 家公司 2017 年净利润均有望同比翻番。估值方面，上述 2017 年净利润实现或有望实现同比增长的军工股中，新研股份、航天电子、天海防务、中航电子、爱乐达、中直股份、航发动力、中国卫星、新余国科、中航沈飞、雷科防务等 11 只个股最新动态市盈率均低于板块整体值，后市或迎来估值修复行情。

对于军工板块未来投资策略，国海证券建议按以下四逻辑展开布局：当前阶段重点发展以及装备需求确定性高的海空军装备领域的总装龙头企业，推荐中直股份、中航飞机、中航沈飞、中国动力；装备发展亟待突破、国家政策大力扶持的航空发动机、机载设备领域标的，推荐航发动力、中航机电、中航电子；具备一定行业壁垒，拥有核心技术优势，产品市场空间广阔的优质军民融合标的，推荐中航光电、中航高科、瑞特股份、菲利华、火炬电子、航新科技；集团资产证券化思路和目标明确，体外资产质优量大，上市平台地位确定的标的，推荐国睿科技、四创电子。

（莫迟 王珂 《证券日报》2018 年 4 月 3 日）

十三、信息融合

1. 全面提升网信军民融合的国民意识

"网信军民融合是军民融合的重点领域和前沿领域，也是军民融合最具活力和潜力的领域。"习近平总书记在全国网络安全和信息化工作会议上的重要讲话，为加强网信领域军民融合指明了方向，提供了根本遵循。网信军民融合涉及面广、影响力大，需要广泛动员军民商、产学研各界的广泛参与，首要任务是全面提升全民的网信军民融合意识，形成万众一心的磅礴力量！为此，结合国家网络安全宣传周的契机，为实现第 16 期钱学森论坛聚焦军民融合高质量发展的目标，尤其建议加强国民意识教育，在网信军民融合发展中突出培养"七种意识"。

一、网络主权意识

网络空间作为陆海空天之外的"第五类疆域"，是军民融合的全新领域，国家实施网络空间的管辖权，维护网络空间主权，都离不开军民融合，实现网络国防和数字经济的协调发展，才能让人民群众在网络空间新时代有更多的获得感、幸福感和安全感。尤其是在移动互联是"新渠道"、大数据是"新石油"、智慧城市是"新要地"、云计算是"新能力"、物联网是"新未来"的网络时代，中华民族面临千载难逢的信息化机遇，但也必须面对前所未有的重大挑战。要实现中华民族的伟大复兴，就必须应对网络化、数字化、智能化存在的现实和潜在风险，以"人人都在边防线、个个都是安防员"的网络责任感，用人民群众的实际行动，维护网络空间主权、安全和发展利益，始终把自己的命运掌握在自己手中。

二、网络发展意识

包罗万象的网络空间已经成为人类社会的命运共同体，蕴含着新质生产力，不仅重新定义了人们的生活生产方式，更成为世界发展的革命性力量。网信事业代表着新的生产力和新的发展方向，许多技术和产品军民通用性强。网信事业高质量推进，既能为经济社会发展注入强劲动力，也能为军队信息化建设提供强大支撑。因此，我们必须始终坚持发展就是硬道理，在更大的范围内，让更多的人民群众认识到网络强国、数字中国和智慧社会建设的重要性、紧迫性，将国家领导人网信军民融合发展的号召力，转化为万众一心的执行力，才能让世界第一网络大国的规模优势，转化为建设网络强国的质量优势。

三、网络安全意识

"网络安全为人民，网络安全靠人民"。让"没有网络安全就没有国家安全，没有信息化就没有现代化"的意识深入人心，让"网络信息人人共享、网络安全人人有责"的意识落地生根，这是举行国家网络安全宣传周的目的所在，也是网信军民融合高质量发展的重要基础。我们既要学会用老百姓听得懂的语言讲述网络安全风险，讲述网信军民融合的模式，也要善于用群众看得清的实力化解网络安全风险，用网信军民融合的力量让人民在网络空间有更多安全感，让网信军民融合的成果真正惠及你我他。

四、网络文化意识

网信军民融合面对的是生产生活新空间、国家治理新领域，也是亿万网民精神新家园。目前我国网民已经超过 8 亿，在网络空间中华文明传播中，具有举足轻重的决定性地位。应该加大网络舆情工作力度，正如习近平总书记在 8 月 21 日至 22 日全国宣传思想工作会议上所要求的，"自觉承担起举旗帜、聚民心、育新人、兴文化、展形象的使命任务"。我们要让广大网民在互通互联的网络空间发挥作用，使每一条网线都是网上"新丝路"，每一个声音都是网上"驼铃声"。网络空间为我们提供宣扬中华文化、借鉴世界文明前所未有的新平台的同时，也要看到，网上意识形态斗争也日趋激烈，急需军民融合团结如一人，打响网络空间新时代的文化保卫战。

五、网络法制意识

网信军民融合发展中加强法制意识培养，既要让网络空间晴朗起来，大力宣传上网、用网行为规范，引导人们增强法治意识，做到依法办网、依法上网；也要提升网络空间规则制定权和话语权，塑造国际网络空间良好秩序；更要支持网络国防建设，认识网络空间、网络边疆的特殊性，为网信军民融合发展提供良好的政策法制环境。为此，应该在《网络安全法》的基础上，尽快完善网络空间法制体系，让网信军民融合相关法规制度更加完善，让人人成为网信军民融合发展的支持者、参与者。

六、网络国防意识

网信军民融合的根本目标就是实现网络国防和数字经济的协调发展。在"全球一网"的时代，面对网络强国大幅扩充网络战部队、网络空间军事化加速的趋势，我们既需要国际层面的文化实力、国家层面的法制效力，更需要军队层面的军事实力。同时，我们要看到，网络空间"高手在民间"的情况更为显著，广大人民群众既是网络国防建设的坚定支持者，数字中国建设的勤劳实践者，其中也会不断涌现可以为国防建设作出重大贡献的佼佼者。为此，我们要尽快普及网络强国义务教育，梳理网信军民融合理念。只有这样，才能使我们有持续的力量支撑，从网络大国走向网络强国，做网络空间和平发展的中流砥柱。

七、网络合作意识

中国改革开放的方向不会改变。尤其是在网络空间这个全球联通的新兴领域，建立"和平、安全、开放、合作的网络空间，多边、民主、透明的国际互联网治理体系"是中国人民和政府的根本目标。习近平总书记提出构建网络空间命运共同体的"四项原则、五点主张"，就是网络空间国际合作的中国方案。建设"数字丝绸之路"，是我们网信领域国际合作的基本抓手。但与此同时，还必须认识到，面对网络霸权主义、网络恐怖主义、网络自由主义和网络犯罪等诸多共同风险，任何国家都无法独善其身，唯有加强合作，通过军民融合，才能凝聚力量、同舟共济、赢得未来。

（顾升高　人民网—理论频道 2018 年 9 月 27 日）

2. 中国航天"钱学森智库"聚焦数字中国建设

首届数字中国建设峰会 2018 年 4 月 22 日在福州开幕。中国航天十二院受邀代表中国航天参加本次成果展览会，聚焦数字中国建设，并现场宣布成立福州、厦门分院。

中国航天十二院表示，将以福州、厦门为中心，辐射我国东南地区，在军民融合产业、网络安全与信息化产业、钱学森创新教育推广等方面，打造具有航天特色的军民融合技术转移中心，军工产业园，全面推进数字中国建设的各项事业迈向新高度。

"在智慧领域如果只是搞单项的技术创新，中国永远站不到世界前列"。正如中国航天十二院院长薛惠锋透露，航天人正在筹划网络强国、数字中国和智慧社会建设的自主创新工程。

中国航天十二院此次参展的主题为"钱学森智库聚焦数字中国建设"，主要聚焦钱学森智库及其论坛的前瞻性、系统性成果。现场不仅展示了关于智慧数字领域建设的系统思维和星融网架构下智慧社会建设总体方案，更有面向智慧社会的管理驾驶舱、综合集成研讨厅等产品，能使政府治理、企业管理"手中有键""心中有数""脑中有策"，能够有力支撑管理决策由定性分析向数据支撑转变。

中国航天十二院表示，下一步，将以钱学森系统工程思维为指导，通过军民融合方式，围绕星融网"智魂、智脑、智眼、智心、智脉、智政、智业、智惠、智美、智环"的"十智工程"，进一步打造以"星融网"融入、标准规范提升、军民技术转化、机制体制探索、共享智慧文化等为代表的八大基础支撑工程，将人民群众对美好生活的向往落实到星融网架构的智慧社会建设之中，通过数字中国建设让人民有更多的获得感、幸福感和安全感。

（赵竹青　人民网 2018 年 4 月 23 日）

3. 提升国家网络安全实力　军民融合模式将大有可为

网络空间安全领域的军民融合一直是保障国家网络安全的重要抓手，360企业安全集团近年来携手多家机构，积极探索军民融合发展模式，呼吁共筑网络空间安全。

日前，由360企业安全集团牵头承建的"网络空间安全军民融合创新中心"正式成立。该创新中心以大数据协同安全技术国家工程实验室为依托，聚焦网络空间国防安全领域，提供与国际前沿接轨的网络国防安全智库服务和创新技术产业服务。

360企业安全集团董事长齐向东表示，"当前，网络空间已成为国家安全新边疆和战略博弈新阵地，网络空间安全是国家信息安全的重要组成部分，决定着社会的稳定、经济的安全和未来战争的胜负。面对新的安全形势，迫切需要加强军民融合创新，提升网络安全全国防力。我们通过建设军民融合创新中心，把360的产业技术优势向网络国防事业输出，为军民融合共筑网络空间安全开创新模式。"

据悉，该创新中心将创建网络空间军民融合"三种模式"：一是树立为军队服务意识，探索网络民企参军"需求主导"模式；二是驱动军民融合创新意识，构建军民网络安全"共建共享"模式；三是强化网络安全精品意识，完善网络装备技术"研用一体"模式。

其实"网络空间安全军民融合创新中心"的发起设立，也是360企业安全集团与多家军工企业与科研院所，不断推进网络空间安全合作实践的结果。近年来，360企业安全集团在军民融合方面的探索一直在扎实推进。

2017年12月8日，360企业安全集团与北京航天光达科技有限公司签署战略合作协议，以推动航天技术产业与城市经济融合，加快战略性新兴产业落地。

2017年12月28日，360企业安全集团与中国工程物理研究院（以下简称"中物院"）签署战略合作协议。双方将在信息安全研发与研究、安全服务、人才培养等方面展开多层次合作，促进网络空间领域军民深度融合。

可以说，军民融合共建网络空间安全正逐渐成为业界的共识。2018年1月31日，由国内产、学、研各界联合发起的"智能协同云技术与产业联盟"在京成立。该联盟由中国航天科工集团有限公司、中国电子信息产业集团有限公司、中国信息通信研究院、中国科学院计算技术研究所、清华大学软件学院、360企业安全集团、科大讯飞信息科技股份有限公司、北京友友天宇系统技术有限公司共同发起。

联盟理事长、中国航天科工集团有限公司高红卫董事长介绍，联盟是政、军、产、学、研深度融合的协同创新载体，为推动我国信息文明发展提供先进的公共标准与产品。

联盟副理事长、360企业安全集团董事长齐向东表示，360企业安全集团将充分发挥互联网技术优势，以数据为创新驱动力，积极推动网络空间安全方面的军民融合发展，为提升国家网络安全实力奋发作为。

（安国平　经济参考网 2018 年 3 月 15 日）

4. 军委装备发展部首次集中发布 4038 项国防专利脱密信息

2018 年 4 月 26 日，为贯彻落实军民融合深度发展战略，推动国防技术向民用领域转化，军委装备发展部国防知识产权局首次集中脱密 4038 项国防专利，通过全军武器装备采购信息网向社会公开发布，并同步在强军网、国家知识产权运营公共服务平台等发布。

记者从国防知识产权局了解到，此次国防专利脱密信息的集中发布是继 2017 年上线运行国防知识产权信息平台、集中公布国防专利解密信息后，促进国防知识产权军民融合深度发展的又一有益实践。

此次公开发布的国防专利脱密信息是从近三年来授权国防专利中筛选，主要涉及材料、测量测试、雷达探测、卫星导航、通信技术等军民通用性较强的技术领域，公布信息内容包括发明名称、专利号、专利权人、国际专利分类号等。

据国防知识产权局相关负责人介绍，本次国防专利信息的脱密发布，在保守国家秘密的前提下，规范确定可公开的信息内容，使国防专利信息在最大范围内得到传播。国防专利信息脱密处理程序相较国防专利解密而言处理周期更短，效率更高，可使民口获得更大范围和较新的国防专利技术信息。

（王强 邹维荣 中国军网 2018 年 4 月 28 日）

5. 中国科研电子商务如何助力军民融合发展

"科研电商实践暨军民融合服务"研讨会近日在四川绵阳举行，"科研电商"与"军民融合"是此次研讨会的两大主要议题。

科研电商是指服务于科学研究的全产业链一体化电子商务，是相对于综合电商在服务领域和经营范围上的细分。与会嘉宾接受中新社记者采访时表示，科研电商可在多个方面助力中国军民融合的发展。

完善军队物资采购体系

全军武器装备采购信息网于2015年1月4日上线，标志着军队采购"触网"时代的到来。3年来，该网站年度信息发布总量增长了近4倍，信息发布单位也从最初的军委机关、军兵种装备部等几家，扩展到武警部队、军队科研机构和院校等几十家。信息发布的数量和质量都不断提高。

北京军鹰装备技术研究院副院长董勇表示，军队采购可分为科研武器装备、物资器材、办公消耗品三大类。军方的物资采购平台在军队需求信息发布和供应商管理等方面存在优势，而"民口"的科研电商可以充分对接市场信息，且在采购过程自动化方面发展深入。二者各有侧重，存在优势互补。

董勇认为，军地两方的军队采购平台"可以融在一起"，前提是加强顶层设计、法规制度、标准统一、信息安全等方面的建设。

服务军工领域科研创新

谈及科研电商服务军工科研的成效，喀斯玛控股有限公司副总裁李红林介绍说，源于中国科学院的科研领域第三方电子商务平台"喀斯玛商城"，其目前服务的单位中，超过20%承接了军工项目。在此基础上，商城进一步服务军工单位，已经向军工研究院所提供采购、管理、资讯、物流等服务。

国科赛思（北京）科技有限公司 CEO 党炜说，科研电商可以提高军工科研的效率，降低创新成本，甚至带来"颠覆性的体验"，"以前的装备项目研发，元器件选型可能至少要两个月，现在不到五分钟。"

以自己所在的航天军工元器件领域为例，党炜表示，一般宇航级元器件的质量高、性能低，科研创新所需要的先进元器件往往属"民用"，但其可靠性存在风险。国科赛思旗下赛思库类型的科研电商可以为军工科研创新提供"民参军"的元器件支撑，打破"军口"高质量需求与"民口"高性能供给之间的信息壁垒。

突破军民融合发展瓶颈

据中国军方此前表示，党的十八大以来，军民融合发展战略全面实施，组织管理体系基本形成，战略指导和规划统筹显著加强，重点改革扎实推进，重大工程逐步落地，法治建设步伐逐步加快，各领域各区域军民融合深化拓展，呈现整体推进、加速发展的良好势头。

肯定成绩的同时，军民融合发展也存在瓶颈。董勇认为，军民融合发展主要的问题在于法规不相融导致的"条块分割"。他建议，地方应加强战略引领，做好顶层设计；加强军地协调，做好军地融合；加强机制创新，发展军民融合"互联网+"思维；加强军民融合任务的落实，引入地方电商平台，发展第三方服务。

"我理解的军民融合是军、民双方最尖端的东西互相融合。"在党炜看来，"民"最尖端之处在于设备技术创新，"军"最尖端之处在于对质量、可靠性的把控。二者相辅相成、协同发展，方能达到"军民有效的融合"。

（李纯　中国新闻网 2018 年 4 月 18 日）

6. 全军首个军民融合可再生能源局域网 国家示范项目启动

日前，驻守在海拔 3600 多米高原的新疆军区某部官兵再获好消息：全军首个军民融合可再生能源局域网国家示范项目在这里启动实施。军委后勤保障部军需能源局负责人介绍，这是贯彻军民融合深度发展战略，军地联手开展的首个可再生能源建设项目。

可再生能源局域网是指在国家大电网未连通地区，综合利用风电、光伏、小水电等多种可再生能源，为军地提供安全可靠、清洁高效普遍电力服务而建设的局域低压配电网。军委后勤保障部积极与国家能源局开展战略合作，军民融合着力推进边防部队电网建设，统筹军地用能需求，依托新一轮农村电网改造升级，通过连通大电网或建设可再生能源局域网等方式，力争"十三五"末有效解决全军边防部队用电难题。

据了解，可再生能源局域网项目将采取"国家政策支持、企业投资建设、军队购买服务"模式，具体是国家给予可再生能源运行管理政策支持，骨干央企投资建设、运营管理、提供服务，部队官兵与驻地居民享受优惠用能服务。

建设内容上，主要是新建光伏、风力和储能电站，配套建设输电线路、应急柴油电站和智能微网管控系统等。建成后，该地区能源自给率将超过90%，不仅能较好满足军地双方照明、供暖、制氧、取水和装备等综合用能需求，还可大大减轻油料、煤炭等后勤保障负担，初步构建绿色低碳、安全高效、可持续的高原现代能源体系。

据了解，该项目取得的经验成果，将为在部队推广应用新能源和可再生能源，探索能源军民融合发展方法路子，解决高原、海岛、边防等地区用能保障难题提供示范样板。

（孙兴维 于海青 《解放军报》2018 年 8 月 18 日）

7. 江西：国防动员插上了"智慧翅膀"

记者近日从江西省发改委获悉，江西省"智慧动员"项目顺利通过专家评审并完成立项，全省国防动员插上"智慧翅膀"。

"'智慧动员'借力江西'智慧城市'建设，从 2015 年在江西新余试点，历经 3 年多的试运行，数据资源、系统平台、网络链路等建设成果初具规模。"江西省军区司令员吴亚非介绍，"智慧动员"的推广应用，打破了国防动员各行业部门的"信息壁垒"，消除了"信息孤岛"，最大限度推动政府内部和军地数据共享。

2015 年初，江西省军区借地方"智慧城市"发展契机，在全国率先发起"互联网 + 国防动员"探索实践，指导新余开展"智慧动员"试点建设，依托"智慧城市"平台，研发集自动提取数据、智能辅助决策、精确传输指令功能于一体的指挥信息系统，建设理念和体系成果在国内尚属首家。

江西省军区政委杨笑祥说，为了实现数据跨军地两网共享和融合，江西省把"智慧动员"作为全省军民融合重点项目，先后邀请军地专家，对系统建设和分级保护方案进行论证，修改完善建设方案，与省国动委多个成员单位逐一现地走访对接，确保在保密条件下实现数据的共享共融。

据悉，建成的"智慧动员"云服务平台，功能包括潜力采集、动员指挥、应急救援、国防教育、兵役征集、退役军人和民兵管理等 9 类 78 个模块，可实现动员潜力自动化采集、动员行动智能化辅助、应急救援可视化指挥和日常业务网络化管理，全面提升基于信息体系的国防动员能力。

（贾启龙 郭冬明 新华社南昌 2018 年 8 月 24 日电）

8. 助推军民融合与智能制造 融融网亮相首届智博会

2018 年 8 月 23 日至 25 日，中国首届国际智能产业博览会（下称智博会）在重庆国际博览中心举办，作为航空工业集团唯一的军民融合平台，融融网代表集团在展会亮相。

此次智博会由重庆市政府、科技部、工信部、中科院、中国工程院、中国科协共同主办，以"智能化：为经济赋能，为生活添彩"为主题，旨在推进落实国家"互联网 +"行动计划和"中国制造 2025"战略。融融网在展会上的亮相，全方位展示了航空工业在多个领域的科技新突破，以及互联网东风下的军民融合发展新业态。

多元素展厅 展现智慧航空科技
融融网所属的航空工业集团整个展区以航空蓝为主色调，布展面积约 200 平方米，共设立数字航空、智能制造、工业互联及融融生态圈 4 个主题内容展区，集中展示航空工业在航空科技、工业支撑、军民融合等方面所作出的努力。

本次参展口号为"智慧航空科技，赋能经济生活"，结合图片、视频、实物、模型等多种元素，立体化、全方位的展示航空工业以物联网、大数据等为突破口的前沿科技进展，以及融融网利用科技与互联网力量支撑军民深度融合的未来愿景。

实践军民融合　助推智能制造

自军民融合上升为国家战略以来，社会各界对军民融合的关注热情持续高涨，军民融合发展逐步走向深入。

然而，在军民融合的两端，两个参与主体的诉求、认知和理念有所差异，给军民融合发展制造了无形的"门槛"。在"军"的一端，国防科技工业体系首先强调保军责任，而部分军工集团自我配套、自我封闭的体系仍未改变，对优势民企"参军"的大门半遮半掩；在"民"的一端，地方政府急于发展经济、片面追求高附加值产业的聚集效应，民营企业参与热情虽然高，但其要求产品成本低、市场回报快的盈利特点，与军品科研生产投入高、周期长、限制多的特点完全不同。

军民融合无疑是难得的历史发展机遇，唯有敢于自我革新、同时兼备打破门槛的勇气与智慧的军工企业，才能承担起这项历史重任。

融融网正是以军民融合"去门槛"为己任，是航空工业首家以标准服务、质量提升为基础，为政府机关、军工企业、民营企业等客户提供线上咨询、资源共享、需求对接、交易撮合等服务的综合服务平台，融融网在"军民融合"大背景下，利用"互联网＋"手段，以线上模式为企业提供如：可靠性仿真检测分析系统（RASO）、标准统一检索数据库等相关工具及标准等资源，助力企业完成技术与创新能力的提升、标准与装备质量的把控，快速提升装备制造业质量，助推智能制造，促进"中国制造2025"的全面贯彻执行。

此次智博会突出"数字产业化、产业数字化"的口号，这是推动经济高质量发展的行动路径之一，这一概念与融融网依靠大数据与移动互联网推动军民融合领域高质、深度发展的理念不谋而合。

会上，融融网向用户详细介绍并展示军工标准、搜课在线、元器件大数据及工业软件等方面资源。布展筹备阶段，融融网展台前已经吸引了不少用户驻足。

（人民网 2018 年 8 月 23 日）

9. 中国电子海南信息安全基地开园

2018 年 5 月 11 日，位于海南省三亚市的中国电子海南信息安全基地正式开园。记者在现场看到，首批包括芯片类、IT 系统产品类、信息安全产品类在内的 36 家企业签约入驻，基地规划建设和产业生态圈初具雏形。

在接受记者采访时，多位政府官员、院士专家和企业高管均表示，海南省尤其是三亚市具有独特的区位优势和政策环境，与中国电子信息产业集团携手共同打造面向全球的国家级网络安全和信息化产业基地，可谓是占据风口中心的天作之合，将会实现国家战略、地方布局和企业发展的多维共赢。

千亿级信息化产业初具雏形

据了解，中国电子海南信息安全基地整体规划 1200 亩，由中国电子信息产业集团（简称"中国电子"）旗下企业长城网际具体运营，主要聚焦信息安全产业发展。

整个园区采取产城融合式发展，打造信息安全、智慧医疗、军民融合和自主可控四大板块，这四大板块相互支持，共同构建信息安全产业链生态圈。目前，正在开发的一期项目占地 100 亩，建筑面积约 13 万平方米，预计今年内建成运行，是信息安全产业的聚集区。

中国电子信息产业集团董事长、党组书记芮晓武表示，海南信息安全基地的建立，是中国电子执行国家网络强国战略的一个里程碑式的项目。通过与海南省及三亚市的对接，中国电子根据自己产业结构调整需要，结合 IT 行业内高、精、尖人才高端办公环境的需求，在三亚海棠湾建设海南信息安全基地，这体现了国家战略、地方布局和央企发展的多维共赢。

海南省委常委、三亚市委书记严朝君称，新兴科技产业是三亚未来发展的重要支撑，此次与中国电子合作开发建设海南信息安全基地，旨在全力支持做大做强高科技产业、打造地方千亿级信息化产业的经济发展方向，同时服务网络强国战略和国家信息安全布局。三亚将在项目用地、省级园区申报以及税收、金融、人才、市场等配套扶持政策方面提供大力支持和保障。项目完全建成后将成为我国第一个网络安全战略基地与我国最南部的网络安全高端服务实训基地。

记者注意到，当前已经签约入驻的 36 家企业中，既有像长城网际这样的中国电子控股的高科技国有企业和网络安全的国家队，也有像武汉达梦、天津飞腾和国科微电子这样的业界翘楚和行业龙头。

中电长城网际系统应用有限公司总经理、中电天堃（三亚）投资管理有限公司董事长贺卫东表示，海南信息安全基地建设是三亚产业环境与企业定位良好匹配的体现。一方面，三亚正在加快智慧城市建设，智慧城市的发展带来大数据的增加，大数据对信息安全提出更高的要求，与大数据相关的自动化、智能化应用软件建设，也需要全方位的网络安全保障。另一方面，IT 产业是创新型产业，创新思维需要宽松、自信、舒适的环境，三亚良好的气候、生态、环境是为 IT 精英提供奇思妙想的最好舞台。

网信产业生态布局加速推进

在此期间，网络安全应急保障体系建设论坛和自主可控 PK 体系应用生态合作论坛等相继开幕，其中权威嘉宾言论和合作签约等重要活动吸引了业界的目光。

在网络安全应急保障体系建设论坛上，中国工程院院士方滨兴指出，安全可以从三个层面来看：一是供应链安全（本质安全）；二是运行安全（过程安全）；三是应用安全。供应链安全的重要抓手还是自主可控，这也是网络安全应急体系建立的关键，产业支撑是基础（此前中兴、华为受制裁，暴露了产业存在明显短板）。CEC（即中国电子信息产业集团）的 PK 生态、产业协同、大数据协同安全实验室等，将在应急体系建设，特别是关键基础设施的网络安全应急中起到关键作用。

贺卫东说，中国要成为网络强国，需要"发现之眼"（建立威胁情报中心和态势感知）、"防护之穹"（国家信息安全服务平台、大数据协同实验室和可信计算）、"攻击之剑"、"自主之能"（国产化替代）、"应急之队"（应急调度、灾备管理）、"长久之才"（人才培养、实训、竞赛基地）等系统性产业支撑，关键基础设施的安全需要不断完善技术体系，提升安全能力，推动产业发展，履行安全责任。

自主可控 PK 体系应用生态合作论坛以"聚合产业生态圈，共创安全新未来"为主题，邀请 20 多家国内网信产业主流企业发布合作成果，签订战略合作协议，布局网络安全产业发展，共商国家网络安全大计。

长城网际副总经理任江表示，在严峻的安全对抗形势下，需要各方协同发展创新，既接地气，又接天气，打造新安全生态圈共同应对新的挑战。长城网际生态圈负责人、高级经理杨元瑾全面阐述了长城网际的合作理念、公司定位以及 2018 年长城网际生态圈的合作计划。

在合作对话环节，天融信总经理李雪莹、天津飞腾总经理谷虹就自主可控与网信产业的融合发展方面进行了深度的对话沟通。会后举行了正式签约仪式，天融信与长城网际签署战略合作协议，双方将共同推进关键信息基础设施安全协同体系的建立，致力于自主可控国产化建设，维护网络安全。

安恒信息也与长城网际签署战略合作协议，正式加入长城网际生态圈合作伙伴体系。协议达成后，双方将就"咨询培训和解决方案合作""NISSP（国家级信息安全服务平台）服务合作""安全电子政务云合作"等方面开展深入合作，共享各自领域的优质资源，在双方合作的业务领域形成合力，相互理解和支持，共同拓展市场，实现双方跨越式的合作。

央企联手共筑国家网络安全屏障

值得注意的是，第二届中央企业网络安全内部峰会也在此期间成功举办。国资委、公安部、中国信息安全测评中心、国家信息技术安全研究中心等相关领导莅临现场，来自能源、电力、通信、交通等重点行业的 18 家相关央企代表与会，围绕"中央企业联合实验室建设机制""中央企业威胁情报共享平台建设机制"两大主题进行了深入的探讨和交流。

芮晓武强调，没有意识到网络安全风险，就是最大的风险，必须深刻认识网络安全工作的重要性。同时，网络强国建设需要网络安全产业的支持，而网络安全企业也必须协同联合。

贺卫东则称，希望通过自身企业专业的安全服务能力与中央企业强强联合，深度合作，在关键信息基础设施的安全保障方面真切地落实党和国家建设网络强国的殷殷期望。

长城网际向与会嘉宾重点介绍了公司"大数据协调实验室和安全行业安全联合实验室方案"，同时倡议，以大数据协同安全实验室为基础建设联合实验室，通过大数据安全平台保护机构或企业数据安全，在服务过程提升系统协同、数据协同能力；通过国家、机构、个人上中下三个层面对大数据进行保护；利用平台的数据协同、系统协同，支撑处置协同，提升预警与控制处置能力。长城网际还分享了"中央企业威胁情报共享平台建设构想"。

国网网安、中广核、南方电网、国电南瑞、三峡集团、东风汽车、东方电气等中央企业纷纷表示，愿意与长城网际一道为我国关键信息基础设施安全稳定运行贡献力量，并就相关合作机制展开了深入对话和互动讨论。

（张汉青 《经济参考报》2018 年 5 月 17 日）

10. 四川推进军民融合发展　大型科学仪器有了共享平台

"过去一项检验检测要把零部件快递到广州、上海等地，需要 15 天左右。"绵阳富临精工机械股份有限公司是一家从事汽车零部件研发制造的上市企业。公司负责人介绍，如今他们通过平台在绵阳本地对接了中国工程物理研究院机械制造工艺研究所，只需 2 至 3 天就能完成相关检测服务，研发效率大幅提升。

这个平台就是四川军民融合大型科学仪器共享平台。

位于我国西南的四川绵阳，拥有众多国家级科研院所，以神光三、亚洲最大风洞群、航空发动机高空模拟实验台等为代表的重大科学装置汇聚于此。

然而，多年以来，这些科学仪器装置大多养在深闺人未识，大量科研资源潜能得不到充分发挥；另外，众多企业创新研发往往缺乏特定的试验设备。

近年来，我国推进重大科研基础设施和大型仪器向社会开放，提高科研设施与仪器利用率，释放科研资源潜能。2017 年 1 月，由四川省科技厅、绵阳市政府共建的四川军民融合大型科学仪器共享平台揭牌运营，促进军工大型科学仪器资源开放共享，实现军民互动、共享共赢。

绵阳市科学技术和知识产权局局长刘青川介绍，共享平台线上与线下服务相结合，集合仪器共享方、设备销售方、检测服务方、数据服务方、物流服务方、科技金融机构等，形成了涵盖全部线上服务功能的仪器共享网；业务资源库、运营数据库、专业报告库 3 个数据库；仪器共享、仪器金融、仪器研发、仪器首发、报告溯源、认证培训等六大服务功能。

在共享平台现场，各式各样大型科学仪器通过荧屏、展板、实物等方式呈现，琳琅满目。"通过这个平台，很容易找到某项服务哪个单位能够提供，价格是多少，地点在哪里等。"刘青川说。

目前，共享平台囊括了以中国工程物理研究院为代表的 30 余家军工院所、以大型科研仪器国家网络管理平台为代表的 20 余家服务平台；整合了以风洞设备、核测试相关设备、物理性能测试仪器为代表的 15 个大类 4316 台套、总价值超 40 亿元的仪器设备；聚集了以 3 位院士为代表的各类专家 215 人，专业领域涵盖材料学、应用化学、仪器分析等多个领域，形成 1 万余项指标的检测能力。

中物院某研究所拥有一大批先进大型科研仪器。尽管过去该所的部分仪器也对外开放，但只是等客上门，业务量很少，每年检测费收入只有 10 余万元。通过共享平台，2017 年该所的仪器利用率提高了 3 倍，检测费收入达到近 100 万元。

绵阳某新能源科技有限公司总经理刘昆明说，公司的直驱电机与控制系统研发需要进行电磁兼容性测试，若要自建实验室，至少需投入 120 万元。公司通过共享平台联系到了本地某研究所的电磁兼容实验室，顺利完成了相关测试，节约了资金，加速了研发。

共享平台坚持需求引领，聚焦优势行业和重点企业，积极掌握产业链条各阶段的创新服务需求，加强信息沟通对接，从需求领域、时间要求、检测指标、资金成本等方面，运用已整合的军地资源和信息，为企业提供精准服务。

目前，共享平台累计对外提供服务达 3000 多次，服务用户 1000 多家，合同服务金额达 1300 余万元。

（《人民日报》2018 年 7 月 2 日）

十四、人才战略

1. 清华大学开办军民融合高端人才培训班

军民融合高端人才专题培训班 2018 年 9 月 19 日在清华大学开班，来自清华大学、国防大学、军事科学院、军代表系统和军民融合服务机构的专家担任主讲。

军民融合上升为国家战略以来，军地双方高度重视，各地各行业各部门积极主动创新实践，取得显著成效。清华大学适应新时代新要求，创造性开展工作，以军民融合方式培养军民融合人才，得到军地双方许多单位的大力支持。据悉，这次培训班共安排 6 次课程，每次三天。首批培训课题包括《军民融合发展战略：能量与机会》《军民融合发展战略与军工认证深度解读》《各国军民融合发展模式的启示》等。专题培训将理论与实践结合，把赴军地相关单位参观见学作为重要环节，以理论观察实践，让实践验证和深化理论。

（董强 《解放军报》2018 年 9 月 20 日）

2. 北京理工大学成立军民融合创新研究院

近日，由北京理工大学主办的"共论军民融合深度发展　助推军民科技协同创新"高峰论坛暨北京理工大学军民融合创新研究院揭牌仪式举行。论坛围绕服务国家军民融合发展战略，就新时代军民融合发展的新形势、新机遇、新挑战进行交流，为加快军民融合创新体系建设，实现"强国梦""强军梦"贡献智慧。

北京理工大学校长张军表示，多年来北京理工大学始终站在军民融合科技创新的前线，为国防科技领域提供智力支撑、培养优秀人才、促进资源互补，推动军民融合战略不断深入。当前，学校正在实施以大类招生、大类培养为核心的人才培养改革，通过实施书院制和博雅教育，培养具有综合知识能力的复合型人才，为军民融合的人才培养打下坚实基础。

张军还提到高校军民融合的根本在于服务人才培养，要围绕部队改革、新军事变革需求和高精尖方向进行专业布局，采用本硕博贯通、军地联合人才培养等多种模式，通过教学体制改革重构人才培养体系。高校军民融合的重点在带动科技原始创新，要发挥在军民融合基础研究领域的优势，开展创新探索。高校军民融合的关键在构建创新体系。要通过搭建军民融合创新发展的平台，打开校、地、军、企合作新局面，构建军、产、学、研、用一体化的全链条军民融合体系。

北京市海淀区副区长李长萍指出，海淀区是全国科技创新中心的核心区，也是国家国防科技工业布局的重点区域之一。北京理工大学与海淀区共同建设了军民融合创新园，落地了一批重点项目和创新型企业，推进了军民融合深度创新发展。海淀区作为属地政府，将持续优化发展环境、提升服务水平，进一步支持以北理工为代表的高等院校军民融合产业发展，让军民融合的种子在海淀、在中关村落地生根并开花结果。

中央军民融合发展委员会办公室协调局局长尹卫军和北京理工大学党委书记赵长禄为新成立的北京理工大学军民融合创新研究院揭牌。研究院将着眼于提高军民融合自主创新能力，汇聚优质科技资源，产出前沿创新成果，构建深入融合、要素齐全的军民融合"大体系"。研究院下设军民融合前沿交叉研究中心、军民融合战略研究中心、军民融合法律研究中心。

（于昕君　人民网 2018 年 5 月 28 日）

3. 国家"千人计划"专家走进中国航天科工二院，共论智慧城市发展

近日，10 名国家"千人计划"专家走进中国航天科工二院，围绕人工智

能、大数据、智能交通、环保等议题共同讨论中国智慧城市发展之路。该活动搭建了国家"千人计划"专家与航天科工二院交流平台，形成人才、项目、资本常态化对接机制，进一步助力航天科工智慧产业发展。专家们表示，结合智慧产业的实际需要，将应用物联网、云计算、区块链、大数据技术，开发更加贴合应用的数据产品，推进军民融合，让更多人受益。

中国航天科工二院党委书记马杰表示，国家"千人计划"专家进企业活动能在航天科工二院举办，体现了国家"千人计划"服务窗口对二院的信任和厚爱，对交流平台的成功搭建表示感谢，航天科工二院愿与国家"千人计划"专家共同用科技创新成果助力航天梦、中国梦。人力资源社会保障部留学人员和专家服务中心主任夏文峰表示，国家"千人计划"专家是留学人员的杰出代表，未来将进一步搭建好国家"千人计划"专家与企业交流的平台。

活动中，国家"千人计划"专家深入了解了中国航天的历史发展与服务国计民生的应用。座谈交流中，航天科工智慧产业发展有限公司董事长周翔表示，中国航天科工二院以物联网和大数据作为智慧产业的发展基础，利用自身对于应用场景和需求的了解，通过不断延伸大数据、人工智能等前沿技术应用，力求与国家"千人计划"专家技术资源、创新资源、技术成果达成深度结合。

2014年，航天科工二院成功挺进智慧城市建设领域，完成了我国第一个智慧城市建设项目——武汉智慧城市总体规划与设计任务。为了打造国际一流的智慧城市综合服务商，在航天科工集团公司的支持下，航天科工二院联手北京金融街投资集团成立了航天科工智慧产业发展有限公司。作为航天科工智慧城市业务的抓总平台，航天科工智慧产业公司秉承航天系统工程理论，在做强智慧城市总体业务的同时，在智慧交通、智慧环保、智慧安监、智慧建筑和城市大数据等专业领域也进行了拓展和深耕。

目前，该公司在智慧环保空气质量监测、机动车尾气质量监测、机动车环保信息公开平台等领域处于全国领先地位；首次利用航天系统工程理论建立智慧管网系统，并在智慧吴中太湖新城、智慧宁波梅山建设中得到实践和应用；在国内首次采用3D游戏引擎和虚拟现实技术开发城市互动展示系统，同时拓展建模与仿真技术在智慧城市建设中的应用。成立至今，公司已拥有较为完备的行业资质，共申报30余项智慧城市专利，新增80余项具有自主知识产权的货架产品。

　　论坛中，国家环境保护部污染源监控工程技术中心主任、罗克佳华科技集团股份有限公司董事长李玮，浙江万丰科技开发股份有限公司机器人研究院院长郑建明，吉贝克信息技术（北京）有限公司董事长刘世平等国家"千人计划"专家分别从智慧安监、智能制造、智慧工厂、智能交通、环保等方面提出了对智慧产业发展的创新思考，并与航天科工智慧产业公司在智慧环境监测、智能居家养老等方面达成共识。专家们表示，结合智慧产业的实际需要，将应用物联网、云计算、区块链、大数据技术，开发更加贴合应用的数据产品，推进军民融合，让更多参与者受益。

（陈海波　光明网 2018 年 6 月 4 日）

4. 13 名民企科技专家进入火箭军"智库"

　　近日，一批民企技术人员组成两支创新团队，对接火箭军武器装备关键技术需求展开攻关。牵头组织技术人员队伍的是来自某民营企业的张浩，他的另一个身份是"火箭军科技专家"。在火箭军国防科技专业专家组成立大会上，和张浩一起接过"火箭军科技专家"聘书的民企科技专家还有 12 名。民企科技专家进入"智库"，已成为火箭军拓展军民融合深度广度的新举措。

　　引入民企高端科技人才力量，是火箭军落实习近平主席科技兴军重大战略思想的实际举措。长期以来，火箭军科技专家队伍主要来源于军队、国有装备制造企业、科研院所和高校等"国家队"。近年来，随着一批拥有高新技术的民营企业加速崛起，一批民营企业技术专家也脱颖而出。为此，火箭军党委决定打破传统选聘思维，从制度机制上激活民企专家这股新生科技力量，提高科技创新对战斗力的贡献率。

　　此次受聘的 13 名民营企业科技专家，均来自信誉好、研发能力强、实力雄厚、具有军队承研承制资质的民营企业。这些专家，有的专攻新兴材料、能源动力，有的长期耕耘于机器人领域，还有的在"智慧阵地"等领域成果丰硕。他们分别担任火箭军导弹总体技术、导弹发射技术、网络信息体系技术等6 个专业组的专家，任期 5 年。对于这些民营企业科技专家，火箭军给予他们与"国家队"同等的科研待遇和条件。他们可以参加所在专业组年度计划中所有军内外调研考察、学术交流、专题研究等活动；技术咨询报告经所在专业专家组组长把关后，可以以个人名义直接提交火箭军机关决策使用。

"多了'火箭军科技专家'这个身份，意味着自己要肩负更多的创新使命。"让张浩没想到的是，受领聘书的当天，他们就与"国家队"专家一起开展工作。"聘用的是13名民营企业科技专家，其实背后是13支具有高知、高智、高能的民间创新团队。"火箭军装备部领导说，虽然民营企业科技专家目前在火箭军"智库"中所占的比例较小，但他们将成为战斗力建设新的增长点。

（冷绪文 唐永梅 《解放军报》2018 年 10 月 6 日）

5. 首届科技军民融合专题赛共决出 7 领域 18 个奖项

——中关村首届科技军民融合专题赛决赛目击记

致敬！传统产业"深耕者"

一台柴油机的倾诉

决赛现场展示区，一家优势企业生产的风冷柴油机，在周遭众多"高科技"包围下，显得有些另类。

一些参赛者像当年许多投资机构一样，一看是柴油机，认为是传统产品，看都不看一眼。人们并不知道，这款柴油机产品因其重量轻、体积小、性能好、机油消耗低等优势，不仅领先国内同类产品，还填补多项国际市场空白，畅销全球。"别小瞧柴油机，研制改进它花了我整整十年时间。"这家企业总裁洪里荣感慨。

挑战赛决赛中，这款柴油机成了"香饽饽"，赢得专家一致认可，荣膺一等奖。一位专家表示，中国柴油机技术整体落后于发达国家，这样好的产品让人眼前一亮。"这款产品非常抢手"，参赛前产品就深受军方及民用客户欢迎，产能跟不上。洪里荣拍胸口保证："优先保障军用！"

同样拔得头筹的还有内蒙古第一机械集团有限公司研制的轻型高通过性无人平台、军事科学院军需工程技术研究所郝新敏团队带来的生物基尼龙56纤维技术。记者注意到，这些喜获一等奖的解决方案，都指向了传统制造领域，获奖者都是相关领域的"深耕者"：洪里荣的企业是一家近百年的红色家族企业，专注动力领域几十年；内蒙古第一机械集团有限公司是"一五"期间国家重点建设项目，主攻装甲领域，业界享有盛誉；郝新敏团队所在单位，更是全军唯一的专业军需科研机构。

百余项解决方案中，这些技术能够脱颖而出，决不是偶然。那台不起眼的柴油机，像在倾诉：参与军民融合，没有独门"绝活儿"不行，玩花架子更不行，"硬功夫"从深耕中来，"深耕者"创新过程中有时更需要忍受孤独和寂寞。

致敬！赛事全程"观望者"

"电话报名"的遗憾

众多解决方案中，能够获奖者毕竟是少数。更多未能获奖者并没有因此而灰心丧气，而是改进方案、弥补短板，积极准备来年再战。还有一些错过比赛的观赛者，观看了决赛结果后，更对下一届挑战赛充满了期待。

一些参赛者表示，尽管所提供的方案未能进入获奖名单，但比赛经历也不失为一次宝贵的学习机会。也有些参赛者认为，通过观摩比赛过程、听取专家建议以及与同行之间作横向比较，使他们清醒地看到了自家产品、技术与军用需求在契合度上的差距，明确了下一步改进的方向，这都非常有价值。

"比赛开始后，还有单位打电话要报名呢！"中关村管委会一位工作人员向记者透露。这从一个侧面表明了挑战赛的受欢迎程度。错过者满眼遗憾，观望者心存疑虑。一位观众向记者坦言，之前对这类比赛抱怀疑态度，怕搞成"选秀"节目，人到现场之后疑虑顿消，后悔没有提前报名。赛事承办方表示，中关村第二届科技军民融合专题赛将在明年年初适时启动，欢迎新面孔、老朋友踊跃参加。

探索无禁忌，创新无止境。挑战赛本意为解决需求而来，发现缺点，弥补不足，才能更好成长进步。科技部火炬中心一位领导告诉记者，项目"契合度"贯穿挑战赛全过程。一些企业把已有产品稍加"改造"就想拿来军用，肯定是不行的。他建议，企业参与军民融合一定要以军事需求为牵引力，认真探索军队作战装备和作战能力需求，提高产品的技术成熟度和可靠性，参与军民融合必须"需"字打头阵,"参军"路上才能少一些寒冷,多一些"春色"相伴。

致敬!比赛规则"制定者"

一块温暖人心的"石头"

63项军地项目需求,对应109个具体方案。得知这两个数字之时,中关村管委会军民融合创新工作处处长张晓明松了一口气,这只是一块"投石问路"的"石头"。

从比赛吸引参赛者的数量质量、预赛决赛受欢迎程度、赛前赛后反响、需求解决程度等不同侧面来看,这都不失为一次成功的比赛。

决赛当天,北京市委常委、副市长阴和俊现场观摩考察:挑战赛为什么受欢迎?"想挑战,你就来"——挑战赛这一理念,以及"不设范围,不立门槛,不定形式"的组织运行模式,赢得了中科院、军工集团等"国家队"认可和报名参赛,北京大学、浙江大学等高校团队同样给予高度评价,踊跃前来"揭榜"比拼,一些海归科技精英、民间高手也纷纷登台亮相,一试身手。

赛事规则公开透明。在决赛现场,参赛者汇报演示后,评审专家通过打分器现场评审打分,实时在大屏上显示,全程杜绝了"暗箱操作"的可能。

整个决赛期间,参赛者与专家交流贯穿始终,开放姿态赢得各方认同。最吸引人的是赛事后续服务,创新工场负责人、中关村联创军民融合装备产业联盟秘书长季会现表示,作为赛事后续服务的一部分,今年获奖项目将优先参加与中关村相关的展览展示及推广活动,并在专题赛官网上展示宣传;及时向军队和军工相关单位推介,优先安排参加军地对接;优秀参赛项目优先入驻中关村军民融合特色园,享受中关村示范区相关优惠政策……

如果说这是一次"投石问路",那么这注定是一块温暖人心的"石头"。赛事各方都在说,这些好经验无疑立起了一个"标杆",给军地双方举办同类比赛以诸多有益启示。

（魏宏涛 《解放军报》2017 年 12 月 23 日）

6. 当"双创"与军民融合激情相遇

石梁——跨界中走出困境

人物小传

石梁 原总装某部正团职干部，2003年转业，选择自主择业。现任西安信安保密技术研究所所长、书记。清华大学军民融合研究中心顾问。

在常人看来，石梁甭说创业成功，而早应该"趴"下了。

第一关便是遭遇财务危机。创业之初，几百万元打了水漂，巨额债务压得他几乎喘不过气来。第二关则是人员不稳定。"不赚钱，谁愿意跟着你喝西北风？"就为这，石梁也曾绞尽脑汁，一度苦不堪言。

那时候，石梁几乎相信了《创业36条军规》中第一条军规：不是每个人都适合创业。几年后回过头来再看，这反而成了一笔无形的财富，让他走得更稳，也走得更远。

石梁说，感谢两大国家战略给了他喘息之机，更让他"咸鱼翻身"：一个是军民融合，一个是网络强国。

2018年9月19日，清华大学军民融合发展高端人才专题培训班首次开课，作为策划实施者和授课人之一，石梁再度引起各界关注：这个军转干部不简单！

而"军民融合如何加强风险防控"之所以成为培训课题之一，恰恰源于他那段刻骨铭心的经历。"让更多战友避免走弯路，让更多民企驶入军民融合快车道，是我最大心愿。"聚光灯下，石梁语调平和地说。

1985年，石梁西安电子科技大学毕业时穿上了军装。从普通参谋到副处长再到总工程师，一路走来用了近20年光景。这期间，他搞过通信指挥、通信工程，从事过装备管理，还负责过载人航天搜救系统建设。

2003年转业时尽管选择了自主择业，但他还是凭自身专业特长应聘于"东软"，担任了西北大区副总。3年后毅然辞职，放弃优厚待遇，开始创业。回顾这段经历，石梁道出了其中奥妙："先就业再创业，对行业熟悉了，对社会适应了，自然能降低创业风险。"

没想到，开头提到的两种风险还是不期而至，让他措手不及。

"风险防控太有必要了！"抚今追昔，石梁更坚信这一判断。当今，军民融合国家战略成为社会热点，民企乘势而上把握机会，甚至想搭快车赚大钱都无可厚非，关键是怎样努力做到国家、军队、企业和个人利益的统一？石梁坚决反对急功近利，主张企业自身包袱不要试图甩给军民融合，跑马圈地不可取，虎头蛇尾要不得。

行稳致远，更需要韧性与弹力。清华课堂上，石梁从创业体会中总结出的10条经验，引起越来越多人的共鸣：文化是灵魂，政策是引领，人才是核心，人脉是关键，创新是动力，信息是引信，项目是引擎，资金是血液，技术是筋骨，保密是保证。

就保密而言，石梁所在研究所 2016 年、2017 年连续两年，被授予中国网络安全和信息产业"金智奖"。军民融合从初步融合向深度融合迈进，需要跨越很多障碍。石梁说，他愿意与更多民企合作，从诸如"军工五证"的认证与培训等具体事情做起，当一名冲锋陷阵的"跨栏运动员"。

曹彦志——创新灵感源于"朝阳大妈"

人物小传

曹彦志，1987 年考入军校图书情报学专业。1998 年考入国防大学研究生院。2005 年转业选择自主择业，现从事开发网络安全系列产品并持续跟踪新能源科技。

作为企业，没有订单能活吗？当然不能！

曹彦志和他作为法人的红山瑞达，显然是一个例外：投入 1000 多万元，两年没一份订单，却坚强地活了下来。

这家以退役军人为主体、专注于提升全民网络安全意识的高科技公司能活下来，一靠其他企业赚钱后"贴补"，二靠 17 位志同道合者"投入"。

红山瑞达的起步，大背景源于网络强国战略，小背景则是活跃在北京街头的"朝阳大妈"——这个具有国防视野的团队，从现实薄弱环节中找准了创业切入点。街头有了摄像头，为什么还离不开"朝阳大妈"？最准确的回答是：技防＋人防＝可靠的安防。现实中的朝阳大妈，直接催生了网络中的朝阳大妈。

网络安全不也是如此吗？物理隔离被跨网入侵，金融交易信息被窃取，勒索病毒爆发和网络攻击导致诸多行业瘫痪……技术再高明，总有被突破的时候，人防与技防并驾齐驱，才能构筑起网络疆域的铜墙铁壁——没有网络安全就没有国家安全，维护网络安全是全社会共同的责任，而网信军民融合正是军民融合的一个重要新兴领域。

"从最边缘的人搞到最核心的机密！"曹彦志和同伴们一次"实战化"网络安全测试，让一家专业性很强的地方单位领导"吓"出了一身冷汗："边缘人"的保密教育也绝对不能忽视！

这一点不奇怪。由红山瑞达研发的网络安全意识评测系统，连续两年服务应用于"国家层面关键信息基础设施网络安全检查"，首次采用模拟网络钓鱼方式对人员测评，有效发现了人员网络安全意识的诸多"漏洞"。

"漏洞"咋发现？曹彦志说，利用人的意识弱点实施社会工程学攻击，对"最边缘人员"进行潜伏、渗透，就能以边缘人群为"跳板"获取"最核心人员"的机密信息。尤其可怕的是，这一切都在"神不知鬼不觉"中完成。

"补丁"怎么打？曹彦志和同伴们精心打造的"网络安全意识提升解决方案"，从测评到学习，从训练到体验，从宣贯再回到测评，"五维一体"构筑起网络安全的"人员防火墙"——权威机构认定，这在全国属于首创。

"说到底，网络中的朝阳大妈就是专门发现人的'漏洞'，及时为人的网络安全意识打'补丁'，捍卫我们的'信息边疆'！"曹彦志这番通俗化讲解常常赢得军地领导赞许，"五维一体"网络安全解决方案正赢得越来越广泛的认可。

令曹彦志欣慰的是，经过团队两年努力，红山瑞达获得"2017年度创新产品奖""2018安全新锐力量""2018年网络安全解决方案优秀奖"3项奖励，网络安全意识测评产品与服务还被10多家网络安全测评机构应用，受到网信办、银监会、卫计委、南方电网、广州市等多方肯定和好评。他相信，订单很快就会有！

前不久，北京市和海淀区政府创业补贴支持，令曹彦志和团队成员备受鼓舞。说到下一步打算，曹彦志表示，如果军方需要，他们愿意义务为全军新入职文职人员提供网络安全意识测试，并组织针对性培训。

李广君——从初中生到硕士导师

人物小传

李广君，原总参通信部某部士官（当时的志愿兵），2003年转业时选择自主择业。现为精密机械制造领域的知名专家，应聘担任山东大学硕士研究生导师。

本来，他应该上大学；本来，他应该提干；本来，他还能……每当有人这样当面夸赞他的时候，他总是说："人生在世，哪有那么多本来和应该？只要善于抓住机遇，一切都是最好的安排！"

谁也没想到，他会与人工智能结缘，竟然能从一个初中毕业的农村娃成长为名校的硕士研究生导师。他就是有着 12 年军龄的退伍老兵李广君。

逼出来的巧心思

2003 年，李广君已晋升为三级军士长，却因父亲去世，母亲患病，年幼的妹妹和弟弟需要照顾，不得不放弃提干机会，选择退役回到山东老家。

他做通母亲和妻子的工作，没要计划安置的"铁饭碗"，而是选择自主创业。当时，李广君买了一顶草帽、一辆三轮车和一杆秤，干起了贩卖蔬菜兼收酒瓶、废品的行当。

一个偶然的机会，他看到塑钢门窗、防护窗、防护栏销量很大，联想到菏泽当地房地产开发刚刚起步，便认定这类产品今后肯定不愁销路。李广君很快筹建了一支塑钢门窗、防护窗、防护栏加工施工队。质量好、服务好、口碑好，他们的订单接到手软。施工中，李广君强烈感到，手持电钻人工打孔的方法太落后，安装、制作一个防护窗竟然需要几个小时，有时候整体效果还不够美观。

"如果能有一台自动高效钻孔设备就好了！"李广君四处打听，上网检索，怎么也找不到这种设备。

"既然没有现成的，何不自己造出来？"一向善于琢磨的李广君决心自己研发。他把生意交给弟弟妹妹打理，自己闷在家里查阅资料，绘制图纸。一稿、二稿、三稿，绘制图纸加起来足有一人多高。多少个不眠之夜，他在车间里度过。经过半年时间反复实验，一台多头排式钻床终于研制成功！设备订单雪片似的飞来，忙不过来他又找了两家工厂代工生产。

谁也没想到，防护门窗逼出来的巧心思，竟然成了李广君日后从事人工智能的一个起点。

诚信的第一桶金

安装防护门窗的时候，在街头招揽生意，用户放心地把定金交给了李广君。那种信任，至今深深打动着李广君。从那时起，他就打定主意：诚养德，信立业。

当多头排式钻床投产后，他特地出台一个营销规定：凡退伍老兵购买，一律先试用后付款，根据实际回款周期从半年到一年不等。一些员工对此困惑不解："咱这样做企业，可是拖不起啊！"哪承想就凭这一条，李广君的订单反而越来越多，企业状况越来越好。

一位退伍老兵至今对李广君感念不已。当初他判断失误，盲目购进设备，一年多一直没能推开业务。李广君二话没说，全款退货。再后来，这位退伍老兵还帮李广君介绍了不少业务呢。

诚信的第一桶金，给李广君一个最大启示：千金非贵诚为贵。

当军民融合上升为国家战略后，多年的机械制造和生产经营实践，让李广君认定了一个理儿：军民融合发展要想实现"趋利避害，方向不偏"，就应该有一套完整系统，确保军品"来源可查，去向可追"；还要有第三方综合信用查询系统，确保"民参军"的个人和企业"行端立正，可堪重托"。

"咱们尽管不是搞诚信的专家，但应该争当诚信企业！"李广君经常提醒员工，"一定确保从咱们手里出去的每一款产品，老百姓用起来喜欢，军队用起来放心。"如今，他们研发生产的智能精密机械加工设备出口德国、以色列等 10 多个国家，并在全球设有 30 多个专业服务站。

"母机"提供者

"一条拥有 100 多人的传统生产线，一天 150 吨钢材的制孔、锯切、转运、焊接量，使用智能化生产线，只需要 2 至 4 人就能完成。"

"机器换人"令人震撼！李广君所在企业研发推出的智能无人化自动生产线，获国家发明专利，山东省将他确定为新旧动能转换的领军人物之一。

这一切来之不易。

2013 年，国内外光伏产业爆炸式增长，多头排式钻床成了"抢手货"。李广君深知自家生产的设备还存在一些不足，便怀揣专利证书到省城求助，没想到屡屡碰壁，人家看不上小微企业。

李广君不死心。一家不行再换一家，他来到山东大学机械工程学院，误打误撞闯进了院党委书记仇道滨的办公室。李广君说明来意后，仇书记当即把他介绍给负责机电智能装备研发教学的冯显英教授。李广君对机械制造的发展设想与冯教授的研究课题不谋而合，一个星期后，冯教授带领团队如约而至。紧接着，中国科学院、中国工程院的专家教授们也成了李广君的座上宾。短短半年时间，由 10 多位院士、博士生导师为首席技术官的研发团队，成为金博利达研究院的常客。如今，李广君还在行业内率先设立了院士工作站。

2017 年 3 月，山东大学机械工程学院学位评定委员会颁发的一份聘书送到李广君手中：李广君被聘请担任硕士研究生合作导师。那一刻，李广君热泪盈眶。

当军工企业采购使用上他们生产的智能无人化自动生产线后，有人替李广君打抱不平："你应该直接与军方签单，避开中间环节！"李广君听后笑了："军民融合就像一座大建筑，有四梁八柱的架屋者，也有勾边抹缝的泥瓦匠。"

李广君说，作为"母机"提供者，他和同事们愿意当为军民融合大厦勾边抹缝的"泥瓦匠"。

（葛青 孟超 赵东元 陈坤丰 武景生 庞红宇 《解放军报》2018 年 11 月 3 日）

7. 首届全国国防教育竞技大赛总决赛在山西武乡举办

2018 年 7 月 28 日，首届全国国防教育竞技大赛总决赛在山西省长治市武乡县八路军文化园举行大赛开幕仪式。本次大赛由国家国防教育办公室指导，中华网、长治市国防教育办公室和武乡县国防教育办公室联合主办，山西红星杨旅游发展有限公司、沈阳辽牙军民拓展训练基地有限公司、北京龙成嘉业文化有限公司（兵魂 · 中国）承办，山西省国防教育办公室、中创国教（北京）文化科技有限公司协办。

国家国防教育办公室副主任、军委国防动员部政治工作局副主任陈军，山西省军区副政治委员刘兴安，国广环球传媒控股有限公司副总裁宫玉国，中华网总裁郑加强，长治市委书记、军分区党委第一书记孙大军，武乡县委书记、人武部党委第一书记胡坚，陆军特种作战学院狙击作战系副教授杨育兵，中华网副总编辑、军事事业部总监牛淏屹，山西省军区政治工作局副主任杨文军，国防大学原战役教研部军训教研室副主任房兵等领导嘉宾、百余名参赛选手和媒体代表出席了此次大赛开幕式。

武乡县委书记、人武部党委第一书记胡坚主持开幕式并在致辞中表示，首届全国国防教育竞技大赛总决赛今天在武乡隆重举行，这是贯彻落实习近平总书记关于加强全民国防教育的重要指示要求，依据国家国防教育办公室《二〇一八年全民国防教育工作安排》举办的重要赛事，是增强适龄青年参与军事实践活动兴趣、激发爱军尚武精神的重要举措，是"传承红色基因、汇聚强军力量"主题教育活动的重要内容，充分体现了对武乡老区的关心、支持和厚爱。

长治市委书记、军分区党委第一书记孙大军在开幕式致辞中表示，武乡是八路军的故乡、子弟兵的摇篮和革命老区，首届国防教育竞技大赛总决赛在这里举办是继续加强国防教育，传承红色基因，汇聚强军力量的重大举措。长治是革命老区，伟大的"太行精神"就孕育在这里。此次大赛的举办是对老区发展的大力支持，是对老区人民的关心和鼓舞，当地将以此次大赛为契机，擦亮"国家国防教育示范基地"的牌子，大力弘扬"太行精神"，奋力谱写新时代中国特色社会主义的长治新篇章。

作为此次大赛的主办方之一，中华网总裁郑加强说，中华网（china.com）作为一家代表国家形象和名声的门户网站，一直把军事作为首要的品牌进行传播，秉承着"铁血柔情"的理念提振国民精神。武乡是英雄的故乡，"太行之魂"的所在。中华网军事与武乡当地政府一起举办这次活动，可以说给中华网军事找到了一个"魂"——"太行之魂"，也让互联网发展有了一个"根"——"红色文化"。互联网没有边界，应当代表着国家、民族和这片土地上的子子孙孙，应当崇尚英雄精神，崇尚"红色文化"。国家国防教育办公室把举办这次大赛的任务交给中华网，中华网希望与各方一起把活动办好，共同表达一份炽热的情感和追求，让国防教育更加深入人心。

国家国防教育办公室副主任、军委国防动员部政治工作局副主任陈军在讲话中谈到，这次大赛活动是国家国防教育办公室年度组织一项重要赛事，安排在红色资源丰富、历史底蕴深厚的武乡举行，目的就是通过竞技比赛这种群众喜爱的形式，将全民国防教育与八路军文化、太行精神有机融合，进一步传承红色基因血脉、弘扬爱军尚武精神、锤炼国防技能素养，培塑强国兴军的使命担当。我们正处在一个伟大的时代，伟大的时代需要伟大的精神。国防教育是建设巩固国防和强大军队，有效维护国家安全的基础工程。加强新时代全民国防教育，对于凝聚民族精神，汇聚强国兴军的磅礴力量意义重大，需要全社会的共同参与。陈军鼓励参赛选手珍惜这次突破自我的舞台，在比赛中锤炼作风、磨砺意志、涵养血性，培育冒险进取的胆气、一往无前的勇气、舍我其谁的豪气，扛起民族复兴的历史担当。

中华网副总编辑、军事事业部总监牛淏屹作为此次大赛的组委会秘书长介绍了此次比赛的相关情况，他说："近几年，中华网按照习近平总书记重要指示，大力开展国防教育工作。在中央军委国防动员部国家国防教育办公室的指导下开展了一系列的国防教育系列活动，我们有国防教育的系列沙龙论坛，有国防教育的竞技大赛，有中华童军特训营培训，等等。今天，首届全国国防教育竞技大赛总决赛也正是对我们阶段性工作的一次检验。来自全国各地 5 大赛区的各行各业精英通过层层选拔走上总决赛的赛场，希望你们能在今天总决赛的赛场上，赛出我们的风格，赛出我们的水平，赛出我们的情怀。"

开幕式最后，山西省军区副政治委员刘兴安宣布比赛开始。

民兵刺杀操、盾牌操、531 教导团战术表演……武乡县民兵和 531 教导团队员等在大赛开幕式上为各位嘉宾、参赛队员和观众等带来了精彩的表演节目，为大赛烘托出了浓浓的"战场"气氛。

在为期两天的赛程中，来自全国的 110 名参赛队员将在步枪三姿射击、步枪越障射击、手枪战斗射击和实景实兵团体对抗等四个比赛科目中展开激烈争夺，最终决出"中华枪王"冠、亚、季军和实景实兵对抗赛冠、亚、季军等奖项。这次参赛的选手既有来自大学的在校学生、退役军人、企业家、运动员，更有来自各行各业的军事爱好者，他们完成大赛报到后不久即来到比赛场地，熟悉比赛环境，在裁判员的指挥下熟悉比赛科目和比赛规则，希望做到"知己知彼，百战不殆"。

《人民日报》、新华社、《中国国防报》、国际在线、《中国旅游报》、环球网军事、微博军事、今日头条军事等数十家央级和地方媒体及平台参与了此次活动的报道。西瓜视频对大赛全程进行视频直播，仅上午的比赛就吸引了 30 多万人在线观看，中华网军事频道官方微博进行图文直播。众多媒体携手共同将大赛盛况传递给海内外广大网友，一起推动全民国防教育创新发展。

（杨红军　国际在线 2018 年 8 月 14 日）

8. 上海创建军民融合发展研究平台

2018 年 4 月 2 日，上海市军民融合发展研究会第一届一次全体会员大会在上海警备区机关召开。大会审议通过了《上海市军民融合发展研究会章程》，依法选举了第一届理事会及相关负责人。这也标志着上海构建了一个军民融合发展研究的新平台。

创建上海市军民融合发展研究会，是根据中央军民融合发展委员会的相关部署要求而推动的。筹备工作自 2017 年 3 月启动，历时 1 年多时间，经历了酝酿筹划、启动准备、前置报审、登记审核、批准成立五个阶段。

上海市军民融合发展研究会目前共有 8 家单位会员和 92 名个人会员，主要来自上海各高等院校、科研院所、相关研究机构的专家、学者、教授，涉及政治、经济、军事、科技、金融、文化等军民融合发展的各个领域，分别经过业务主管单位与登记管理部门的审批。研究会还聘请杜文龙等军地知名专家成立了专家咨询委员会。

中共上海市委常委、市军民融合发展委员会副主任、上海警备区政委凌希到会致辞，希望研究会要认清使命责任，突出重点攻坚克难，切实发挥好理论传播、建言献策、桥梁纽带、服务保障等作用，为上海军民融合发展走在前列多做贡献。中共上海市委宣传部副部长、市社会科学界联合会党组书记燕爽代表市委宣传部、市社科联对研究会的成立表示祝贺，要求研究会注重把握好职能定位，不断加强全面建设，努力构筑军民融合发展新平台。

"随着研究会这一平台的建立，我们将结合上海的具体实际，发挥专家群体优势建言献策、凝聚力量资源助推融合发展、打造研究会品牌质量上求作为，为开创上海军民融合发展新局面贡献力量。"新当选的研究会会长谢亚洪向记者表示。

当天，上海警备区、高等院校、科研院所以及热心支持军民融合发展事业的社会各界近 200 人参加了会议。

（朱翃　新华社上海 2018 年 4 月 2 日电）

9. 江苏省军民融合研究院学术委员会成立

2017 年 12 月 23 日，江苏省军民融合发展研究院学术委员会成立仪式暨 2017 年度江苏军民融合发展高峰论坛在南京理工大学举行，来自全国军民融合领域的知名专家、全省发改系统、省军区、高校、企事业单位的 100 多位嘉宾出席。

据介绍，江苏省发展军民融合有良好的基础，2016 年产值 4500 亿元，走在全国前列。省军民融合发展研究院将搭建军民融合人才培养体系，开展军民融合制度创新研究和咨询服务，为江苏省军民融合发展工作提供决策咨询支撑，致力于建成全国知名军民融合发展智库、人才培养基地和军民成果转移转化的重要平台。

（蒋龙飞 杨频萍 《新华日报》2017 年 12 月 26 日）

10. 全国首个军民融合学院青岛揭牌

2018 年 3 月 12 日，青岛军民融合学院在青岛西海岸新区揭牌。这是全国首个军民融合学院，将在军地人才双向培养交流使用方面展开积极探索。

据介绍，青岛军民融合学院依托占地 500 余亩、拥有在校生近 8000 人的青岛西海岸新区职业教育中心而设立。

"成立军民融合学院，是青岛西海岸新区因时、因地制宜，推进军民融合深度发展，特别是军地人才双向培养交流方面的重要探索。"青岛军民融合学院党委书记付宗平说，目前军地人才培育过程还存在许多问题，比如资源不统筹、标准不统一、资质不通用等，人才培养使用体制还有许多壁垒，学院将坚持富国和强军相统一，以制度创新为重点任务，以破解影响和制约军民融合发展的体制性障碍、结构性矛盾、政策性问题为主攻方向，以军地两用人才培养、技术技能培训、学习学历提升、心理拓展训练等为职责任务，探索联培联训、互认共用的军地人力资源开发共用模式。

据了解，青岛西海岸新区是目前设立的 19 个国家级新区中唯一被赋予军民融合战略使命的国家级新区，承担着率先建设"军民融合创新示范区"的国家使命。

（王文辉 王伟 王建高 《科技日报》2018 年 3 月 13 日）

11. 四川绵阳：以人力资本助推军民融合战略

2018 年 5 月 7 日至 8 日，第二届国防军工企业人力资源管理创新大会暨中国（绵阳）科技城军民融合人才峰会成功召开。

来自国防科技领域的 10 余家军工集团数百个单位的人力资源负责人，汇集在被称为军工科技城的四川省绵阳市，围绕"创新、融合、共享、开放"主题，就人力资本助推军民融合战略，促进军工企业人力资源管理创新，搭建军工企业、军民融合企业人力资源沟通交流平台，提升军民融合特色人力资源管理工作水平，推动军工企业深化改革和又好又快发展等多个主题，开展了热烈的交流研讨。

大会由中国人才交流协会、中国职业经理人协会、中国航天科技集团有限公司、中国航天科工集团有限公司、四川省人力资源和社会保障厅及绵阳市委市政府主办，由中国航天科技国际交流中心，中国人才交流协会航天人才分会、绵阳市政府相关部门支持，北京中科航天人才服务有限公司执行。

大会深入贯彻国家军民融合战略和人才强国战略，并将两大战略有机结合，推动军民融合人才工作。国内军工集团人力资源管理者以及国内知名人力资源服务机构代表汇聚一堂，通过经验分享和思想碰撞为国家国防军工人才发展事业贡献智慧。大会切实推进军地交流，有效实现政企合作，为政府、军队、企业发挥各自优势，开展协同合作，共谋人才方略创造了难得机会。大会秉承创新驱动理念，通过建设中国首个军民融合人才交流服务平台、搭建军民融合人力资源共享中心等举措，为军民融合人才服务完善基础设施和提供创新解决方案。

此次大会着眼于国防军工企业人力资源管理的前瞻性问题，站在改革和发展的前沿，800 余位政府部门、国防军工企业、人力资源服务行业协会以及知名人力资源服务机构的领导、专家齐聚一堂，畅谈新思路、新观点、新方法。大会还为国防军工企业提供了交流、介绍成功做法和体会的平台，组织开展人力资源服务分享会，分享新理念、新工具、新模式。

大会还创新性地举办了影响力大、知名度高、代表性强、覆盖面广、展示面全的促进军民融合人力资源服务展览会，35 家协会会员单位和人力资源服务机构在展览会上与国防军工企业进行现场互动交流。展览会作为本次大会的重要单元，为绵阳市实施"人才强市"战略搭建起交流合作平台，对以人力资本助推改革强军战略和军民融合战略实践起到了积极作用。

绵阳市委副书记、市长刘超在大会开幕式上指出，人才对于绵阳这座科技密集型城市意义非凡，绵阳肩负着为国家深度实施军民融合、人才强国、创新驱动等重大发展战略探索路径、积累经验、做出示范的重要使命，在四川省乃至全国发展大局中有着重要而特殊的地位。

此次大会首次邀请中国人民解放军军事科学院等单位参与军民融合人力资源领域的研讨，通过务实的军地交流进一步探索军民融合产业的发展，凭借人力资本助推军民融合向纵深拓展，以高的站位、新的模式在全国树立军民融合特色人力资源管理工作的风向标，创建国防军工行业人力资源交流合作的品牌活动，为国家军民融合战略和人才强国战略的实施以及我国国防军工事业的发展作出更大的贡献。

（中国青年网 2018 年 5 月 8 日）

12. 海军首次组织青少年航空学校学员进行体验飞行

海军首次组织的青少年航空学校学员体验和筛选飞行活动，17 日在湖南常德等地举行。来自山东、河南、湖北、重庆等 4 所青少年航空学校的近 200 名学员参加活动。

利用暑期组织体验和筛选飞行活动是海军青少年航空学校特色教育训练项目之一。海军招飞办研究员吴海涛说，按照军民融合、共育人才的理念，这次活动采取军队主导、地方组训的模式，对学员进行早期飞行体验和筛选，有利于激发和增强学员飞行热情，有利于及早发现学员飞行潜质，为海军培养高质量舰载战斗机飞行员尽早选拔培育一批优质生源。

这次活动主要由湖北蔚蓝国际航空学校和青岛九天国际飞行学院承办。体验和筛选飞行设置理论教学、地面准备、模拟飞行、实装飞行 4 个环节，分别在湖南常德、湖北襄阳、山东滨州等地的 3 个机场同期展开。

活动期间，从海军航空兵部队和海军航空大学的特级、一级飞行员中精选的检飞专家全程参与、全程监督。他们对参训学员理解记忆、空间感知、平衡机能和模仿接受等能力进行考察并评定成绩，计入飞行学员录取成绩，为后续招飞选拔奠定基础。

海军招飞办负责人介绍，海军已在重庆、河南郑州、山东昌乐、湖北黄冈、河北衡水、江西南昌、湖南湘潭、浙江宁波、辽宁大连组建了9所青少年航校。未来他们将继续扩大建设规模，再建设6所，以吸引更多青少年报考航空学校，实现飞天梦想和报国之志。

（闫培 刘玉杰 《解放军报》2018 年 7 月 19 日）

十五、文化融合

1.《中国军民融合发展报告2016》解读

记录融合历史　大规律的不懈探寻

国家发展和改革委员会设立经济与国防协调发展司，军委战略规划办设立军民融合局，武器装备科研生产体系部际协调组发挥作用越来越大……《报告》传递的各种宏观信息令人鼓舞：军民融合组织管理体系建设正不断健全。

全军武器装备采购信息网正式上线运行，探月工程向社会资本开放，国内首家军民融合发展协会成立……《报告》展示的业界鲜活动态更加催人奋进：军转民、民参军步伐正持续加快。

"智者顺时而谋，愚者逆理而动。"国防大学国防经济研究中心主任罗永光介绍，从"四个强化"明确要求，到"三大体系"改革创新；从"军转民""民参军"热潮涌现，到各地融合基地、示范园区蓬勃兴起；从一份一份军地战略合作协议签订，到一波一波融合成果的展览……《报告》紧贴军民融合深度发展的时代脉搏，紧扣重大理论和现实问题，严格秉持宏观、全面、简约、客观、动态、前瞻的研究和写作风格。

大国崛起需要大战略，大战略需要大布局。《报告》起草人本着"历史就是国家和人类的传记"这一共识，常年不辞辛苦，点滴跟进我国军民融合发展的年度进程，系统总结梳理成功经验，审慎研判融合发展大势，他们都在为一个共同目标而不懈努力：科学揭示军民融合深度发展的大规律。

追踪融合前沿　风口上的执着瞭望

河北出台专项规划，将军民融合深度发展纳入京津冀协同发展战略；上海前瞻谋划，紧紧抓住"长江经济带"战略给国防领域带来的潜在机遇；北京海淀区积极探索，强力推进军民融合创新园、军民融合产业园、信息安全产业园等"一体三园"为核心的军地科技成果双向转化模式……《报告》对军民融合前沿的倾力关注和精准展示，成为国内外观察中国军民融合发展现状的一个"风向标"。

互联网时代，关于创业有句名言：只要选对了台风口，没有翅膀也能借力、借势飞起来。军民融合作为一特大台风口，提供了"势"与"力"。《报告》全面追踪军民融合前沿，就是在为军民双方寻找"隐形的翅膀"。站在风口上执着瞭望，过往司空见惯的一些问题开始显现并引发忧虑，进而提出有效对策。譬如，长期以来，国防科技工业对基础研究重视不够，基础研究经费占科研经费比例不足 2%；军民科技资源共享不够，全国有近 300 家国家重点实验室和 100 家国防科技实验室尚未实现开放共享。

"坚持问题导向，目的之一就是少走弯路，不走错路。"《报告》编委会主任、国防大学副校长毕京京认为，正确出路在于，坚持党的领导和国家主导作用；注重融合共享和市场在资源配置中的作用；深化改革，提高军民协同创新能力。

洞察世界趋势　长短板的科学对比

当今世界，新一轮科技革命、产业革命、军事革命加速推进，主要国家在激烈的国际竞争中谋求先发优势，不断拓展军民融合发展的深度和广度，竭力挖掘和塑造军事能力和综合国力的新增长点，世界军民融合发展正进入一个以"创新引领、多点突破、能力重塑"为鲜明特征的发展新阶段。

基于这一基本判断，《报告》特辟"世界主要国家军民融合发展新进展"专章，从深层动因、若干特点、深刻启示 3 个层面进行全方位透视，在与发达国家对比中看清我们自己的短板和优势，进而明确今天推动军民融合深度发展，决不能仅限于资源上的优化和节约，更重要的是提升本民族的创新能力。

军民"融"则国强，"分"则国衰。国防大学国防经济研究中心教授、博士生导师姜鲁鸣认为，当军民融合上升为国家战略后，更应该瞄准建设海洋强国、航天强国、网络强国等目标精准发力，学会扬长避短，加快扬长补短，努力实现长期的国防安全。

助推融合实践　后发者的坚定跨越

《中国军民融合发展报告》自 2013 年首次发布以来，每个年度报告都会以准确性、实用性和权威性引起军内外、国内外广泛关注。

与往年一样，《中国军民融合发展报告 2016》在框架和内容设计上，继续坚持"六个注重"，有呈现，有评述，详略得当，长短两宜：既注重从面上综合反映一年来我国军民融合发展的总体情况，又注重从点上深入剖析军民融合的特色亮点；既注重揭示军民融合发展的规律性，又注重分析军民融合的运行机理；既注重对我国军民融合的全景呈现，又注重对世界军民融合的趋势洞察。

与发达国家相比，我们的确存在不少差距。怎样实现从"跟跑"到"并跑"，再到"领跑"的跨越？通览《报告》全文，这已经成为后发者的心声和目标：以融合的自信建立自信的融合，在国家经济社会发展"十三五"规划、国防和军队全面深化改革的大背景下，认真搞好布局谋篇，同时又要善于深耕细作。

（褚振江 《解放军报》2017 年 1 月 14 日）

2. 军民融合智能装备研究院成立

2016 年 11 月 3 日下午，军民融合智能装备研究院在北方工业大学举行挂牌仪式。该研究院由北方工业大学与中博龙辉（北京）信息技术股份有限公司共建。双方将共同把研究院建成军民双方共有的科研资源汇聚平台、技术转化平台、科技创新平台和人才培养平台。北方工业大学校长郑文堂与中博龙辉（北京）信息技术股份有限公司董事长李哲东出席了活动。双方签署了合作协议，并共同为研究院揭牌。

党的十八大以来，以习近平同志为核心的新一届中央领导集体着眼实现中国梦、强军梦，实现富国与强军的统一，明确提出全要素、多领域、高效益的军民融合深度发展国家战略。在此背景下，军民融合智能装备研究院的成立是贯彻落实军民深度融合国家战略的积极举措和实际行动。研究院的成立对于推动高校科研成果转化、对于促进军民融合深度发展、对于支撑"军事力量走出去"和"一带一路"战略实施，都具有重大而深远的意义。研究院将本着"国家急需、军民融合、强强联手"的原则，充分发挥北方工业大学在智能交通、控制工程、计算机科学与技术、机械工程、大数据工程、电力电子、高端制造等领域的比较优势；而中博龙辉作为集研发、生产、销售为一体的股份制民营军工企业，在军品级固态存储，以及军队信息化装备升级换代和特种能源的研发生产方面均具备雄厚的产业基础和市场资源。研究院将围绕国家和军队战略需求，在聚集人才、打造团队、国际合作等方面积极探索新机制、新模式；在科学研究、成果转化等方面积极开展组织机构创新；在智能装备领域加强应用技术研发，打造军民融合发展的典范。

据了解，研究院从 2016 年 8 月份发起到今天成立挂牌，先后得到了海军装备研究院、陆军装备部、火箭军 96658 部队、军企等军方单位的支持。研究院初期将根据国防需求首先在智能机器人、军用电源、人工智能、无人系统、军用脑科学、特种环保等领域开展定向课题研究，打造专业化、技术型、多元结构的技术产品双向转化产业融合平台。

（人民网—财经频道 2016 年 11 月 4 日）

3. 中国生产力兵商创新产业联盟在京成立

2016 年 5 月 29 日，来自全国各地 500 余名优秀兵商代表齐聚北京，与各级领导以及各界媒体共同见证了一个重要时刻——由中国生产力促进中心协会批准成立，中国生产力兵商创新产业联盟隆重启动。至此，如何更好地促进我国退役军人创新创业、兵商企业发展有了专业化的服务平台。

兵商，是广大退役军人经过市场创业历练形成的有理想、有抱负的优质商人。给"兵商"赋予准确定义的是中国生产力兵商创新产业联盟首任理事长房秀文。据了解，房秀文退役前任原济南军区宣传处处长，25 年的军旅生涯和新闻从业经历，使他对军队、对军人有一种淡化不了的深厚情感；退役后下海经商历练，他发现了一个有别于一般商人的群体——兵商。进一步研究，早在我国的春秋战国时期便有兵商的出现，并且在历史长河中，兵商在不同时期都发挥出了不可或缺的作用。特别是 20 世纪 80 年代以来，进入市场创业的退役军人有 1900 多万。中国 500 强企业，有一半有军人背景。中国民营 500 强企业的领导人，退役军人将近60%。目前，三个企业家中就有一个有军人背景。全国最具影响力的教父级商业领袖，大多数都是退役军人。

但纵观兵商发展史，却没有一部针对这个群体的研究。为此，房秀文放弃自己挣钱的时机，从10多年前开始，潜心研究兵商和兵商文化，出版了《兵商如铁》《兵商若水》《兵商似锦》等专著；从各个层面对兵商进行了系统的阐述，填补了我国商业文化中的一片空白。与此同时，房秀文积极将研究成果运用指导退役军人创业，经过多年的努力，一个个优秀兵商脱颖而出，一批批兵商企业市场称雄，兵商事业和兵商文化得到了较为广泛的认同和传播。在中国生产力促进中心协会精心指导和大力支持下，2015年12月8日，中国生产力兵商创新产业联盟经批准成立。成立后的兵商创新产业联盟将搭建合作交流、嫁转联姻、创新驱动、教育培训、帮助扶植、国际投资融资和兵商企业精品营销等七个平台；依托这些平台为联盟成员提供退役军人创业、兵商企业发展、军民深度融合和经济转型升级等广泛的系列服务，引领广大退役军人和兵商企业在国家战略发展的支点上成为有生力量。

成立大会上，中国生产力兵商创新产业联盟与天津博爱医药集团等12家兵商企业签订了战略合作协议。天津博爱医药集团是一家以研发和生产中西医制剂、生物制剂、保健品、保健食品和食品生产经营的大型现代化医药企业，由退役老兵夏雪城女士于1999年创办。签约后，双方将在兵商企业文化培育、销售人才培养、品牌营销等方面进行深度合作。

出席"中国生产力兵商创新产业联盟成立大会暨兵商时代使命论坛"的全体代表向广大退役军人和兵商企业郑重倡议：

1.听党指挥，跟着党走。我们必须始终保持清醒头脑，牢记历史使命，把听党指挥作为根本要求和首要任务，继承和发扬优良传统，做到政治上坚定自信、思想上纯洁忠诚、行动上高度自觉，筑牢听党指挥的思想根基，坚定不移跟党走。

2.以商报国，兴华福民。牢牢抓住党的十八届三中全会带来的历史机遇，高举"以商报国、兴华福民"的旗帜，在创业创新、扶贫攻坚、军民融合、转型升级等国家战略支点上发挥示范带头作用。永远当人民的子弟兵，永远向社会传递正能量。

3.公平正义，诚实守信。经营上，讲信誉、重信用，有章必循，有诺必践，不虚报浮夸，不弄虚作假，不以次充好，杜绝假冒伪劣。生活中，时刻注重个人修养，培养保持高尚的道德情操，并努力营造一个公平和谐的社会环境。

4. 恪守岗位，做好企业。企业，是兵商施展才华的商战阵地，报效祖国的财富源泉。我们必须以高度责任心和时代使命感，忠于职守，兢兢业业，把企业做好做强做大，给员工带来福祉，给社会带来惠泽，给国家带来强盛，为实现中华民族伟大复兴的中国梦贡献力量。

5. 共铸平台，弘扬文化。兵商文化是广大兵商共同创造的精神财富，奋发图强和以商报国是它的本质和灵魂。我们每个兵商战士都有义务和责任，共同铸造好兵商联盟大平台，以更好地宣传和弘扬兵商文化，服务引导更多退役军人，争当社会主义市场经济的可靠骨干力量，让兵商经济成为国家的示范经济，去创造革命军人新的更伟大的辉煌！

（周振明 《中国报业》2016 年 5 月 30 日）

4. 北京理工大学坚持走军工报国办学之路

党的十八大以来，在习近平总书记关于高等教育的一系列重要讲话精神指引下，作为中国共产党创办的第一所理工科大学，北京理工大学传承红色基因，扎根中国大地，加快创建世界一流理工大学，成绩斐然。

立德树人，红色国防工程师的摇篮

在北理工刚刚迎来的 2017 级武器专业新生中，有一个叫胡蝶的小女生，她的成绩是北京理工大学在浙江省录取考生中最高的，却毅然选择了兵器类专业。有别于家人朋友认为"女生和武器是风马牛不相及"的忧虑，胡蝶却只有如愿以偿的欣喜——"北理工圆了我的从戎报国梦！"

2012 年，北理工大三学生倪俊带领 10 余名队员赴德国参加世界大学生方程式赛车比赛。五星红旗第一次飘扬在世界大学生方程式赛车的跑道上。"那时，20 岁的我，第一次感受到什么是祖国。"忆起当时，倪俊仍然会双眼泛红。

这份与家国情怀相伴的理想是一代代北理工人前进的灯塔、奋斗的阶梯。

中国预警机之父王小谟、中国枪王朵英贤、中国核潜艇之父彭士禄、长征三号运载火箭总设计师谢光选……北理工的著名校友有一个共同的特点：都是投身国防事业的工程师。

王小谟说，"大学录取通知书中有一句话令我终生难忘：'欢迎你，未来的红色国防工程师！'学校给了我理想和追求，献身国防就是我们当时的理想"。

2013年5月4日，习近平总书记与各界优秀青年代表座谈时说："青年一代有理想、有担当，国家就有前途，民族就有希望，实现我们的发展目标就有源源不断的强大力量。"党的十八大以来，北京理工大学适应新形势新任务新要求，紧紧围绕立德树人根本任务，坚决把好大学生理想信念"总开关"，用老一辈北理工人军工报党报国的宏图伟志激励一代又一代倪俊、胡蝶一样的青年学子激昂青春、奋斗梦想，汇聚新时期的"北理工力量"。近年来，北理工到兵器、航天、军用电子领域就业的毕业生人数位居全国高校前列，直接进入国防科技领域就业的毕业生比例超过50%。

科技创新，"国之利器"铭记北理工人的付出

习近平总书记在庆祝建军90周年大会上的讲话中指出："要全面实施科技兴军战略，坚持自主创新的战略基点，瞄准世界军事科技前沿，加强前瞻谋划设计，加快战略性、前沿性、颠覆性技术发展，不断提高科技创新对人民军队建设和战斗力发展的贡献率。"

近年来，北京理工大学抓住科技创新这个牵动科技兴军战略全局的牛鼻子，注重原始创新，以关键技术攻关为主线，把先进技术写在祖国尖端武器装备上，把创新成果应用在实现国防现代化的伟大事业中。

2016年年初，北理工坚持30余年研究的CL-20高能炸药项目荣获国防科技进步特等奖。CL-20是目前已知能够实际应用的能量最高、威力最强大的非核单质炸药，此次获奖标志着北理工从理论创新到工程实践，将这座世界炸药的"最高峰"彻底征服，为包括导弹、核装置等一批武器装备的效能提升带来了新的发展契机，对国防建设意义深远。

2017年年初，北理工又一项低调而隐秘的技术发明荣获国家技术发明奖二等奖。王海福教授发明的"某活性毁伤材料"解决了公认的重大瓶颈性技术难题，被国内外誉为毁伤与弹药工程技术领域的一场变革。

一年年、一代代，中国武器装备的更新速度令世人瞩目。北理工坚守的是一条永无止境"止戈为武、拱卫和平"的科技创新之路。在刚刚结束的建军90周年沙场点兵中，学校参与研制的武器装备涉及精确打击、高效毁伤、机动突防、远程压制、军用信息和对抗、先进材料与工艺等多个领域，"国之利器"

将永远记载着北理工师生无声、无名、无怨、无悔的付出。

战略牵引，探索军民融合发展之路

习近平总书记指出，军民融合是国家战略，关乎国家安全和发展全局。党的十八大以来，北京理工大学把深入贯彻落实军民融合发展战略作为推进"双一流"建设的重大机遇。同时，以国防特色学科为引领，形成国防学科与基础学科的交叉、融合，实现为基础学科定位服务，为国防学科赋予新的发展内涵，探索出一条具有鲜明特色的军民融合发展之路。

2017年4月，"天舟一号"与"天宫二号"完成首次自动交会对接，而当前中国航天器的"浪漫太空之吻"都离不开北理工微波雷达装置提供精确的相对位置和运动参数测量信息。这套技术源自北理工吴嗣亮教授团队"一套高速交会目标相对定位测量技术"。如今，契合国家航天科技事业发展的迫切需求，北理工在航天器对接、星载雷达等载荷技术、空间生命科学和发射场技术等诸多领域大力推动着军民技术互用。

紧密结合国家重大战略规划布局，北京理工大学从"内涵主导"的中关村军民融合创新园，到"融合周边"的环北理工军民融合创新经济圈，再到布局天津、保定、怀来等地的"协同发展"京津冀军民融合协同创新带，实现了把国防科技创新融入国家发展战略、融入地方经济发展，既推进军民融合，也对当地经济产生带动作用。

交流合作，走向世界大舞台

习近平总书记提出的"中国特色、世界水平的现代教育"，是一个完整的科学概念，包含着我国教育发展应当具有的中国特色、国际视野、时代特征等深刻内容。

2014年5月20日，在习近平主席和俄罗斯总统普京的共同见证下，中俄两国教育部签署备忘录。2017年8月，深圳北理莫斯科大学实现首批新生入学。

"世界高等教育的发展日趋国际化，我国高等教育的发展同样如此。高等教育的多样化意味着博采众长，积极吸收人类文明的一切优秀成果。"北理工校长胡海岩说。

当习近平总书记提出"一带一路"倡议后，学校立即开展对"一带一路"沿线国家的详细调研论证，重点搭建了覆盖"一带一路"沿线40个国家的高层次招生平台。学校留学生年增长率保持在30%以上，连续三年排名全国第一，在校留学生来自"一带一路"沿线国家人数超过70%。

学校还发起建立中—俄、中—西班牙国际大学联盟，推动世界名校开展深入合作，加速推进教育和科技国际化；与德国慕尼黑工业大学等50多所世界名校设立学生交换项目，本科生年均赴境外访学、毕业设计人数占比23%。北理工致力培养的"中国型"国际化工程技术人才正在推动世界技术走向中国，中国人才和中国技术也必将更好地走向世界。

（李玉兰　《光明日报》2017年8月30日）

5.《军嫂》杂志社邀请各界专家总结创刊十年来的双拥经验

2018年3月25日，"纪念《军嫂》杂志创刊十周年座谈会"在京举行，总结创刊以来的双拥经验。国防大学原政委赵可铭上将，国家新闻出版广电总局新闻报刊司司长李军，全国妇联宣传部副部长张莉君，中宣部出版局期刊处副处长杨震林，北京市新闻出版广电局新闻报刊处处长丁梅，首都文明办未成年人工作处处长李阳，《解放军报》原副总编、《军嫂》杂志编委江永红，国防大学教授、博士生导师公方彬，《军嫂》杂志编委、全国模范军嫂韩素云，全国双拥模范人物、优秀企业家、退役军人王启发等有关部门领导和各界拥军人士参加了座谈会，为新形势下如何尊崇军人、呵护军嫂献计献策。

中央电视台军事节目中心中国军视网总编辑张莉大校主持座谈会。会上，《军嫂》杂志社执行总编彭清雯就杂志社十年来的工作向与会嘉宾进行了介绍。十年来，杂志社在办好刊物的同时，谋求多重发展，策划、承制了国内首部军嫂主题公益宣传片《最美军嫂》，获得原国家新闻出版广电总局2016年度广播电视公益广告扶持奖励；杂志社编著的《跟着信仰走——我们家的长征故事》一书，被中国出版协会评为2016年度"中国30本好书"，并入选中宣部公布的"2017年向全国青少年推荐的百种优秀出版物"，列入原国家新闻出版广电总局印发的《2017年农家书屋重点出版物推荐目录》……

《军嫂》自2008年3月8日创刊以来，聚焦军人家庭，以真实和真挚的亲情、爱情、友情的故事营造了拥军优属、爱国奉献的良好氛围，为全社会有军旅情结的朋友营造了一座温馨的精神家园，在"2015中国最美期刊"遴选活动中被评为"最美期刊"。北京市新闻出版广电局作为《军嫂》杂志的管理部门，多次在权威刊物《北京报刊审读》和专家审读报告中对《军嫂》给予肯定，称其"是一本新时期服务军人情感、升华军民鱼水情的刊物""注重选题策划，文章可读性强，编校质量过硬"。

"军嫂是个特殊群体，其群体品格是奉献。围绕奉献二字，有写不完的家国情怀的感人故事。"国家新闻出版广电总局新闻报刊司司长李军有近20年的军旅生涯，在阅读《军嫂》杂志后深有感触，并希望这本杂志成为军嫂的精神家园，成为军人们的集体家书，为建设强大国防助力。

北京市新闻出版广电局新闻报刊处处长丁梅，也有着军旅情怀。她觉得《军嫂》在众多报刊里让她眼前一亮，杂志坚持办刊宗旨，注重内容、质量，对得起"军嫂"这个称呼。《军嫂》贯彻了"坚持正确舆论导向""抓精品创作"的精神，在国家推进军民融合战略的背景下，《军嫂》也在为军民融合服务，她希望杂志为此做出更大贡献。

"小人物大情怀，小故事大道理，小视角大时代"，首都文明办未成年人工作处处长李阳如此评价《军嫂》。他认为杂志融思想性、故事性、趣味性、知识性为一体，是新时代军地"家庭、家教、家风"建设的重要载体，在培育和弘扬社会主义核心价值观、发扬光大中华民族传统家庭美德、促进家庭和睦、促进亲人相亲相爱、促进下一代健康成长等方面发挥了重要的阵地作用，搭建了千千万万个军人家庭积极参与国家发展、国防强大、社会和谐建设的暖心平台。

与会嘉宾大多有着浓厚的军旅情结，发言不时赢来热烈掌声。大家对《军嫂》在"尊崇军人"方面所做的工作给予了充分肯定与赞扬，认为《军嫂》杂志是军嫂群体的最佳代言人，是军人和军嫂最温馨的港湾，是升华军民鱼水情的优秀刊物。

杂志编委、全国模范军嫂韩素云专程从广西赶到北京参加了座谈会。自2008年以来，她便对《军嫂》给予了关注。她表示，"一直以来，我始终为'军嫂'这个称谓感到荣耀。我想，这也是人民军队的光荣——'嫂'为尊称，这是人民对军人的一种尊崇。"韩素云认为，习近平总书记提出"讲好中国故事"，新时代的军嫂有更新的形象，有更多的故事，不少优秀军嫂活跃在各行各业，希望《军嫂》树立好军嫂典型，继续讲好军嫂、军人的故事，书写军旅情怀。

国防大学原政委赵可铭上将，曾在 20 世纪 90 年代参与、指导韩素云典型事迹宣传工作，他饱含深情地说："军人的妻子不仅受到军人的尊重，也理应受到全社会的尊重和关爱，这个心理期待是合理的、正当的。军人妻子的困难要比普通人的困难多，但是她们克服了生活中的困难，甘愿支持丈夫工作，韩素云同志便是这些军嫂的代表。"他建议《军嫂》杂志作为桥梁、窗口和纽带，努力帮助军嫂解决一些具体的实际困难。

《解放军报》原副总编、《军嫂》杂志编委江永红，在采访中深入了解军嫂群体，他认为，《军嫂》杂志是一个为军嫂说话的地方，一个让军嫂展示才华的地方，一条不可或缺的保持与军嫂、军属沟通的重要渠道。国防大学教授、博士生导师公方彬，赞誉《军嫂》杂志是军嫂群体很好的精神家园，是信息的集散地，一定要充分发挥好这个平台的良好作用，继续宣传好新时代军嫂的新形象。

《解放军画报》社、《政治指导员》杂志社等众多媒体，以及一些领导、专家发来贺信。第十二届全国政协委员，中国编辑学会会长郝振省在贺信中说："《军嫂》杂志导向正确，选题精准，文学性、文化性、故事性和感染力等都很强，是我国期刊界亮丽的绿色，是我国军地建设的重要方面。已经做出了扎实的业绩，产生了广泛的影响，希望以十年为新的起点，抓好队伍建设，埋头内容打造，创建知名品牌，取得更大的进步！"

参加座谈会的还有中国退役士兵就业创业服务促进会副秘书长夏玮，北京新四军暨华中抗日根据地研究会秘书长杨抗美，北京卓众出版有限公司总编辑张品纯，原总政治部宣传部网络局副局长廖毅文，《解放军报》记者部原主任、高级记者徐生，《军嫂》杂志编委、原总后勤部司令部编研室副主任徐福存，《军嫂》杂志社特聘心理专家、解放军第 421 医院医生王允个等。

十周年，新起点。党的十九大提出的"维护军人军属合法权益，让军人成为全社会尊崇的职业"振奋人心；2018 年"两会"期间，退役军人事务部的成立是让军人受尊崇的重大举措。自 2018 年 3 月 8 日以来，《军嫂》杂志社在广州等地举办了系列拥军活动。彭清雯总编表示，借《军嫂》创刊十周年之机，杂志社将联合社会各界继续开展各种形式的活动，在全社会营造良好的拥军氛围，"走军民融合之路助力改革强军，发挥主流媒体作用，凝聚发展力量，更好地为军人、军属、军人家庭服务"。

（刘华东 牛鹏飞 郭幸福 光明网 2018 年 3 月 27 日）

6. 红色军旅文化园落户杨柳青庄园

2018年8月31日，天瞾之声红色军旅文化园开园仪式在杨柳青庄园举行。

该文化园是以军旅题材为主题的大型旅游体验园，已在全国多个城市落地，因其特有的国防元素、战争元素、爱国元素等吸引了大量军迷和游客参观体验。

据悉，本次在杨柳青庄园建成的文化园包括军事设备展、军营帐篷体验区、部队餐饮体验区、模拟（射击、投弹、地雷）靶场、400米军事障碍赛、大型戏水乐园、VR虚拟现实灵境、沙滩摩托广场、红色教育长廊、军迷军品互动集市等主题项目。其中，帐篷营地区尤为引人注意，游客可以零距离体验战争中部队的野外作战司令部、通讯站、医院、食堂以及班排级露营帐篷等。

据悉，杨柳青庄园是国家4A级景区，占地面积800亩，园内绿化覆盖率达90%，设有音乐喷泉广场、艺术风情街、射击馆、密室逃脱等游园项目及四合院住宿、营养配餐餐厅和自助烧烤区。

（张博　新华网2018年8月31日）

7. "文化融合"成为上海黄浦军民融合发展的"名片"

在上海市黄浦区不仅有着像中共一大会址纪念馆、"好八连广场"等全国闻名的双拥宣传教育基地，还有在全国、全军名气响当当的"南京路上好八连"、被誉为"南京路上学八连、霓虹灯下新一代"的上海武警一支队十中队，还有中央军委、国务院命名的"模范消防中队"——消防黄浦支队车站中队，这些既是黄浦区深度推进军民融合发展的典范，也是黄浦区"文化融合"的名片。

黄浦区明确提出争创全国双拥模范城"九连冠"的目标，号召全区军民增强双拥工作的责任感和使命感，拓展工作思路，完善政策制度，在强化特点、解决重点、攻克难点上寻找突破，努力推进黄浦双拥再上新台阶。

一直以来，黄浦区在弘扬双拥工作光荣传统，扩大双拥品牌社会影响力上下功夫，取得了显著效果。先后涌现了三支模范基层连队，受毛主席题写八连颂的"南京路上好八连"，被江泽民同志誉为"霓虹灯新一代"的武警一支队十中队，被中央军委、国务院命名的"模范消防中队"——黄浦消防支队车站中队，他们成为推动黄浦双拥工作发展和精神文明建设的先锋和标兵。

近年来，黄浦区不断创新，加强军地文化的融合，黄浦区团委与武警一支队团委共同推出"思想工作联抓、人才培养联手、公益事业联做、文体活动联谊"的"四联"共建工作，被团中央、解放军政治工作部授予"全国团建先进县市"和"全军十大红旗团委"的荣誉称号。

黄浦区有中共一大会址纪念馆、"好八连广场"等国防双拥教育基地，有享誉全国的南京路、外滩等著名景点，这些都是黄浦双拥的名片。为了进一步弘扬好八连精神，在南京路建立了好八连雕塑群，受到全国各地来沪游客的喜爱和好评，自 1982 年来，每月 20 日，驻地部队和民兵在南京路开展为民服务活动，成为南京路上一道亮丽的风景线，南京路为民服务日也成为黄浦区双拥工作社会化、经常化的一个标志而闻名全国。

黄浦区双拥文化建设成效显著，着力打造的双拥文化"五个一"工程建设，得到上级单位的肯定，"南京路上好八连"雕塑荣获全国城市雕塑大奖，成为上海市国防教育新地标，创作的《永不褪色——南京路上好八连纪实》报告文学，2015 年作为全军重点图书发行，黄浦区的双拥特色文化品牌影响走向了全国。

黄浦区党委、政府积极发挥双拥工作优势，架好军地融合的"连心桥"，当好部队建设的"保障部"，办好双拥工作的"暖心事"，在解决重点工作上下功夫，在打造双拥品牌上花力气。

黄浦区先后组织"南京路上好八连"、武警十中队、消防车站中队三支队模范基层连队 95 名党员官兵，在中共一大会址纪念馆举行"为党旗增辉　为军旗添彩"宣誓活动，让广大党员官兵不忘初心，牢记使命，再立新功。为了拓宽军地两用人才培养新渠道，黄浦区组织新世界集团等 4 家区属企业集团和上海市消防总队水上消防支队结对，共同打造"红门精英人才"计划，促进军地双方互惠双赢。该区还组织长征医院与淮海中路街道签约结对，共建"长征医院精英快线·淮海白领午间门诊"项目，开设门诊绿色通道，为淮海中路企业白领提供挂号、就诊、检查、配药"一站式"门诊服务。

黄浦区军地发挥各自的优势，为全区军民送上精美的"文化大餐"。在黄浦区委宣传部和区文明办倡导下，驻区部队官兵连续三年积极参加"无车日低碳骑行"活动，倡导"让上海的水更清，天更蓝，人更美"，广受好评。

为了推进双拥文化品牌建设，黄浦区出资150万元，作为"南京好上好八连"事迹展览馆维护经费，更大程度地发挥好爱国主义教育基地的作用，黄浦区分别与武警一支队和消防黄浦支队合作，创作《蹈火英雄》——模范消防中队报告文学，"霓虹灯下新一代"——武警十中队报告文学，打造成宣传黄浦双拥系列图书三步曲、姊妹篇，进一扩大了黄浦区双拥影响力。

近年来，黄浦区领导每年深入部队一线看望慰问黄浦籍战士，鼓舞他们端正服役态度，专心练兵备战，为部队建设做出更大贡献，受到战士和家长的好评。黄浦区十分注重提升为优抚对象服务能力和水平，全面推进"关爱功臣活动"，在全区10个街道通过社会组织购买服务形式，为优抚对象开展关爱服务，最大限度地落实好拥军优属各项政策，让广大优抚对象切实感受到党和政府的关心和厚受，为解决重点优抚对象看病难问题，区财政局拨款100万元，由民营企业上海洁晨社区综合服务发展中心，通过社会组织购买服务方式，在区内瑞金医院等六家三甲医院，开展为优抚对象优先挂号、优先看病、优先住院等"六优先"服务，帮助解决了优抚对象看病难问题。

在新一轮全国双拥模范城创建活动中，黄浦区按照习近平总书记提出的"要把军民融合发展上升为国家战略"的指示精神，秉持"弘扬传统、创新驱动、重点突破、融合发展"的工作理念，军地合力，军民同心，努力推进黄浦双拥工作再上新台阶。

（杨锡权 周恩亮 顾慧卿　中国网 2017 年 6 月 22 日）

8. 浙江军旅文化园董事长陈芳：圆自己的 军旅梦　开启一段"新征程"

"将士们听党指挥，能打胜仗作风优良，不惧强敌敢较量，为祖国决胜疆场！"在绍兴的曹娥江畔，身着迷彩服的孩子和大人们都唱着嘹亮的军歌，在这里他们被磨炼出军人般的意志力和执行力，得到了身体和心理上的成长。而曹娥江畔的这个占地 1700 多亩的训练园区就是陈芳所打造的浙江军旅文化园。

在这里，浙江军旅文化园董事长陈芳完成了自己的军旅梦想，也让退伍军人们"退伍不褪色"，用自己专业的军事技能实现退伍就业，开启人生的"新征程"。

记者：陈总，您为何会创办这样一个军旅文化园呢？

陈芳：这还是源自于我自己的一个军旅梦想。我从小就想成为一名军人，但是由于家里人的反对，我没有走上从军的道路。但或许是"吸引力法则"的原因，军人对我有一种特殊的吸引力，结交了很多有从军经历的商人朋友，也了解了国家对军人的很多政策。

2015 年，我了解到新的国家政策出台，今后退伍后自主就业的军人会越来越多，但如何就业成为他们的一个问题。自 2016 年 2 月开始，军队的有偿服务活动全面停止，包括面向企业、学校的军训。因此，我意识到军事化的培训是一个非常大的空白市场。当时，我说动了我的搭档——原浙江公安边防总队宣传处处长黄旭堂，从部队中退伍，和我一起创业为退役军人建一个能为他们的梦想插上翅膀的"家"。

创业前期，我们考察了全国多个省市，最后将军旅文化园选定在距离杭州只有 1 小时车程、距离上海只有 2 小时车程的曹娥江畔。

长三角洲地区经济发达，但很多家庭由于父母忙于工作，对孩子的家庭教育有所欠缺，孩子的个性没有得到很好的发展，走上不好的道路。"老吾老以及人之老，幼吾幼以及人之幼"，这句话我一直很认同。作为一个母亲，每每看到这样的孩子，我打心底里为他们着急。经过调查，我发现这里的家长确实都有这样的需求，因此我想要以军事化训练、红色文化教育等磨炼孩子们的意志，让他们的个性健康发展。一番筹备工作之后，2017 年 7 月，浙江军旅文化园落地。

记者：浙江军旅文化园也是退伍军人自主就业的一个起点，能谈谈您身边的这帮退伍军人吗？

陈芳：我认为企业最重要的是团队和产品，从团队的角度来说，退伍军人身上有从部队锻炼出来的顽强意志力和坚定的执行力，对企业来说是很好的员工，可以从事销售等工作，但他们回到地方上，往往还是从事安保和警察的工作，这反映出退伍军人就业难的问题。军旅文化园就想要帮助退伍军人实现自主就业，我们可以对退伍军人进行培训，根据他们的性格，培养他们的职业技能，再输出到有需求的企业。我们今年打算解决 500 名退伍军人的就业问题，现在已经超额完成，目前我们的团队 90% 都是退伍军人。

记者：刚刚还提到您最看重的企业产品，能聊一聊军旅文化园的培训课程吗？

陈芳：我们整个课程的研发是由退伍军人和心理方面的专家一起完成的。目前，我们已经围绕职业素养培训、国防军事训练、户外拓展、生存磨砺教育、生命安全教育、生态环境教育、生活体验教育、真人 CS、特种魔训、冬夏令营等十大主营业务研发了 200 多门课程，正在对课程进行深入挖掘，计划在一段时间后建立完备的课程体系，编写一套有军旅特色的"课本"。

在少儿培训方面，我和我的培训教官都强调：每个小朋友都是不同的，要把培训做到每个小朋友的心里去，让每个小朋友在培训中都能得到深刻的体验。

在企业培训方面，一些企业家在自己体验之后，会把自己的管理团队带来，接受培训，比如有浓厚军旅文化传统的传化集团。自开园以来，我们已经接待了 300 多个团队，浙江理工大学等浙江各中小学、高校都在这里进行国防教育。

记者：浙江军旅文化园之后会有什么样的发展？

陈芳：我们计划 3 年内打造 10 个培训基地，5 年内形成全国连锁的退役军人创业基地。目前，我们还是更注重培训产品的延续性和团队的打造，也因为公司商业模式的特殊性，要先在曹娥江畔稳扎稳打。

（邓一鸣　杭州网 2018 年 8 月 10 日）

9. 福建：红色文化看得见记得住

作为全国著名革命老区、原中央苏区的重要组成部分，福建培育了辉煌的古田会议精神和伟大的苏区精神，留下了宝贵的精神财富。近年来，福建大力实施红色文化工程，进一步保护红色资源、传承红色基因、弘扬革命传统，努力让红色文化生生不息，让红色基因代代相传。

挖掘革命资源　弘扬红色文化

福建是文物大省，红色文化资源尤其丰富。

2016 年 6 月，福建制定《福建红色文化保护、传承和弘扬工程实施方案》，从加强红色文化保护传承、深化红色文化研究整理、推进红色文化弘扬传播、创作红色文化文艺精品、培育红色文化旅游品牌等五大方面，明确了红色文化保护、传承和弘扬工程的重点工作。如何推进红色文物的有效保护和合理利用，让文物活起来用起来？福建进行了不少有益探索。

在红色文化保护方面，福建加快制定完善政策法律法规。

3 月 1 日，《福建三明市红色文化遗址保护管理办法》正式实施，这是福建首部专门针对红色文化遗址保护制定的政府规章。

据介绍，目前，福建已编制了《福建省革命文物保护利用经费需求规划》，项目总数 573 个，经费总需求 20.12 亿元。

实施革命旧址维修保护五年行动计划。建立革命旧址保护利用项目库，已实施古田会议旧址群等 6 处全国重点文物保护单位保护维修项目、邓拓故居等 13 处省级文物保护单位保护维修项目。

加强革命文物的展示和利用。2016 年 9 月，举办了"铁血长征——福建儿女长征史迹展"大型主题展览，并制作了 66 套展览展示图版在全省各地博物馆和学校、社区、军营巡展。福建已计划每年举办一批红色文化主题展览，开展红色文物陈列展览推介活动，促进红色文物展览创新。

加强馆藏革命文物的修复保护。2016 年，完成了古田会议纪念馆、中央苏区（闽西）历史博物馆等馆藏革命文物保护修复和预防性保护方案的编制。

创新传播手段　打造红色品牌

在古田会议会址、福建省革命历史纪念馆，游人如织；在红色文化网上展示馆、VR/AR 实体体验馆，拿起鼠标、戴上头盔，一幕幕革命历史场景立体化精彩展现，让人不禁感叹，原来红色教育可以这么生动和酷炫……

借力新技术、新媒体，福建近年来重点推进一系列红色文化展示项目，打造红色文化传播平台，吸引了越来越多的人体验感受福建红色文化的魅力。

2016 年 12 月 13 日，福建红色文化网上展示馆上线，福建红色文化 VR/AR 实体体验馆也在福建省革命历史纪念馆正式启动。作为目前全国内容最丰富的红色文化网上展示平台，它将福建红色文化与高科技元素融合，使观众通过 VR（虚拟现实技术）、裸眼 3D 等技术，就可以远程、实时参观红色文化遗存遗迹，体验红色文化旅游产品。

福建依托公共文化服务平台，利用电影、电视、网络、多媒体等各种手段，不断拓宽红色文化宣传推介平台与渠道。

作为率先实施"数字图书馆推广工程"的省份之一，福建省图书馆近年以数字文化资源建设为核心，拓展数字资源服务方式与范围，自建"建党90周年·海西红土地党建信息库"，设立"永远的丰碑""党史研究"等六大栏目，全面展示革命先烈们在海西红土地上留下的丰功伟绩。

据介绍，福建将在全省重点博物馆、纪念馆、展览馆等推广红色文化 VR/AR、裸眼 3D 等技术形式，将红色文化娱乐产品纳入福建红色文化旅游项目，推出一批具有红色文化内涵的创新、创意文旅产品，让红色文化活起来、传开来，让更多的人看得见、记得住。

深化军民融合　传递红色基因

闽西军民融合发展的历史，光荣而悠久。第二次国内革命战争时期，闽西诞生了中央苏区——

◆ 第一家兵工厂

◆ 第一家红军被服厂

◆ 第一家红军斗笠厂

◆ 第一家弹棉厂

◆ 第一家织布厂和中央红色医院

2016 年 10 月 19 日，在北京举行的第二届全国军民融合发展高科技成果展上，龙岩枭龙汽车与中国兵科院合作研发的特种装备接受视察检阅，这是福建军民融合深度发展又一成果。

2014 年 10 月，全军政治思想工作会议在龙岩古田召开，中央再一次赋予龙岩军民深度融合发展的新使命。

"新古田会议"后，龙岩市与中国兵器装备集团、兵器工业集团、航天科技集团、电子科技集团等十大军工企业在项目、技术、资本、人才、管理等领域进行了全方位对接。

3 年来，龙岩累计与军队、军工企业合作军民融合项目 103 个，总投资466.3 亿元。

军转民方面，选择优质民企高位嫁接军工技术。累计实现技术合作项目21 个。

促民品参军方面，全市共办理 3 本国军标质量体系证书、2 本保密资格证书；12 家企业进入行业供应商库；35 家企业的专用车等八大类产品供应部队、军工企业，累计销售 21 亿元。

龙岩，军民融合发展扬帆起航……

（赵鹏 钟自炜 李珂 尤建源 人民网—《人民日报》2017 年 8 月 22 日）

10. 山东临沂蝉联全国双拥模范城 已是"四连冠"

2016 年 7 月 31 日，全省双拥模范城（县）命名暨双拥先进单位和个人表彰大会在济南举行，会上表彰了全国、全省双拥模范城（县），拥军优属拥政爱民先进单位和个人。临沂第四次被命名为全国双拥模范城，蒙阴县也再次获得全国双拥模范县称号。同时"临沂舰"获全国拥政爱民先进单位。

近年来，我市充分利用军地丰富的资源优势，不断创新工作思路，积极开展拥军活动，双拥工作取得了显著成效。市委、市政府结合新区建设和旧城改造，累计投入国防基础建设经费 13 亿元，帮助驻临部队加强和改善基础设施建设，先后划拨土地为临沂军分区建设了新营区；划拨土地为武警临沂市支队建设了指挥中心、反恐分队综合楼和室外靶场；划拨土地为消防支队建设了应急救援训练基地，在市区和沂水县、兰陵县新建消防站 5 处，在郯城县建设了占地 126 亩的消防生产基地。为帮助部队提高装备水平，先后投入 5000 多万元为武警支队购置了防爆装甲车，为市公安消防支队购买了远程供水系统和 78 米登高平台消防车、配备装备 3412 件（套），并向驻临各部队赠送电脑、打印机等电教器材 220 余套。

每年"八一"建军节、春节等重大节日前夕，我市都成立慰问团，由市委市政府主要领导带队到驻鲁、驻临部队走访慰问。遇有部队开展训练活动和执行重要军事任务，各有关方面都迅速跟进，协助做好演训场地清理、交通战备、通信保障等工作，确保了各类军事活动圆满完成。

我市军地双方通过共建文明路段、共建文明市场、共建文明学校、共建社会治安等多种方式，不断创新共建形式，军地资源融合、文化融合、科技融合等融合程度不断提升。目前,全市军地双拥结对单位已增至 80 对,平均每年开展活动 300 余次。市双拥办以拥军优属协会为平台,立足部队需求,广泛开展了"沂蒙精神进军营""科学技术进军营""文化艺术进军营"等多种军地同促共建活动。武警临沂市支队与驻地 14 个单位建立共建关系,平均年出动警力 900 余人次,走上街头、进入社区为市民做好事;济南军区临沂房地产管理处建立部队、地方政府与租赁单位三方联管的军队房地产管护新机制,既避免了地方政府的重复建设,也为部队带来了收益,实现了双"丰收"。

为进一步增强全社会的国土意识和双拥意识,使爱国拥军真正成为全社会的共同价值取向和自觉追求,经市委市政府积极协调,2011 年,诞生并成长于沂蒙老区的济南军区 26 集团军 77 旅正式打出了"沂蒙旅"旗帜;2012 年 11 月,海军"临沂舰"正式入列北海舰队;2016 年 2 月,海军"沂蒙山舰"正式入列东海舰队。自"沂蒙旅"和两艘舰艇命名以来,军地双方开展了内容丰富的军民共建活动,爱国拥军已经深深融入每个临沂人的血脉,凝聚为融合发展的强大动力,为全市双拥工作创造了许多新的宝贵经验,对部队官兵产生了强大的鼓舞和激励作用。

荣誉簿:在此次表彰大会上,临沂市和蒙阴县分别作为全国双拥模范城和模范县获得表彰。兰山区民政局、河东区民政局、临沭县民政局、临沂市粮食局军粮供应站和山东连胜体育产业有限公司荣获山东省爱国拥军模范单位称号,临沂市民政局局长高振凯被评为山东省爱国拥军模范,临沂兴大投资发展集团有限公司董事长相荣涛和费县民政局局长邵士侠获评山东省双拥工作先进个人,并分别记一等功。

备忘录:临沂是全国著名的革命老区,战争年代,这里有 20 多万人参军参战,120 多万人拥军支前,10 万烈士血洒沂蒙,为后人树立了一座不朽的历史丰碑。在长期的革命和建设实践中形成的"爱党爱军、开拓奋进、艰苦创业、无私奉献"的沂蒙精神,与井冈山精神、长征精神、延安精神、西柏坡精神一样,已成为中华民族宝贵的精神财富。

新的历史时期,我市深入贯彻落实习近平总书记提出的"军民融合式发展"重大战略思想,以强烈的融合意识和高度的融合自觉,聚焦强军目标,着眼军地双赢,大胆改革创新,主动把军民融合纳入全市经济社会发展总规划,努力探索具有沂蒙特色的军民融合发展新路子,有力促进了国防建设与经济建设的协调发展。

（金成远 张慧　大众网—《沂蒙晚报》2016 年 8 月 1 日）

11. 陕西榆林大漠军旅文化园
力争 5 年内晋级 4A 景区

2017 年 8 月 22 日，由榆林市榆阳区文化旅游产业投资有限责任公司、榆林市鑫瑞投资有限公司（榆林射击场）、榆林市榆阳区女子治沙造林有限责任公司三方共同组建榆林市榆阳区大漠军旅文化园管理有限责任公司，举行了股份投资合作签约仪式。

榆林市榆阳区大漠军旅文化园管理有限责任公司的成立将进一步传承补浪河女子治沙连艰苦创业、自力更生的奋斗精神，加大补浪河"女子民兵治沙连"文化旅游资源开发力度，充分发挥"女子民兵治沙连"的品牌效益，示范带动全区文化旅游产业发展。

榆林市榆阳区大漠军旅文化园管理有限责任公司注册资本金为 5000 万元人民币，其中榆林市鑫瑞投资有限公司（榆林射击场）出资 3500 万元，占比 70%；榆林市榆阳区文化旅游产业投资有限责任公司出资 1000 万元，占比 20%；榆林市榆阳区女子治沙造林有限责任公司出资 500 万元，占比 10%。三方共同对景区进行开发建设与运营管理。

高文平主持召开了榆林市榆阳区大漠军旅文化园管理有限责任公司第一次董事会会议，会上通过选举产生公司董事会成员以及监事会成员。会议一致选举高文平为公司董事长、法定代表人，并兼任公司总经理，选举张东为公司监事会主席。

最后，公司新任董事长高文平进行了发言，他表示，首先祝贺榆林市榆阳区大漠军旅文化园管理有限责任公司今天正式成立，新公司的顺利成立，离不开榆阳区委、区政府各级领导部门的亲切关怀和大力支持，感谢补浪河乡党委、政府的鼎力支持，以及榆阳文投公司所做的大量工作。相信在政府各级部门的支持下，通过公司董事会、监事会以及全体员工的不断努力，一定会将大漠军旅文化园景区建设成榆林独具特色的文化旅游目的地。

公司将依托女子民兵治沙连的"红色基因"品牌、国家 AAA 级景区的条件和"榆林射击场"的管理经营，建成"爱国主义教育基地""军事拓展训练基地""生态观光旅游基地"三大板块，并通过"国防教育培训模式＋射击运动赛事模式＋休闲旅游体验模式"，形成差异化经营，做到国内唯一特性，要力争在 3—5 年内晋级为国家 AAAA 级景区，并在国内成功上市。

（大秦网 2017 年 8 月 30 日）

十六、中外融合

1. 世界军民融合发展新态势

推动军民深度融合发展，必须以整体国家经济科技实力做支撑，加强国家层面的顶层设计和资源整合，以最开放的胸襟、最便捷有效的方式，最大限度地吸收利用民用优势资源和先进技术

当今世界，国际战略格局正处在前所未有的大变革之中，大国战略竞争日趋升温，世界经济深度转型发展，新一轮科技革命、产业革命、军事革命加速推进，世界范围内新一轮军民融合发展浪潮正在蓬勃兴起，并呈现出一系列值得关注的新态势。

态势一：新一轮科技革命为融合发展开辟了广阔空间

当前，新一轮科技革命和产业变革加速推进，3D打印、物联网、大数据、人工智能、新能源、新材料、生物科技等新技术迅猛发展，这些新技术的巨大潜力已经初露端倪，越来越多的"科幻"已成现实，这为世界军民融合发展开辟了广阔空间。值得关注的是，这一轮科技革命中，新技术创新的"策源地"正逐步转向民用领域，民用部门逐步取代军事部门成为新技术发展的"开路先锋"，民用领域许多新技术取得突破，并呈星火燎原之势，展现出巨大的军事应用前景。从人机围棋大战、无人驾驶汽车、智能机器人到虚拟现实技术，无不展现出新技术运用于军事领域的无限空间。目前来看，新一轮科技革命并非单一技术引领，而是不同技术和要素的融合，呈现出数字化、智能化、个性化的特征。有智库预测，到2030年，更多军事技术将来自民用领域而非军工行业，越来越多可能推动军队未来发展的关键技术来自民用企业。这预示着军民一体化创新时代的到来，为此世界主要国家纷纷加强战略部署，通过军民协同

创新竭力抢占新科技革命的制高点，力争以最快速度先于对手把新科技革命的成果应用到军事领域，以谋求军事实力和综合国力的竞争优势。

态势二：争夺先发优势的国际战略竞争成为融合发展的深层动因

当前，世界主要大国普遍进入军事战略全面调整期、军事变革持续深化期、高新武器快速发展期，大国军事竞争呈螺旋式上升状态。世界主要国家纷纷利用国家资源和社会力量提升国家整体防务能力，大国之间的战略竞争日趋升温。美国认为，俄罗斯和中国是美国最紧迫的竞争对手，为此，美国已高调推出"第三次抵消战略"。新任总统特朗普为维持美国世界主导军事大国地位，提出要重建美国军队，增加国防预算，扩大陆军和海军陆战队规模，为海军建造新舰艇，为空军增加战斗机，并对核武库进行现代化更新。俄罗斯发布新版《俄联邦军事学说》，首次将北约军事力量发展及北约加强在俄周边部署视为首要威胁。日本与美国联合修订《日美防卫合作指针》，强行通过新安保法，以法律形式解禁集体自卫权，为日本在西太地区乃至全球挑起事端提供法律基础。印度正在加紧构建"军事大国"和"地区强国"。随着大国之间战略竞争的加剧，一些国家正在考虑如何通过有效的战略运作来实现深层次的军民一体化发展，以谋求和维系国家军事能力和综合国力竞争的优势，这构成了新一轮世界军民融合浪潮兴起的深层战略动因。

态势三：多措并举强化创新驱动引领融合发展

推进军民融合发展，视力之及不能仅限于促进资源优化配置，更为核心的任务是建立强大的创新驱动机制，提升国家的持续创新能力。创新引领是这一轮世界军民融合发展最鲜明的特征。近年来，美国不断加强美军与私营企业、科研机构的无缝对接，竭力培育创新文化，采取的举措主要有：加大研发投入，美国防部年度研发支出接近720亿美元；促进军事科技创新融入国家技术创新生态系统，先后在硅谷、波士顿和奥斯丁设立国防创新试验机构，力图将新创意、新技术和新产品快速引入军事应用；借重外脑作用，成立国防创新咨询委员会，招募计算机科学家和软件工程师，等等。欧洲防务局表示，增加国防研发投资，启动试行项目，项目预计投资140万欧元。2015年底，英国宣布确保每年将1.2%的国防预算用于技术创新，并斥资8亿英镑设立"军事创新基金"。俄罗斯也采取一系列措施推动军民协同创新，包括先期研究基金会资助前沿研究、创建科技连、设立创新日、建立"开放式创新之窗"等。日本防卫省展开了直接面向以大学、独立行政法人和大学自办企业为主的法人提供研究费用的募集活动，资助具有强大科研实力的一流大学开展军事项目研究。

态势四：布局新兴领域抢占融合发展战略制高点

以美国为代表的发达国家在保持整体技术优势的同时，正在向代表未来发展方向的网络、太空、海洋等新兴领域进军，不惜投入巨资着力布局和抢占未来军事竞争的战略制高点。美国在"第三次抵消战略"的牵引下，不断增加对网络战、太空战、电子战、无人系统、水下作战、快速打击武器等高端项目的投入。2017 财年，美国防部拟投入 81 亿美元研究水下作战，未来五年将在此领域投入 400 亿美元；在网络战方面拟投入 67 亿美元，计划未来五年在此领域投入 350 亿美元；在太空战方面投入 71 亿美元，比 2016 财年的 50 亿美元增长了约 40%。美国防部还以"战略能力办公室"为核心，不断推进民用技术的军事转化进程，试图提升其"改变游戏规则"的新能力。俄罗斯正在全面布局新兴领域发展，普京签署"成立国家机器人发展中心"总统令，将发展军用、特种和军民两用机器人系统作为俄联邦科学、工艺和技术的优先发展方向。欧盟也加大向赛博安全领域的投资，并与私营部门合作致力于赛博安全。以色列把建设全球赛博强国作为国家目标，投入巨资把南部沙漠城市比尔谢巴建设成"全球赛博创新中心"。

态势五：开辟互联网时代军民融合发展的新途径

互联网时代，云计算、开源软件、智能手机等发展使创新创业障碍趋于减小，在线课程和编程训练营为人们获得新技能提供了极大便利。孵化器、加速器、创新创业大赛、创客空间使创新创业更加便捷，众筹网站为创业者提供了融资平台，互联网时代给更多民众参与创新创业提供了机会。世界主要国家顺应开放式创新的新趋势，积极利用外部创新资源，将外部正在发展的技术快速嵌入国防创新领域。新版《美国创新战略》提出运用挑战赛、众包众智、公众参与科学等"开放创新"方法以及对创客运动的支持，使更多美国民众成为创新者，激励全民创新。美国 NASA 把一些影响载人航天领域中人的健康和工作的挑战性问题，通过第三方开放创新平台发布给国内外的参与者以吸引社会创新。俄罗斯也积极探索开放式创新，2016 年 4 月，俄国防部启动信息技术最佳方案研制竞赛，旨在选拔一批有天赋的专家（包括军人），为解决武装力量急需的新科技和实践成果创造有利条件。英国国防科技实验室举办创新竞赛，以众包的方式改进卫星成像，帮助情报分析人员更快、更准确、更有效地评估卫星数据。

世界潮流浩浩荡荡，时代大势不可违背。当前和今后一个时期，推动军民深度融合发展，必须以整体国家经济科技实力为支撑，加强国家层面的顶层设计和资源整合，以最开放的胸襟、最便捷有效的方式，最大限度地吸收利用民用优势资源和先进技术，特别是把经济社会发展中最先进的知识、最前沿的科技、最优质的人才资源整合起来，吸纳和运用到建设现代化国防和强大军队中来。唯有如此，我们这支军队才能成为最具竞争优势的先进群体，才能最有创新力、竞争力和战斗力。

（王伟海 《解放军报》2017 年 2 月 17 日）

2. 军民融合成世界军事技术创新引擎

推动军事技术的民用转化，既能发挥军事科技对民用技术的孵化带动作用，又能使军事技术在转化运用中进入新境界，进而反哺军事技术研究和装备建设。

在世界范围内，不少国家的军事技术和军工发展历程显示，军民融合正在成为军事技术创新的引擎，也是国家综合国力竞争的一种新趋向。

军民融合促国防科技跨越式发展

20 世纪 90 年代后期，美国政府开始探讨如何将军工需求同民用技术相结合，推动经济发展。自小布什执政后，美国政府调整军事战略，大力推行信息技术等新军事技术，大幅提高国防预算，强调利用民用经济中的高新技术来实现国防科技的跨越式发展。

如今，美国发达的国防工业不仅满足了美国的军事安全需求，也为美国军工企业带来巨额利润。负责联邦政府采购的美国总务管理局公布的数据显示，2015 年，美国政府项目承包商前 10 名中有 7 家是军工企业，包括洛克希德—马丁、波音、通用动力、雷神、诺思罗普—格鲁曼、联合技术、L—3 通信。

俄罗斯军民融合则另有一套，即根据需要对军工企业实行改组，将部分军工企业转为生产民品的企业。苏联时期,政府建立了规模庞大、门类齐全的军事工业体系。苏联解体后一段时期,俄军工体系经历了政府资金投入大减、国家军购规模猛降、私有化泛滥、研发滞后等一系列打击。20世纪90年代中期,俄制定《国防工业转产法》,设立"国防工业转产国家基金",对大量军工单位进行整合。1996年,俄通过决议规定其480家军工企业不再推行私有化。进入新世纪,俄不断向军工体系注资,对俄军工体系进行现代化改造,俄军事工业逐渐恢复元气,整体实力逐步提高。

印度现阶段主要采取两种方式进行军民融合:一是政府采购本土军工企业的产品以促进本土军事科研技术的发展;二是依靠海外采购。莫迪政府上台后,要求许多国外军工企业与印度本土军工企业合作并在印设厂,才能获得印度政府的订单。印度期望通过这种方式培养本土军事科研技术人员,将印度从军工产品组装型国家转变为自主生产型国家。

军事技术成创新孵化器

以色列从人口和面积衡量是一个小国,却是全球创新的"大国",其独特之处就在于军民融合的科技创新体系。以色列国防军投入大量资金发展尖端科技、培育精英人才。这些尖端科技也进入民用经济领域,转化为社会发展成果。比如,以色列军工企业拉斐尔公司将导弹制造技术与医疗技术相结合,研发出一种可吞咽式微型胶囊,实现人体内部照相扫描。

美国五角大楼官员则是美国科技创新摇篮硅谷的常客,时不时前往硅谷调研,特别注意在一些中小企业寻找新概念、新理念、新技术。最近,五角大楼将负责采办、技术和后勤的国防部副部长职位一拆为二,即负责采办和维护的副部长和负责研究和工程的副部长,其中负责研究和工程的副部长"将可以适当地冒险,推动技术创新、测试和试验,并有失败的自由"。

2017年1月,五角大楼举行的国防创新咨询委员会第二次会议通过了11条建议,其中多数涉及创新能力建设。这个委员会由谷歌公司的母公司"字母表"执行总裁埃里克·施密特担任主席,成员包括美国硅谷知名IT公司高管、退役军队将领、科学家、学者等。

日本防卫省2015年建立"安全保障技术推进制度",可提供预算经费,委托民间学术机构及企业从事前沿技术研究。其中,研究方向和课题由防卫省把控,具体研发机构征集、预算执行工作由防卫省防卫装备厅负责。防卫省还在航天、卫星、网络等领域加大了与民间企业的合作力度。

（刘莉莉　新华社 2017 年 6 月 21 日电）

3. 世界海军发展趋势及启示

放眼世界海军发展，可以更好地思考我国海军建设，发挥后发优势。

海军发展战略设计向创新、精准、实用发展。世界海洋强国均高度重视海军建设，将其列为优先发展军种。然而海军的发展受到综合国力、国家军事战略等制约。进行科学先进的战略设计、拟制合理可行的战略规划，是建设强大海军的首要问题。近年来，各国海军纷纷以军事战略为指导、以军事理论（学说）创新为驱动、以保卫海上安全和完成战略任务为牵引、以国家经济承受能力为底线，下大力研究制定适合本国国情、军情且特色鲜明的海军发展战略。各国海军都结合自身实际，坚持实用顶用的原则，制定发展路线图，细化发展目标，明确攻关重点、方法途径、时间节点等，以期精准发力、确保实效，有计划、有步骤、有针对性地扩大自身优势，弥补短板弱项，建设"杀手锏"力量。

海军使命任务向多样化、多功能、新领域发展。海军既以打赢海上战争，保卫国家主权、领土完整、海洋权益为传统使命，又是国家参与国际政治、经济与战略博弈的强力支撑。进入 21 世纪，许多国家海军纷纷开拓新的使命空间，大力发展打赢未来海上战争、完成多样化任务和新领域作战能力。各国愈发重视运用海军预防与遏制战争、塑造有利的战略环境与态势，扩大国际影响，提升国际地位。同时，将战略空间向远海延伸，力图在更远方向显示存在、保持优势，确保国家战略利益不受损害。强国海军更是积极推动建立海外基地。美军海外基地现在仍保持 600 余个。俄罗斯强力推动在叙利亚、塞舍尔等恢复建立海外基地。法国在吉布提、阿联酋拥有基地，日本借亚丁湾护航在吉布提设立了首个海外基地。向深海、极地、太空、网络等新领域发展，也是强国海军密切关注的方向。此外，积极提升海军完成海上反恐、抢险救灾、联合撤侨、联合军演、海上安全合作等多样化任务的能力，是近年各国海军重点研究和乐于践行的活动。

海军组织结构向精干、联合、高效发展。结构决定功能、结构决定效益。海军组织结构是否科学合理，直接影响到海军部队战斗力的高低。信息化时代的海军，已不再盲目追求数量增长，更多的是追求质量提高。各国海军将继续加大质量建设的力度，保持一支规模适中、质量先进的海军力量。海军不同兵种之间，将保持合适的比例。按照模块化要求重组作战部队，是世界军队军制改革的大趋势，如美国海军已将打击力量重组为 36 支新型打击大队。在指挥体制上，美、俄、德等强国均已实现了军政、军令分开和战区主战、军种主建体制，海军部队已融入三军统一的作战指挥链条，有效适应了联合作战需要。同时，各国海军都通过减少指挥层级来提高指挥效率。

海军作战使用向联合、实时、全维发展。一体化联合作战思想备受推崇，各国海军将更加注重一体化指挥系统的建设、改进和融合，积极探索、开发、构建一体化联合作战组织实施模式。全维作战、全域控制已成为谋求战争制胜的重要共识。海上作战已从传统的三维空间向太空、天空、水面、水下、电磁、网络、心理等多维空间和领域飞速拓展，全天时、全天候、全地域、全领域实时准确掌控战场信息，展开相互关联和有效配合的作战行动，迅速摧毁和摧垮对手赖以作战的物质基础和心理防线，无疑是赢得信息化战争胜利的必由之路和最佳选择，是信息化战争胜利的"制高点"。

世界海军快速发展，我国海军既面临严峻挑战，又存在难得发展机遇，只有与时俱进，改革创新，才能抓住机遇、赢得未来。

海军建设发展要始终坚持理论创新驱动、作战需求牵引。但凡走向强大的海军，背后必然以军事理论创新为驱动，美英海军强势的背后有马汉、科贝特，苏联海军勃发的背后有戈尔什科夫。我国海军实现新的历史跨越，必须适应国情、军情、海上战争形态的历史性变化，充分发挥军事理论创新的驱动引导功能，以巩固和扩大我们的优势为基点，创新发展信息化海上人民战争思想；坚持作战需求牵引，紧紧围绕"能打仗、打胜仗"，形成务实、顶用、实践指导价值高的海上作战理论。

海军建设发展要依托民众伟力、走军民融合之路。海军建设资源需求大、建设周期长，高度依赖综合国力。海军建设发展投入直接取决于国家的战略决心，主要取决于国家聚集、动员经济社会资源的体制和能力，根本上取决于人民是否愿意和有能力给予坚决、广泛和持久的支持。历史也证明，凡是海军保持长期强盛的国家，在寓军于民、发展与安全兼顾方面都做得比较好。凡是不顾民力民生建设海军的国家，海军往往其兴也勃其衰也忽而难以致远。新形势下，要坚持海军建设与国家经济建设协调发展、平衡发展、兼容发展。

海军建设发展要奇正结合、发挥后发优势。"凡战者，以正合，以奇胜。"世界海军竞争发展的历史表明，后起国家在海军建设方面，一味"照葫芦画瓢"、临摹海军先进国家，不但难以得其"真味"、实现真正的超越，还可能被对手带入发展陷阱。作为发展中国家，面对激烈的海洋军事竞争，海军发展既要"以正合"，通过学习借鉴先进国家海军建设经验，重视完善信息化海军体系构建必需的基本要素，更要善于"以奇胜"，注意发挥后发优势，通过"不对称"发展，形成"使敌人怕"的独特优势；善于"你打你的，我打我的"，立足自身优势、抓住对手弱点设计战争。

（张岳良 段廷志 《解放军报》2016 年 6 月 8 日）

4. 外国退役军人管理保障机构什么样

党的十九大报告明确提出："组建退役军人管理保障机构，维护军人军属合法权益，让军人成为全社会尊崇的职业。"至此，我国正式启动退役军人管理保障机构的组建工作。

退役军人在世界各国都是一个特殊的群体，这部分人员能否妥善安置，直接影响军队战斗力生成，关系国家和军队的稳定。世界主要大国在国家制度变革和军事力量发展过程中，都曾存在安置问题，不少国家在处理这一问题上积累了丰富的经验。

目前，世界上许多国家都非常注重加强对退役军人的组织管理，普遍将退役军人作为宝贵的人力资源财富统筹使用，大多成立了专门的退役军人管理保障机构或职能岗位，归口负责管理军人退役后的就业、就学、培训、抚恤等事宜，从组织机构上保证了退役军人的各项权利。

美国退役军人事务部地位仅次于国防部

在美国，每年 11 月 11 日（第一次世界大战停战日）是"退伍军人节"，也是全国"公共假日"。在这一天里，美国总统和各州州长都会向全体美国退役军人致敬，缅怀他们在战争期间的功绩。美国全国都要举行形式多样的庆祝和游行活动，向历次战争的退役军人表示敬意。

但美国目前形成崇敬军人的良好氛围，是经历过长期曲折反复斗争才得来的。第一次世界大战结束后，美国退役军人数量大增，仅伤病残退役军人就有50万人。1929年，资本主义世界爆发了规模空前的经济大危机，造成大量退役军人失业，政府给退役军人发放的残疾抚恤金也出现拖欠，引发大量退役军人上访，美国政府有关部门为处理此事焦头烂额，但效果并不理想。

二战后期，罗斯福总统吸取了一战后退役军人安置问题教训，提前妥善做好退役军人安置工作，于1943年签署《老兵权利法》，该法被美国退役军人称为"20世纪国会通过最伟大的法律，也是美国进行的最好的一项投资"。该法令是美国退役军人安置的一个基础性文件，从法律、待遇和社会地位方面给予退役军人很好的照顾，对稳定美国社会起到了至关重要的作用。

1953年，美国成立退役军人权益保护处。1973年，除阿灵顿国家公墓外的国家公墓系统由国防部全部划归退役军人事务局管理。1983年，美国国会又通过《退役军人紧急职业训练法》，次年又通过《蒙哥马利法案》，对于保障军人顺利转业到地方工作起到了巨大作用，进一步完善了美国退役军人政策制度。

1988年，随着冷战的结束，美国当年就有34万名军人退役到地方。为了更好安置退役军人，美国国会通过法案，时任总统里根签署了法案，将退役军人事务局升格为内阁部。1989年，退役军人事务部正式成立。

目前，退役军人事务部是美国管理和服务退役军人工作的主要政府机构，下设医疗局、福利局、国家公墓管理局3个局，以及合同审查委员会、退役军人申诉委员会两个委员会，还有1个中心和15个办公室，在全国各地有57个下属办事机构，在县市还设立退役军人服务办公室或授助委员会，规模在美国政府内阁15个部门中名列第二，地位仅次于国防部。

退役军人事务部目前拥有23.5万名雇员，负责2500多万退役军人和7000多万军人家属、遗属的管理工作，2018财年的预算总额约为900亿美元。

退役军人事务部的主要职责有：发放残疾抚恤金、死亡抚恤金、退休金和参战补助金；资助考上大学的退役士兵，为退役军人提供医疗服务、住房贷款担保和就业帮助；管理退役军人人寿保险项目；管理国家公墓等。

除退役军人事务部，美国国防部、劳工部和小企业署等机构和部门也担负一定的退役军人管理保障职能。

俄罗斯成立国家老战士事务局负责退役军人事务

苏联时期，军人地位很高，退役军人待遇优越，普遍受到社会尊敬。苏联解体后，军人社会地位大幅下降，退役生活缺乏保障，由于法制不健全和政令不通，一些地方单位无视安置政策，导致数万名二战伤残老兵和退役军人走上街头示威集会，要求联邦政府解决生活待遇和社会地位问题。

为妥善解决退役军人问题，俄罗斯加紧完善了退役军人及其家属的社会保障制度建设，1993 年国家杜马通过了《服过役和在内务机关服过务人员及其家属退休（抚恤）金保障法》，1994 年通过《老战士法》，1998 年通过《军人地位法》，专门系统地解决了伤残老兵和退役军人在待遇、安置及社会地位等方面的问题。特别是《老战士法》规定在联邦政府成立国家老战士事务局，专门负责退役军人事务。

目前，国家老战士事务局已经成为俄罗斯管理退役军人事务的主要机构，其编成、结构及其建立和活动程序，由总统按俄罗斯联邦政府报告确定，受俄罗斯联邦主体权力机关、地方自治机关的领导。其主要职责有：制定并执行国家和地方退役军人社会保护计划，确保联邦法律规定的权利和优惠得到落实；从联邦预算、俄罗斯联邦主体预算和地方预算中划拨资金；依托大众媒体系统宣传军功和战斗功绩。

成立专门管理机构后，俄罗斯退役军人对生活保障满意，普遍受到社会尊重，社会地位较高。

设立退役军人专门管理机构，形成退役军人事务管理体系

美国、俄罗斯、加拿大等国在中央政府中设立了全国性的退役军人专门管理机构，其他各国则因地制宜形成了符合本国国情的退役军人事务管理体系。

有些国家在国防部单独设立退役军人保障部门，如印度、法国、澳大利亚等国。1986 年，印度组建退役军人安置管理机构。2004 年，又改组成立了隶属于国防部管辖的退役军人福利部，专门负责退役军人管理事务，下设安置处、退役金处两个处，和陆军委员会秘书处、退役安置总局、退役军人贡献健康计划组织等三个办公室，主要负责制定退役军人福利和安置政策计划。但需要指出的是，印度全国共有 32 个联邦陆军委员会和 392 个县级陆军委员会，

具体负责各邦、县退役军人事务管理，这些机构均由各自联邦政府行政区统一管理。

有些国家没有全国性的退役军人管理机构，但设有帮助退役军人就业的协助性机构，而且更多地依靠社会保障退役军人事务。这种管理模式适合经济较发达、军人人数较少的国家，如英国、德国。

英国按照法律规定，由国防部与有关部门按职能负责退役军人相关事宜，国防部人事总局的现役军人与退役军人局统一负责英军所有现役、退役军人及其家属、遗属的薪金、补助和各种福利待遇保障管理。英国国防部只负责退役军人相关政策制定和行政监督，退役军人日常服务全部由政府相关部门和慈善机构、非政府机构承担。但英国在各州政府中均专门设置退役军人事务官员，负责监督所在地区退役军人就业、教育培训、社会福利等权益。英国认为，只要把针对大众的社会福利体系用好，就足以为退役军人服务了。

德国负责退役军人事务机构主要是国防部人事、社会和中央事务司及国防部联合会。其中国防部联合会是半官方组织，由现役和退役军人组成，主要职责是保证国家出台的各项政策能充分体现退役军人的权益，并通过下属的基金会和地方伙伴单位为退役军人提供生活和就业等方面的帮助。

需要明确的是，英德两国虽然没有专门机构负责退役军人事务，但由于法律制度齐全，退役军人的各项事务及保障落实比较到位。

西方发达国家还特别重视发挥非政府组织、非营利性机构在退役军人事务管理中的作用。这些由基金会或大公司出资建立的非政府组织，为政府缓解了巨大压力，受到退役军人的欢迎。

（周洲 《中国青年报》2017 年 10 月 26 日）

5. 美军如何牵引军民科技融合

一段时间以来，美军高度关注人工智能在国防领域的应用，通过国防高级研究计划局持续引领人工智能的创新研究。二战后美国国防部建立了国防高级研究计划局，其宗旨是"保持美国的技术领先地位，防止潜在对手意想不到的超越"。秉持这一理念，国防高级研究计划局不仅负责管理和指导国防基础研究、应用研究和先期技术开发，更在远期基本原理探索和近期军事应用之间架起一座桥梁，推动基础技术研究向军用技术和民用领域转化。美国的互联网、半导体、激光器等许多重大科技成果都可以追溯到国防高级研究计划局资助项目。为什么美国国防高级研究计划局能够孕育出这些具有"颠覆性"的科技成果？

着眼服务军用与民用多领域客户。这要从国防高级研究计划局的定位说起。从建立之始它就致力于重大科技攻关项目的组织、协调、管理等，开拓新的国防科研领域，为解决中、远期国家安全问题提供高技术储备，研究分析具有潜在军事价值、风险大的新技术和高技术在军用和民用领域应用的可能性。国防高级研究计划局虽然归属于美国国防部，但研究领域跨越基础、应用和前沿技术 3 个层次，为加快成果转化，它既要加强三者间的贯通，还要通过项目招标和资金投入，建立同大学、企业的合作，在实现科技成果向军队和民企的转移中，强化美军的战斗力、推动发展美国经济。所以它独立于各军种，不是统管三军预研工作的职能机构，与美国陆、海、空三军都是客户关系。它并不只以满足军方的现实需求为目标，而是注重保持美国军事技术领先地位；感知军方的未来潜在需求；探索国防科技的新概念和新技术；寻找军用高技术和民用转换的结合点；面向联邦政府、商业市场和其他机构等，融合创新推动技术研发及产业化发展；牵头组织多军种与民用联合科研计划，安排协调和管理跨军种与民用科研项目及节省科研力量、科研经费，缩短研究周期。

聚焦极具前瞻性的军民融合项目。在国防高级研究计划局建立伊始，美军就强调"这个新的机构不应该有独立的实验室和其他研发机构，而应该挖掘各军种的资源来实现这些功能"。所以国防高级研究计划局整个机构工作人员不足 200 人，其中多为各学科一流专家、学者。它采用精干的扁平化管理方式和灵活的组织结构，管理层精练，分为局长、业务处长和项目主任三层；其组织架构的主体更是由一系列平行设立的项目办公室组成。这些项目办公室各自拥有完全的自主权，相互之间不存在任何的行政隶属关系。同时赋予项目办公室负责人较大权力。建立了协同创新的环境，并给军民融合科技项目注入新鲜的活力。凭借着独立项目办公室进行需求评估所收获的对前沿技术的高度敏感性，辅之以高效的执行机构及科学的评审机制，国防高级研究计划局推动了许多高风险、高价值、高收益的项目，始终将精力放在对未来的探索上，确保了军民融合创新成果的不断涌现。项目如果成功，在实施过程中可能移交给政府机构或者军队服务机构，进一步技术转移、转向作战用途、发展后续研究、技术融合、项目备用等。因此，国防高级研究计划局通过项目负责人，直接资助研发机构，通过高效的资源整合，将美国社会的军、产、学、研、用、企、资等力量汇聚起来，实现军民融合任务和使命。

构建公开透明的交流和竞争模式。军民融合不仅要有技术、经济层面的融合，更需要文化、制度层面的融合。国防高级研究计划局给予了内部工作人员科研完全的自主权，让他们以自己喜欢的方式进行研究；给予了外部资本公开透明的信息沟通渠道和良性投资环境。正是这些宽松的文化氛围，使得国防高级研究计划局能够不断释放出军民融合的活力。国防高级研究计划局在与军方、国会、工业部门和研发外包团队等的沟通协作中，实现产业链的角色聚集，为项目研发营造出一个好的产业环境。国防高级研究计划局每年掌管着近 30 亿美元的预算资金，依托领导型的"国防科学委员会"和精英型的"JASON"科学家联盟，通过"小核心、大外围"的智力模式随时调集全社会的信息资源为自己的决策服务。在项目启动阶段，国防高级研究计划局很少支持单项技术，而是尽可能支持有助于实现核心目标的技术群。针对同一目标，该局往往会在项目的启动阶段资助一批不同设想的项目。项目启动一段时间后，再通过严格的项目筛选制度选择最有可能实现的项目进行重点培育，提高创新成功的概率。同时国防高级研究计划局坚持向所有的潜在参与者提供同等的信息，从信息发布、搜集到处理，全程秉持公开透明和无偏向原则，使得它能够随时吸纳"最闪亮"的想法，持续获得更具新意的技术方案。它在各类政府机关、院校、研究所、企业甚至智库之间都建立了完备的信息交流渠道。保证了信息发布，收集、处理的不偏向性。构成了其维护公平竞争所必需的前提条件，形成了不间断的竞争力以构建良好的研发生态环境。通过演示日等活动，把产业链中的各个角色聚集起来，为正在进行的研发项目营造一个好的产业生态环境，推动了研发成果的产业转化和产品化过程。公开透明的交流和竞争模式为美国科学技术进步和经济社会发展提供了土壤。

（薛惠锋 程臻 《解放军报》2018 年 8 月 9 日）

6. 美退役军人事务部都干啥

"组建退役军人事务部！"2018年3月13日，这条消息刷爆了无数战友的朋友圈。退役军人在世界各国都是一个特殊的群体，老兵退役后能否得到妥善安置，直接影响军队战斗力，关系军队和国家的稳定。据报道，美国的退役军人事务由来已久，其如何管理退役军人？本文将以美国退役军人事务部为例，介绍该国退役军人管理工作的相关情况。

前世今生

美国退役军人事务由来已久，早在1917年，身处一战中的美国政府就初步建立起包括军人与退役军人保险、残疾军人补偿与康复计划在内的退役军人保障体系。1930年，美军成立退役军人管理局。二战后期，罗斯福于1943年签署《老兵权利法》。该法被称为"20世纪美国最伟大的一部法律"。1989年，美国政府将退役军人事务局升格为退役军人事务部，统筹负责退役军人的管理、服务和抚恤工作。

目前，退役军人事务部是美国政府管理和服务退役军人的主要机构，下设3个局（医疗局、福利局和国家公墓管理局）、22个直属单位（就业歧视投诉裁决办公室、女退役军人服务中心和少数族裔退役军人服务中心等），在全国有57个办事机构，在县市设立退役军人服务办公室或援助委员会，算上所属的医院、诊所和国家公墓等单位，总雇员超过37.7万人。

美国退役军人事务部负责2100多万退役军人和7000多万家属、遗属的管理工作，主要包括：发放退休金、参战补助金、残疾抚恤金和死亡抚恤金等；管理退役军人人寿保险；为退役军人提供医疗服务、住房贷款担保和就业帮助；资助退役士兵进行深造；管理国家公墓等。2018财年预算总额约为900亿美元。

为了让退役军人适应日新月异的发展环境，美国政府将过去偏重"货币补偿式"安置逐渐改为偏重"能力引导式"安置，在保证退役军人基本收入前提下，着重提高其职业技能和学历水平。美国《退役军人紧急职业培训法》规定，退役军人最多可享受18个月的职业技能培训，资助标准最高1万美元。政府还鼓励士兵退役后到大学深造，并提供高额助学金。美陆军现行政策规定，服役满2年的士兵，退役后可获得2.6万美元助学金，服役满4年的士兵最多可获得 5 万美元助学金。

存在哪些问题

美国退役军人存在人口基数大、社会问题多等特点。哈佛大学和纽约大学此前发表的一份报告显示，在美国有超过 120 万名退役军人没有医保，约占退役军人总数的 5%。美媒称，每年有超过 8000 名退役军人自杀，平均每天22 人。

美国退役老兵"退无所依"，作为联邦政府管理和服务退役军人的主要机构，退役军人事务部一直处在媒体质疑和抨击的风口浪尖。特别是近年来，不断有新闻曝光退役军人事务部雇员贪污渎职，体系医院和诊所未能给患病老兵提供及时治疗和适当服务。

另据美国毒品管制局数据披露，退役军人事务部所属医院的药品失窃案件猛增。退役军人事务部助理监察长杰弗里·休斯称，医务人员极有可能通过拒绝为患病老兵开药，或者伪造医疗记录等手段，将药品据为己有，甚至到黑市贩卖，这种恶行严重危害退役军人健康，并危及政府机构公信力。

对此，美国政府也无法彻底解决，只能承诺加大监督和管控力度，以息众怒。2017 年 4 月底，特朗普签署命令成立退役军人事务部问责和保护举报人办公室。该办公室主要职责是监督退役军人事务部所有职员的行为，打击渎职和犯罪，保护检举揭发行为，防止对检举人的打击报复。同年 6 月 23 日，美国政府通过《退役军人事务部问责与举报人保护法案》。这一系列措施究竟成效如何，有待进一步观察。

（《中国国防报》2018 年 3 月 22 日）

7. 日本推进"军民融合"：以防尖端技术被中美买走

日本《东京新闻》2017 年 8 月 15 日发表题为"防卫省欲将中小企业技术转为军用"的报道称，据防卫省内部文件称，防卫省已经开始调查中小企业有没有可用于自卫队装备的技术。日本的装备采购此前依赖防卫产业的大型企业，但现在开始着眼于开发防护服用纤维等中小企业的技术，扩大民用转军用的范围。通过将尖端技术运用于国内的防卫领域，还可以阻止相关技术被卖给或流入美国、中国等国。但另一方面，也有人担心产业与防卫的联系过于密切将引发各种问题。

美国国防部已经着手调查日本企业的技术，日美正在加速推进民间技术用于军事领域的"军民融合"。

调查的对象是尚未成为大型防卫企业分包商的中小企业。内部文件称，防卫省于 2016 年 12 月在东京面向中小企业举行了产品展示会。参加企业通过经济产业省招募，来自纤维、精密加工等领域的 10 家企业参加了展示会。防卫省装备采购负责人、自卫队陆上幕僚监部、航空幕僚监部相关人士也出席了展示会。

防卫省方面就可用于防护服的高耐用性纤维、3D 打印机等听取了建议。内部报告就举行展示会的目的称，"发掘与防卫产业没有关联、拥有高技术的企业，创造让它们参与防卫事业的机会"。

防卫省在接受采访时表示，"防卫省认识到，推进与拥有优秀技术的中小企业合作，对于提高高端装备和防卫产业的活力极其重要"。

防卫省开始调查中小企业的尖端技术。其目的在于通过垄断开发可用于自卫队装备的国内技术，避免让日本的技术流入到对军事转用非常感兴趣的美国、中国和俄罗斯等国。不过，对于防卫省的积极姿态，民间的研究人员则担忧企业被卷入军事研究当中。

防卫省在 2016 年 12 月举行的"可用于自卫队装备的民间技术展示会"上，听取了某中小企业关于超感光度相机的介绍。内部报告罗列了具体的使用方法，比如"可夜间拍照"以及"建议用于基地警备、舰船搭载等"。

一名防卫企业相关人士满怀期待地表示，"可能一个意想不到的技术就能使装备水平飞跃提升"。在国外，人工智能和无人机等民间企业开发的技术越来越多地被吸收为军事技术。如果能够早日在国内实用化，日本的技术就不会被其他国家夺走，从而能够确保军事优势。

不过，企业和研究人员中有不少人对与防卫省建立关系持否定意见。防卫省就展示会称，"是否参加由各公司自行判断"，但担忧民间技术被转用于军事的资深研究员表示，"今后如果防卫省提出合作要求，能否拒绝都是个问题"。

同志社大学研究生院教授村山裕三说："可用于军事的民间技术在全世界的研究已经很深入，全球竞争非常激烈。日本的技术如果放任不管，可能会被他国夺走或者恶用。但民间技术的利用不应用于攻击型武器，而应重点用于反恐等保卫国家和社会的领域。"

（参考消息网 2017 年 8 月 17 日）

8. 航天 513 所"中德合作立方体卫星"投入研制

2018 年 9 月 17 日，在中国航天科技集团公司第五研究院第 513 研究所，由中德（中国山东省与德国巴伐利亚州）技术团队合作开发的立方体卫星项目完成了设计工作，正式进入研制生产阶段。

记者当日在航天 513 所卫星研制车间看到，正在研制中的立方体卫星共有 3 颗，每颗重量约 5 千克，这些卫星外形十分小巧，但"五脏俱全"，大量技术人员正在进行关键部件的研制等工作。

山东微纳卫星工程中心副主任姜连祥告诉记者，该卫星项目将通过整合合作国在空间技术领域的优势研发资源，研发并发射立方体卫星编队进入太空，形成"智能"卫星网络，完成远程通信及 3D 地球观测等国际任务。

据悉，该卫星项目依托的山东省微纳卫星与脉冲星导航示范工程技术研究中心此前已完成了天拓一号、天拓二号、天拓三号、灵巧通信卫星、紫丁香一号、紫丁香二号等 20 多颗整星整器的制造工作，并成功发射完成试验任务。

该中心由国防科技大学、山东省科技厅、烟台市人民政府和航天 513 所四方共同成立，预计到 2020 年，将达到年产 40 颗微纳卫星的制造能力，有力推进山东省卫星制造产业的发展。

航天 513 所是中国航天电子产品重要研制单位，曾参加了远程运载火箭、各类卫星以及载人航天工程、探月工程的研制和发射试验任务。

据介绍，2018 年是航天 513 所建所 60 周年，占地 345 亩的烟台航空航天科技园陆续投入使用，为军民融合和产学研合作搭建新平台，未来将建设成为国内重要的卫星飞船、防务装备电子产品研发基地以及微纳卫星生产基地，推动山东省军民融合产业发展。

（王娇妮　中国新闻网 2018 年 9 月 17 日）

9. 军民融合助俄罗斯军工双轨发展

为适应新的经济条件、激发俄军工综合体的潜在活力，自 2016 年起，俄政府开始推动军工企业转向生产高科技民用及军民两用产品，期待在国家削减军费的大背景下找到一条军事与民用工业共赢发展的融合之路。

两步走深化军转民

苏联为俄罗斯留下了一个庞大而完整的军事工业体系。该体系当年在计划经济体制下享有优先发展特权，整体水平远远领先民用工业。苏联解体后一段时期，俄军工体系遭受政府资金锐减、国内采购萎缩、私有化泛滥、研发滞后等一连串打击。20 世纪 90 年代中期，俄制定《国防工业转产法》，设立"国防工业转产国家基金"，对一批军工单位进行军转民。

俄罗斯《军工潜力》杂志主编尼古拉耶夫说："大规模生产有利于降低产品的平均成本，而俄国防部的订单往往数量有限，造成很多俄军工企业的产品产量低、成本高、销路窄。"俄军工企业产品质量可靠，将其转民用可有效降低成本，增加销量，实现良性循环。

将一部分适合转型的军工企业产能转为民用，还可保留工作岗位、保护工厂产能，同时为国家带来额外收入。由于俄军工企业大都拥有先进技术和顶尖专家，因此，军转民政策被普遍认为切实有效。

2016 年，俄军工企业生产的民用或军民两用产品占总产量的比例不到17%。俄政府同年出台新计划，规定在 2015 年前要把这一比例提升到 30%，到 2030 年力争达到 50%，帮助军工企业实现军工和民用产品并举发展的模式。

抓优势增强竞争力

军转民新计划的出台，与乌克兰危机之后俄罗斯面临西方制裁、经济状况不佳等状况紧密相关。2016 年 4 月，俄罗斯总统普京在与民众连线活动中首次表露了这一想法。他说，随着国防预算的削减，国家国防订单将逐步减少。

在 2016 年 9 月召开的一次会议上，普京强调，军工企业生产的民用产品应着眼于技术密集型产品，而非普通消费品。国家将动用财政，推动军工企业生产民用品，带动工业发展，进而实现进口替代。

尼古拉耶夫说，俄罗斯在智能手机等领域已经落后，但在光学器材、船舶制造、发动机制造、医疗器械等方面仍具优势，军转民产品具有很强的竞争力。

此外，俄军工企业在能源、航空航天、信息技术、通信技术等领域也有施展拳脚的空间。

俄罗斯工业和贸易部长曼图罗夫认为，军转民潜力最大的行业是无线电制造业。到2020年，俄罗斯无线电相关领域的民用产品生产量预计可增长2.7倍，航空相关的民用产品产量则可翻一番。

目前，俄军转民新计划初见成效。由俄罗斯对外经济银行出资，位于圣彼得堡的一家企业成功开发了"智能房屋"和"智能公寓"项目，将军工企业生产的传感器接入智能网络，实现了实时监控温度、湿度、室内空气质量等多项指标。这一产品受到很多国外买家青睐，目前项目推广顺利。

2017年，主管军工的俄罗斯时任副总理罗戈津在"索契—2017"论坛上说，俄军工综合体已在生产高科技民用医疗器械领域实现突破，成立了医用冷冻设备企业、乌拉尔光学器械厂等，收获了来自数十个国家的订单。

缺规则转型有难处

俄军转民政策的目标并非实现军工企业转产，而是旨在通过产品多样化保证军工企业稳定发展，同时保持技术水平、人员力量、专业水平和竞争力等。

罗戈津表示，这一领域的"游戏规则"尚未完全建立，实施过程中也确实存在一些困难。他说，除了出台一些细化的规章制度，俄政府目前急需为军工企业和创新企业建立统一信息平台，在一定程度上保证创新观念的交流与信息的交换。

此外，军工领域的重组等重大改革势在必行。由于俄罗斯军工企业众多、技术水平和处境不同，俄当前的目标是，将军工企业基础研究和技术应用相结合，推动生产出符合俄国内外市场期待的民用产品，帮助企业良性运营、稳步发展，从而创造利润。

不过目前，受近年来俄罗斯经济不景气的大环境影响，俄政府对军工企业的内部财政支持尚未完全到位。专家判断，资金即便到位，也会先期划拨给列入联邦计划的企业及财政拨款单位。而在外部，外国投资者无法涉足俄罗斯军工领域。综合内外因素，一部分技术较落后、缺乏竞争力的俄军工企业可能陷入严重财务困境。

俄罗斯经济政策研究院军事经济领域专家扎采平认为，目前不利于俄罗斯军工企业进入国内外市场的因素主要有两个。其一，军工系统的封闭性导致投资者对军工企业知之甚少，合作难度大；其二，军工企业必须生产国家需要的产品，但国家订单与市场需求之间存在较大错位，企业难以盈利。

也有专家认为，俄军工企业要想更好适应市场环境，需要引入新的商业模式和市场战略，需要政府提供优惠信贷政策，更需要吸引深谙民用市场的专业人才。

（赵嫣 栾海 新华社 2018 年 5 月 23 日电）

10. 创新生态促以色列军民双向融合

以色列被誉为"初创国度"，各种科技创新层出不穷，尤其在网络安全、人工智能等领域更是具有世界级竞争力。在很大程度上，以色列军事技术成为该国科技创新的一个重要来源，高度军民融合打造的良好生态系统在推动科技创新方面发挥着重要作用。

军队与社会的"旋转门"

军队是以色列重要的技术和创新机构，大量的技术创新首先在军队里实现和应用，尤其是计算机和通信等行业。同时，众多地方企业和研发人员也为军队贡献大量的技术创新，创新成果也随之应用到社会各个领域。

以色列实行全民服兵役制度，年轻人在高中毕业后，并不是直接上大学，而是进入军队服役。以色列国防军非常重视技术和情报力量建设，鼓励军人学习和掌握计算机、通信等先进技术。从某种意义上说，以色列国防军也是一所大学，为年轻人日后进入大学或者社会创造"无缝对接"的有利条件。

很多军人在离开军队后，凭借其掌握的先进软件和硬件技术，在高新技术企业的重要工作岗位任职，有些甚至创业成立高新技术公司。一些高级军官则在离开军队后进入政府部门成为政策顾问或入职智库从事研究工作。在以色列，军队与社会之间有着一扇非常有效的"旋转门"。

以色列国家安全研究所研究员多龙·埃拉在接受新华社记者采访时表示，在以色列，大批军人离开军队后，带着宝贵的经验和想法，会选择创办高新技术企业或加入现有的高新技术公司，成为当地经济发展和推动技术创新的重要力量，尤其是在网络安全领域更是如此。

创新基因的生态系统

过去20年，以色列出现了1万多家初创公司，其中有一批公司被谷歌、英特尔、脸书等知名企业收购。目前，正在运营中的以色列高新技术初创公司数量超过6000家。

以色列巴依兰大学应用密码和网络安全研究中心主任阿萨夫·巴拉克对记者表示，在以色列，拥有丰富网络安全经验的优秀人才都会选择与商界人士一起创建高新技术初创公司。

正因为这种创业精神与市场头脑的结合，特别是相当一批军方专业人员的加入，使以色列逐渐营造起拥有创新基因的军民融合"生态系统"。

双向交互的军民融合

以色列财政部经济咨询委员会成员吉拉德·阿尔佩说，以色列当地企业与军队之间的关系非常密切，它们的很多产品都被军队采购，并且快速地投入使用。而且，公司会根据军队的需要随时进行产品改进和更新。大批掌握专业军事知识的退役军人被吸收到市场，成为企业与军队紧密合作的"黏合剂"。

另外，以色列的军民融合还充分体现在产品和设备的运用上。以色列的国防工业体系非常完善，有很多大型军工企业，涵盖军用飞机、无人机、坦克、舰艇、电子、通信、网络安全、人工智能等众多领域，涉及军用产品的研发生产及技术开发，提供升级换代等多样化服务。

在以色列，很多军用产品和装备能快速地转化并应用到民用上，从而推动社会经济的发展。例如，以色列是世界上最大的军用无人机出口国，很多当地企业都在致力于将军用无人机技术应用在商业和工业领域。

以色列军民融合是双向的，除了军事技术和国防产品转向民用之外，很多高校和企业也在为军队服务。埃拉表示，在这种高度军民融合模式下，以色列军队会与民用或半民用的企业合作开发各种系统。

以色列国防军计算机服务指挥部"洛特姆"就是这种双向融合的代表之一。"洛特姆"是以色列国防军最主要的软件"开发商"，也是国防军的技术研发中心。目前有数千名士兵在这个指挥部服役。该中心大量利用民用市场上的高新技术用于国防科研，同时，也会向民用市场开发自身掌握的一些技术。

（陈文仙 杜震 新华网2018年5月23日）

后　记

自 2017 年 11 月《军民融合政策与实践》出版以来，我们一直在关注军民融合发展问题，该书是我们学习和研究的最新成果。

在编辑该书过程中，正值编者在原中央党校省部党建专题支部、省部战略思维专题支部、省部经济专题支部及新组建的中共中央党校（国家行政学院）省部科技强国专题研讨班当组织员。课余时间与学员交流时了解到，学员们普遍关心关注军民融合问题，而且在不同的领域、以不同的方式从事这项工作，见仁见智、各抒己见。如国防科工局副局长田玉龙、工信部总工程师张峰、五矿集团纪检组长卢卫东、贵州军区政委李辉、武警后勤政治部主任胡登来等，他们既有较高的理论素养，也有丰富的实践经验。学员们的工作体会和经验对我们富有启发。已毕业离校的老学员，如工信部规划局局长高东升、科技部政策法规及创新体系建设司司长贺德方、国防大学军队研究所所长严安、中国船舶工业系统工程研究院院长张宏军、中北大学党委书记李忠人等对我们的研究工作给予了支持。2018 年 9 月，中央军民融合委员会办公室常务副主任金壮龙同志应邀在中共中央党校（国家行政学院）礼堂向全体学员作了一场辅导报告，编者认真听讲、缜密思考。这场报告，系统梳理和重点讲解了习近平总书记军民融合发展思想，展望了军民融合的美好愿景，开阔了我们的视野，坚定了深入研究的信心。

其间，我们还到中央军民融合发展委员会办公室战略规划局参加座谈会、到江苏省泰州市、山东省临沂市、广东省湛江市等地调研，得到战略规划局局长梅军、泰州市委书记韩立明、临沂市委书记王玉君、湛江市委书记郑人豪等同志的支持和帮助。正在中共中央党校（国家行政学院）培训部第 1 期"习近平新时代中国特色社会主义思想"理论研修班学习的中宣部人权事务局副局长左锋、中国社会科学院图书馆常务副馆长何涛、福建省委党校副校长温敬元、山东省委党校副校长孙建昌、海南省委党校副校长江彩云，在秋季学期第二批县委书记班学习的山东省莒南县委书记张佃虎、五莲县委书记马维强等，对军民融合深度发展都有思考和见解。

本书的编辑工作还得到军事博物馆原馆长孔令义、解放军报新闻中心主任记者邹维荣的关心。北京光合新兴产业集团公司董事长王明荣，北京科技大学顺德研究生院院长周贤伟教授，远望产业投资基金管理有限公司执行董事李青，飞行家族（北京）科技有限公司董事长张雪岩，海南昌江峨港黎乡文化有限公司董事长张其超，中共中央党校（国家行政学院）《学习时报》闫鑫，《中国领导科学》杂志社副社长郑国材，北京工业大学讲师刘健博士，赛迪智库刘倩博士，正在中共中央党校（国家行政学院）研究生院学习的博士、硕士研究生夏振鹏、卢震、元晓晓、汲常栋、聂晨晨、张恺等同志，对该书编辑给予了支持和帮助。

值书稿付印之际，谨向以上专家学者及关心军民融合问题的同志们表示衷心感谢！

由于时间关系，未能和书中有的作者取得联系。如涉及稿费问题，请发邮件至 youyw@ccps.gov.cn，与编者取得联系，谢谢。

编　者

2018 年 11 月